Schriften zum gesamten Unternehmensrecht

Herausgegeben von
Prof. Dr. Carsten Herresthal, LL.M., Universität Regensburg
Prof. Dr. Wolfgang Servatius, Universität Regensburg

Band 29

Vincent Ziller

Ausschluss des Vorstandsanstellungsvertrags von der AGB-Kontrolle

Nomos

Onlineversion
Nomos eLibrary

Die Deutsche Nationalbibliothek verzeichnet diese Publikation in
der Deutschen Nationalbibliografie; detaillierte bibliografische
Daten sind im Internet über http://dnb.d-nb.de abrufbar.

Zugl.: Regensburg, Univ., Diss., 2024

ISBN 978-3-7560-1838-3 (Print)
ISBN 978-3-7489-4540-6 (ePDF)

1. Auflage 2024
© Nomos Verlagsgesellschaft, Baden-Baden 2024. Gesamtverantwortung für Druck
und Herstellung bei der Nomos Verlagsgesellschaft mbH & Co. KG. Alle Rechte, auch
die des Nachdrucks von Auszügen, der fotomechanischen Wiedergabe und der Über-
setzung, vorbehalten. Gedruckt auf alterungsbeständigem Papier.

Vorwort

Die vorliegende Abhandlung wurde von der Fakultät für Rechtswissenschaft an der Universität Regensburg als Dissertation angenommen.

Mein besonderer Dank gilt meinem Doktorvater Herrn Prof. Dr. Carsten Herresthal für die Betreuung sowie die wertvollen Anregungen. Herrn Prof. Dr. Jörg Fritzsche danke ich für die Übernahme des Zweitgutachtens.

Zudem bedanke ich mich von ganzem Herzen bei meinen Eltern, Edith und Josef, meinen Brüdern, Maximilian und Clemens, meiner Großmutter Erna sowie meiner Freundin Jessika, die mich stets unterstützen.

Stand der Untersuchung ist Juli 2023.

München, 16. Mai 2024

Inhaltsverzeichnis

Abkürzungsverzeichnis

ABl.	Amtsblatt
Abs.	Absatz
AcP	Archiv für die civilistische Praxis
AG	Die Aktiengesellschaft
AGB	Allgemeine Geschäftsbedingungen
AGB-Gesetz	Gesetz zur Regelung des Rechts der Allgemeinen Geschäftsbedingungen
AGG	Allgemeines Gleichbehandlungsgesetz
AktG	Aktiengesetz
Alt.	Alternative
ArbR	Arbeitsrecht
Art.	Artikel
BaFin	Bundesanstalt für Finanzdienstleistungsaufsicht
BAG	Bundesarbeitsgericht
BB	Betriebs-Berater
Bd.	Band
BeckRS	Beck-Rechtsprechung
begr. v.	begründet von
Beschl.	Beschluss
BGB	Bürgerliches Gesetzbuch
BGBl.	Bundesgesetzblatt
BGH	Bundesgerichtshof
BGHZ	Entscheidungssammlung des Bundesgerichtshofes in Zivilsachen
BSG	Bundessozialgericht
bspw.	beispielsweise

BT-Drucks.	Bundestagsdrucksache
BVerfG	Bundesverfassungsgericht
bzgl.	bezüglich
bzw.	beziehungsweise
B2B	business-to-business
DAX	Deutscher Aktienindex
DB	Der Betrieb
DCGK	Deutscher Corporate Governance Kodex 2022
diesbzgl.	diesbezüglich
DStR	Deutsches Steuerrecht
EG	Europäische Gemeinschaft
Einl.	Einleitung
EL	Ergänzungslieferung
EU	Europäische Union
EuGH	Europäische Gerichtshof
EuGVÜ	Europäische Gerichtsstands- und Vollstreckungsverordnung
EuGVVO	Verordnung (EG) Nr. 44/2001 über die gerichtliche Zuständigkeit und die Anerkennung und Vollstreckung von Entscheidungen in Zivil- und Handelssachen
evtl.	eventuell
EWG	Europäische Wirtschaftsgemeinschaft
f.	folgende
ff.	fortfolgende
FS	Festschrift
GbR	Gesellschaft bürgerlichen Rechts
GewO	Gewerbeordnung
GG	Grundgesetz
ggf.	gegebenenfalls
GmbH	Gesellschaft mit beschränkter Haftung

GmbHR	GmbH-Rundschau
grds.	grundsätzlich
HGB	Handelsgesetzbuch
Hrsg.	Herausgeber
hrsg. v.	herausgegeben von
HS.	Halbsatz
idF.	in der Form
InstitutsVergV	Institutsvergütungsverordnung
iSd.	im Sinne des/der
iSe.	im Sinne eines/einer
iSv.	im Sinne von
iVm.	in Verbindung mit
JZ	Juristenzeitung
Kap.	Kapitel
KSzW	Kölner Schrift zum Wirtschaftsrecht
KWG	Gesetz über das Kreditwesen
LAG	Landesarbeitsgericht
LG	Landgericht
mwN.	mit weiteren Nachweisen
NJW	Neue Juristische Wochenschrift
NJW-RR	Rechtsprechungsreport Zivilrecht der Neuen Juristischen Wochenschrift
Nr.	Nummer
NZA	Neue Zeitschrift für Arbeitsrecht
NZA-RR	Rechtsprechungsreport der Neuen Zeitschrift für Arbeitsrecht
NZG	Neue Zeitschrift für Gesellschaftsrecht
NZM	Neue Zeitschrift für Miet- und Wohnungsrecht
OLG	Oberlandesgericht
oä.	oder ähnliches

RG	Reichsgericht
RGZ	Entscheidungssammlung des Reichsgerichts in Zivilsachen
RL	Richtlinie
Rn.	Randnummer
S.	Seite/Seiten
sog.	sogenannte/sogenannter
StGB	Strafgesetzbuch
Teilbd.	Teilband
ua.	und andere
UKlaG	Gesetz über Unterlassungsklagen bei Verbraucherrechts- und anderen Verstößen
Urt.	Urteil
v.	vom/von
Var.	Variante
vgl.	vergleiche
Vor.	Vorbemerkung
VorstAG	Gesetz zur Angemessenheit der Vorstandsvergütung
VVG	Gesetz über den Versicherungsvertrag
WM	Wertpapiermitteilungen; Zeitschrift für Wirtschafts- und Bankrecht
z.B.	zum Beispiel
ZEuP	Zeitschrift für Europäisches Privatrecht
ZGR	Zeitschrift für Unternehmens- und Gesellschaftsrecht
ZHR	Zeitschrift für das gesamte Handels- und Wirtschaftsrecht
ZIP	Zeitschrift für Wirtschaftsrecht
ZPO	Zivilprozessordnung

Einleitung

Die AGB-Kontrolle von Vorstandsanstellungsverträgen war bereits Gegenstand mehrerer juristischer Untersuchungen.[1] Ausgangsfrage ist dabei, ob Abreden in diesen Verträgen als AGB iSd. § 305 Abs. 1 S. 1 BGB zu qualifizieren sind und in der Folge der Inhaltskontrolle unterliegen. Das Schrifttum nimmt dies grds. an, ohne jedoch eine hinreichend detaillierte Prüfung der Voraussetzungen und eine teleologische Gesamtwürdigung durchzuführen. Die Ansicht, dass Vorstandsanstellungsverträge der AGB-Kontrolle unterliegen, wird von einer aktuellen Entscheidung des BGH[2] gestützt. Der BGH hatte sich bis dahin – soweit ersichtlich – nicht mit der AGB-Kontrolle von Vorstandsanstellungsverträgen beschäftigt. In seinem Urteil geht das Gericht nun ohne nähere Erläuterungen davon aus, dass die Tatbestandsmerkmale des § 305 Abs. 1 S. 1 BGB erfüllt sind und unterwirft die Abreden des Vertrags der AGB-rechtlichen Inhaltskontrolle.

Nicht hinreichend behandelt ist im juristischen Schrifttum die Frage, ob das Telos der §§ 305 ff. BGB bei der AGB-Kontrolle von Vorstandsanstellungsverträgen einschlägig ist und die Besonderheiten, die diese Rechtsbeziehungen mit sich bringen, ausreichend berücksichtigt werden. Grds. gilt, dass Normen nicht isoliert von ihrer Ratio betrachtet werden können. Die Anwendung einzelner Vorschriften bzw. von Rechtsinstituten auf einen Sachverhalt kann unter Zugrundelegung ihres Zwecks ggf. unangebracht erscheinen und bspw. eine teleologische Reduktion rechtfertigen. Es ist daher zu untersuchen, ob das Anstellungsverhältnis zwischen Aktiengesellschaft und Vorstandsmitglied eine Konstellation ist, die der Gesetzgeber bei der Schaffung des AGB-Gesetzes sowie der §§ 305 ff. BGB in seinen Überlegungen berücksichtigt hat oder auf die sie sich zumindest übertragen lassen.

Nachfolgend wird in einem ersten Teil analysiert, ob die AGB-Kontrolle unter Berücksichtigung ihres Telos und weiterer Besonderheiten auf Vorstandsanstellungsverträge angewendet werden sollte. Bestandteil der Untersuchung ist die Möglichkeit zur alternativen Kontrolle unabhängig

---

1 Siehe bspw. *Bauer/Arnold*, ZIP 2006, 2337; *Bauer*, in: FS Wank, S. 1; *Habersack*, in: FS Coester-Waltjen, S. 1097; *Jänsch*, Angemessene Vorstandsverträge; Schmitt-*Rolfes*, in: FS Hromdka, S. 393; *Seyfarth*, Vorstandsrecht, § 4 Rn. 19 ff.; *Oetker*, in: FS Wank, S. 691.
2 BGH, Urt. v. 24.09.2019 – II ZR 192/18, NZG 2020, 64.

von den §§ 305 ff. BGB. Im zweiten Teil sollen die gefundenen Ergebnisse beispielhaft auf einzelne Klauselarten angewendet werden, um sie auf ihre Tauglichkeit hin zu überprüfen.

Erster Teil. AGB-Kontrolle von Vorstandsanstellungsverträgen

§ 1 Entwicklung und Zweck des Rechts der Allgemeinen Geschäftsbedingungen

Bevor man sich mit der Frage auseinandersetzt, ob das Telos der §§ 305 ff. BGB bei der Anwendung der AGB-Kontrolle auf Vorstandsanstellungsverträge einschlägig ist, muss die Entwicklung des Rechts der AGB und ihre gesetzliche Verankerung nachvollzogen werden. Die Kenntnis dieser Hintergründe ist zur Analyse der Ratio der AGB-Vorschriften und der Frage ihrer Einschlägigkeit notwendig.

A. Entwicklung des Rechts der Allgemeinen Geschäftsbedingungen

I. Verbreitung von Allgemeinen Geschäftsbedingungen aufgrund industrieller Revolution

Im 19. Jahrhundert wurden AGB zu einem Massenphänomen, obwohl sie bereits vorher vereinzelt aufgetreten sind.[3] Auslöser hierfür war die industrielle Revolution. Die technologischen Entwicklungen und die wirtschaftliche Expansion führten zu einer Massenproduktion sowie einem Massenkonsum von Waren und Dienstleistungen, die neue Formen bzw. Methoden der Werbung, Vermarktung und des Vertriebs nach sich zogen.[4] Im Rahmen dieser Entwicklungen waren es zunächst die Versicherungen und Banken, die sich vorgefertigter Versicherungs- bzw. Bankbedingungen bedienten.[5] Vor allem aber wurden AGB nun auch in der Industrie in allen

---

3 Hierzu sowie für eine rechtshistorische Untersuchung *Hellwege*, Allgemeine Geschäftsbedingungen, einseitig gestellte Vertragsbedingungen und die allgemeine Rechtsgeschäftslehre, S. 1 ff.; zudem auch *Raiser*, Das Recht der Allgemeinen Geschäftsbedingungen, S. 26 ff.; *Fornasier*, in: MünchKomm-BGB, Vor. § 305 Rn. 1; *Habersack*, in: Ulmer/Brandner/Hensen, AGB-Recht, Teil 1, Einl. Rn. 10.

4 Begründung des Regierungsentwurfs eines Gesetzes zur Regelung des Rechts der Allgemeinen Geschäftsbedingungen (AGB-Gesetz), BT-Drucks. 07/3919, S. 9.

5 *Raiser*, Das Recht der Allgemeinen Geschäftsbedingungen, S. 26 ff.; *Fornasier*, in: MünchKomm-BGB, Vor. § 305 Rn. 1; *Habersack*, in: Ulmer/Brandner/Hensen, AGB-Recht, Teil 1, Einl. Rn. 10.

Zweigen und Produktionsebenen verwendet.[6] Besonders in diesem Bereich stieg das Bedürfnis nach einer Standardisierung und einer Typisierung von Verträgen, die zu früherer Zeit noch einzeln ausgehandelt werden konnten und wurden.[7] Das Bedürfnis einer Rationalisierung des Geschäftsverkehrs war und ist nachvollziehbar, denn aus Sicht der Unternehmen war eine Steigerung der Produktion ohne proportional ansteigenden Vertrieb unzweckmäßig. Dies führte dazu, dass sich die einzelnen Wirtschaftszweige im Laufe der Zeit mangels gesetzlicher Regelungen ihre eigenen Vertragsbedingungen mittels AGB schufen. Die fortschreitenden Entwicklungen in der Industrie, die ihren Ausgangspunkt im 19. Jahrhundert hatten, sich jedoch über das 20. Jahrhundert fortsetzten, hatten auch Auswirkung auf die Verwendung dieser Vertragsbedingungen. Zwischen den beiden Weltkriegen und insbesondere nach dem 2. Weltkrieg nahm ihre Ausbreitung weiter zu.[8] Im Laufe der Zeit fanden sich jedoch auch Bedingungen, die nicht nur der Rationalisierung und Vereinheitlichung von Massenverträgen im allseitigen Interesse dienten, sondern teilweise auch dazu, die Pflichten des Verwendungsgegners zu vermehren bzw. zu verschärfen und dessen Rechte unter Stärkung der eigenen Position einzuschränken.[9] Trotz dieser negativen Entwicklungen griff der Gesetzgeber zunächst allerdings nur partiell ein.[10]

II. Entstehung des Rechts der Allgemeinen Geschäftsbedingungen

Die Entstehung des Rechts der AGB lässt sich in drei Abschnitte unterteilen. Der erste Abschnitt umfasst den Zeitraum ihrer Verbreitung bis etwa 1970, in der eine richterliche Inhaltskontrolle entwickelt wurde und die bis dahin ausschließlicher Kontrollmechanismus war. Den Beginn des zweiten Abschnitts stellt das Inkrafttreten des AGB-Gesetzes dar und reicht bis zur

---

6 *Raiser*, Das Recht der Allgemeinen Geschäftsbedingungen, S. 30.
7 Begründung des Regierungsentwurfs eines Gesetzes zur Regelung des Rechts der Allgemeinen Geschäftsbedingungen (AGB-Gesetz), BT-Drucks. 07/3919, S. 9 f.
8 Begründung des Regierungsentwurfs eines Gesetzes zur Regelung des Rechts der Allgemeinen Geschäftsbedingungen (AGB-Gesetz), BT-Drucks. 07/3919, S. 10.
9 So insbesondere *Raiser*, Das Recht der Allgemeinen Geschäftsbedingungen, S. 21 ff.
10 Siehe hierzu die Begründung des Regierungsentwurfs eines Gesetzes zur Regelung des Rechts der Allgemeinen Geschäftsbedingungen (AGB-Gesetz), BT-Drucks. 07/3919, S. 10; im Einzelnen zur Einführung zwingenden Rechts *Hellwege*, Allgemeine Geschäftsbedingungen, einseitig gestellte Vertragsbedingungen und die allgemeine Rechtsgeschäftslehre, S. 157 ff.

Schuldrechtsmodernisierung im Jahr 2002. Der Zeitraum bis zum nunmehr geltenden Recht lässt sich als dritter Abschnitt qualifizieren.

1. Richterliche Inhaltskontrolle bis zur Schaffung des AGB-Gesetzes

Ein erstes Gesetz, das die gesetzliche Überprüfung von AGB zum Ziel hatte, trat erst am 1. April 1977 in Kraft.[11] Bis zu diesem Zeitpunkt erfolgte die Kontrolle, durch die Missbrauch oder ähnliche Missstände verhindert werden sollten, nahezu ausschließlich durch die Judikative.

Entscheidender Bedeutung kam der Rechtsprechung des RG zu. Das Gericht stellte bereits im Jahr 1888[12] einen ersten Kontrollgrundsatz auf,[13] welcher sich im Jahr 1906 etablierte und in der ersten Hälfte des 20. Jahrhunderts Literatur sowie Praxis dominierte.[14] Danach waren AGB wegen eines Verstoßes gegen die guten Sitten unwirksam, wenn ein Unternehmer seine Monopolstellung dazu missbrauchte, dem Vertragspartner unbillige und unverhältnismäßige Bedingungen vorzuschreiben.[15] Später dehnte das RG seine Rechtsprechung auch auf Fälle aus, in denen zwar keine absolute Monopolstellung, aber ein für den Verkehr unentbehrliches Gewerbe vorlag.[16] Abgestellt wurde nicht primär auf den Inhalt der Klauseln, sondern zunächst auf die Art und Weise des Zustandekommens des Vertrags und damit seinen äußeren Rahmen. Lag eine Monopolstellung oder eine vergleichbare Situation der Abhängigkeit vor, die dem Verwendungsgegner keine andere Wahl ließ, als sich auf die Bedingungen des Vertrags einzulassen, weil es an der Konkurrenz fehlte, prüfte das Gericht die Klauseln

---

11 Gesetz zur Regelung des Rechts der Allgemeinen Geschäftsbedingungen (AGB-Gesetz) vom 9.12.1976 idF. der Bekanntmachung vom 15.12.1976, BGBl I S. 3317 (im Folgenden AGB-Gesetz).

12 RG, Urt. v. 11.02.1888 – Rep. I. 380/87, RGZ 20, 115.

13 Zuvor gab es bereits erste Versuche des Gerichts, etwaige Nachteile des Verwendungsgegners durch Auslegung der Vertragsbedingungen abzuwenden. Einen Durchbruch iSe. Eingriffs in die Vertragsfreiheit stellte jedoch erst die nachfolgend zu erörternde Rechtsprechung des RG dar; siehe hierzu auch *Pfeiffer*, in: Wolf/Lindacher/Pfeiffer, AGB-Recht, Einl. Rn. 5; *Habersack*, in: Ulmer/Brandner/Hensen, AGB-Recht, Teil 1, Einl. Rn. 11.

14 *Hellwege*, Allgemeine Geschäftsbedingungen, einseitig gestellte Vertragsbedingungen und die allgemeine Rechtsgeschäftslehre, S. 288 f.; *Raiser*, Das Recht der Allgemeinen Geschäftsbedingungen, S. 302 ff.

15 RG, Urt. v. 08.01.1906 – Rep. I. 320/05, RGZ 62, 264 (266).

16 RG, Urt. v. 08.11.1926 – Rep. I 154/26, RGZ 103, 82 (84).

auf ihre Angemessenheit und somit auch inhaltlich. Hauptanwendungsfall war zur damaligen Zeit zumeist der Ausschluss der Haftung für durch den Verwender der Bedingungen verursachte Schäden. Abgesehen von Fällen der Monopolstellungen und vergleichbaren Abhängigkeiten fand keine Kontrolle von Klauseln statt. Problematisch war daran, dass AGB mittlerweile weit verbreitet waren. Vergleichbare Machtpositionen, wie das RG sie für einen Eingriff in die Vertragsfreiheit forderte, hatten die Verwender überwiegend nicht inne. Vielfach waren vorformulierte Vertragsbedingungen damit nicht kontrollfähig. Im Laufe des 20. Jahrhunderts entstand daher zunehmen Kritik an der sog. Monopolrechtsprechung. Es war insbesondere *Ludwig Raiser*,[17] der sich für eine Ausdehnung der Rechtsprechung aussprach und dessen Werk vielfach Beachtung erlangte.[18]

Der BGH erkannte die vom RG aufgestellten Grundsätze zunächst an, dehnte die Kontrolle allerdings im Laufe der Zeit weiter aus. Er griff vor allem auf § 242 BGB zurück, der neben § 138 BGB Anwendung finden sollte.[19] Vereinzelt findet sich zudem ein Verweis auf § 315 BGB.[20] Das Gericht löste sich mit seiner Rechtsprechung vom Gedanken der Monopolstellung als Rechtfertigung der Kontrolle. Es stellte darauf ab, dass der Verwender die Vertragsgestaltungsfreiheit einseitig in Anspruch nehme. Er sei daher aus dem Grundsatz von Treu und Glauben verpflichtet, bei Erstellung der AGB die Interessen der künftigen Vertragspartner angemessen zu berücksichtigen.[21] Unwirksam waren unangemessene, überraschende Klauseln, die die missbräuchliche Verfolgung einseitiger Interessen des Verwenders verkörperten und daher bei einer Abwägung der Billigkeit widersprachen.[22] Die Kritik am Fehlen gesetzlicher Regelungen verstummte trotz der Ausdehnung der sog. Monopolrechtsprechung durch den BGH jedoch nicht.

---

17 *Raiser*, Das Recht der Allgemeinen Geschäftsbedingungen.
18 Für eine detaillierte Darstellung der Bedeutung Raisers siehe *Hellwege*, Allgemeine Geschäftsbedingungen, einseitig gestellte Vertragsbedingungen und die allgemeine Rechtsgeschäftslehre, S. 301 ff.
19 BGH, Urt. v. 29.10.1956 – II ZR 79/55, NJW 1957, 17 (19).
20 BGH, Urt. v. 29.10.1962 – II ZR 31/61, NJW 1963, 99 (100).
21 BGH, Urt. v. 11.11.1968 – VIII ZR 151/66, NJW 1969, 230.
22 BGH, Urt. v. 11.11.1968 – VIII ZR 151/66, NJW 1969, 230 f.

2. Schaffung des AGB-Gesetzes

Den Grundstein für die Schaffung des AGB-Gesetzes legte, neben der Literatur, der Bericht der Bundesregierung zur Verbraucherpolitik vom 18. Oktober 1971.[23] Darin wurde die Intensivierung der richterlichen Kontrolle von AGB festgestellt und grds. befürwortet. Da ein wirksamer Schutz der Verbraucher vor unangemessenen Vertragsbedingungen unerlässlich sei, sollte untersucht werden, ob ein solcher durch die gegenwärtige Rechtsprechung gewährleistet werde.[24] Der Bericht führte dazu, dass durch den Bundesminister der Justiz eine Arbeitsgruppe eingesetzt wurde, die gesetzliche Lösungsmöglichkeiten zum Schutz der Verbraucher vor unangemessenen AGB erarbeiten sollte.[25] Die Arbeitsgruppe schuf einen ersten Teilbericht, der einen Entwurf zur materiell-rechtlichen Regelung enthielt sowie einen zweiten Teilbericht, der sich mit verfahrensrechtlichen Fragen der AGB-Kontrolle befasste. Die beiden Teilberichte wurden schließlich in einem Referentenentwurf umgesetzt.

Der Referentenentwurf deckte sich im Wesentlichen mit dem anschließend verfassten Regierungsentwurf[26], der Grundlage für das damalige AGB-Gesetz war. In der Begründung des Gesetzesentwurfs wurde ausgeführt, dass AGB als Folge der industriellen Revolution mehr und mehr zu einem Massenphänomen wurden, der Gesetzgeber allerdings nur punktuell hierauf reagiert habe.[27] Die derzeitige Rechtslage sei trotz beachtlicher Fortentwicklung der Rechtsprechung in diesem Bereich nicht zum angemessenen Interessenausgleich der Parteien geeignet, welche nach den Vorstellungen des BGB die Legitimation der Vertragsfreiheit darstelle.[28] Neben marginalen Änderungen und verfahrensrechtlichen Ergänzungen,

---

23 Bericht der Bundesregierung zur Verbraucherpolitik, BT-Drucks. VI/2724, S. 8; siehe zu den Reformbestrebungen seit den 1960er Jahren *Habersack*, in: Ulmer/Brandner/Hensen, AGB-Recht, Teil 1, Einl. Rn. 13 ff.; *Pfeiffer*, in: Wolf/Lindacher/Pfeiffer, AGB-Recht, Einl. Rn. 7.

24 Bericht der Bundesregierung zur Verbraucherpolitik, BT-Drucks. VI/2724, S. 8.

25 Vgl. *Pfeiffer*, in: Wolf/Lindacher/Pfeiffer, AGB-Recht, Einl. Rn. 7; *Habersack*, in: Ulmer/Brandner/Hensen, AGB-Recht, Teil 1, Einl. Rn. 13.

26 Begründung des Regierungsentwurfs eines Gesetzes zur Regelung des Rechts der Allgemeinen Geschäftsbedingungen (AGB-Gesetz), BT-Drucks. 07/3919.

27 Begründung des Regierungsentwurfs eines Gesetzes zur Regelung des Rechts der Allgemeinen Geschäftsbedingungen (AGB-Gesetz), BT-Drucks. 07/3919, S. 9, 10.

28 Begründung des Regierungsentwurfs eines Gesetzes zur Regelung des Rechts der Allgemeinen Geschäftsbedingungen (AGB-Gesetz), BT-Drucks. 07/3919, S. 13.

insbesondere infolge des Berichts des Rechtsausschusses[29], trat das AGB-Gesetz letztlich am 1. April 1977 in Kraft.

In den folgenden Jahren kam es lediglich zu wenig bedeutenden Gesetzesänderungen. Auswirkungen hatte die sog. Klauselrichtlinie[30], die mittels Gesetzes vom 19. Juli 1996[31] umgesetzt wurde. Die Vorschriften des AGB-Gesetzes erfüllten allerdings weitestgehend die Vorgaben der Richtlinie, weshalb lediglich punktuelle Änderungen notwendig waren. Hervorzuheben ist die Einführung eines neuen § 24a AGB-Gesetz, der dem heutigen § 310 Abs. 3 BGB entspricht. Durch die Norm wurde insbesondere der sachliche Anwendungsbereich des AGB-Gesetzes auf einmalig verwendete Vertragsbedingungen erweitert. Eine Änderung des persönlichen Anwendungsbereichs fand dagegen nicht statt, da der Verbraucherbegriff der Richtlinie enger als derjenige des AGB-Gesetzes war.[32] Die Mitgliedstaaten können gem. Art. 8 über den Anwendungsbereich der Richtlinie hinausgehen, wenn daraus keine Einschränkung, sondern eine Stärkung des Verbraucherschutzes folgt. Eingeführt wurde zudem die Pflicht zur Berücksichtigung der den Vertragsschluss begleitenden Umstände. Zusammenfassend lässt sich feststellen, dass der Verbraucherschutz im Fokus der Richtlinie und des Umsetzungsgesetzes stand. Bis zur Schuldrechtsmodernisierung im Jahr 2002 wurden keine wesentlichen Änderungen mehr am AGB-Gesetz vorgenommen.

3. Integration des materiellen AGB-Rechts in das BGB im Zuge der Schuldrechtsmodernisierung

Den letzten Abschnitt bildet der Zeitraum von 2002 bis zum geltenden Recht. Im Zuge der Einführung des Schuldrechtsmodernisierungsgesetzes[33] wurde der erste und vierte Abschnitt des AGB-Gesetzes und damit der materiell-rechtliche Teil sowie der persönliche bzw. sachliche Anwendungs-

---

29 Bericht des Rechtsausschusses zum Regierungsentwurf eines Gesetzes zur Regelung der Allgemeinen Geschäftsbedingungen, BT-Drucks. 7/5422.
30 Richtlinie 93/13/EWG des Rates vom 5. April 1993 über mißbräuchliche Klauseln in Verbraucherverträgen, ABl. 1993 L 95, 29 (im Folgenden Klauselrichtlinie).
31 Gesetz zur Änderung des AGB-Gesetzes und der Insolvenzordnung vom 19.07.1996 idF. der Bekanntmachung vom 24.07.1996, BGBl. I S. 1013.
32 Im Einzelnen dazu Erster Teil § 3C.I.1.
33 Gesetz zur Modernisierung des Schuldrechts vom 26.11.2001 idF. der Bekanntmachung vom 29.11.2001, BGBl. I S. 3138.

bereich in das BGB integriert. Die Aufnahme der Normen in das BGB wurde teilweise kritisch gesehen und als Alternative hierzu der unveränderte Verbleib des AGB-Gesetzes als Sondergesetz vorgeschlagen.[34] Trotz der Kritik integrierte der Gesetzgeber die beiden Abschnitte in das BGB. Begründet wurde dies damit, dass das AGB-Gesetz aus den §§ 138, 242 BGB entstanden ist und seinen Ursprung somit im gesetzlichen Schuldrecht hat.[35] Zudem sollte die Rückführung der Sondergesetze das BGB als zentrale Zivilrechtskodifikation stärken.[36]

Die Änderungen im Rahmen der Aufnahme des AGB-Gesetzes in das BGB waren überwiegend systematischer Natur. Inhaltlich wurden die Normen nahezu nicht modifiziert. Lediglich teilweise waren Änderungen bzw. Ergänzungen notwendig, um sie an die grundlegenden Neuerungen im Schuldrecht anzupassen bzw. um den Vorgaben und Vorschlägen aus Rechtsprechung sowie Literatur gerecht zu werden.

B. Funktionen und Telos der AGB-Vorschriften

Nachdem der wirtschaftliche Hintergrund der Entstehung von AGB sowie die Schaffung des Rechts der AGB dargestellt wurden, sollen im Folgenden ihre Funktionen für den Verwender analysiert werden. Ausgehend hiervon wird die Ratio der AGB-Vorschriften ermittelt, um sie im weiteren Verlauf dieser Untersuchung auf ihre Einschlägigkeit bei der Anwendung auf Vorstandsanstellungsverträge zu überprüfen.

I. Rationalisierungs-, Lückenausfüllungs- und Rechtsfortbildungsfunktion versus vertragliche Risikoabwälzung

Die Funktionen von AGB[37] stehen in Zusammenhang mit ihrem wirtschaftlichen Hintergrund. Die durch die industrielle Revolution eingeleitete

---

34 Vgl. *Ulmer*, JZ 2001, 491; für einen umfassenden Überblick über die Diskussion siehe *Habersack*, in: Ulmer/Brandner/Hensen, AGB-Recht, Teil 1, Einl. Rn. 28 ff.

35 Begründung des Regierungsentwurfs eines Gesetzes zur Modernisierung des Schuldrechts, BT-Drucks. 14/6040, S. 149.

36 Begründung des Regierungsentwurfs eines Gesetzes zur Modernisierung des Schuldrechts, BT-Drucks. 14/6040, S. 79.

37 Vgl. für einen Überblick über die Funktionen von AGB *Grüneberg*, in: Grüneberg, Vor. § 305 Rn. 4 ff; detailliert zu den einzelnen Funktionen *Fornasier*, in: Münch-Komm-BGB, Vor. § 305 Rn. 1 ff.; *Pfeiffer*, in: Wolf/Lindacher/Pfeiffer, AGB-Recht,

Massenproduktion und der daraus folgende Massenkonsum von Waren und Dienstleistungen sind stetig angestiegen. Einzelvertragliches Aushandeln der Geschäftsbedingungen zwischen den Parteien ist im modernen Wirtschaftsverkehr weder gewollt noch, in den meisten Fällen, tatsächlich möglich.

Elementare Funktion von AGB ist daher die Abwicklung von Massenverträgen zu rationalisieren und zu vereinfachen.[38] Das betrifft zum einen die Rationalisierung des Vertragsabschlusses und zum anderen die Vereinheitlichung der Vertragsabwicklung, wodurch unter anderem Liefer- bzw. Leistungszeit, Gefahrtragung und Erfüllungsort einheitlich geregelt werden.[39] AGB erleichtern die Organisation des Unternehmens und ermöglichen es, die Kosten sowie Anstrengungen des Verwenders – sowie grds. auch des Kunden – gering zu halten.[40] Es handelt sich aus Sicht des Gesetzgebers um eine positiv zu bewertende Funktion und ist einer der Gründe der Rechtfertigung von AGB.[41] Würde sich der Verwender keiner vorgefertigten Vertragsbedingungen bedienen, müssten die Einzelheiten jedes Vertrags mit der anderen Partei ausgehandelt werden. Da dies unzweckmäßig und eine erhebliche Beschränkung des Wirtschaftsverkehrs wäre, kommt der Rationalisierung elementare Bedeutung zu.

Eine weitere Funktion von AGB ist die sog. Lückenausfüllungsfunktion.[42] Das BGB regelt insbesondere die besonders häufig vorkommenden und geläufigen Verträge wie Kauf-, Dienst- und Werkverträge. Mit dem technischen Fortschritt und der wirtschaftlichen Expansion der letzten Jahrzehnte entwickelten sich jedoch immer neuere Geschäftsformen und

---

Einl. Rn. 1 ff.; *Habersack*, in: Ulmer/Brandner/Hensen, AGB-Recht, Teil 1, Einl. Rn. 4 ff.

38 Begründung des Regierungsentwurfs eines Gesetzes zur Regelung des Rechts der Allgemeinen Geschäftsbedingungen (AGB-Gesetz), BT-Drucks. 07/3919, S. 9; *Raiser*, Das Recht der Allgemeinen Geschäftsbedingungen, S. 20 ff.; *Fornasier*, in: Münch-Komm-BGB, Vor. § 305 Rn. 2; *Pfeiffer*, in: Wolf/Lindacher/Pfeiffer, AGB-Recht, Einl. Rn. 1; *Habersack*, in: Ulmer/Brandner/Hensen, AGB-Recht, Teil 1, Einl. Rn. 4.

39 *Habersack*, in: Ulmer/Brandner/Hensen, AGB-Recht, Teil 1, Einl. Rn. 4; *Fornasier*, in: MünchKomm-BGB, Vor. § 305 Rn. 2; *Pfeiffer*, in: Wolf/Lindacher/Pfeiffer, AGB-Recht, Einl. Rn. 1.

40 *Fornasier*, in: MünchKomm-BGB, Vor § 305 Rn. 2.

41 Begründung des Regierungsentwurfs eines Gesetzes zur Regelung des Rechts der Allgemeinen Geschäftsbedingungen (AGB-Gesetz), BT-Drucks. 07/3919, S. 9.

42 Begründung des Regierungsentwurfs eines Gesetzes zur Regelung des Rechts der Allgemeinen Geschäftsbedingungen (AGB-Gesetz), BT-Drucks. 07/3919, S. 9; *Fornasier*, in: MünchKomm-BGB, Vor. § 305 Rn. 2.

damit Vertragstypen, die der damalige Gesetzgeber nicht vorhersehen und dementsprechend auch nicht regeln konnte.[43] AGB dienen in diesem Bereich der Lückenausfüllung.

Eng verbunden mit der Lückenausfüllungsfunktion ist die durch AGB stattfindende Rechtsfortbildung. Das BGB enthält zu den Vertragstypen, die in ihm ausdrücklich geregelt sind, lediglich Rahmenbestimmungen.[44] Das Bedürfnis der Vertragsparteien nach einer möglichst umfassenden und detaillierten Regelung aller Rechtsfragen zur Vermeidung etwaiger Streitigkeiten wird dadurch nur teilweise befriedigt. Diese Lücken sollen durch AGB geschlossen werden, indem sie die gesetzlichen Rahmenbestimmungen ergänzen. Teilweise weichen sie davon auch ab, soweit es sich um dispositives Recht handelt. Generell wird durch die Rechtsfortbildungsfunktion gewährleistet, dass Vertragsbedingungen von Massengeschäften möglichst rasch an veränderte wirtschaftliche und technische Entwicklungen angepasst werden können.[45]

Neben den positiv zu bewertenden Funktionen dienen AGB in aller Regel auch der Risikoabwälzung.[46] Wie *Raiser* bereits 1935 feststellte[47] und der Gesetzgeber des AGB-Gesetzes in seiner Begründung hierzu ausführte[48], sind AGB unter anderem von dem Bestreben ihrer Verwender geprägt, die Rechte des Verwendungsgegners durch Abwälzen der Risiken auf diesen zu verkürzen und dadurch die eigene Rechtsposition zu stärken. Der Verwender erreicht dadurch, dass die einem Vertrag immanenten Risiken der anderen Partei aufgebürdet und die eigenen somit verringert werden. Das BGB setzt im Gegensatz dazu Vertragsfreiheit voraus, also durch freies

---

43 Zu nennen wären z.B. der Leasing- oder Mobilfunkvertrag, *Fornasier*, in: Münch-Komm-BGB, Vor. § 305 Rn. 2; ähnlich auch Begründung des Regierungsentwurfs eines Gesetzes zur Regelung des Rechts der Allgemeinen Geschäftsbedingungen (AGB-Gesetz), BT-Drucks. 07/3919, S. 9.

44 Vgl. *Fornasier*, in: MünchKomm-BGB, Vor. § 305 Rn. 2.

45 Begründung des Regierungsentwurfs eines Gesetzes zur Regelung des Rechts der Allgemeinen Geschäftsbedingungen (AGB-Gesetz), BT-Drucks. 07/3919, S. 9.

46 Begründung des Regierungsentwurfs eines Gesetzes zur Regelung des Rechts der Allgemeinen Geschäftsbedingungen (AGB-Gesetz), BT-Drucks. 07/3919, S. 9; *Fornasier*, in: MünchKomm-BGB, Vor. § 305 Rn. 3; *Habersack*, in: Ulmer/Brandner/Hensen, AGB-Recht, Teil 1, Einl. Rn. 5.

47 *Raiser*, Das Recht der Allgemeinen Geschäftsbedingungen, S. 21.

48 Begründung des Regierungsentwurfs eines Gesetzes zur Regelung des Rechts der Allgemeinen Geschäftsbedingungen (AGB-Gesetz), BT-Drucks. 07/3919, S. 9.

Aushandeln bei gleichwertiger Ausgangsposition Vertragsgerechtigkeit zu schaffen.[49]

AGB sind jedoch nicht frei ausgehandelt, sondern werden einseitig vorgegeben. Der Verwender nimmt die Vertragsgestaltungsfreiheit einseitig in Anspruch und nutzt sie dazu aus, dem Verwendungsgegner die für ihn günstigen Bedingungen zu diktieren. Es fehlt zudem an gleichwertigen Ausgangspositionen, da der Verwender durch die Verwendung der AGB bereits einen organisatorischen Vorsprung hat. Es sei bereits an dieser Stelle darauf hingewiesen, dass die einseitige Inanspruchnahme der Vertragsgestaltungsfreiheit in engem Zusammenhang mit dem Zweck der §§ 305 ff. BGB steht.[50]

II. Rechtfertigung der AGB-Vorschriften aus Vertragsgestaltungsgründen und Wettbewerbsstörungsgründen

Soeben wurden die Funktionen dargestellt, die AGB für ihre Verwender haben. Neben der Rationalisierung der Abwicklung von Massenverträgen, der Lückenausfüllung und der Rechtsfortbildung steht die vertragliche Risikoabwälzung im Vordergrund. Abzugrenzen von den Funktionen der AGB ist das Telos der AGB-*Vorschriften*.

Im Zivilrecht gilt der über Art. 2 Abs. 1 GG gewährleistete Grundsatz der Privatautonomie. Den Parteien steht die Abschluss- und Gestaltungsfreiheit von Verträgen zu. Von der Gestaltungsfreiheit umfasst sind die Bedingungen, unter denen ein Vertrag geschlossen wird. Nimmt man dies als Ausgangspunkt, stellt sich die Frage nach der Notwendigkeit gesetzlicher Vorgaben hinsichtlich der Ausgestaltung von AGB. Denn aus der Privatautonomie folgt, dass die Parteien den Vertragsinhalt grds. frei aushandeln können, wenn nicht bestimmte Grenzen, wie sie z.B. §§ 134, 138 BGB festlegen, überschritten werden. In Bezug auf AGB würde man somit zu dem Schluss kommen, dass der Verwendungsgegner die Bedingungen überprüft und bei umfassender Risikoabwälzung zu seinen Lasten Vertragsverhandlungen anstrebt und bei deren Scheitern vom Vertragsschluss absieht bzw. sich einen anderen Vertragspartner sucht.

---

49 Begründung des Regierungsentwurfs eines Gesetzes zur Regelung des Rechts der Allgemeinen Geschäftsbedingungen (AGB-Gesetz), BT-Drucks. 07/3919, S. 9.
50 Detailliert hierzu Erster Teil § 1B.III.2.

Diese Annahme trifft nicht zu. In aller Regel nimmt der Verwendungsgegner die AGB widerspruchslos hin, ein Aushandeln der Bedingungen
findet nicht statt, obwohl die Vertragsfreiheit dies ermöglichen würde.
Dementsprechend besteht grds. die Notwendigkeit einer gesetzlichen Kontrolle. Es stellt sich jedoch die Frage, weshalb AGB meist zu Lasten der
Verwendungsgegner ausgestaltet sind und die Verwender die Vertragsgestaltungsfreiheit einseitig in Anspruch nehmen können.[51]
Die Ursache hierfür liegt in einem strukturellen Informations- und Motivationsgefälle zwischen Verwender und Verwendungsgegner.[52] Der Verwender kann im Vorfeld des Vertragsabschlusses die typischen, vertragsimmanenten Risiken ohne zeitlichen Druck analysieren.[53] Ausgehend hiervon
kann er die AGB zu seinen Gunsten ausgestalten und die Risiken auf den
Verwendungsgegner abwälzen. Im Gegensatz dazu unterliegt der Verwendungsgegner meist einem Informationsdefizit. Der Verwendungsgegner hat
keine umfassende Analyse der Risiken durchgeführt. Für die konkrete Abschlusssituation hat dies zur Folge, dass er überfordert ist, die vorgelegten
AGB auf ihre Angemessenheit hin zu überprüfen.[54] In Zusammenhang
hiermit steht das Motivationsgefälle. Grds. würde für den Verwendungsgegner ebenfalls die Möglichkeit bestehen, die AGB vor Vertragsabschluss, evtl.
unter Inanspruchnahme eines Rechtsbeistands, zu analysieren. Allerdings
sind die hierfür notwendigen Transaktionskosten unverhältnismäßig zu
ihrem Nutzen.[55] Anders als der Verwender kann er keine positiven Skaleneffekte ausnutzen, die AGB also durch unwesentlichen Aufwand entsprechend anpassen und dadurch auf diverse Vertragsverhältnisse anwenden.[56]
Der Verwender kann durch die mehrmalige Verwendung die für Analyse

---

51 Vgl. für eine umfassende Untersuchung dieser Frage *Fornasier*, Freier Markt und
zwingendes Vertragsrecht, S. 147 ff.

52 *Adams*, in: Neumann, Ansprüche, Eigentums- und Verfügungsrechte, S. 662 f.; *Fornasier*, in: MünchKomm-BGB, Vor. § 305 Rn. 6 ff; *Fornasier*, Freier Markt und zwingendes Vertragsrecht, S. 154 ff.; *Köndgen*, NJW 1989, 943 (946 f.); *Leuschner*, AcP 207
(2007), 491 (495 ff.); *Pfeiffer*, in: Wolf/Lindacher/Pfeiffer, AGB-Recht, Einl. Rn. 15;
Fuchs, in: Ulmer/Brandner/Hensen, AGB-Recht, Teil 1, Vor. § 307 Rn. 36; *Wendland*,
in: Staudinger BGB, § 307 Rn. 2 ff.

53 Vgl. *Leuschner*, AcP 207 (2007), 491 (495 ff.).

54 *Wendland*, in: Staudinger BGB, § 307 Rn. 2 ff.; *Leuschner*, AcP 207 (2007), 491
(495 f.).

55 Ausführlich dazu *Fornasier*, Freier Markt und zwingendes Vertragsrecht, S. 155 ff;
Adams, in: Neumann, Ansprüche, Eigentums- und Verfügungsrechte, S. 663; *Fornasier*, in: MünchKomm-BGB, Vor. § 305 Rn. 6 ff.

56 Im Einzelnen *Fornasier*, Freier Markt und zwingendes Vertragsrecht, S. 155 ff.

und Ausgestaltung notwendigen Transaktionskosten amortisieren. Folge des strukturellen Informations- und Motivationsgefälles ist eine rationale Ignoranz[57] des Verwendungsgegners. Sein Verhalten ist in Anbetracht der Kosten und Nutzen als vernünftig einzustufen, denn der finanzielle und zeitliche Aufwand, der für ihn entstehen würde, kann bei einmaligem Vertragsabschluss nicht kompensiert werden.

Das strukturelle Informations- und Motivationsgefälle zwischen Verwender und Verwendungsgegner führt zu einem partiellen Marktversagen.[58] Der Markt ist in Bezug auf AGB nicht in der Lage, selbst zu ihrer Regulierung beizutragen und dadurch gewisse Standards zu setzen. Die Verwender werden bei besonders ungünstigen Bedingungen durch ausbleibende Vertragspartner nicht zur Anpassung veranlasst. Die einseitige Inanspruchnahme der Vertragsgestaltungsfreiheit durch den Verwender sowie das Fehlen eines effizienten Wettbewerbs sind Elemente dieses partiellen Marktversagens.[59] Das erste Element betrifft das konkrete Vertragsverhältnis und somit die individuelle Ebene.[60] Es steht im Widerspruch zu einem wesentlichen Grundsatz des BGB. Das Zivilrecht setzt Vertragsfreiheit voraus, also Vertragsgerechtigkeit durch freies Aushandeln der Vertragsbedingungen bei gleichwertiger Ausgangsposition zu schaffen.[61] AGB werden allerdings vom Verwender vorgegeben. Die Vertragsbedingungen werden somit in gewisser Weise diktiert. Der Verwendungsgegner partizipiert nicht an der Vertragsgestaltungsfreiheit, sondern unterwirft sich den AGB. Die Vertragsgerechtigkeit wird hierdurch gestört. Im Zusammenhang damit ist das zweite Element – das Fehlen eines effektiven Konditionenwettbewerbs – zu sehen, welches die überindividuelle Ebene betrifft.[62] Kunden orientieren sich primär am Preis der angebotenen Leistung und nicht an der

---

57 *Eidenmüller*, JZ 2005, 216 (222); *Fornasier*, Freier Markt und zwingendes Vertragsrecht, S. 158 f.; *Leuschner*, AcP 207 (2007), 491 (505).

58 *Adams*, in: Neumann, Ansprüche, Eigentums- und Verfügungsrechte, S. 663 ff.; *Fornasier*, Freier Markt und zwingendes Vertragsrecht, S. 159 ff.; *Fornasier*, in: Münch-Komm-BGB, Vor. § 305 Rn. 6 ff.; *Fuchs*, in: Ulmer/Brandner/Hensen, AGB-Recht, Teil 1, Vor. § 307 Rn. 36.

59 *Herresthal*, ZIP 2014, 345 (350); *Fornasier*, Freier Markt und zwingendes Vertragsrecht, S. 159 ff.; vgl. auch *Canaris*, AcP 200 (2000), 273 (322 ff.)

60 Im Einzelnen *Fornasier*, Freier Markt und zwingendes Vertragsrecht, S. 160 f.

61 Begründung des Regierungsentwurfs eines Gesetzes zur Regelung des Rechts der Allgemeinen Geschäftsbedingungen (AGB-Gesetz), BT-Drucks. 07/3919, S. 9.

62 *Fornasier*, Freier Markt und zwingendes Vertragsrecht, S. 161 ff.

konkreten Ausgestaltung der Vertragsbedingungen.[63] Es findet ein Vergleich der unterschiedlichen Preise und nicht der AGB statt. Für den Verwender steht somit im Fokus, einen möglichst niedrigen Preis anbieten zu können. Ein bewährtes Mittel hierzu ist die kundenfeindliche Ausgestaltung der AGB, denn bspw. durch einseitige Leistungsänderungsvorbehalte sowie Freizeichnungsklauseln können sowohl Produktions- als auch Vertriebskosten gesenkt werden.[64] In der Folge führt dies dazu, dass AGB immer kundenfeindlicher ausgestaltet werden, um auf diese Weise den Preis zu senken. Der Markt ist nicht in der Lage, sich selbst zu regulieren. Das Vorliegen einer einseitigen Inanspruchnahme der Vertragsgestaltungsfreiheit allein könnte als unproblematisch gesehen werden, wenn dem Kunden eine Auswahl an mehreren Vertragspartnern mit divergierenden AGB zustehen würde. Denn nach dem Grundsatz der Privatautonomie obliegt den Parteien sowohl die Vertragsabschluss- als auch die Vertragsgestaltungsfreiheit. Unterwirft sich eine Partei somit bewusst und trotz Alternativen einem für sie nachteiligen Vertrag unter einseitig vorgegebenen Vertragsbedingungen, wäre dies grds. zu respektieren. An einem solchen Konditionenwettbewerb fehlt es jedoch im modernen Wirtschaftsverkehr. Die beiden Elemente, also die einseitige Inanspruchnahme der Vertragsgestaltungsfreiheit unter Ausschluss des Verwendungsgegners sowie der fehlende Konditionenwettbewerb in Bezug auf die Bedingungen, führen im Zusammenspiel zu einem Marktversagen, das es durch die AGB-Vorschriften zu verhindern gilt.

III. Weitere Begründungsversuche als Ratio der AGB-Vorschriften

Die Verhinderung eines partiellen Marktversagens als Folge eines strukturellen Informations- und Motivationsgefälles stellt das Telos der AGB-Vorschriften dar. In Schrifttum und Rechtsprechung finden sich daneben weitere Begründungsversuche, über die im Folgenden ein – nicht abschließender – Überblick gegeben werden soll.[65]

---

63 Als Ausgangspunkt ebenso *Adams*, in: Neumann, Ansprüche, Eigentums- und Verfügungsrechte, S. 662 ff.; *Fornasier*, Freier Markt und zwingendes Vertragsrecht, S. 162.; *Fornasier*, in: MünchKomm-BGB, Vor. § 305 Rn. 6 ff.

64 *Fornasier*, Freier Markt und zwingendes Vertragsrecht, S. 162.

65 Insbesondere in früherer Zeit wurden mehrere Schutzzwecke der richterlichen Inhaltskontrolle diskutiert. Eine Zusammenfassung findet sich bei *Hellwege*, Allgemeine Geschäftsbedingungen, einseitig gestellte Vertragsbedingungen und die allgemeine Rechtsgeschäftslehre, S. 290 ff.; hervorzuheben ist hierbei das Werk *Raiser*, Das Recht der Allgemeinen Geschäftsbedingungen.

1. Ausgleich der Überlegenheit des Verwenders nach Gesetzesbegründung

Bei der Analyse des Telos einzelner Rechtsvorschriften bzw. eines Rechtsinstituts kommt der Gesetzesbegründung eine entscheidende Bedeutung zu. Der Gesetzgeber des AGB-Gesetz ging von der Überlegung aus, dass der Verwender von AGB einen organisatorischen Vorsprung gegenüber dem Verwendungsgegner hat.[66] Er folgt daraus, dass der Verwender die wirtschaftlichen Geschäftsrisiken und deren nachteilige Konsequenzen im Vorfeld analysiert und durch entsprechende Ausgestaltung der Bedingungen von sich abgewendet hat.[67] Der organisatorische Vorsprung steht somit im Zusammenhang mit der sog. Risikoabwälzungsfunktion. Im Gegensatz dazu kann sich der Verwendungsgegner im Vorfeld nicht mit den vertraglichen Risiken auseinandersetzen, sondern wird mit den ausformulierten Klauseln konfrontiert.

Für die konkrete Abschlusssituation hat dies zur Folge, dass er überfordert ist, die vorgelegten AGB auf ihre Angemessenheit hin zu überprüfen.[68] Der organisatorische Vorsprung wird häufig durch eine wirtschaftliche oder intellektuelle Überlegenheit des Verwenders verstärkt.[69] Nach Ansicht des Gesetzgebers war dem entgegenzuwirken, denn das BGB geht von der Grundvorstellung aus, dass Vertragsgerechtigkeit durch freies Aushandeln der Vertragsbedingungen durch gleichberechtigte Parteien gewährleistet wird.[70] Diese Vorstellung ist eine wesentliche Rechtfertigung der Privatautonomie. Hat eine Vertragspartei einen wesentlichen Vorsprung und fehlt es somit an den Voraussetzungen, kann die Vertragsgerechtigkeit nicht mehr gewährleistet werden. Aufgabe des AGB-Gesetzes war es demnach, die Überlegenheit des Verwenders durch entsprechende Normen zugunsten des Verwendungsgegners in sachgerechter und vernünftiger Weise auszugleichen.[71]

---

66 Begründung des Regierungsentwurfs eines Gesetzes zur Regelung des Rechts der Allgemeinen Geschäftsbedingungen (AGB-Gesetz), BT-Drucks. 07/3919, S. 13.
67 Begründung des Regierungsentwurfs eines Gesetzes zur Regelung des Rechts der Allgemeinen Geschäftsbedingungen (AGB-Gesetz), BT-Drucks. 07/3919, S. 13.
68 So auch *Wendland*, in: Staudinger BGB, § 307 Rn. 2 ff.; *Leuschner*, AcP 207 (2007), 491 (495 f.).
69 Begründung des Regierungsentwurfs eines Gesetzes zur Regelung des Rechts der Allgemeinen Geschäftsbedingungen (AGB-Gesetz), BT-Drucks. 07/3919, S. 13.
70 Begründung des Regierungsentwurfs eines Gesetzes zur Regelung des Rechts der Allgemeinen Geschäftsbedingungen (AGB-Gesetz), BT-Drucks. 07/3919, S. 13.
71 Begründung des Regierungsentwurfs eines Gesetzes zur Regelung des Rechts der Allgemeinen Geschäftsbedingungen (AGB-Gesetz), BT-Drucks. 07/3919, S. 13.

Kritisch anzumerken ist bzgl. dieses Begründungsversuchs, dass § 305 Abs. 1 S. 1 BGB als maßgeblicher Tatbestand keinen Hinweis auf eine solche Differenzierung enthält.[72] Auch in den sonstigen AGB-Vorschriften finden sich insoweit keine Anhaltspunkte. Es erscheint zudem fraglich, weshalb die vertragliche Hauptleistungspflicht nach § 307 Abs. 3 S. 1 BGB nicht der Inhaltskontrolle unterworfen ist, wenn Ratio die Kompensation wirtschaftlicher bzw. intellektueller Unterlegenheit sein soll.[73]

2. Einseitige Inanspruchnahme der Vertragsgestaltungsfreiheit nach BGH

Nach der Rechtsprechung des BGH ist die durch den Verwender einseitig in Anspruch genommene Vertragsgestaltungsfreiheit Telos der AGB-Kontrolle.[74] Der BGH zog diesen Begründungsansatz bereits im Rahmen der richterlichen Inhaltskontrolle heran. Ursprünglich[75] fand eine Überprüfung von AGB anhand von § 138 BGB nach der Rechtsprechung des RG nur dann statt, wenn der Verwender Inhaber eines Monopols war. Im Laufe der Zeit wurde diese Rechtsprechung aufgeweicht und auf Fälle ausgedehnt, bei denen zwar keine absolute Monopolstellung, dafür aber ein für den Verkehr unentbehrliches Gewerbe vorlag. Der BGH erweiterte die Kontrolle und stützte sie auf § 242 BGB. Aus dem Gebot von Treu und Glauben folge nach Ansicht des Gerichts, dass bereits bei erstmaliger Formulierung der AGB die Interessen der künftigen Vertragspartner zu berücksichtigen seien.[76] AGB waren damit unwirksam, wenn sie auf Kosten des Verwendungsgegner die missbräuchliche Verwendung einseitiger Interessen darstellten.

Dieser Begründungansatz entspricht im Wesentlichen demjenigen, den der BGH nunmehr als Ratio der AGB-Vorschriften heranzieht.[77] Die Inhaltskontrolle nach den §§ 305 ff. BGB rechtfertigt sich danach aus der

---

72 *Leuschner*, AcP 207 (2007), 491 (494 f.); *Fornasier*, Freier Markt und zwingendes Vertragsrecht, S. 148 ff.

73 *Leuschner*, AcP 207 (2007), 491 (494 f.).

74 Vgl. BGH, Urt. v. 30.06.1994 – VII ZR 116/93, NJW 1994, 2825 (2826); BGH, Urt. v. 17.02.2010 – VIII ZR 67/09, NJW 2010, 1131 (1132); BGH, Urt. v. 04.07.2017 – XI ZR 562/15, NJW 2017, 2986 (2991); siehe zu dieser Feststellung insbesondere *Herresthal*, Reform der AGB-Kontrolle im B2B-Bereich: Rechtslage-Reformdiskussion-Regelungsvorschlag, S. 31 f.; *Leuschner*, AcP 207 (2007), 491 (497); *Fuchs*, in: Ulmer/Brandner/Hensen, AGB-Recht, Teil 1, Vor. § 307 Rn. 26.

75 Im Einzelnen Erster Teil § 1A.II.1.

76 Vgl. zur Rechtsprechung vor Schaffung des AGB-Gesetzes und den folgenden Ausführungen BGH, Urt. v. 11.11.1968 – VIII ZR 151/66, NJW 1969, 230 (231 f.).

77 Ausführlich hierzu BGH, Urt. v. 04.07.2017 – XI ZR 562/15, NJW 2017, 2986 (2991).

einseitigen Inanspruchnahme der Vertragsgestaltungsfreiheit, welche die Vertragsgerechtigkeit als wesentlichen Grundsatz verletzt. Eine etwaige wirtschaftliche oder intellektuelle Überlegenheit ist dagegen unbeachtlich.

Dem Begründungsversuch des BGH ist grds. zuzustimmen. Es wurde bereits festgestellt, dass die Verwender von AGB die Vertragsgestaltungsfreiheit einseitig in Anspruch nehmen und dies im Widerspruch zum BGB steht, das von der Grundvorstellung der Vertragsgerechtigkeit aufgrund eines freien Aushandelns gleichberechtigter Parteien ausgeht. Es handelt sich bei diesem Ansatz allerdings lediglich um ein Teilelement, das um andere Bestandteile zu ergänzen ist.

3. Verbraucherschutz als Bestandteil des Telos

Der Verbraucherschutz nimmt eine Sonderrolle bzgl. des Telos der AGB-Vorschriften ein. Der Verbraucherschutzgedanke zieht sich dabei nahezu durch das gesamte Gesetzgebungsverfahren. Er war bereits Gegenstand des Berichts der Bundesregierung zur Verbraucherpolitik[78], der einen Grundstein für die Schaffung des AGB-Gesetzes legte und in dem ausgeführt wurde, dass ein wirksamer Schutz vor unangemessenen Vertragsbedingungen unerlässlich sei.[79] Dominiert wurde das Gesetzgebungsverfahren hiervon allerdings nicht. In der Gesetzesbegründung wurde er lediglich am Rande erwähnt. Die wesentliche Aufgabe des Gesetzes sei ausweislich der Begründung vielmehr der Ausgleich der Überlegenheit des Verwenders zugunsten des Verwendungsgegners.[80] In Zusammenhang damit ist die Klauselrichtlinie zu sehen. Prägendes Schutzkonzept der Richtlinie ist nach Art. 1 Abs. 1 die Angleichung der Normen der Mitgliedstaaten über missbräuchliche Klauseln in Verträgen zwischen Gewerbetreibenden und Verbrauchern, also ebenfalls der Verbraucherschutz. Mit ihrer Umsetzung wurde der sachliche, nicht jedoch der persönliche Anwendungsbereich über § 310 Abs. 3 BGB erweitert.

---

78 Bericht der Bundesregierung zur Verbraucherpolitik, BT-Drucks. VI/2724.
79 Bericht der Bundesregierung zur Verbraucherpolitik, BT-Drucks. VI/2724, S. 8.
80 Begründung des Regierungsentwurfs eines Gesetzes zur Regelung des Rechts der Allgemeinen Geschäftsbedingungen (AGB-Gesetz), BT-Drucks. 07/3919, S. 13.

Der Verbraucherschutz ist allerdings nicht als weiteres, zusätzliches Schutzkonzept zu sehen, sondern als Bestandteil der Ratio.[81] Obwohl bestimmte Normen ausschließlich auf Verbraucher anwendbar sind, ergibt sich hieraus nichts anderes. Der Verbraucherschutz ist *situationsbezogen*, er folgt nicht aus einer *personenbezogenen* Unterlegenheit.[82] Das zeigt z.B. § 310 Abs. 3 Nr. 2 BGB, wonach die Inhaltskontrolle auf einmalig verwendete AGB Anwendung findet, soweit der Verbraucher auf Grund ihrer *Vorformulierung* keinen Einfluss auf ihren Inhalt nehmen konnte. Die fehlende Möglichkeit der Einflussnahme folgt aus der Vorformulierung, sie ist situationsbedingt.[83] Auf eine wirtschaftliche bzw. intellektuelle Unterlegenheit wird nicht abgestellt, sie ist nicht der entscheidende Anknüpfungspunkt. Grundgedanke ist damit wiederum das Informations- und Motivationsgefälle. Verbraucher unterliegen typischerweise einem solchen Defizit, woraus sich ihre Schutzbedürftigkeit rechtfertigt. In der Folge ist der Verbraucherschutz nicht als eigenständiges Telos zu qualifizieren, sondern als integraler Bestandteil der – oben dargestellten – Ratio.

C. Zwischenergebnis

AGB wurden im 19. Jahrhundert als Folge der industriellen Revolution zu einem Massenphänomen. Obwohl im Geschäftsverkehr mehr und mehr unangemessene Geschäftsbedingungen verwendet wurden, griff der Gesetzgeber zunächst nur punktuell ein. Bis dahin behalf sich die Rechtsprechung einer richterlichen Inhaltskontrolle, die zunächst auf monopolartige Fälle beschränkt war, im Laufe der Zeit allerdings erweitert wurde. Mit der Schaffung des AGB-Gesetzes, das im Zuge der Schuldrechtsmodernisierung in das BGB integriert wurde und wesentliche Änderungen lediglich durch die Klauselrichtlinie erfuhr, wurden die Rechtsprechungsgrundsätze gesetzlich niedergelegt.

AGB haben mit ihrer Rationalisierungs-, Lückenausfüllungs- und Rechtsfortbildungsfunktion positiv zu bewertende Effekte. Als problematisch kristallisierte sich dagegen die Abwälzung der vertragsimmanenten

---

81 *Wendland*, in: Staudinger BGB, § 307 Rn. 3; ähnlich auch *Leuschner*, AcP 207 (2007), 491 (505 ff.); abgestellt wird hier auf den Schutz vor einem partiellen Marktversagen aufgrund eines strukturellen Informations- und Motivationsgefälles, da dies der überzeugendere Ansatz ist.

82 Ausführlich hierzu *Leuschner*, AcP 207 (2007), 491 (505 ff.).

83 *Leuschner*, AcP 207 (2007), 491 (505).

Risiken auf den Verwendungsgegner heraus. Sie steht im Zusammenhang mit dem Telos der AGB-Vorschriften, die ein partielles Marktversagen der individuellen und überindividuellen Ebene verhindern sollen, das aus einem strukturellen Informations- und Motivationsgefälle zwischen Verwender und Verwendungsgegner folgt. Der Verbraucherschutz ist Bestandteil der AGB-Kontrolle, beruht jedoch ebenfalls auf dem Gedanken der situationsbedingten Unterlegenheit. Den Ausgleich der Überlegenheit des Verwenders zugunsten des Verwendungsgegners kann die AGB-Kontrolle dagegen nicht rechtfertigen.

§ 2 Anwendbarkeit der AGB-Kontrolle auf Vorstandsanstellungsverträge

In den folgenden Ausführungen soll die Anwendbarkeit der AGB-Kontrolle auf Vorstandsanstellungsverträge untersucht werden. Die Analyse hat dabei zunächst de lege lata zu erfolgen. Erst nach Feststellung der geltenden Rechtslage sollen Aspekte berücksichtigt werden, die sich auf die Anwendbarkeit der AGB-Kontrolle auswirken und ggf. zu einer anderen Beurteilung führen könnten. Wesentliche Bedeutung kommt dem Telos der AGB-Vorschriften zu, das auf seine Einschlägigkeit hin überprüft werden soll.

A. Vorstandsanstellungsvertrag als Dienstvertrag in Form eines Geschäftsbesorgungsvertrags

Der Vorstandsanstellungsvertrag ist ein Dienstvertrag, der eine Geschäftsbesorgung zum Gegenstand hat.[84] Er richtet sich demnach nach den §§ 611 ff. BGB iVm. § 675 BGB. Es handelt sich nicht um einen Arbeitsvertrag iSd. § 611a BGB, Vorstandsmitglieder sind nicht als Arbeitnehmer zu qualifizieren.[85] Es fehlt bei ihnen an der für Arbeitnehmer charakteris-

---

[84] BGH, Urt. v. 11.07.1953 – II ZR 126/52, NJW 1953, 1465; *Fleischer*, in: BeckOGK AktG, § 84 Rn. 26 (Stand: 1. April 2023); *Cahn*, in: Kölner Kommentar zum Aktiengesetz, § 84 Rn. 34; *Spindler*, in: MünchKomm-AktG, § 84 Rn. 64; *Thüsing*, in: Fleischer, Handbuch des Vorstandsrechts, § 4 Rn. 53.

[85] BGH, Urt. v. 11.07.1953 – II ZR 126/52, NJW 1953, 1465; BGH, Urt. v. 16.12.1953 – II ZR 41/53, NJW 1954, 505, (507 f.); BGH, Urt. v. 07.12.1961 – II ZR 117/60, NJW 1962, 340 (343); *Kort*, in: Großkommentar Aktiengesetz, § 84 Rn. 272; *Cahn*, in: Kölner Kommentar zum Aktiengesetz, § 84 Rn. 35; *Spindler*, in: MünchKomm-AktG, § 84

tischen Weisungsgebundenheit sowie der persönlichen Abhängigkeit vom Arbeitgeber.[86]

Das Anstellungsverhältnis ist vom Organverhältnis nach dem sog. Trennungsgrundsatz zu unterscheiden.[87] Einen gesetzlichen Anhaltspunkt für die Geltung dieses Grundsatzes geben § 84 Abs. 1 S. 5, 1. HS. AktG sowie Abs. 4 S. 5 AktG.[88] Ersterer differenziert explizit zwischen der Bestellung und der Anstellung, indem er die sinngemäße Anwendung der organschaftlichen Bestimmungen auf den Anstellungsvertrag anordnet. Nach Abs. 4 S. 5 der Norm führt der Widerruf der Bestellung nicht notwendigerweise zum Erlöschen der Ansprüche aus dem Anstellungsvertrag, was ebenfalls für eine Trennung der beiden Rechtsverhältnisse spricht. Allerdings stehen beide Rechtsverhältnisse trotz ihrer Trennung in einem tatsächlichen und rechtlichen Zusammenhang,[89] wie sich an mehreren Stellen dieser Untersuchung zeigen wird. Bspw. kann der Anstellungsvertrag die organschaftlichen Rechten und Pflichten konkretisieren und ergänzen, hat im Kollisionsfall allerdings hinter die gesetzlichen Regelungen des Organverhältnisses zurückzutreten.[90] Zudem wird der Organstellung dadurch der Boden entzogen, dass die Gesellschaft das Anstellungsverhältnis wirksam kündigt, da ohne Vertragsgrundlage und damit verbundener Vergütungsregelung das Vorstandsmitglied nicht weiter tätig sein wird.[91]

Rn. 65; *Fleischer*, in: BeckOGK AktG, § 84 Rn. 27 (Stand: 1. April 2023); *Thüsing*, in: Fleischer, Handbuch des Vorstandsrechts, § 4 Rn. 54; *Seyfarth*, Vorstandsrecht, § 4 Rn. 20.

86 Die Frage nach der Arbeitnehmereigenschaft stellt sich vor allem im Rahmen von § 310 Abs. 4 S. 2 BGB und wird an dieser Stelle ausführlich behandelt; vgl. zu den Einzelheiten Erster Teil § 3B.I.

87 Ganz überwiegende Meinung, vgl. nur BGH, Urt. v. 24.11.1980 – II ZR 182/79, NJW 1981, 757 (758); *Fleischer*, in: BeckOGK AktG, § 84 Rn. 7 (Stand: 1. April 2023); *Cahn*, in: Kölner Kommentar zum Aktiengesetz, § 84 Rn. 4; *Spindler*, in: MünchKomm-AktG, § 84 Rn. 10; *Thüsing*, in: Fleischer, Handbuch des Vorstandsrechts, § 4 Rn. 1 ff.

88 *Fleischer*, in: BeckOGK AktG, § 84 Rn. 7 (Stand: 1. April 2023); *Cahn*, in: Kölner Kommentar zum Aktiengesetz, § 84 Rn. 4; *Spindler*, in: MünchKomm-AktG, § 84 Rn. 10.

89 *Fleischer*, in: BeckOGK AktG, § 84 Rn. 8 (Stand: 1. April 2023); so auch BGH, Urt. v. 24.11.1980 – II ZR 182/79, NJW 1981, 757 (758); *Cahn*, in: Kölner Kommentar zum Aktiengesetz, § 84 Rn. 4; *Thüsing*, in: Fleischer, Handbuch des Vorstandsrechts, § 4 Rn. 4 ff.

90 So etwa *Wentrup*, in: MHdG, § 21 Rn. 2.

91 BGH, Urt. v. 24.11.1980 – II ZR 182/79, NJW 1981, 757 (758); *Thüsing*, in: Fleischer, Handbuch des Vorstandsrechts, § 4 Rn. 4.

B. Interessenlagen der von Vorstandsanstellungsverträgen betroffenen
   Parteien

Bevor die Anwendbarkeit der AGB-Kontrolle auf Vorstandsanstellungsverträge de lege lata analysiert wird, soll eine Untersuchung der Interessen
der betroffenen Parteien durchgeführt werden. Betroffene Parteien sind
primär die Vertragspartner. Auf der einen Seite steht dabei das Vorstandsmitglied, das durch den Dienstvertrag angestellt wird. Das Rechtsverhältnis
kann auch auf bestehende sowie künftige Vorstandsmitglieder ausstrahlen,
weshalb sie im Rahmen dieser Interessengruppe berücksichtigt werden
sollen. Auf der anderen Seite steht die AG, vertreten durch den Aufsichtsrat.
Neben den Vertragspartnern kann das durch den Vorstandsanstellungsvertrag begründete Rechtsverhältnis auch andere Interessengruppen tangieren.
Neben den Aktionären sind dabei etwaige Gläubiger der Gesellschaf zu
berücksichtigen.

I. Interessen des beteiligten Vorstandsmitglieds bzw. anderer
   Vorstandsmitglieder

Das Vorstandsmitglied ist eine der beiden Vertragsparteien des Anstellungsverhältnisses. Seine Interessen korrespondieren grds. nicht mit denen der
Gesellschaft. Soweit das Gesetz dispositive Regelungen enthält, wird es
daher die für ihn günstigste Vertragsbedingung anstreben. Bereits an dieser
Stelle sei jedoch darauf hingewiesen, dass dieser Grundsatz nicht unbedingt
gilt. Das Rechtsverhältnis zwischen Vorstandsmitglied und Gesellschaft ist
durch eine enge Verbundenheit sowie einer wirtschaftlichen Abhängigkeit
geprägt.[92] Unbeschadet dessen sind an dieser Stelle wesentliche Interessen
des Vorstandsmitglieds hervorzuheben, die bei der Verhandlung des Anstellungsvertrags im Fokus des Geschäftsleiters stehen und die zu denen
der Gesellschaft divergieren. Zu nennen sind etwa die Ausgestaltung der
Vergütung, der Haftung sowie der Reichweite eines etwaigen Wettbewerbsverbots.

Bei der Analyse der Interessen des Vorstandsmitglieds kommt der Vergütung besondere Bedeutung zu. Das Interesse bezieht sich dabei auf mehrere
Teilaspekte, die hinsichtlich der Vergütungsvereinbarung relevant werden
können. Neben der konkreten Höhe der Vergütung können insbesondere

---

92 Näher dazu Erster Teil § 4B.II.2.

bestimmte Auszahlungs- sowie Rückforderungsmöglichkeiten der Gesellschaft relevant werden. In jüngerer Zeit kam es infolge einer europäischen Richtlinie[93] bzw. ihrer Umsetzung durch den nationalen Gesetzgeber[94] zu wesentlichen Gesetzesänderungen. Die Grundsätze der Vergütung von Vorstandsmitgliedern ergeben sich aus §§ 87, 87a AktG. Letzterer verpflichtet den Aufsichtsrat zum Beschluss eines konkreten Vergütungssystems, das als Rahmenwerk für die einzelnen Anstellungsverträge dienen soll. Für das Vorstandsmitglied ist bei der Verhandlung insbesondere die Höhe der Vergütung von Bedeutung. Es gilt dabei zu beachten, dass sie in der Regel nicht lediglich aus einem Fixgehalt besteht, sondern sich aus festen und variablen Vergütungsbestandteilen zusammensetzt. Der variable Teil wird wiederum unterschieden in jährliche und mehrjährige Bestandteile.[95] Da er einen wesentlichen Anteil an der Gesamtvergütung ausmacht, ist er für das Vorstandsmitglied von hoher Bedeutung. Im Zusammenhang mit der Höhe bzw. den variablen Vergütungsbestandteilen stehen die Auszahlungsmodalitäten. Aus § 87 Abs. 1 S. 3, 1. HS. AktG ergibt sich, dass variable Vergütungsbestandteile eine mehrjährige Bemessungsgrundlage haben sollen. Darunter ist ein Zeitraum zwischen drei bis fünf Jahren zu verstehen.[96] Sie werden daher von bestimmten Leistungskriterien abhängig gemacht, die es zu erreichen gilt und denen der Vorstand ebenfalls sein Interesse widmet, da sie Bedingung für die Auszahlung sind. Zuletzt sind im Rahmen der Vergütung etwaige Rückforderungsmöglichkeiten der Gesellschaft von Bedeutung. Seit Inkrafttreten des ARUG II soll das Vergütungssystem gem. § 87a Abs. 1 S. 2 Nr. 6 AktG Angaben zur Möglichkeit der Gesellschaft enthalten, variable Vergütungsbestandteile zurückzufordern. Eine sinngemäße Empfehlung enthält zudem G.11 DCGK. In diesem Zusammenhang sind sog. Clawback-Klauseln[97] besonders relevant, da sie die Möglichkeit

---

93 Richtlinie (EU) 2017/828 des Europäischen Parlaments und des Rates vom 17. Mai 2017 zur Änderung der Richtlinie 2007/36/EG im Hinblick auf die Förderung der langfristigen Mitwirkung der Aktionäre, ABl. 2017 L 132 (im Folgenden Änderungs-RL).

94 Gesetz zur Umsetzung der zweiten Aktionärsrechterichtlinie vom 12. Dezember 2019 idF. der Bekanntmachung vom 19. Dezember 2019, BGBl. I S. 2637 (im Folgenden ARUG II).

95 Für ein Beispiel einer solchen Ausgestaltung siehe *Grau*, in: Semler/v. Schenk/Wilsing, Arbeitshandbuch für Aufsichtsratsmitglieder, Anhang 1 zu § 11.

96 Vgl. *Fleischer*, in: BeckOGK AktG, § 87 Rn. 39 mwN. (Stand: 1. April 2023).

97 Zu den Einzelheiten, insbesondere zur vertraglichen Ausgestaltung und rechtlichen Zulässigkeit, siehe Zweiter Teil § 4.

eröffnen, dem Vorstandsmitglied nachträglich einen wesentlichen Teil der Vergütung zu entziehen.

Neben der Vergütung sind die vertragliche Ausgestaltung der Haftung bzw. der Versicherungsschutz für das Vorstandsmitglied von Interesse. Gem. § 93 Abs. 1 S. 1 AktG haben sie bei der Geschäftsführung die Sorgfalt eines ordentlichen und gewissenhaften Geschäftsleiters anzuwenden. Verletzten sie ihre Pflichten, sind sie der Gesellschaft nach § 93 Abs. 2 S. 1 AktG zum Ersatz des daraus entstehenden Schadens verpflichtet. Es handelt sich um eine persönliche Haftung des Vorstandsmitglieds gegenüber der Gesellschaft. Je nach Pflichtverletzung und Tätigkeitsbereich der Gesellschaft kann die Haftung existenzgefährdender Natur sein. Problematisch daran ist, dass sie weder anstellungsvertraglich noch satzungsmäßig beschränkt werden kann.[98] Abhilfe können allerdings sog. Directors & Officers-Versicherungen[99] schaffen. Es handelt sich um Versicherungen iSd. §§ 100 ff. VVG, durch welche die Gesellschaft die Tätigkeit ihrer Organmitglieder absichert und sie vor etwaigen Schadensersatzansprüchen gegenüber ihrer selbst und Dritten befreien kann.[100] Die Gesellschaft ist hinsichtlich der inhaltlichen Ausgestaltung weitgehend frei. Lediglich § 93 Abs. 2 S. 3 AktG normiert, dass ein Selbstbehalt von mindestens 10 Prozent des Schadens bis mindestens zur Höhe des Eineinhalbfachen der festen jährlichen Vergütung vorzusehen ist. Die AG trifft allerdings keine Pflicht zum Abschluss einer solchen Versicherung.[101] Das Vorstandsmitglied wird daher darauf hinwirken, dass sie sich im Anstellungsvertrag hierzu verpflichtet, um empfindliche Vermögenseinbußen vertraglich abzuwälzen.

Neben der Vergütung und dem Versicherungsschutz ist die Ausgestaltung eines etwaigen Wettbewerbsverbots für das Vorstandsmitglied von Interesse. § 88 AktG normiert ein gesetzliches Wettbewerbsverbot. Danach dürfen Vorstandsmitglieder weder ein Handelsgewerbe betreiben noch im

---

98 *Grigoleit*, in: Grigoleit, Aktiengesetz, § 93 Rn. 123; *Fleischer*, ZIP 2014, 1305; *Krieger*, in: Krieger/Schneider, Handbuch Managerhaftung, § 4 Rn. 4.44; *Spindler*, in: MünchKomm-AktG, § 93 Rn. 27.

99 Im Folgenden „D&O-Versicherung(en)".

100 OLG München, v. 15.03.2005 – 25 U 3940/04, ZIP 2005, 1556; *Fleischer*, in: BeckOGK AktG, § 93 Rn. 287 (Stand: 1. April 2023); *Cahn*, in: Kölner Kommentar zum Aktiengesetz, § 93 Rn. 267.

101 Vgl. für Aufsichtsratsmitglieder BGH, Urt. v. 16.03.2009 – II ZR 280/07, NZG 2009, 550 (552); für Vorstandsmitglieder siehe *Fleischer*, WM 2005, 909 (919); *Cahn*, in: Kölner Kommentar zum Aktiengesetz, § 93 Rn. 269; *Spindler*, in: MünchKomm-AktG, § 93 Rn. 251.

Geschäftszweig der Gesellschaft für eigene oder fremde Rechnung Geschäfte tätigen. Es setzt allerdings voraus, dass das Vorstandsmitglied bestellt und nicht abberufen worden ist. Für die Zeit *nach* Beendigung des Vorstandsamts enthalten Vorstandsanstellungsverträge daher in der Regel sog. nachvertragliche Wettbewerbsverbote.[102] Die Parteien sind bzgl. der inhaltlichen Ausgestaltung in weitem Maße frei. Voraussetzung ist jedoch, dass das Verbot dem Schutz berechtigter Interessen der Gesellschaft dient und die Berufsausübung bzw. die wirtschaftliche Betätigung des Organs nach Ort, Zeit und Gegenstand nicht unbillig erschwert.[103] Während die Gesellschaft ein möglichst umfassendes Wettbewerbsverbot anstrebt, liegt es im Interesse des Vorstandsmitglieds, dessen sachlichen Anwendungsbereich begrenzt zu halten oder als angemessenen Ausgleich eine Abfindung zu vereinbaren.

Die Interessen der Vorstandsmitglieder korrespondieren grds. miteinander. Vergütung, Haftung und Wettbewerbsverbote sind die Belange, die durch den Anstellungsvertrag betroffen sind. Da die Gesellschaft – wie sich im Folgenden zeigen wird – eine inhaltliche Parallelität der Anstellungsverhältnisse erreichen will, kommt dem einzelnen Anstellungsvertrag eine Ausstrahlungswirkung zu.

II. Interessen der Gesellschaft

Die Interessen der Gesellschaft als Vertragspartner des Geschäftsleiters sind als zweites zu analysieren. Betrachtet man ihre Interessenlage, ist für sie vor allem die parallele Ausgestaltung der Anstellungsverträge von Belang. Der Vorstand kann nach § 76 Abs. 2 S.1 AktG zwar auch aus einer Person bestehen, in der Regel werden ihm allerdings mehrere Mitglieder angehören. Die Gesellschaft hat daher ein Interesse daran, sich eines Rahmenwerks zu bedienen, um einheitliche Bedingungen zu ermöglichen. Allerdings erstreckt sich dieser Grundsatz nicht auf sämtliche vertragliche Regelungen. Insbesondere die Abreden zur Höhe der Vergütung bzw. den variablen Vergütungsbestandteilen sowie zu nachvertraglichen Wettbewerbsverboten sind für beide Vertragsparteien aufgrund ihrer wirtschaftlichen Folgen von Bedeutung. Sie werden nicht einseitig seitens der Gesellschaft vorgegeben, sondern stehen im Fokus der Vertragsverhandlungen. Das Vorstandsmit-

---

102 Hierzu Zweiter Teil § 3.
103 BGH, Urt. v. 26.03.1984 – II ZR 229/83, NJW 1984, 2366 (2367); BGH, Urt. v. 04.03.2002 – II ZR 77/00, NZG 2002, 475 (476).

glied hat eine starke Verhandlungsposition inne, wodurch es in der Lage ist, seine Interessen angemessen wahrzunehmen.[104]

Die parallele Ausgestaltung der Anstellungsverträge ist nicht mit der Rationalisierung gleichzusetzen. Rationalisierung bedeutet in diesem Kontext Vertragsverhandlung und Vertragsabwicklung zu vereinfachen, um damit Kosten und zeitlichen Aufwand einzusparen. Während es sich bzgl. AGB um eine wesentliche Funktion und den Grund dafür handelt, dass sie zu einem Massenphänomen wurden, ist die Situation bei Vorstandsanstellungsverträgen eine andere. Für das Rechtsverhältnis zwischen Vorstand und Gesellschaft ist eine enge Verbundenheit und wirtschaftliche Abhängigkeit charakteristisch.[105] Der Vorstand ist für mehrere Jahre tätig und hat gem. § 76 Abs. 1 AktG eine autonome Leitungsbefugnis inne. Wirtschaftlicher Erfolg bzw. Misserfolg der AG sind zu einem wesentlichen Teil von seiner Leitung abhängig. Die Gesellschaft hat daher ein Interesse daran, das Vertragsverhältnis rechtssicher und fair auszugestalten, um eine angemessene Tätigkeit zu ermöglichen. Zur rechtssicheren Ausgestaltung wird sie sich in der Regel sogar eines Rechtsbeistands bedienen. In Anbetracht der besonderen Stellung des Vorstands werden Kosten sowie zeitlicher Aufwand nicht in einem unangemessenen Verhältnis zu ihrem Nutzen stehen. Es ist nicht vorrangiges Ziel der Gesellschaft, durch eine Rationalisierung ihre Kosten und ihren zeitlichen Aufwand zu senken.

III. Interesse der Anteilseigner

Im Zusammenhang mit den Interessen der Gesellschaft stehen die der Anteilseigner. Sie sind zwar nicht unmittelbar am Vorstandsanstellungsvertrag beteiligt, werden jedoch mittelbar von ihm betroffen.

Das Interesse der Aktionäre bezieht sich insbesondere auf die Vergütung. Wie erläutert besteht das Gehalt des Vorstandsmitglieds aus festen und variablen Vergütungsbestandteilen. Die variablen Vergütungsbestandteile sollen nach § 87 Abs. 1 S. 3 1. HS AktG eine mehrjährige Bemessungsgrundlage haben. Ziel hiervon ist es, langfristige Verhaltensanreize zu setzen, indem die Auszahlung von der Erfüllung bestimmter Parameter abhängig ist.[106] Hiermit korrespondiert das Interesse der Anteilseigner. Bei der Ausgestal-

---

104 Zur Verhandlungsposition siehe Erster Teil § 2D.I.1.a).
105 Zu den folgenden Ausführungen vgl. Erster Teil § 4B.II.
106 Begründung des Regierungsentwurfs eines Gesetzes zur Angemessenheit der Vorstandsvergütung (VorstAG), BT-Drucks. 16/12278, S. 5.

tung des Vergütungssystems ist für sie von Bedeutung, dass ein wesentlicher Teil aus variablen Komponenten besteht und die zu erreichenden Ziele einen Anreiz für den Vorstand setzen. Er soll zu einer langfristigen Entwicklung des Unternehmens angehalten werden und die ihm eingeräumte Entscheidungsbefugnis dementsprechend wahrnehmen. Die damit verbundene positive wirtschaftliche Entwicklung der Gesellschaft führt zu einer Steigerung der Anteilswerte und kommt den Aktionären damit zugute.

Ergänzt wird dieses System durch sog. Clawback-Klauseln, die der Gesellschaft die Möglichkeit einräumen, variable Vergütungsbestandteile zurückzufordern Die Anteilseigner haben ein Interesse daran, dass die Gesellschaft solche Abreden in den Anstellungsvertrag aufnimmt. Sie dienen einem angemessenen Ausgleich der Interessen des Vorstands und der Gesellschaft sowie der Aktionäre. Das Vorstandsmitglied möchte die variable Vergütung nicht erst nach Jahren erhalten, da sie einen wesentlichen Teil seiner Gesamtvergütung ausmacht. Andererseits hat die Gesellschaft sicherzustellen, dass nur derjenige Teil der Vergütung ausgezahlt wird, der durch das Erreichen festgelegter Ziele auch verdient wurde. Clawback-Klauseln ermöglichen dies, indem sie einerseits eine vorläufige Auszahlung gewährleisten und andererseits eine Rückforderung gestatten, wenn sich innerhalb des Bemessungszeitraums zeigt, dass die festgelegten Ziele nicht erreicht wurden. Durch die Vereinbarung sog. Compliance-Clawbacks[107] kann zusätzlich eine verhaltenssteuernde Wirkung erreicht werden, die ebenfalls dem Interesse der Anteilseigner dient.

Verknüpft werden die Interessen der Gesellschaft einerseits und der Aktionäre andererseits insbesondere durch § 120 Abs. 1 S. 1 AktG sowie § 120a Abs. 1 S. 1 AktG. Die Hauptversammlung als Organ der Gesellschaft ist neben der Entlastung des Aufsichtsrats auch für die Billigung des Vergütungssystems für die Vorstandsmitglieder zuständig. Zwar hat die Verweigerung der Entlastung keine unmittelbaren Konsequenzen bzw. begründet der Billigungsbeschluss nach § 120a Abs. 1 S. 2 AktG keine Rechte und Pflichten. Ihm kommt allerdings eine unverbindliche Signalwirkung zu.[108] Der Aufsichtsrat als Vertreter der Gesellschaft wird daher darauf achten, die Interessen der Anteilseigner angemessen zu wahren.

---

107 Zu den beiden Arten von Clawback-Regelungen siehe Zweiter Teil § 4A.II.1.
108 Vgl. nur *Herrler*, in: Grigoleit, Aktiengesetz, § 120 Rn. 20 sowie § 120a Rn. 23.

C. Unmodifizierte Anwendung der AGB-Kontrolle

Nachdem der Vorstandsanstellungsvertrag rechtlich qualifiziert und die verschiedenen Interessenlagen untersucht wurden, soll im Folgenden die Anwendbarkeit der AGB-Kontrolle geprüft werden. Die Analyse findet dabei zunächst unmodifiziert anhand des Gesetzeswortlauts statt, ohne Besonderheiten wie das Telos der Normen zu berücksichtigen.

I. Anwendbarkeit aufgrund weit gefassten gesetzlichen Tatbestands

1. Vorliegen der Tatbestandsmerkmale des § 305 Abs. 1 S. 1 BGB

Grds. finden die §§ 305 ff. BGB Anwendung auf AGB iSd. § 305 Abs. 1 S. 1 BGB. Die Norm definiert AGB als alle für eine Vielzahl von Verträgen vorformulierten Vertragsbedingungen, die eine Vertragspartei der anderen Vertragspartei bei Abschluss eines Vertrags stellt. Sind alle Tatbestandsmerkmale erfüllt, findet die AGB-Kontrolle in der Folge Anwendung, es sind also insbesondere die Klauseln einer Inhaltskontrolle gem. den §§ 307 ff. BGB zu unterziehen.[109]

Der Vorstandsanstellungsvertrag kann in aller Regel unter § 305 Abs. 1 S. 1 BGB subsumiert werden.[110] Die Tatbestandsmerkmale der Vorschrift sind weit gefasst. Vertragsbedingungen sind Regelungen, die privatrechtlich begründet werden und Inhalt des zwischen Verwender bzw. Verwendungsgegner zu schließenden Rechtsgeschäfts sind.[111] Vorformuliert sind die Regelungen, wenn sie vom Verwender außerhalb der Vertragsverhandlung im Vorhinein entworfen und nicht ad hoc formuliert werden.[112] Eine Verwendung für eine Vielzahl von Verträgen liegt bereits bei der

---

109 § 310 Abs. 4 S. 1 BGB schließt die Anwendung der §§ 305 ff. BGB auf Verträge bestimmter Rechtsgebiete aus. Detaillierte Ausführungen hierzu Erster Teil § 3A.

110 BGH, Urt. v. 24.09.2019 – II ZR 192/18, NZG 2020, 64 (66); *Bauer/Arnold*, ZIP 2006, 2337 (2338 ff.); *Habersack*, in: FS Coester-Waltjen, S. 1097; *Habersack*, in: Ulmer/Brandner/Hensen, AGB-Recht, Teil 2 (2) Rn. 1; *Holthausen*, NZG 2022, 731 (735); Schmitt-*Rolfes*, in: FS Hromdka, S. 393 (394 ff.); Seyfarth, NZG 2022, 389 f.; Seyfarth, Vorstandsrecht, § 4 Rn. 19; *Oetker*, in: FS Wank, S. 691 (700 ff.); *Wentrup*, in: MHdG, § 21 Rn. 15.

111 Vgl. etwa *Pfeiffer*, in: Wolf/Lindacher/Pfeiffer, AGB-Recht, § 305 Rn. 7; *Fornasier*, in: MünchKomm-BGB, § 305 Rn. 9.

112 *Mäsch*, in: Staudinger BGB, § 305 Rn. 25; *Lehmann-Richter*, in: BeckOGK BGB, § 305 Rn. 110 (Stand: 1. April 2023); *Habersack*, in: Ulmer/Brandner/Hensen, AGB-Recht, § 305 Rn. 21.

Absicht der dreimaligen Verwendung vor.[113] Zudem müssen sie von einer Vertragspartei bei Abschluss des Vertrags gestellt sein. Stellen in diesem Sinne liegt vor, wenn die Vertragsbedingungen der Vertragsgestaltungsmacht des Verwenders zuzurechnen sind.[114]

Durch den Anstellungsvertrag soll der Inhalt des Anstellungsverhältnisses privatrechtlich geregelt werden. Die Gesellschaft, vertreten durch den Aufsichtsrat, bedient sich in der Regel eines vorgefertigten Musters als Rahmenwerk, das als Vertragsgrundlage herangezogen wird.[115] Hinsichtlich dieses Musters liegt eine mehrfache Verwendungsabsicht vor.[116] Der Vorstand besteht zumeist aus mehreren Personen, für deren Anstellung aufgrund der parallelen Ausgestaltung dasselbe Muster verwendet wird.[117] Zudem soll das Muster auch bei einem Wechsel im Vorstand bzw. für künftige Vorstandsmitglieder verwendet werden.

2. Regelmäßig kein individuelles Aushandeln der Vertragsbedingungen

AGB liegen gem. § 305 Abs. 1 S. 3 BGB nicht vor, soweit die Vertragsbedingungen zwischen den Vertragsparteien im Einzelnen ausgehandelt sind. Die Rechtsprechung stellt hohe Anforderungen an das Aushandeln, um eine Umgehung der AGB-Kontrolle zu verhindern.[118] Das Aushandeln erfordert dabei mehr als bloßes Verhandeln.[119] Der Verwender muss den Kerngehalt der Regelungen ernsthaft zur Disposition stellen und dem Verwendungsgegner Gestaltungsfreiheit mit der realen Möglichkeit einräumen, die inhaltliche Ausgestaltung der Bedingungen zu beeinflussen.[120] Die all-

---

113 BGH, Urt. v. 27.09.2001 – VII ZR 388/00, NJW 2002, 138 (139).
114 Siehe etwa *Fornasier*, in: MünchKomm-BGB, § 305 Rn. 20.
115 Ebenso *Jänsch*, Angemessene Vorstandsverträge, S. 42.
116 Nach § 310 Abs. 3 Nr. 2 BGB würde die Bestimmung zur einmaligen Verwendung ausreichen, wenn das Vorstandsmitglied bei Abschluss des Anstellungsvertrags als Verbraucher zu qualifizieren ist. Wie dargestellt liegt in der Regel jedoch sowieso eine mehrfache Verwendungsabsicht vor, weshalb auf die umstrittene Verbrauchereigenschaft erst an späterer Stelle eingegangen werden soll.
117 So insbesondere im Konzern, vgl. *Schmitt-Rolfes*, in: FS Hromdka, S. 393 (394 f.).
118 Vgl. zu den nachfolgenden Ausführungen in Bezug auf Vorstandsanstellungsverträge auch *Bauer/Arnold*, ZIP 2006, 2337 (2339 f.).
119 Stetige Rechtsprechung, siehe etwa BGH, Urt. v. 22.11.2012 – VII ZR 222/12, NJW 2013, 856; BGH, Urt. v. 26.03.2015 – VII ZR 92/14, NJW 2015, 1952 (1954).
120 BGH, Urt. v. 22.11.2012 – VII ZR 222/12, NJW 2013, 856; BGH, Urt. v. 26.03.2015 – VII ZR 92/14, NJW 2015, 1952 (1954).

gemein geäußerte Bereitschaft, die Klauseln auf konkretes Anfordern des Verwendungsgegners zu ändern, reicht nicht aus.[121] Die Bestimmung, ob eine Individualvereinbarung vorliegt, hat in Bezug auf jede einzelne Klausel zu erfolgen. Dies ergibt sich bereits aus dem Wortlaut, wonach AGB nicht vorliegen, *soweit* sie im Einzelnen ausgehandelt sind.[122] Es ist keine Voraussetzung, dass es zu Änderungen der Bedingungen gekommen ist,[123] die Rechtsprechung stellt jedoch hohe Anforderungen in diesem Fall.[124]

Inwiefern Vertragsbedingungen die Voraussetzungen des § 305 Abs. 1 S. 3 BGB erfüllen, ist eine Frage des Einzelfalls. Aufgrund der Art und Weise des Zustandekommens des Anstellungsvertrags kann allerdings in der Regel nur schwerlich von einem individuellen Aushandeln ausgegangen werden. Regelmäßig übersendet die Gesellschaft das Vertragswerk mit dem Hinweis, dass sämtliche Bedingungen disponibel sind.[125] Es handelt sich dabei nicht um eine bloße Floskel, sondern für das Vorstandsmitglied besteht aufgrund seiner starken Verhandlungsposition die reale Möglichkeit, die Ausgestaltung des Vertrags zu beeinflussen.[126] Die starke Verhandlungsposition folgt daraus, dass es sich bei der Person des Vorstandsmitglieds um einen bestimmten Kandidaten handelt, an dessen Gewinnung die Gesellschaft ein besonderes Interesse hat, was sich bspw. an der Inanspruchnahme eines sog. head hunters zeigt und dazu führt, dass mit dem Aufsichtsrat auf Augenhöhe verhandelt wird.[127] Häufig wird das Vorstandsmitglied entweder rechtlich beraten oder lässt die Verhandlungen durch seinen Rechtsbeistand führen.[128] Dies stärkt seine Verhandlungsposition ebenfalls. Trotz der realen Beeinflussungsmöglichkeit kann jedoch in der Regel nicht von einem individuellen Aushandeln ausgegangen werden. Die Rechtsprechung lässt einen bloßen Hinweis auf die Änderungsbereitschaft nicht ausreichen.

---

121 BGH, Urt. v. 14.04.2005 – VII ZR 56/04, NJW-RR 2005, 1040 (1041).
122 Begründung des Regierungsentwurfs eines Gesetzes zur Regelung des Rechts der Allgemeinen Geschäftsbedingungen (AGB-Gesetz), BT-Drucks. 07/3919, S. 17.
123 Begründung des Regierungsentwurfs eines Gesetzes zur Regelung des Rechts der Allgemeinen Geschäftsbedingungen (AGB-Gesetz), BT-Drucks. 07/3919, S. 17.
124 *Fornasier*, in: MünchKomm-BGB, § 305 Rn. 37 ff. mwN.
125 Siehe etwa *Bauer/Arnold*, ZIP 2006, 2337 (2340).
126 *Herresthal*, ZIP 2014, 345 (350 f.); *Bauer/Arnold*, ZIP 2006, 2337 (2340); *Jänsch*, Angemessene Vorstandsverträge, S. 72.
127 *Habersack*, in: FS Coester-Waltjen, S. 1097 (1100); die starke Verhandlungsposition ebenfalls anerkennend *Bauer/Arnold*, ZIP 2006, 2337 (2340); *Herresthal*, ZIP 2014, 345 (350 f.); ähnlich auch *Jänsch*, Angemessene Vorstandsverträge, S. 71 f.
128 *Habersack*, in: FS Coester-Waltjen, S. 1097 (1100); *Herresthal*, ZIP 2014, 345 (351); *Jänsch*, Angemessene Vorstandsverträge, S. 72.

Dies ist grds. anzuerkennen, um eine Umgehung der AGB-Kontrolle durch pauschale Äußerungen zu verhindern. Im Fall von Vorstandsanstellungsverträgen ist dies allerdings verfehlt, da auf Seiten des Verwendungsgegners eine tatsächliche Beeinflussungsmöglichkeit besteht.

Die Bestimmung, ob § 305 Abs. 1 S. 3 BGB einschlägig ist und AGB damit nicht vorliegen, kann nicht generell für das gesamte Vertragswerk getroffen werden. Wie erläutert, hat sie in Bezug auf jede einzelne Klausel zu erfolgen. Es ist daher möglich, dass die einzelnen Vertragsbedingungen des Anstellungsvertrags unterschiedlich zu qualifizieren sind. Der wesentliche Teil wird jedoch der AGB-Kontrolle unterliegen, da es sich um Standardbestimmungen handelt, bei denen keine der Parteien ein Aushandeln anstrebt. Zudem richten sich einige Regelungen nach unternehmensinternen Richtlinien, auf die im Anstellungsvertrag verwiesen wird und den Anforderungen der Rechtsprechung an ein Aushandeln somit ebenfalls nicht gerecht werden.[129]

Im Kontext von § 305 Abs. 1 S. 3 BGB stellt sich zudem ein Nachweisproblem. Die Gesellschaft trägt die Darlegungs- und Beweislast dafür, dass ein individuelles Aushandeln der Bedingungen stattgefunden hat.[130] Entsprechend den Anforderungen der Rechtsprechung hat sie somit, wenn es nicht zu äußerlich sichtbaren Änderungen der Bedingungen gekommen ist, ihre Dispositionsbereitschaft nachzuweisen. Davon umfasst ist der Nachweis des Bestehens der Möglichkeit des Vorstandsmitglieds, die inhaltliche Ausgestaltung des Vertragswerks zu beeinflussen. Dieser wird allerdings nur schwer zu erbringen sein. Aufgrund dieser Beweisschwierigkeiten und der damit verbundenen Rechtsunsicherheit erscheint es sachgerechter, einen anderen Anknüpfungspunkt zu einer interessengerechten und einheitlichen Lösung zu suchen.[131]

---

129 *Schmitt-Rolfes*, in: FS Hromdka, S. 393 (394 f.); siehe für ein Beispiel *Grau*, in: Semler/v. Schenk/Wilsing, Arbeitshandbuch für Aufsichtsratmitglieder, Anhang 1 zu § 11 unter § 4.

130 BGH, Urt. v. 03.04.1998 – V ZR 6–97, NJW 1998, 2600 (2602); BGH, Urt. v. 15.12.1976 – IV ZR 197/75, NJW 1977, 624 (626 f.); *Fornasier*, in: MünchKomm-BGB, § 305 Rn. 51; *Pfeiffer*, in: Wolf/Lindacher/Pfeiffer, AGB-Recht, § 305 Rn. 60; *Habersack*, in: Ulmer/Brandner/Hensen, AGB-Recht, § 305 Rn. 62.

131 Ähnlich auch *Herresthal*, ZIP 2014, 345 (351 f.) zur Anwendbarkeit der AGB-Kontrolle auf Schiedsabreden. Es wird ebenfalls dafür plädiert, Rechtsunsicherheiten zu vermeiden und einen methodenehrlicheren Weg über das Telos zu wählen; anders dagegen *Habersack*, in: FS Coester-Waltjen, S. 1097 (1099 ff.), der die Folgeprobleme der Anwendung der AGB-Kontrolle über § 305 Abs. 1 S. 3 BGB lösen will.

II. Übereinstimmung mit obergerichtlicher Rechtsprechung

Die obigen Ausführungen zur Anwendbarkeit der AGB-Kontrolle auf Vorstandsanstellungsverträge stimmen mit ihrer rechtlichen Behandlung durch die Rechtsprechung überein. Die Judikative setzte sich allerdings selten hiermit auseinander. Eine erste Entscheidung traf – soweit ersichtlich – der BGH im Jahr 1989.[132] Nach Ansicht des Gerichts ergab sich die Absicht einer Mehrfachverwendung jedoch nicht aus dem Klägervortrag, weshalb die Anwendung der AGB-Vorschriften nicht weiter thematisiert wurde.[133] Allerdings legt dies durchaus den Schluss nahe, dass das Gericht die AGB-Vorschriften angewendet hätte, wäre die Mehrfachverwendungsabsicht ausreichend vorgetragen worden.[134] Eine obergerichtliche Entscheidung findet sich erst wieder im Jahr 2007 in Form eines Beschlusses des OLG Hamm in Bezug auf eine Schiedsabrede.[135] Das Gericht führte jedoch eine Kontrolle anhand der §§ 1025 ff. ZPO durch und ging nicht auf die Frage der Anwendbarkeit der §§ 305 ff. BGB ein.[136] Der BGH befasste sich in neuerer Zeit im Jahr 2019 mit der AGB-Kontrolle von Vorstandsanstellungsverträgen.[137] Zu entscheiden war, ob eine Vereinbarung im Dienstvertrag eines Vorstands, wonach der Aufsichtsrat Sonderleistungen nach billigem Ermessen bewilligen kann, einen Anspruch auf Zahlung einer variablen Vergütung begründet. Der BGH führte aus, dass es sich bei einer entsprechenden Klausel im Vorstandsanstellungsvertrag um eine AGB iSd. § 305 Abs. 1 S. 1 BGB handle und somit die AGB-Kontrolle Anwendung finde.[138] Nähere Ausführungen zur Einschlägigkeit des Telos der §§ 305 ff. BGB sowie zu den Voraussetzungen des § 305 Abs. 1 S. 1 BGB sowie zum Vorliegen von § 305 Abs. 1 S. 3 BGB lassen sich der Entscheidung nicht entnehmen.

---

132 BGH, Urt. v. 29.05.1989 – II ZR 220/88, NJW 1989, 2683.

133 BGH, Urt. v. 29.05.1989 – II ZR 220/88, NJW 1989, 2683 (2684 f.).

134 Dies folgert auch *Jänsch*, Angemessene Vorstandsverträge, S. 46.

135 OLG Hamm, Urt. v. 18.07.2007 – 8 Sch 2/07, AG 2007, 910.

136 Die unterschiedlichen Kontrollmaßstäbe bei Schiedsabreden sind Gegenstand des zweiten Teils der Untersuchung. An dieser Stelle erfolgen daher keine näheren Ausführungen hierzu und zur Bewertung der Entscheidung des OLG Hamm. Siehe vielmehr Zweiter Teil § 2.

137 BGH, Urt. v. 24.09.2019 – II ZR 192/18, NZG 2020, 64.

138 Das OLG Frankfurt, Urt. v. 18.04.2018 – 4 U 120/17, BeckRS 2018, 9111, Rn. 29 entschied als Vorinstanz ebenso.

III. Zwischenergebnis

Als Zwischenergebnis ist festzuhalten, dass die AGB-Kontrolle auf Vorstandsanstellungsverträge bei unmodifizierter Gesetzesbetrachtung Anwendung findet. Die Tatbestandsmerkmale des § 305 Abs. 1 S. 1 BGB sind weit auszulegen und grds. erfüllt. Ein Ausschluss aufgrund von § 305 Abs. 1 S. 3 BGB liegt regelmäßig nicht vor. Die Rechtsprechung stellt hohe Anforderungen an ein Aushandeln iSd. Norm, dem die gängige Vertragspraxis nicht gerecht wird.

D. Die ausgeblendeten Besonderheiten der Vorstandsanstellungsverträge

In den vorherigen Ausführungen wurde die Anwendbarkeit der AGB-Kontrolle auf Vorstandsanstellungsverträge bei unmodifizierter Gesetzesbetrachtung analysiert. Im Folgenden sollen nun die bei dieser Betrachtung ausgeblendeten Besonderheiten der Vorstandsanstellungsverträge dargestellt werden. Neben dem Telos der §§ 305 ff. BGB, das auf seine Einschlägigkeit hin untersucht werden soll, ist auf die objektiven und subjektiven Anforderungen an die Person bzw. die Geschäftsführung des Vorstands sowie auf mögliche Sonderkonstellationen im konkreten Anstellungsverhältnis einzugehen. Durch die Analyse soll festgestellt werden, ob die Anwendbarkeit der AGB-Kontrolle unter Berücksichtigung aller Aspekte dem unter § 2 C. aufgefundenen Ergebnis entspricht oder eine andere rechtliche Behandlung erfordern.

I. Berücksichtigung des Telos der §§ 305 ff. BGB

Entscheidender Bedeutung bei der Analyse der Anwendbarkeit der AGB-Kontrolle unter Berücksichtigung von Besonderheiten kommt dem Telos der §§ 305 ff. BGB zu. Der Schutzzweck des AGB-Rechts ist bei der Abgrenzung des Anwendungsbereichs des Gesetzes zu berücksichtigen.[139]

---

139 *Habersack*, in: Ulmer/Brandner/Hensen, AGB-Recht, § 305 Rn. 5.

1. Kein Vorliegen von Vertragsgestaltungs- und Wettbewerbsstörungsgründen

Ratio der AGB-Vorschriften ist nach vorzugswürdiger Ansicht die Verhinderung eines partiellen Marktversagens aufgrund eines strukturellen Informations- und Motivationsgefälles. Die einseitige Inanspruchnahme der Vertragsgestaltungsfreiheit durch den Verwender sowie das Fehlen eines effizienten Wettbewerbs sind Elemente dieses Marktversagens.[140]

a) Keine rationale Ignoranz in Ermangelung eines strukturellen Informations- und Motivationsgefälles

Es wurde bereits festgestellt, dass Ursache unangemessener AGB ein strukturelles Informations- und Motivationsgefälle zwischen Verwender und Verwendungsgegner ist. Der Verwender kann im Vorfeld des Vertragsabschlusses die typischen, vertragsimmanenten Risiken ohne zeitlichen Druck analysieren.[141] Er gestaltet die AGB ausgehend hiervon zu seinen Gunsten aus und wälzt die Risiken im Idealfall auf den Verwendungsgegner ab. Im Gegensatz dazu unterliegt der AGB-Verwendungsgegner meist einem Informationsdefizit, da er keine umfassende Analyse der Risiken durchgeführt hat. Für die konkrete Vertragsabschlusssituation bedeutet dies eine Überforderung.[142] In Zusammenhang damit steht das Motivationsgefälle. Für den Verwendungsgegner würde ebenfalls die Möglichkeit bestehen, die AGB vor Vertragsabschluss zu analysieren. Die notwendigen Transaktionskosten stehen allerdings in einem unverhältnismäßigen Aufwand zu ihrem Nutzen,[143] da der Verwendungsgegner keine positiven Skaleneffekte ausnutzen kann.[144] Aus dem strukturellen Informations- und

---

140 Im Einzelnen zum Telos siehe Erster Teil § 1B.II.
141 Vgl. *Leuschner*, AcP 207 (2007), 491 (495 ff.).
142 So auch *Wendland*, in: Staudinger BGB, § 307 Rn. 2 ff.; *Leuschner*, AcP 207 (2007), 491 (495 f.).
143 Ausführlich dazu *Fornasier*, Freier Markt und zwingendes Vertragsrecht, S. 155 ff; *Adams*, in: Neumann, Ansprüche, Eigentums- und Verfügungsrechte, S. 662 f.; *Fornasier*, in: MünchKomm-BGB, Vor. § 305 Rn. 6 ff.
144 *Fornasier*, Freier Markt und zwingendes Vertragsrecht, S. 155 ff.

Motivationsgefälles folgt eine rationale Ignoranz[145] des Verwendungsgegners.

Anders stellt sich die Situation bei Verhandlung bzw. inhaltlicher Ausgestaltung von Vorstandsanstellungsverträgen dar. Im Ausgangspunkt ist jedoch zunächst anzuerkennen, dass sich die Gesellschaft eines Mustervertrags bedient, an dessen Inhalt sie sich im Wesentlichen orientiert. Aufgrund der von der Gesellschaft angestrebten inhaltlichen Parallelität und Rechtssicherheit bietet sich ein solches Muster auch an. Der Mustervertrag ist das Ergebnis einer rechtlichen Analyse, durch welches evtl. bestehende Risiken für die Gesellschaft identifiziert und juristisch bewältigt wurden. Zudem sind die Mitglieder des Aufsichtsrats typisiert geschäftserfahrene Personen, die sich zusätzlichen Rechtsbeistands bedienen. Vor allem besonders relevante Vertragsabreden wie die Ausgestaltung der Vergütung oder die Reichweite eines nachvertraglichen Wettbewerbsverbots stehen im besonderen Interesse des Aufsichtsrats. Die Informations- und Motivationslage der *Gesellschaft* als AGB-Verwender ist somit ähnlich zu der oben erläuterten.

In Bezug auf das *Vorstandsmitglied* als Verwendungsgegner divergiert sie allerdings. Zum einen folgt dies aus der Person des Geschäftsleiters. Die Leitung einer Aktiengesellschaft bedarf aufgrund von Größe und Komplexität eines hohen Grads an Sachverstand.[146] Eine ausreichende Geschäftserfahrung ist daher aus Sicht der Gesellschaft Grundvoraussetzung für die Aufnahme des Organamts.[147] Neben branchenspezifischen Kenntnissen betrifft dies auch solche, die sich auf den rechtlichen Rahmen der Vorstandstätigkeit beziehen. Aufgrund der durch § 76 Abs. 1 AktG eingeräumten weisungsfreien Leitung der Gesellschaft in eigener Verantwortung ist es unabdingbar, dass die Vorstandsmitglieder die rechtlichen Vorgaben ihrer gesetzlichen und statutarischen Pflichten kennen. Zum anderen folgt die Divergenz daraus, dass sich die angehenden Vorstandsmitglieder häufig ebenfalls eines Rechtsbeistands mit entsprechenden Fachkenntnissen bedienen.[148] Aufgrund eigener Kenntnisse und des zur Verfügung stehenden Rechtsrats ist es für das jeweilige Vorstandsmitglied meist unschwer

---

145 *Eidenmüller*, JZ 2005, 216 (222); *Fornasier*, Freier Markt und zwingendes Vertragsrecht, S. 158 f.; *Leuschner*, AcP 207 (2007), 491 (505).

146 Die besonderen Anforderungen, die in objektiver und subjektiver Hinsicht an Vorstandsmitglieder gestellt werden, werden im Detail nach der Analyse der Einschlägigkeit des Telos behandelt. Siehe hierzu Erster Teil § 2D.II.

147 So auch *Jänsch*, Angemessene Vorstandsverträge, S. 71.

148 *Jänsch*, Angemessene Vorstandsverträge, S. 72.

erkennbar, welche Bedeutung die einzelnen Vertragsabreden haben und inwiefern Alternativen zur Verfügung stehen, etwa eine abweichende inhaltliche Ausgestaltung oder der Verzicht auf die Klausel.[149] Eine rollenspezifische Unterlegenheit weisen sie somit nicht auf.[150] Das Fehlen eines Informations- und Motivationsgefälles auf Seiten des Vorstandsmitglieds wird bei Betrachtung seiner vorrangigen Interessen besonders deutlich. Es erscheint unwahrscheinlich, dass es hinsichtlich der Ausgestaltung der Vergütung oder der Reichweite des nachvertraglichen Wettbewerbsverbots Bedeutung und Tragweite der Regelungen verkennt bzw. nicht von seinem Rechtsbeistand darauf hingewiesen wird. Insbesondere die variablen Vergütungsbestandteile machen einen wesentlichen Teil der Gesamtvergütung aus. Sog. Clawback-Klauseln, die der Gesellschaft die Möglichkeit zur Rückforderung einräumen, stehen daher im besonderen Fokus des Vorstandsmitglieds. Gleiches gilt für die persönliche Haftung gegenüber der Gesellschaft gem. § 93 Abs. 2 AktG, die – wie aufgezeigt – im Extremfall ein existenzgefährdendes Ausmaß annehmen kann. Aufgrund der autonomen Leitungsbefugnis besteht ein hohes Haftungsrisiko. Die Brisanz für das Vorstandsmitglied wird dadurch verstärkt, dass weder anstellungsvertraglich noch satzungsmäßig eine Haftungsbeschränkung erreichet werden kann. Lediglich eine D&O-Versicherung kann Abhilfe schaffen. Die Aufnahme einer Verpflichtung zum Abschluss sowie ihre inhaltliche Ausgestaltung unterliegen dem Willen der Parteien. Das Vorstandsmitglied wird deshalb sehr darauf bedacht sein, dass es zumindest versicherungstechnisch geschützt ist und einem geringen Selbstbehalt unterliegt.

Die angeführten Beispiele zeigen, dass zwischen Gesellschaft sowie Aufsichtsrat einerseits und Vorstandsmitglied andererseits typischerweise kein strukturelles Informations- und Motivationsgefälle besteht. Aufgrund ihrer Geschäftserfahrenheit, den auf die Tätigkeit bezogenen Kenntnissen und der regelmäßigen Inanspruchnahme eines Rechtsbeistands unterscheidet sich die Informationslage des Geschäftsleiters nicht wesentlich zu der des Aufsichtsrats. Die wirtschaftliche Bedeutung des Vertrags für das Vorstandsmitglied ist hoch. Anders als in der typisierten AGB-Verwendungssituation stehen Aufwand und Kosten für die rechtliche Analyse der Vertragsbedingungen im Vergleich zu ihrem Nutzen nicht außer Verhältnis.[151] Eine rationale Ignoranz, die Grundlage des Telos der AGB-Vorschriften ist,

---

149 Vgl. zu Schiedsabreden etwa *Herresthal*, ZIP 2014, 345 (351).
150 *Bauer/Arnold*, ZIP 2006, 2337 (2339).
151 *Herresthal*, ZIP 2014, 345 (351).

liegt seitens des Vorstandsmitglieds bei Verhandlung und Ausgestaltung des Anstellungsvertrags folglich nicht vor.[152]

b) Keine einseitige Inanspruchnahme der Vertragsgestaltungsfreiheit

Ein strukturelles Informations- und Motivationsgefälle, das Ursprung des partiellen Marktversagens ist, kann zwischen Gesellschaft und Vorstandsmitglied nicht identifiziert werden. Trotzdem soll im Folgenden untersucht werden, ob die beiden Elemente des Marktversagens in dieser Vertragsabschlusssituation vorliegen und das Telos der AGB-Vorschriften somit teilweise einschlägig sein könnte. Es soll dabei zunächst auf die einseitige Inanspruchnahme der Vertragsgestaltungsfreiheit durch den Verwender eingegangen werden.

Das erste Element betrifft das konkrete Vertragsverhältnis und somit die individuelle Ebene.[153] Es steht im Widerspruch zu einem wesentlichen Grundsatz des BGB, nämlich Vertragsgerechtigkeit durch freies Aushandeln der Vertragsbedingungen bei gleichwertiger Ausgangsposition zu schaffen.[154] AGB werden allerdings einseitig vom Verwender vorgegeben, wodurch der Verwendungsgegner nicht an der Vertragsgestaltungsfreiheit partizipiert. Im Zusammenspiel mit dem Fehlen eines effizienten Konditionenwettbewerb führt dies zu einem partiellen Marktversagen, das es durch die AGB-Kontrolle zu verhindern gilt.

In Bezug auf Vorstandsanstellungsverträge liegt eine einseitige Inanspruchnahme der Vertragsgestaltungsfreiheit durch die Gesellschaft als Verwender der AGB nicht vor. Das angehende Vorstandsmitglied hat – anders als der typisierte Verwendungsgegner – eine starke Verhandlungsposition inne. In der Regel verhandeln Aufsichtsrat und Vorstandsmitglied sogar auf Augenhöhe.[155] Dies ergibt sich daraus, dass es sich bei seiner Person um einen bestimmten Kandidaten handelt, an dessen Gewinnung die Ge-

---

152 Dies erkennt auch *Jänsch*, Angemessene Vorstandsverträge, S. 69 ff. an, bespricht den Telos der AGB-Vorschriften allerdings im Kontext der Anforderungen an eine Individualvereinbarung.

153 Im Einzelnen *Fornasier*, Freier Markt und zwingendes Vertragsrecht, S. 160 f.

154 Begründung des Regierungsentwurfs eines Gesetzes zur Regelung des Rechts der Allgemeinen Geschäftsbedingungen (AGB-Gesetz), BT-Drucks. 07/3919, S. 9.

155 *Habersack*, in: FS Coester-Waltjen, S. 1097 (1100); die starke Verhandlungsposition ebenfalls anerkennend *Bauer/Arnold*, ZIP 2006, 2337 (2340); *Herresthal*, ZIP 2014, 345 (350 f.); ähnlich auch *Jänsch*, Angemessene Vorstandsverträge, S. 71 f.

sellschaft ein besonderes Interesse und bspw. durch die Inanspruchnahme eines sog. head hunters Kontakt aufgenommen hat.[156] Der Gesellschaft ist die Person des Vertragspartners somit nicht gleichgültig. Sie wird vielmehr bis zu einer gewissen Grenze Forderungen des Geschäftsleiters akzeptieren, um im Rahmen der Vertragsverhandlungen zu einer Übereinkunft zu gelangen. Es ist daher davon auszugehen, dass ein künftiges Vorstandsmitglied neben realen Beeinflussungsmöglichkeiten auch reelle Chancen auf Durchsetzung der eigenen Interessen hat.[157] Insbesondere den Vorschlag der Gesellschaft zur Ausgestaltung der Vergütung wird es nicht ohne Unterredung hinnehmen und versuchen, den Verhandlungsspielraum des Aufsichtsrats weitestgehend auszunutzen. Häufig wird der Geschäftsleiter zudem entweder rechtlich beraten oder lässt die Verhandlungen durch einen Rechtsanwalt führen.[158] Dies hat ebenfalls eine Stärkung seiner Verhandlungsposition zur Folge.

In diesem Kontext ist zudem erneut die enge Verbundenheit von Gesellschaft und Vorstand zu berücksichtigen, die ein Charakteristikum des Anstellungsverhältnisses darstellt.[159] Die Gesellschaft wird darauf bedacht sein, durch den Anstellungsvertrag eine solide Basis für die Zusammenarbeit zu schaffen, der die beiderseitigen Interessen angemessen berücksichtigt, um nicht bereits im Vorfeld Spannungen zwischen den Parteien zu generieren. Denn zum einen kommt dem Vorstand aufgrund der autonomen Leitungsmacht eine hohe Verantwortung zu und zum anderen ist das Vertragsverhältnis nicht auf den kurzfristigen Austausch einer Dienstleistung, sondern auf eine langfristige Vertragsbeziehung gerichtet. Anders ist dies in der typisierten AGB-Verwendungssituation. Bei der Abwicklung von Massenverträgen steht die Rationalisierung sowie der Absatz von Waren sowie Dienstleistungen im Vordergrund und nicht der angemessene Interessenausgleich zwischen den Vertragsparteien.

Die einseitige Inanspruchnahme der Vertragsgestaltungsfreiheit bei AGB folgt – neben der schwachen Verhandlungsposition des Verwendungsgegners – des Weiteren daraus, dass die inhaltliche Anpassung der vorformulierten Vertragsbedingungen an die Änderungswünsche des jeweiligen

---

156 *Habersack*, in: FS Coester-Waltjen, S. 1097 (1100).
157 *Herresthal*, ZIP 2014, 345 (350 f.); *Bauer/Arnold*, ZIP 2006, 2337 (2340); *Jänsch*, Angemessene Vorstandsverträge, S. 72.
158 *Habersack*, in: FS Coester-Waltjen, S. 1097 (1100); *Herresthal*, ZIP 2014, 345 (351); *Jänsch*, Angemessene Vorstandsverträge, S. 72.
159 Im Detail Erster Teil § 4B.II.2.

Vertragspartners einen für das Unternehmen nicht zu bewerkstelligenden Aufwand darstellen würde. Insbesondere im Massenverkehr erscheint dies ausgeschlossen. Bei Vorstandsanstellungsverträgen stellt die inhaltliche Änderung des Vertrags für die Gesellschaft dagegen kein Problem dar. Im Gegensatz zum Massenverkehr stellen Vorstandsanstellungsverträge besondere Einzelfälle dar, sodass ein Abweichen vom Mustervertrag in aller Regel problemlos möglich ist.[160] Dies steht auch nicht im Widerspruch zu den Interessen der Gesellschaft. Die Rationalisierung von Verträgen ist nicht ihr primäres Ziel. Sie bezweckt nicht die Standardisierung von Verträgen, um einen möglichst hohen Absatz von Waren und Dienstleistungen zu erreichen. Im Vordergrund steht vielmehr die detaillierte und rechtssichere Regelung aller Rechten und Pflichten der Parteien unter angemessenem Ausgleich der beiderseitigen Interessen zur Gewährleistung einer möglichst effizienten Zusammenarbeit.

c) Kein fehlender Konditionenwettbewerb

Das zweite Element des partiellen Marktversagens ist das Fehlen eines effizienten Konditionenwettbewerbs. Es betrifft die überindividuelle Ebene.[161]

Im Massenverkehr orientieren sich Kunden primär am Preis der angebotenen Leistung anstatt an der konkreten Ausgestaltung der Vertragsbedingungen.[162] Für den Verwender steht es somit im Fokus, einen möglichst niedrigen Preis anbieten zu können, der durch eine kundenfeindliche Ausgestaltung von AGB erreicht werden kann.[163] In der Folge führt dies dazu, dass AGB immer kundenfeindlicher ausgestaltet werden, um auf diese Weise den Preis zu senken. Der Markt ist nicht in der Lage, sich selbst zu regulieren. Mit dieser Problematik ist das oben erläuterte Element verknüpft, die einseitige Inanspruchnahme der Vertragsgestaltungsfreiheit. Würden dem Kunden diverse Vertragspartner mit unterschiedlich ausgestalteten AGB zur Auswahl stehen, könnte die AGB-Kontrolle als obsolet angesehen werden. Der Grundsatz der Privatautonomie gewährleistet auch, dass sich eine Partei bewusst einem für sie nachteiligen Vertrag unterwirft.

---

160 *Bauer/Arnold*, ZIP 2006, 2337 (2340).
161 *Fornasier*, Freier Markt und zwingendes Vertragsrecht, S. 161 ff.
162 Als Ausgangspunkt ebenso *Adams*, in: Neumann, Ansprüche, Eigentums- und Verfügungsrechte, S. 663 ff.; *Fornasier*, Freier Markt und zwingendes Vertragsrecht, S. 162.; *Fornasier*, in: MünchKomm-BGB, Vor. § 305 Rn. 6 ff.
163 *Fornasier*, Freier Markt und zwingendes Vertragsrecht, S. 162.

Allerdings fehlt es an einem solchen Konditionenwettbewerb im modernen Wirtschaftsverkehr.

Diese Ausführungen lassen sich nicht auf Vorstandsanstellungsverträge übertragen. Wie analysiert steht für die Gesellschaft bei der Verhandlung und Ausgestaltung nicht die Rationalisierung im Vordergrund. *Primäres Ziel ist es nicht*, die eigenen Kosten möglichst weitgehend zu senken, sondern eine detaillierte und rechtssichere Regelung des Anstellungsvertrags zu erreichen. Die hierfür notwendigen Kosten, z.B. aufgrund der Inanspruchnahme rechtlicher Beratung, stehen nicht in einem unverhältnismäßigen Aufwand zu ihrem Nutzen. Das Fehlen eines Konditionenwettbewerbs kann auch deswegen nicht angenommen werden, weil im Unterschied zur typisierten AGB-Verwendungssituation kein Wettbewerb am Preis stattfindet. Zwar kommt den finanziellen Aspekten auch auf Seiten der Gesellschaft und des Vorstands Bedeutung zu. Eine ausschließliche Orientierung hieran wie im Massenverkehr findet allerdings nicht statt. Für das Vorstandsmitglieds sind daneben etwa die Wahl des Unternehmens an sich sowie die Bedingungen, unter denen es beschäftigt wird, von elementarer Bedeutung.

Die Anstellungsverträge der verschiedenen Unternehmen divergieren zudem aus faktischen Gründen. Sie enthalten unterschiedliche Regelungen, die auf die jeweilige Gesellschaft zugeschnitten sein müssen. So sind bspw. die variablen Vergütungsbestandteile bzgl. der Höhe und den Aus- bzw. Rückzahlungsmodalitäten meist anders ausgestaltet. Dies gilt auch für nachvertragliche Wettbewerbsverbote, die insbesondere hinsichtlich ihres gegenständlichen und sachlichen Anwendungsbereichs an den Geschäftsbereich der Gesellschaft angepasst werden müssen.[164]

d) Zwischenergebnis

Als Zwischenergebnis ist festzuhalten, dass das Telos der AGB-Kontrolle bei der Anwendung auf Vorstandsanstellungsverträge nicht einschlägig ist. Ein partielles Marktversagen kann nicht identifiziert werden, ihm muss dementsprechend nicht entgegengewirkt werden. Es fehlt aufgrund der typisierten Geschäftserfahrenheit von Vorstandsmitgliedern, der Inanspruchnahme eines Rechtsbeistands sowie der wirtschaftlichen Bedeutung des Anstellungsvertrags an einem strukturellen Informations- und Motiva-

---

164 Im Detail Zweiter Teil § 3B.II.

tionsgefälles. Die Vertragsgestaltungsfreiheit wird wegen der starken Verhandlungsposition des angehenden Vorstandsmitglieds nicht einseitig in Anspruch genommen. Ein fehlender Konditionenwettbewerb liegt bereits aus faktischen Gründen nicht vor.

2. Keine Einschlägigkeit der anderen Begründungsansätze

Wie unter § 1 B. erläutert finden sich in Schrifttum und Rechtsprechung weitere Begründungsversuche als Ratio der §§ 305 ff. BGB. Im Folgenden soll analysiert werden, ob ein anderer Begründungsansatz die Anwendung der AGB-Kontrolle auf Vorstandsanstellungsverträge rechtfertigen kann.

a) Ausgleich der Überlegenheit des Verwenders nach Gesetzesbegründung

Der Gesetzgeber des AGB-Gesetz ging von der Überlegung aus, dass dem Verwender von AGB ein organisatorischer Vorsprung gegenüber dem Verwendungsgegner zukommt.[165] Er folgt daraus, dass der Verwender die wirtschaftlichen Geschäftsrisiken und deren nachteilige Konsequenzen im Vorfeld analysiert und durch entsprechende Ausgestaltung der Bedingungen von sich abgewendet hat.[166] Dieser Vorsprung wird häufig durch eine wirtschaftliche oder intellektuelle Überlegenheit des Verwenders verstärkt.[167] In diesem Fall kann die Vertragsgerechtigkeit nicht mehr gewährleistet werden. Aufgabe des AGB-Gesetzes war es demnach, die Überlegenheit des Verwenders von AGB durch entsprechende Normen zugunsten des Verwendungsgegners in sachgerechter und vernünftiger Weise auszugleichen.[168]

---

165 Begründung des Regierungsentwurfs eines Gesetzes zur Regelung des Rechts der Allgemeinen Geschäftsbedingungen (AGB-Gesetz), BT-Drucks. 07/3919, S. 13.
166 Begründung des Regierungsentwurfs eines Gesetzes zur Regelung des Rechts der Allgemeinen Geschäftsbedingungen (AGB-Gesetz), BT-Drucks. 07/3919, S. 13.
167 Begründung des Regierungsentwurfs eines Gesetzes zur Regelung des Rechts der Allgemeinen Geschäftsbedingungen (AGB-Gesetz), BT-Drucks. 07/3919, S. 13.
168 Begründung des Regierungsentwurfs eines Gesetzes zur Regelung des Rechts der Allgemeinen Geschäftsbedingungen (AGB-Gesetz), BT-Drucks. 07/3919, S. 13.

aa) Geringer organisatorischer Vorsprung

Ausgangspunkt der Überlegungen des Gesetzgebers ist das Vorliegen eines organisatorischen Vorsprungs. An dessen Beginn steht eine Analyse der wirtschaftlichen Geschäftsrisiken. Bei Vorstandsanstellungsverträgen können zwei Konstellationen unterschieden werden.[169] In den meisten Fällen übersendet die Gesellschaft einen ersten Vertragsentwurf an das Vorstandsmitglied, der Grundlage der Verhandlungen ist. Sie orientiert sich hierbei an Mustern, die sie auch für die anderen Mitglieder heranzieht und auf deren Basis Änderungen bzw. Ergänzungen verhandelt werden. Seltener kommt es dagegen vor, dass der Vorstand aufgefordert wird, selbst einen Vertragsentwurf anzufertigen, der Ausgangspunkt der Verhandlungen ist. In keiner der beiden Alternativen kann allerdings ein wesentlicher, ins Gewicht fallender organisatorischer Vorsprung ausgemacht werden.

Im ersten Fall können die Ausführungen der Gesetzesbegründung zumindest teilweise übertragen werden. Unternehmen bedienen sich häufig Musterverträgen, die sie seit mehreren Jahren für sämtliche Mitglieder des Vorstands verwenden.[170] Es handelt sich dabei um umfassend rechtlich analysierte Vertragswerke, die mit anwaltlicher Beratung erstellt und dementsprechend auch abgeändert werden. Anders als in der Gesetzesbegründung angenommen stellt sich jedoch die Situation des Geschäftsleiters als Verwendungsgegner dar. Vorstandsanstellungsverträge werden nicht ad-hoc abgeschlossen. Vielmehr wird dem Vorstand ein Vertragsentwurf übersandt, den er analysieren kann und der anschließend als Grundlage der längeren Verhandlungen herangezogen wird. Er kann sich somit ebenfalls im Vorfeld mit dem Vertragswerk sowie den damit verbundenen vertraglichen Risiken auseinandersetzen. Er wird nicht lediglich mit den bereits ausformulierten Klauseln konfrontiert. Für die konkrete Abschlusssituation bedeutet dies, dass er nicht überfordert ist, die AGB auf ihre Angemessenheit hin zu überprüfen. Dies hat bereits im Vorfeld stattgefunden. Hinzu kommt, dass sich der Geschäftsleiter ebenfalls eines Rechtsbeistands bedient oder die Verhandlungen sogar ganz auf ihn verlagert.

Im zweiten Fall scheidet ein organisatorischer Vorsprung ohnehin aus. Wird der Anstellungsvertrag vom Vorstandsmitglied entworfen und an die Gesellschaft übersendet, setzt sich ersteres zwangsläufig mit seinem Inhalt und den vertragsimmanenten Risiken auseinander. Ein organisatorischer

---

169 Zu den beiden Alternativen *Bauer/Arnold*, ZIP 2006, 2337 (2340).
170 Vgl. etwa *Bauer/Arnold*, ZIP 2006, 2337 (2338 f.).

Vorsprung wäre – wenn überhaupt – auf Seiten des Vorstandsmitglieds anzunehmen.

bb) Keine intellektuelle oder wesentliche wirtschaftliche Unterlegenheit

Nach Ansicht des Gesetzgebers wird der organisatorische Vorsprung häufig durch eine wirtschaftliche oder intellektuelle Überlegenheit des Verwenders verstärkt.[171] Im Geschäftsverkehr zwischen Unternehmern und Verbrauchern[172] ist grds. davon auszugehen, dass erstere aufgrund einer größeren geschäftlichen Erfahrung mit Transaktionen der vertragsgegenständlichen Art in den meisten Fällen überlegen sind.[173] Hinzu kommt – alternativ oder kumulativ – eine wirtschaftliche Unterlegenheit des Verwendungsgegners.

Anders stellt sich die Situation bei der Verhandlung von Vorstandsanstellungsverträgen dar. Intellektuelle Unterlegenheit würde in diesem Kontext bedeuten, dass das Vorstandsmitglied geschäftlich unerfahrener ist und es aufgrund dessen an gleichwertigen Ausgangspositionen fehlt. Diese Annahme ist allerdings verfehlt. Aufgrund der besonderen Verantwortung, welche die Organstellung mit sich bringt, wird der Aufsichtsrat zwangsläufig ausschließlich geschäftserfahrene Personen in Betracht ziehen. Sie stechen mit umfassender beruflicher Erfahrung hervor und werden zumeist bereits eine ähnliche Tätigkeit ausgeübt haben. Es handelt sich folglich um geschäftserfahrene Personen, die keinerlei rollenspezifische Unterlegenheit aufweisen.[174] Zudem werden sie insbesondere bzgl. ihrer wesentlichen Interessen wie der Ausgestaltung der Vergütung oder eines nachvertraglichen Wettbewerbsverbots rechtliche Grundkenntnisse aufweisen. Die Inanspruchnahme rechtlicher Beratung ist an dieser Stelle ebenfalls anzuführen.

Neben einer intellektuellen kann sich nach der Begründung des Gesetzgebers auch eine wirtschaftliche Überlegenheit auswirken. Vergleicht man die beiden Vertragsparteien, ergibt sich durchaus eine wirtschaftliche Diskrepanz. Das Unternehmen ist dem Geschäftsleiter in finanzieller und damit wirtschaftlicher Hinsicht überlegen. Eine wirtschaftliche Unterlegenheit des Vorstandsmitglieds kann somit grds. angenommen werden. Sie

---

171 Begründung des Regierungsentwurfs eines Gesetzes zur Regelung des Rechts der Allgemeinen Geschäftsbedingungen (AGB-Gesetz), BT-Drucks. 07/3919, S. 13.

172 Anders könnte man dies evtl. im Rechtsverkehr zwischen zwei Unternehmern sehen. Allerdings kann in diesem Verhältnis ebenfalls eine wirtschaftliche Überlegenheit einer Partei vorliegen.

173 *Mäsch*, in: Staudinger BGB, Vor § 305 Rn. 7.

174 *Bauer/Arnold*, ZIP 2006, 2337 (2339).

wird allerdings dadurch relativiert, dass es sich bei ihm um eine bestimmte Person handelt, an deren Gewinnung die Gesellschaft ein hohes Interesse hat. Der wirtschaftliche Aspekt wirkt sich daher nicht entscheidend aus. Zudem ist der überdurchschnittlich qualifizierte Geschäftsleiter nicht derart auf den Vertragsschluss angewiesen, dass man in diesem Kontext von einer wirtschaftlichen Abhängigkeit sprechen kann.

b) Einseitige Inanspruchnahme der Vertragsgestaltungsfreiheit nach BGH

Nach Ansicht des BGH ist die durch den Verwender einseitig in Anspruch genommene Vertragsgestaltungsfreiheit, welche die Vertragsgerechtigkeit stört, Telos der AGB-Kontrolle.[175] Eine wirtschaftliche bzw. intellektuelle Überlegenheit ist dagegen unbeachtlich. Eine einseitige Inanspruchnahme der Vertragsgestaltungsfreiheit kann bei Vorstandsanstellungsverträgen allerdings – wie bereits analysiert – nicht angenommen werden.[176] Dagegen spricht insbesondere die starke Verhandlungsposition des Geschäftsleiters, die durch die Inanspruchnahme eines Rechtsbeistands ergänzt wird.

c) Verbraucherschutz als Bestandteil des Telos

Ob das Vorstandsmitglied bei Abschluss des Anstellungsvertrags als Verbraucher oder Unternehmer zu qualifizieren ist, ist umstritten und höchstrichterlich nicht entschieden.[177] An dieser Stelle muss hierzu keine Entscheidung getroffen werden.

Der Verbraucherschutz nimmt eine Sonderrolle bzgl. des Telos der AGB-Vorschriften ein. Er ist nicht als weiteres, zusätzliches Schutzkonzept zu

---

175 Vgl. BGH, Urt. v. 30.06.1994 – VII ZR 116/93, NJW 1994, 2825 (2826); BGH, Urt. v. 17.02.2010 – VIII ZR 67/09, NJW 2010, 1131 (1132); BGH, Urt. v. 04.07.2017 – XI ZR 562/15, NJW 2017, 2986 (2991); siehe zu dieser Feststellung insbesondere *Herresthal*, Reform der AGB-Kontrolle im B2B-Bereich: Rechtslage-Reformdiskussion-Regelungsvorschlag, S. 31 f; *Leuschner*, AcP 207 (2007), 491 (497); *Fuchs*, in: Ulmer/Brandner/Hensen, AGB-Recht, Teil 1, Vor. § 307 Rn. 26.

176 An dieser Stelle kann auf die Ausführungen im ersten Teil § 1B.III.2 verwiesen werden. Der Begründungsansatz des BGH entspricht dem hier vertretenen, stellt allerdings nur ein Teilelement dar.

177 Detailliert hierzu Erster Teil § 3C.

sehen, sondern als Bestandteil der Ratio.[178] Der Verbraucherschutzgedanke ist situationsbezogen, eine intellektuelle oder wirtschaftliche Unterlegenheit ist unbeachtlich. Entscheidender Anknüpfungspunkt ist das Vorliegen eines Informations- und Motivationsdefizits. Beim typisierten Verbraucher kann es auch angenommen werden. Zwischen Gesellschaft und Vorstand fehlt es allerdings an einem solchen Gefälle. Der Geschäftsleiter handelt nicht rational ignorant. Selbst wenn man ihn beim Abschluss des Anstellungsvertrags als Verbraucher qualifizieren würde, wäre das Telos des Verbraucherschutzes mangels situationsbedingter Unterlegenheit nicht einschlägig. Es gilt zudem zu beachten, dass es sich bei § 13 BGB um einen unvollständigen, erläuternden Rechtssatz handelt.[179] Der Schutzzweck setzt sich aus § 13 BGB und der jeweiligen verbraucherschützenden Norm zusammen, deren Anwendung in Frage steht.[180] Auch wenn die Verbrauchereigenschaft in einer bestimmten Konstellation einschlägig wäre, ist eine teleologische Reduktion der Vorschriften vorzunehmen, wenn die Ratio nicht einschlägig ist und es keines Schutzes der jeweiligen Personengruppe bedarf.[181]

3. Zwischenergebnis

Als Zwischenergebnis ist festzuhalten, dass das Telos der AGB-Kontrolle bei der Anwendung auf Vorstandsanstellungsverträge nicht einschlägig ist. Ein partielles Marktversagen aufgrund eines strukturellen Informations- und Motivationsgefälles muss nicht verhindert werden. Andere Begründungsversuche, die sich in Rechtsprechung und Schrifttum finden, sind ebenfalls nicht einschlägig. Ein wesentlicher organisatorischer Vorsprung der Gesellschaft, der durch eine intellektuelle bzw. wirtschaftliche Überlegenheit verstärkt wird, liegt nicht vor und bedarf daher keines Ausgleichs. Eine einseitige Inanspruchnahme der Vertragsgestaltungsfreiheit, die nach Ansicht des BGH die §§ 305 ff. BGB rechtfertigt, ist zwar Element des Telos, kann bzgl. der Gesellschaft allerdings nicht angenommen werden. Der Verbraucherschutz beruht ebenfalls auf dem Gedanken des Informati-

---

178 *Wendland*, in: Staudinger BGB, § 307 Rn. 3; ähnlich auch *Leuschner*, AcP 207 (2007), 491 (505 ff.).
179 *Larenz/Canaris*, Methodenlehre der Rechtswissenschaft, S. 78 f.; zu den folgenden Ausführungen bzgl. Schiedsabreden *Herresthal*, ZIP 2014, 345 (349).
180 *Herresthal*, ZIP 2014, 345 (349).
181 *Herresthal*, ZIP 2014, 345 (349).

ons-bzw. Motivationsgefälles und wäre daher selbst bei Qualifizierung des Vorstandsmitglieds als Verbraucher nicht einschlägig.

II. Berücksichtigung der objektiven und subjektiven Anforderungen an die Geschäftsführung bzw. das Vorstandsmitglied

Neben dem Telos der AGB-Kontrolle sollen im Folgenden die objektiven und subjektiven Anforderungen an die Geschäftsführung bzw. die Person des Vorstands berücksichtigt werden. Es soll analysiert werden, ob sich daraus ein Widerspruch zur Annahme einer Schutzbedürftigkeit des Vorstandsmitglieds ergibt. Im Anschluss wird ein Vergleich zur Behandlung von Existenzgründern gezogen.

1. Hohe Anforderungen an Geschäftsführung und Person des Vorstandsmitglieds

In einem ersten Schritt ist zu untersuchen, welche Anforderungen in rechtlicher und tatsächlicher Hinsicht an das Vorstandsmitglied gestellt werden. Diese betreffen zum einen das Amt des Vorstands und damit die Aufgaben, die ihm ipso iure zugewiesen sind. Zum anderen muss analysiert werden, welche Anforderungen in subjektiver Hinsicht an seine Person gestellt werden.

a) Anforderungen an die Aufgaben des Vorstands

aa) Umfassender Pflichtenkatalog

Der Vorstand ist eines der zentralen Organe der Aktiengesellschaft. Dies spiegelt sich im Gesetz wieder, welches ihm umfassende Pflichten zuweist. Der Vorstand hat die Geschäftsführung, die Leitung und die Vertretung der Gesellschaft inne, wie sich aus den §§ 76–78 AktG ergibt.

Eine gesetzliche Definition der Geschäftsführung gibt es nicht. Der Begriff ist weit zu verstehen und umfasst alle Tätigkeiten tatsächlicher oder rechtsgeschäftlicher Art.[182] Unerheblich ist, ob es sich um einen Vorgang des Innen- oder Außenverhältnisses handelt.[183] Umfasst ist namentlich das gesamte Verfahren der Beschlussfassung von der Willensbildung bis zu seiner endgültigen Ausführung.[184] Aus der Aufgabe, die Geschäfte der Gesellschaft zu führen, folgt eine umfassende Zuständigkeitszuweisung. Lediglich bei ausdrücklicher Anweisung – durch Gesetz oder Satzung – sind Aufsichtsrat und Hauptversammlung für die Erfüllung verantwortlich. In den meisten Fällen wird folglich der Vorstand für Willensbildung, Beschlussfassung sowie anschließender Ausführung der beschlossenen Maßnahmen zuständig sein. Besonderer Bedeutung kommt dabei dem anzuwendenden Sorgfaltsmaßstab gem. § 93 Abs. 1 S. 1 AktG zu.[185]

Neben der Geschäftsführung hat der Vorstand das Unternehmen gem. § 76 Abs. 1 AktG unter eigener Verantwortung zu leiten. Die Leitungsbefugnis ist als Teil der weit gefassten Geschäftsführung zu sehen.[186] Es handelt sich um einen Kernbereich von Geschäftsführungsbefugnissen,[187] der besonders elementare Funktionen hervorhebt, welche zur effektiven Steuerung des Gesamtunternehmens und zur Verfolgung des Gesellschaftszwecks unverzichtbar sind.[188] Im Übrigen lassen sich die Leitungsaufgaben neben den gesetzlichen Zuweisungen typisieren in die Unternehmensplanung, die Unternehmenskoordinierung, die Unternehmenskontrolle sowie die Besetzung von Führungsposten.[189] Der Inhalt der Leitungsbefugnis korrespondiert damit teilweise mit dem der Geschäftsführung. Hinsichtlich des einzuhaltenden Sorgfaltsmaßstabs gilt ebenfalls § 93 Abs. 1 S. 1 AktG. Nach § 78 Abs. 1 S. 1 AktG vertritt der Vorstand die Gesellschaft gerichtlich und außergerichtlich. Die Vertretung erfolgt im Außenverhältnis und ist

---

182 *Fleischer*, in: BeckOGK AktG, § 77 Rn. 3 (Stand: 1. April 2023); *Cahn*, in: Kölner Kommentar zum Aktiengesetz, § 77 Rn. 2; *Spindler*, in: MünchKomm-AktG, § 77 Rn. 6.

183 *Thüsing*, in: Fleischer, Handbuch des Vorstandsrechts, § 2 Rn. 82; *Cahn*, in: Kölner Kommentar zum Aktiengesetz, § 77 Rn. 2; *Spindler*, in: MünchKomm-AktG, § 77 Rn. 5 f.

184 *Thüsing*, in: Fleischer, Handbuch des Vorstandsrechts § 2 Rn. 82.

185 Erster Teil § 2D.II.1.a)bb).

186 *Fleischer*, in: BeckOGK AktG, § 76 Rn. 14 (Stand: 1. April 2023); *Cahn*, in: Kölner Kommentar zum Aktiengesetz, § 76 Rn. 5; *Spindler*, in: MünchKomm-AktG, § 76 Rn. 19.

187 *Spindler*, in: MünchKomm-AktG, § 77 Rn. 5.

188 *Grigoleit*, in: Grigoleit, Aktiengesetz, § 76 Rn. 4.

189 So etwa *Grigoleit*, in: Grigoleit, Aktiengesetz, § 76 Rn. 8; *Cahn*, in: Kölner Kommentar zum Aktiengesetz, § 76 Rn. 5.

mit der Geschäftsführungs- sowie Leitungsaufgabe verbunden, da sie eine Maßnahme im Innenverhältnis voraussetzt.

Neben den Kernaufgaben des Vorstands ergeben sich sowohl aus dem Gesetz als auch aus ungeschriebenen Grundsätzen weitere Pflichten. Eine solche stellt bspw. die Treuepflicht dar, der Vorstandsmitglieder im Verhältnis zum Unternehmen unterliegen.[190] Nach diesem – über Treu und Glauben hinausgehenden – Grundsatz sind die Vorstandsmitglieder zu einem loyalen und kooperativen Verhalten gegenüber der Gesellschaft verpflichtet.[191] Die Treuepflicht lässt sich in Fallgruppen unterteilen, nämlich dem loyalen Einsatz für die Gesellschaft, den Eigengeschäften mit der Gesellschaft, der Geschäftschancenlehre, der Aneignung von Gesellschaftsressourcen sowie der Annahme von Zuwendungen Dritter.[192] Eine spezielle Ausprägung der Treuepflicht ist die Verpflichtung zur Verschwiegenheit gem. § 93 Abs. 1 S. 3 AktG. Danach haben die Vorstandsmitglieder über vertrauliche Angaben und Geheimnisse der Gesellschaft, die ihnen durch ihre Tätigkeit bekanntgeworden sind, Stillschweigen zu bewahren. Zusätzlich treffen den Vorstand Organisations-, Überwachungs- und Kontrollpflichten, wodurch den Fortbestand der Gesellschaft gefährdende Entwicklungen früh erkannt werden sollen.[193] Bedeutung erlangen diese Nebenpflichten vor allem deshalb, weil sie sich auf die Kernaufgaben des Vorstands auswirken. Sowohl die Treuepflicht als auch die Verschwiegenheitspflicht prägen etwa die Maßnahmen der Leitung und Geschäftsführung. Zudem bedarf eine ordnungsgemäße Geschäftsführung stets einer geeigneten Organisation, Überwachung und Kontrolle, insbesondere im Falle der Delegation von Aufgaben.

Es lässt sich somit feststellen, dass die Vorstandsmitglieder einem umfassenden Pflichtenkatalog unterliegen. Als eines der zentralen Organe hat der Vorstand die elementaren Aufgaben der Geschäftsführung, Leitung und Vertretung wahrzunehmen sowie weitere, zusätzliche Pflichten zu erfüllen.

---

190 BGH, Urt. v. 28.04.1954 – II ZR 211/53, NJW 1954, 998 (999); BGH, Urt. v. 26.03.1956 – II ZR 57/55, NJW 1956, 906 f.; *Fleischer*, in: BeckOGK AktG, § 93 Rn. 147 ff. (Stand: 1. April 2023); *Cahn*, in: Kölner Kommentar zum Aktiengesetz, § 93 Rn. 112 ff.

191 Vgl. nur *Seyfarth*, Vorstandsrecht, § 8 Rn. 77.

192 Zu den Einzelheiten der verschiedenen Fallgruppen etwa *Thüsing*, in: Fleischer, Handbuch des Vorstandsrechts, § 9 Rn. 14 ff.

193 *Seyfarth*, Vorstandsrecht, § 8 Rn. 110; ähnlich auch *Fleischer*, in: BeckOGK AktG, § 93 Rn. 128 ff. (Stand: 1. April 2023).

bb) Sorgfaltsmaßstab bei Geschäftsführung und Leitung

Der bei Geschäftsführung und Leitung anzuwendende Sorgfaltsmaßstab ergibt sich aus § 93 Abs. 1 S. 1 AktG. Der Norm kommt eine Doppelfunktion zu, indem sie einerseits den Maßstab bei der Aufgabenerfüllung festlegt und andererseits als Generalklausel die unternehmerischen Verhaltenspflichten umschreibt.[194] Danach haben die Vorstandsmitglieder die Sorgfalt eines ordentlichen und gewissenhaften Geschäftsleiters anzuwenden. Hierunter ist eine Sorgfalt zu verstehen, die ein Geschäftsleiter eines nach Art und Größe vergleichbaren Unternehmens in der jeweiligen Situation hätte walten lassen.[195] Der Definition liegt eine bestimmte Wertung zugrunde. Das Vorstandsmitglied wirtschaftet nicht mit eigenen Mitteln, sondern ist wie ein Treuhänder fremden Vermögensinteressen verpflichtet.[196] Bei Misswirtschaft sind nicht die eigenen, sondern die finanziellen Interessen der Gesellschaft betroffen. Daraus folgt, dass Vorstandsmitglieder einer erhöhten Sorgfaltspflicht unterliegen, welche über die eines gewöhnlichen Kaufmanns hinausgeht.[197]

Insgesamt ergibt sich ein strenger Maßstab bei einem Vergleich mit den unterschiedlichen gesetzlichen Sorgfaltspflichten. Als allgemeiner Verschuldensmaßstab ist § 276 BGB heranzuziehen. Gem. § 276 Abs. 1 S. 1 BGB hat der Schuldner grds. Vorsatz und Fahrlässigkeit zu vertreten. Fahrlässig handelt nach Abs. 2, wer die im Verkehr erforderliche Sorgfalt außer Acht lässt. Liegt auf beiden Seiten ein Handelsgeschäft vor, ergibt sich der einzuhaltende Maßstab aus § 347 HGB. In diesem Fall hat der Schuldner für die Sorgfalt eines ordentlichen Kaufmanns einzustehen. Unabhängig davon, ob es sich hierbei um eine obsolete Vorschrift handelt, da sich bereits aus der Generalnorm des § 276 Abs. 2 BGB und des Abstellens auf das Tatbestandsmerkmal *Verkehr* ergeben soll, dass ein Kaufmann die von einem solchen

---

194 *Fleischer*, in: BeckOGK AktG, § 93 Rn. 15 (Stand: 1. April 2023); *Dauner-Lieb*, in: Henssler/Strohn, § 93 Rn. 6; *Spindler*, in: MünchKomm-AktG, § 93 Rn. 21.

195 Zum GmbH-Geschäftsführer OLG Jena, Urt. v. 08.08.2000 – 8 U 1387/98, NZG 2001, 86; zum Vorstand *Thüsing*, in: Fleischer, Handbuch des Vorstandsrechts, § 9 Rn. 14 ff.; *Fleischer*, in: BeckOGK AktG, § 93 Rn. 57 (Stand: 1. April 2023); *Spindler*, in: MünchKomm-AktG, § 93 Rn. 25.

196 OLG Düsseldorf, Urt. v. 28.11.1996 – 6 U 11/95, AG 1997, 231 (235); *Böttcher*, NZG 2009, 1047 (1050 f.); *Cahn*, in: Kölner Kommentar zum Aktiengesetz, § 93 Rn. 10; *Spindler*, in: MünchKomm-AktG, § 93 Rn. 25.

197 OLG Frankfurt, Urt. v. 12.12.2007 – 17 U 111/07, AG 2008, 453 (454); *Böttcher*, NZG 2009, 1047 (1050 f.); *Spindler*, in: MünchKomm-AktG, § 93 Rn. 25.

Kaufmann zu erwartende Sorgfalt aufzubringen hat und nicht diejenige einer Privatperson,[198] wird mit der Norm zum Ausdruck gebracht, dass im Unternehmensbereich andere, strengere Sorgfaltsanforderungen zu stellen sind als im Privatbereich.[199] Dies folgt aus der typischerweise vorliegenden Geschäftsgewandtheit des Kaufmanns und der damit verbundenen Erfahrung bzgl. der wesentlichen Abläufe und Risiken der jeweiligen Branche.

Eine weitere Steigerung des Sorgfaltsmaßstabs stellt § 93 Abs. 1 S. 1 AktG dar. Es handelt sich um die dritte Stufe des anzulegenden Maßstabs. Stufe eins ist § 276 BGB als Generalklausel, der für alle Bereiche herangezogen werden kann. Stufe zwei ergibt sich aus § 347 HGB bei Vorliegen eines beiderseitigen Handelsgeschäfts aufgrund der typischerweise vorliegenden Geschäftserfahrenheit, die einen strengeren Maßstab rechtfertigt. Die dritte Stufe betrifft das Vorstandsmitglied. Es unterliegt einer nochmals erhöhten Sorgfaltspflicht, die weiter geht als diejenige eines Kaufmanns. Es ist fremden Vermögensinteressen verpflichtet, ein wirtschaftlicher Schaden wirkt sich folglich nicht auf die eigenen Interessen aus, sondern auf diejenigen Dritter.

Hinsichtlich des Inhalts des zu anzuwendenden Sorgfaltsmaßstabs können verallgemeinerbare Ausführungen lediglich bedingt erfolgen. Es muss ein typisierter Geschäftsleiter eines typisierten Unternehmens unter Berücksichtigung einer Vielzahl von Merkmalen als Vergleichsmaßstab gebildet werden, um Reichweite und Umfang bestimmen zu können.[200] Es handelt sich also um eine Frage des Einzelfalls, bei der diverse Aspekte relevant werden können. Neben der Person des Geschäftsleiters erlangt vor allem das konkrete Unternehmen Bedeutung. Es sind insbesondere Merkmale wie seine Art und Größe sowie seine Konjunkturlage zu berücksichtigen.[201] Zwei weitere Aspekte wirken sich zusätzlich auf den Sorgfaltsmaßstab aus und führen zu einer Steigerung der ohnehin sehr hohen Anforderungen. Zum einen hat das Vorstandsmitglied besondere Spezialkenntnisse oder Fähigkeiten, die es besitzt, einzusetzen.[202] In einem ersten Schritt ist also

---

198 Ähnlich etwa *Maultzsch*, in: MünchKomm-HGB, § 347 Rn. 3.
199 BGH, Urt. v. 05.11.1980 – VIII ZR 280/79, NJW 1981, 577 (578); *Maultzsch*, in: MünchKomm-HGB, § 347 Rn. 2; *Leyens*, in: Hopt-HGB, § 347 Rn. 1.
200 *Böttcher*, NZG 2009, 1047 (1050).
201 *Böttcher*, NZG 2009, 1047 (1050); *Spindler*, in: MünchKomm-AktG, § 93 Rn. 25; *Fleischer*, in: BeckOGK AktG, § 93 Rn. 57 (Stand: 1. April 2023).
202 Zu diesem Grundsatz etwa BGH, Urt. v. 09.01.1990 – VI ZR 103/89, NJW-RR 1990, 406; zum Vorstandsmitglied ebenso bspw. *Spindler*, in: MünchKomm-AktG, § 93 Rn. 25.

ein typisierter Geschäftsleiter eines vergleichbaren Unternehmens als Vergleichsmaßstab zu bilden. Ausgehend hiervon muss beurteilt werden, ob sich das Vorstandsmitglied so verhalten hat, wie es zu erwarten gewesen wäre. Kann man danach keinen Verstoß feststellen, könnte sich dies unter Berücksichtigung etwaiger Spezialkenntnisse oder Fähigkeiten anders darstellen. Zu nennen wären z.B. überdurchschnittliche juristische oder technische Kenntnisse, die den Sorgfaltsmaßstab abändern würden.

Zum anderen gilt zu beachten, dass es sich bei § 93 Abs. 1 S. 1 AktG um einen normativen Maßstab handelt, in dessen Folge der Geschäftsleiter durch eine in der Branche übliche Nachlässigkeit nicht entlastet werden kann.[203] Gleiches gilt für eine abweichende tatsächliche Übung.[204] Vorstandsmitglieder können sich somit nicht darauf verlassen, dass eine praxisübliche Geschäftsführungsmaßnahme in jedem Fall den gesetzlichen Anforderungen genügt. Eine eigene Prüfung ist – trotz Marktüblichkeit – nicht obsolet.

Im Ergebnis ist festzuhalten, dass hohe Anforderungen an die einzuhaltende Sorgfalt zu stellen sind. Aufgrund ihrer treuhänderischen Stellung unterliegen Vorstandsmitglieder einer besonderen Sorgfaltspflicht. Sie geht über die eines gewöhnlichen Kaufmanns hinaus. Weiter erhöht wird sie durch die Zurechnung von Spezialkenntnissen und Fähigkeiten sowie dadurch, dass es sich um einen normativen Maßstab handelt.

cc) Rechtsfolgen eines Verstoßes

Handelt das Vorstandsmitglied § 93 Abs. 1 S. 1 AktG zuwider und sind weitere Tatbestandsmerkmale erfüllt, hat die Gesellschaft nach Abs. 2 S. 1 einen Schadensersatzanspruch. Je nach Art der Geschäftsführungsmaßnahme kann der Anspruch ein existenzgefährdendes Ausmaß annehmen. Dem Sorgfaltsmaßstab kommt damit eine wesentliche Bedeutung zu.

Voraussetzungen des Anspruchs sind das Vorliegen einer Pflichtverletzung, eines Schadens, eines Verschuldens sowie der Kausalität zwischen Schaden und Pflichtverletzung. Hinsichtlich der Beweislast folgt aus § 93 Abs. 2 S. 2 AktG eine Beweislastumkehr. Das Vorstandsmitglied trifft die Beweislast, wenn streitig ist, ob es die Sorgfalt eines ordentlichen und

---

203 *Spindler*, in: MünchKomm-AktG, § 93 Rn. 25; *Böttcher*, NZG 2009, 1047 (1052); *Blasche*, WM 2011, 343 (347).
204 *Blasche*, WM 2011, 343 (347).

gewissenhaften Geschäftsleiters angewendet hat. Nach der Rechtsprechung des BGH ist dies notwendig, da anderenfalls die Gesellschaft bzgl. der Umstände, die für die Beurteilung der Pflichtmäßigkeit relevant sind, in einer Beweisnot wäre.[205] Im Gegensatz dazu kann das Vorstandsmitglied die Umstände, die gegen die Pflichtwidrigkeit sprechen, leichter darlegen.

Das Gesetz begrenzt die Haftung durch die sog. Business Judgement Rule gem. § 93 Abs. 1 S. 2 AktG. Danach liegt eine Pflichtverletzung nicht vor, wenn das Vorstandsmitglied bei einer unternehmerischen Entscheidung vernünftigerweise annehmen durfte, auf der Grundlage angemessener Information zum Wohle der Gesellschaft zu handeln. Die Regelung ist als Tatbestandsauschluss zu qualifizieren.[206] Ihre Kodifizierung geht auf die ARAG / Garmenbeck-Entscheidung des BGH[207] zurück. Das Vorliegen des Tatbestands ist bei kumulativem Vorliegen von fünf Merkmalen ausgeschlossen.[208] Es bedarf einer unternehmerischen Entscheidung, der Gutgläubigkeit, einem Handeln ohne Sonderinteressen und sachfremden Einflüssen, einem Handeln zum Wohle der Gesellschaft und auf der Grundlage angemessener Information. Der Grund für den Ausschluss liegt darin, dass dem Vorstand bei der Führung der Gesellschaft ein gewisser unternehmerischer Handlungsspielraum zugebilligt werden muss, ohne den eine unternehmerische Tätigkeit nicht denkbar wäre.[209] Hierdurch wird ihm ein Ermessen eingeräumt, in dessen Grenzen er risikobehaftete Entscheidungen treffen kann, ohne dass er einer persönlichen Haftung ausgesetzt ist. Es handelt es sich um eine Einzelfallentscheidung, bei der alle Umstände berücksichtigt werden müssen. Die Gefahr einer – möglicherweise – existenzgefährdenden Haftung wird dadurch allerdings nicht vollständig gebannt. Sie bleibt aufgrund der hohen Sorgfaltspflicht omnipräsent.

---

205 Vgl. zum GmbH-Geschäftsführer BGH, Urt. v. 04.11.2002 – II ZR 224/00, NJW 2003, 358.

206 Begründung des Regierungsentwurfs eines Gesetzes zur Unternehmensintegrität und Modernisierung des Anfechtungsrechts (UMAG), BT-Drucks. 15/5092, S. 11; *Fleischer*, ZIP 2004, 685 (689); *Thüsing*, in: Fleischer, Handbuch des Vorstandsrechts, § 7 Rn. 51; *Seyfarth*, Vorstandsrecht, § 23 Rn. 20.

207 BGH, Urt. v. 21.04.1997 – II ZR 175/95, NJW 1997, 1926.

208 Zu den einzelnen Merkmalen Begründung des Regierungsentwurfs eines Gesetzes zur Unternehmensintegrität und Modernisierung des Anfechtungsrechts (UMAG), BT-Drucks. 15/5092, S. 11.

209 Begründung des Regierungsentwurfs eines Gesetzes zur Unternehmensintegrität und Modernisierung des Anfechtungsrechts (UMAG), BT-Drucks. 15/5092, S. 11.

b) Anforderungen an Person des Vorstands

aa) Gesetzliche und satzungsmäßige Anforderungen

Zunächst ist zu untersuchen, welche Anforderungen das Gesetz an die Person des Vorstands stellt. Ausgehend hiervon soll analysiert werden, ob bzw. welche persönlichen Eignungsvoraussetzungen statutarisch festgelegt werden können.

Das Gesetz enthält lediglich an zwei Stellen Vorgaben zur Person des Vorstands. Nach § 76 Abs. 3 S. 1 AktG kann nur eine natürliche, unbeschränkt geschäftsfähige Person Vorstandsmitglied sein. Des Weiteren findet sich eine Aufzählung bestimmter Eignungsvoraussetzungen in der Norm, bei deren Einschlägigkeit die Bestellung zum Vorstand gemäß § 134 BGB nichtig wäre.[210] Die persönliche Eignung ist bspw. abzulehnen, wenn dem Geschäftsleiter ein Berufs- oder Gewerbeverbot erteilt worden ist. Zudem führt die Verurteilung wegen bestimmter Straftaten dazu, dass eine Bestellung nicht möglich ist. Insbesondere Verfehlungen im Zusammenhang mit den Insolvenzpflichten stehen einer Vorstandstätigkeit entgegen. Eine weitere Vorschrift in diesem Zusammenhang ist § 105 Abs. 1 AktG. Die Norm legt fest, dass ein Mitglied des Aufsichtsrats nicht zugleich Vorstandsmitglied der Gesellschaft sein kann. Daneben enthält das Aktienrecht keine weiteren Vorschriften, die an die Person des Vorstands anknüpfen und eine Bestellung verhindern. Bei den aufgeführten Eignungsvoraussetzungen handelt es sich um Ausnahmefälle, die selten eine Berufung in das Organamt verhindern. In Bezug auf die Qualifikation, also betreffend die Ausbildung, Geschäftserfahrung oder sonstiger Kenntnisse und Fähigkeiten, finden sich keine Vorgaben im Gesetz.

Aufgrund dessen erlangt die Festlegung satzungsmäßiger Eignungsvoraussetzung Bedeutung. Inwieweit solche Vorgaben wirksam niedergelegt werden können und hierdurch eine Bindung des Aufsichtsrats erreicht werden kann, ist umstritten.[211] Teilweise wird vertreten, statutarische Vorgaben seien generell als unzulässig zu qualifizieren, sodass sich der Aufsichts-

---

210 Für den GmbH-Geschäftsführer siehe OLG Naumburg, Beschl. v. 10.11.1999 – 7 Wx 7/99, ZIP 2000, 622 (624); zudem *Fleischer*, in: BeckOGK AktG, § 76 Rn. 154 (Stand: 1. April 2023); *Cahn*, in: Kölner Kommentar zum Aktiengesetz, § 76 Rn. 129; *Spindler*, in: MünchKomm-AktG, § 76 Rn. 165.

211 Für einen Überblick über den Meinungsstand siehe *Grigoleit*, in: Grigoleit, Aktiengesetz, § 76 Rn. 115 ff.

rat bei der Auswahl des künftigen Vorstandsmitglieds hierüber hinwegsetzen könne.[212] Begründet wird dies unter anderem damit, dass das Entschließungsermessen des Aufsichtsrats, was die Unzulässigkeit bindender Vorschlags-, Zustimmungs- und Weisungsrechte zeigt, nicht beschränkbar sei und dass der Aufsichtsrat die notwendigen Eignungsvoraussetzungen besser beurteilen könne als die Anteilseigner.[213]

Richtigerweise ist die Festlegung satzungsmäßiger Eignungsvoraussetzungen insoweit wirksam, als das Auswahlermessen des Aufsichtsrats nicht unverhältnismäßig eingeschränkt wird und die Kriterien in einem sachlichen Zusammenhang zur Leitung des Unternehmens stehen.[214] Das aus § 84 AktG folgende Auswahlermessen des Aufsichtsrats ist grds. anzuerkennen, hat allerdings keine unbegrenzte Geltung, sondern wird durch den Gesellschaftszweck, den Unternehmensgegenstand und durch die Bedürfnisse des Unternehmens geprägt.[215] Durch die statutarische Konkretisierung findet demnach keine Abweichung von § 84 AktG statt, sondern lediglich eine Ergänzung der Norm, die § 23 Abs. 5 AktG als zulässig einstuft.[216]

Von der Frage der Zulässigkeit zu unterscheiden sind die Kriterien, die in der Satzung festgelegt werden dürfen. Schranken für die statutarischen Regelungen ergeben sich zunächst aus dem AGG.[217] Eine Diskriminierung aufgrund der Rasse, der ethnischen Herkunft, des Geschlechts, der Religion, der Weltanschauung, einer Behinderung, des Alters oder der sexuellen Identität durch eine satzungsmäßige Vorgabe darf in keinem Fall vorliegen. Das AGG ist nach § 6 Abs. 3 AGG auf Anstellung und Bestellung der Vorstandsmitglieder anwendbar, soweit es die Bedingungen für den Zugang zur Erwerbstätigkeit sowie den beruflichen Aufstieg betrifft.[218] Die Satzung

---

212 Siehe etwa *Lutter/Krieger/Verse*, in: Lutter/Krieger/Verse, Rechte und Pflichten des Aufsichtsrats, § 7 Rn. 341; *Behme/Zickgraf*, AG 2015, 841 (846 f.).

213 *Behme/Zickgraf*, AG 2015, 841 (846 f.); *Cahn*, in: Kölner Kommentar zum Aktiengesetz, § 76 Rn. 141.

214 *Grigoleit*, in: Grigoleit, Aktiengesetz, § 76 Rn. 116; *Spindler*, in: MünchKomm-AktG, § 76 Rn. 153; *Koch*, in: Koch, Aktiengesetz, § 76 Rn. 60.

215 *Grigoleit*, in: Grigoleit, Aktiengesetz, § 76 Rn. 116; *Spindler*, in: MünchKomm-AktG, § 76 Rn. 153.

216 Vgl. nur *Grigoleit*, in: Grigoleit, Aktiengesetz, § 76 Rn. 116.

217 *Seyfarth*, Vorstandsrecht, § 3 Rn. 27; *Behme/Zickgraf*, AG 2015, 841 (846); *Grigoleit*, in: Grigoleit, Aktiengesetz, § 76 Rn. 119 ff.; *Spindler*, in: MünchKomm-AktG, § 76 Rn. 153.

218 Zum GmbH-Geschäftsführer BGH, Urt. v. 23.04.2012 – II ZR 163/10, GmbHR 2012, 845 (846 f.); zur Besprechung dieser Entscheidungen *Seyfarth*, Vorstandsrecht, § 3 Rn. 27; *Bauer/Arnold*, NZG 2012, 921.

kann folglich unter Beachtung der AGG-Grundsätze Eignungsvoraussetzungen festlegen. Solche Vorgaben können bspw. den Wohnsitz, eine bestimmte Berufsqualifikation oder die Familienangehörigkeit in Familiengesellschaften betreffen.[219] Hinsichtlich einer Altersgrenze ist die Empfehlung B.5 DCGK zu beachten. Gemäß dieser Empfehlung wird für Vorstandsmitglieder eine Altersgrenze empfohlen. Allerdings gilt zu beachten, dass eine solche Grenze im Lichte des AGG durchaus kritisch gesehen werden kann.[220] Problematisch kann zudem eine Regelung sein, wonach eine vorherige Tätigkeit im Unternehmen Voraussetzung für die Vorstandtätigkeit ist, da hierdurch der Kreis der Personen und damit das Auswahlermessen des Aufsichtsrats in erheblicher Weise eingeschränkt würde.[221] Die Zulässigkeit einer statutarischen Vorgabe beurteilt sich also grds. danach, in welchem Maße sie das Ermessen des Aufsichtsrats einschränkt.

bb) Ungeschriebene Anforderungen

Von den gesetzlichen sowie statutarischen sind die ungeschriebenen Anforderungen zu unterscheiden. Dem Aufsichtsrat steht zwar ein Auswahlermessen zu, allerdings wird er sich intern zumindest an festgelegten Kriterien orientieren. Denn auch wenn das Gesetz nur teilweise Vorgaben bzgl. der Person des Vorstands macht, unterliegt der Aufsichtsrat bei sämtlichen Maßnahmen gem. §§ 116 S. 1, 93 Abs. 1 S. 1 AktG ebenfalls einer erhöhten Sorgfaltspflicht. Für die Auswahl der Vorstandsmitglieder folgt daraus, dass er pflichtwidrig handelt, wenn eine Person zum Vorstand bestellt wird, die nicht über ein Mindestmaß an fachlicher Qualifikation, die sich einerseits aus der Leitungsautonomie und andererseits aus den Gesellschaftsverhältnissen ergibt, verfügt.[222]

Die Leitung unter eigener Verantwortung gem. § 76 Abs. 1 AktG setzt fachliche Kenntnisse, entsprechende Fähigkeiten und Erfahrungen hin-

---

219 Vgl. hierzu und zu weiteren Beispielen etwa *Seyfarth*, Vorstandsrecht, § 3 Rn. 27.
220 Ausführlich dazu *Lutter*, BB 2007, 725.
221 So etwa *Seyfarth*, Vorstandsrecht, § 3 Rn. 27. Zulässig ist dagegen das Erfordernis einer allgemeinen beruflichen Qualifikation, wenn gewährleistet ist, dass der Aufsichtsrat auf einen ausreichenden großen Kreis an Kandidaten zurückgreifen kann.
222 *Behme/Zickgraf*, AG 2015, 841 (847).

sichtlich jedes Vorstandsmitglieds voraus.[223] Der Aufsichtsrat hat darauf zu achten, dass sie die in persönlicher und fachlicher Hinsicht notwendigen Qualifikationen erfüllen.[224] Jedes Mitglied des Vorstands muss insbesondere alle rechtlichen bzw. wirtschaftlichen Zusammenhänge erkennen und ohne Hilfe verstehen sowie beurteilen können.[225] Umfasst sind die effiziente und ordnungsgemäße Delegation von Aufgaben sowie deren Überwachung.[226] Weitere Vorgaben hinsichtlich der Mindestqualifikation ergeben sich aus den Gesellschaftsverhältnissen. Es gilt der Grundsatz, dass jedes Mitglied die unternehmensspezifischen und ressortabhängigen Voraussetzungen erfüllen muss, die für die Leitung des Unternehmens erforderlich sind.[227] Diese können je nach Art bzw. Geschäftsmodell, Organisation und Größe der Gesellschaft anders sein[228] und bestimmen sich nach den Umständen des Einzelfalls. Allerdings sind die Anforderungen als vergleichsweise hoch einzuordnen.

Trotz des Fehlens gesetzlicher oder statutarischer Eignungsvoraussetzungen an die Person orientiert sich der Aufsichtsrat regelmäßig an Kriterien, die sich auf Geschäftsleiter von Kreditinstituten bzw. Versicherungsunternehmen beziehen.[229] § 25c Abs. 1 KWG regelt bspw., dass der Geschäftsleiter eines solchen Instituts fachlich geeignet und zuverlässig sein muss. Die fachliche Eignung setzt voraus, dass sie in ausreichendem Maße theoretische und praktische Kenntnisse in den betreffenden Geschäften sowie Leitungserfahrung haben. Die fachliche Eignung ist regelmäßig anzunehmen, wenn eine *dreijährige leitende Tätigkeit* bei einem Institut von *vergleichbarer Größe und Geschäftsart* nachgewiesen wird. Der Grundsatz der fachlichen Mindestqualifikation der Vorstandsmitglieder kann auf diese Weise konkretisiert werden und gibt dem Aufsichtsrat einen Anhaltspunkt dafür,

---

223 *Beiner/Braun*, Der Vorstandsvertrag, Rn. 25; *Behme/Zickgraf*, AG 2015, 841 (847 f.); ausführlich hierzu auch *Grau*, in: Semler/v. Schenck/Wilsing, Arbeitshandbuch für Aufsichtsratsmitglieder, § 11 Rn. 8 ff.

224 Vgl. OLG München, Urt. v. 24.11.2016 – 23 U 3582/16, AG 2017, 750 (751); ebenso *Spindler*, in: MünchKomm-AktG, § 84 Rn. 42; ähnlich auch *Beiner/Braun*, Der Vorstandsvertrag, Rn. 24 ff.; *Behme/Zickgraf*, AG 2015, 841 (847 f.).

225 *Beiner/Braun*, Der Vorstandsvertrag, Rn. 25; *Behme/Zickgraf*, AG 2015, 841 (847 f.).

226 *Behme/Zickgraf*, AG 2015, 841 (847).

227 Zu diesem Grundsatz vgl. etwa *Beiner/Braun*, Der Vorstandsvertrag, Rn. 26, der zudem einen Verweis auf die Mindestanforderungen an Aufsichtsratsmitglieder anführt.

228 *Behme/Zickgraf*, AG 2015, 841 (847).

229 Zu einer empirischen Untersuchung siehe *Behme/Zickgraf*, AG 2015, 841; zur Bedeutung dieser Vorgaben auch *Beiner/Braun*, Der Vorstandsvertrag, Rn. 27.

inwiefern sich daraus konkrete Vorgaben ableiten lassen.[230] Veranschaulicht wird dies durch eine Studie aus dem Jahr 2014, die belegt, dass ca. 90 % der Gesellschaften die aufsichtsrechtlichen Kriterien, die in gewisser Weise modifiziert wurden, erfüllen.[231] In tatsächlicher Hinsicht zeigt sich somit, dass die Anforderungen, die der Aufsichtsrat an die Person des Vorstands stellt, hoch sind.

2. Wertungswiderspruch zwischen hohen Anforderungen und Annahme einer Schutzbedürftigkeit bei Abschluss des Anstellungsvertrags

Im Folgenden soll analysiert werden, ob sich ein Wertungswiderspruch daraus ergibt, dass einerseits hohe objektive und subjektive Anforderungen an die Geschäftsführung bzw. die Person des Vorstands gestellt werden, andererseits jedoch eine Schutzbedürftigkeit bei Abschluss des Anstellungsvertrags angenommen wird, welche die Anwendung der AGB-Kontrolle indiziert. Für diese Untersuchung soll die aktienrechtliche sowie die AGB-rechtliche Stellung miteinander verglichen werden.

a) Aktienrechtliche Stellung des Vorstands

Die aktienrechtliche Stellung ergibt sich aus den Anforderungen an die Aufgaben und die Person des Vorstands. Mit dem Organamt geht ein umfassender Pflichtenkatalog einher. Besonders zu erwähnen sind die Geschäftsführung, die Leitung und die Vertretung der Gesellschaft gem. den §§ 76–78 AktG als Hauptaufgaben des Vorstands. Die Leitung, die als Teil der Geschäftsführung besonders elementare Funktionen zur Steuerung des Unternehmens hervorhebt, hat unter eigener Verantwortung zu erfolgen. Es handelt sich um einen Kernbereich der Unternehmensführung, der eng an den wirtschaftlichen Erfolg der Gesellschaft geknüpft ist. Sonstige Organisations-, Überwachungs- und Kontrollpflichten sind ebenfalls bedeutsam, da durch sie den Fortbestand der Gesellschaft gefährdende Entwicklungen früh erkannt werden sollen.[232] Hinsichtlich des anzuwendenden Sorgfalts-maßstabs werden vergleichbare Anforderungen an die Vorstandsmitglieder

---

230 *Behme/Zickgraf*, AG 2015, 841 (848 f.); *Beiner/Braun*, Der Vorstandsvertrag, Rn. 26.
231 *Behme/Zickgraf*, AG 2015, 841 (850).
232 *Seyfarth*, Vorstandsrecht, § 8 Rn. 110; ähnlich auch *Fleischer*, in: BeckOGK AktG, § 93 Rn. 128 ff. (Stand: 1. April 2023).

gestellt. Aus ihrer treuhänderähnlichen Stellung wird gefolgert, dass sie eine erhöhte Sorgfaltspflicht trifft, die über die im Handelsverkehr zu beachtende Sorgfalt hinausgeht. Verschärft wird dies durch die Zurechnung von Spezialkenntnissen und Fähigkeiten sowie der fehlenden Exkulpationsmöglichkeit bei branchenüblichen Nachlässigkeiten.

An die Person des Vorstands werden vor allem in tatsächlicher Hinsicht hohe Anforderungen gestellt. Der Aufsichtsrat hat darauf zu achten, dass die Vorstandsmitglieder die in persönlicher und fachlicher Hinsicht notwendigen Qualifikationen erfüllen.[233] Insbesondere muss jedes Mitglied alle rechtlichen bzw. wirtschaftlichen Zusammenhänge erkennen und ohne Hilfe verstehen sowie beurteilen können.[234] Häufig wird eine vorangehende leitende Tätigkeit über mehrere Jahre bei einem vergleichbaren Unternehmen vorausgesetzt.

b) AGB-rechtliche Stellung des Vorstands

Telos der AGB-Kontrolle ist die Verhinderung eines partiellen Marktversagens aufgrund eines strukturellen Informations- und Motivationsgefälles zwischen Verwender und Verwendungsgegner. Der Verwender kann die Gestaltungsfreiheit aufgrund einer rationalen Ignoranz des Verwendungsgegners einseitig in Anspruch nehmen. Mangels eines effizienten Konditionenwettbewerbs fehlt es an Ausweichmöglichkeiten.

Die AGB-Kontrolle ist folglich vom Gedanken der Schutzbedürftigkeit geprägt. Die Verwendungsgegner setzen sich aus verständlichen Gründen nicht mit den Klauseln auseinander. Da der Markt nicht in der Lage ist, sich selbst zu regulieren, bedarf es des Schutzes durch das Gesetz. Wird die AGB-Kontrolle auf eine bestimmte Konstellation angewendet, indiziert dies somit grds., dass der Verwendungsgegner schutzbedürftig ist.

---

233 Vgl. OLG München, Urt. v. 24.11.2016 – 23 U 3582/16, AG 2017, 750 (751); ebenso *Spindler*, in: MünchKomm-AktG, § 84 Rn. 42; ähnlich auch *Beiner/Braun*, Der Vorstandsvertrag, Rn. 24 ff.; *Behme/Zickgraf*, AG 2015, 841 (847 f.).

234 *Beiner/Braun*, Der Vorstandsvertrag, Rn. 25; *Behme/Zickgraf*, AG 2015, 841 (847 f.).

c) Widerspruch zwischen Anstellung und Bestellung

Die aktienrechtliche Stellung steht im Widerspruch zur AGB-rechtlichen. Ausgangspunkt dieser Überlegung muss der sog. Trennungsgrundsatz[235] sein, wonach das Anstellungsverhältnis vom Organverhältnis zu differenzieren ist. Die Bestellung führt als organschaftlicher Akt zur Organstellung. Hiermit sind umfassende Rechte und Pflichten wie die Geschäftsführungs- und Leitungsverantwortung verknüpft. Die Anstellung ist dagegen schuldrechtlicher Natur. Ihr liegt ein Dienstvertrag zugrunde, der eine Geschäftsbesorgung zum Gegenstand hat. Er ergänzt und konkretisiert die organschaftlichen Pflichtenstellung des Vorstands. Bei unmodifizierter Gesetzesbetrachtung erfüllt der Anstellungsvertrag alle Tatbestandsmerkmale des § 305 Abs. 1 S. 1 BGB, sodass folglich die AGB-Kontrolle Anwendung findet.

Der Widerspruch zwischen aktienrechtlicher und AGB-rechtlicher Stellung wird bei einem Vergleich zwischen Anstellung und Bestellung deutlich. Auf der einen Seite steht die Anstellung. Entsprechend den obigen Ausführungen indiziert die Anwendung der AGB-Kontrolle auf den Anstellungsvertrag die Schutzbedürftigkeit des Geschäftsleiters bei seinem Abschluss. Das Gesetz schützt den Vorstand durch die §§ 305 ff. BGB vor unangemessenen Klauseln, da es davon ausgeht, dass er sich aufgrund einer rationalen Ignoranz nicht mit deren Inhalt beschäftigt und auf die Inanspruchnahme der Vertragsgestaltungsfreiheit verzichtet. Auf der anderen Seite steht die Bestellung. Durch den Eintritt in das Organamt unterliegen die Vorstandsmitglieder einem umfassenden Pflichtenkatalog. Insbesondere mit der Geschäftsführungs- und Leitungsaufgabe geht eine hohe Verantwortung einher, bei deren Ausführung der sich aus § 93 Abs. 1 S. 1 AktG ergebende Sorgfaltsmaßstab einzuhalten ist.

Diese beiden Seiten lassen sich nicht miteinander in Einklang bringen. Es besteht ein Widerspruch darin, dass einerseits von der Schutzbedürftigkeit der Vorstandsmitglieder bei Abschluss des Anstellungsvertrags ausgegangen wird, andererseits jedoch durch die Bestellung solch hohe Anforderungen an ihre organschaftliche Tätigkeit gestellt werden. Nach der geltenden Rechtslage könnten die Vorstandsmitglieder den Anstellungsvertrag bedenkenlos unterschreiben, ohne ihn gelesen zu haben. Durch die

---

235 Die überwiegende Meinung folgt diesem Grundsatz, siehe BGH, Urt. v. 24.11.1980 – II ZR 182/79, NJW 1981, 757 (758); *Fleischer*, in: BeckOGK AktG, § 84 Rn. 7 (Stand: 1. April 2023); *Cahn*, in: Kölner Kommentar zum Aktiengesetz, § 84 Rn. 4; *Spindler*, in: MünchKomm-AktG, § 84 Rn. 10; *Thüsing*, in: Fleischer, Handbuch des Vorstandsrechts, § 4 Rn. 1 ff.

AGB-rechtliche Inhaltskontrolle wären sie ohne Einschränkung geschützt. Sobald die Vorstandsmitglieder allerdings bestellt sind und Maßnahmen der Geschäftsführung bzw. Leitung wahrnehmen, trifft sie eine Sorgfaltspflicht, die sogar über die im Handelsverkehr übliche hinausgeht.

Auf den ersten Blick könnte man nun anführen, dass die erhöhte Sorgfaltspflicht bzgl. des Organamts daraus folgt, dass die Vorstandsmitglieder wie Treuhänder fremde Vermögensinteressen wahrnehmen und der Anstellungsvertrag dagegen die eigenen Interessen betrifft. Dies würde allerdings verkennen, dass trotz des Trennungsgrundsatzes ein rechtlicher und tatsächlicher Zusammenhang zwischen Anstellung sowie Bestellung besteht. Auch wenn die Hauptpflichten primär aus der Organstellung folgen, werden sie durch den Anstellungsvertrag konkretisiert und ergänzt. Es handelt sich zwar um zwei zu unterscheidende Rechtsverhältnisse, sie überlagern sich allerdings durch ihre Verbindung.

d) Widerspruch zwischen Anforderungen an Person und Annahme einer Schutzbedürftigkeit

Die hohen Anforderungen, die vor allem in tatsächlicher Hinsicht an die Person des Vorstands gestellt werden, stehen ebenfalls in einem Widerspruch zur Annahme einer Schutzbedürftigkeit bei Abschluss des Anstellungsvertrags.

Unabhängig von gesetzlichen und statutarischen Vorgaben handelt es sich bei Vorstandsmitgliedern in faktischer Hinsicht um überdurchschnittlich qualifizierte Personen. Dies folgt unter anderem daraus, dass der Aufsichtsrat bei seinem Auswahlermessen ebenfalls einer erhöhten Sorgfaltspflicht unterliegt und folglich sicherzustellen hat, dass die Mitglieder des Vorstands die in persönlicher und fachlicher Hinsicht notwendigen Qualifikationen erfüllen.[236] Dies setzt fachliche Kenntnisse, entsprechende Fähigkeiten und Erfahrungen voraus,[237] für die sich der Aufsichtsrat meist an § 25c Abs. 1 KWG orientiert.[238]

---

236 Vgl. OLG München, Urt. v. 24.11.2016 – 23 U 3582/16, AG 2017, 750 (751); *Spindler*, in: MünchKomm-AktG, § 84 Rn. 42 sowie *Beiner/Braun*, Der Vorstandsvertrag, Rn. 24 ff.; *Behme/Zickgraf*, AG 2015, 841 (847 f.).

237 *Beiner/Braun*, Der Vorstandsvertrag, Rn. 25; *Behme/Zickgraf*, AG 2015, 841 (847 f.); ausführlich hierzu auch *Grau*, in: Semler/v. Schenck/Wilsing, Arbeitshandbuch für Aufsichtsratsmitglieder, § 11 Rn. 8 ff.

238 Zu einer empirischen Untersuchung *Behme/Zickgraf*, AG 2015, 841.

Es besteht ein Widerspruch in der Annahme einer Schutzbedürftigkeit bei derart überdurchschnittlich qualifizierten Personen. Aufgrund ihrer Fähigkeiten und Kenntnisse erscheint es unwahrscheinlich, dass sie – ähnlich wie der typisierte AGB-Verwendungsgegner – aufgrund eines Informations- und Motivationsgefälles auf Analyse bzw. Verhandlung der vorformulierten Geschäftsbedingungen verzichten. Insbesondere wegen ihrer geschäftlichen Erfahrung wird ihnen dies keine Schwierigkeiten bereiten, zumal sie in aller Regel selbst rechtlich beraten werden. Verstärkt wird dies dadurch, dass es sich bei der Person des Vorstands in der Regel um einen Wunschkandidaten für das Vorstandsamt handelt, womit eine starke Verhandlungsposition einhergeht.

3. Wertungswiderspruch zur Behandlung von Existenzgründern

Nachdem aktienrechtliche und AGB-rechtliche Stellung analysiert wurden, soll ein Vergleich zur Behandlung von Existenzgründern gezogen werden.

a) Behandlung von Existenzgründern

Das Gesetz behandelt den Existenzgründer in § 513 BGB. Danach gelten die §§ 491 bis 512 BGB bis zu einer festgelegten finanziellen Grenze auch für natürliche Personen, die sich ein Darlehen, einen Zahlungsaufschub oder eine sonstige Finanzierungshilfe für die Aufnahme einer gewerblichen oder selbständigen beruflichen Tätigkeit gewähren lassen oder zu diesem Zweck einen Ratenlieferungsvertrag schließen. Der Gesetzgeber geht bei dieser Personengruppe davon aus, dass das persönliche Engagement – ohne wesentliche kaufmännische Erfahrung – im Vordergrund steht und es daher eines Schutzes durch die §§ 491 ff. BGB bedarf.[239]

Aus der Norm folgt zudem, dass Existenzgründer als Unternehmer zu qualifizieren sind.[240] Dies ergibt sich aus einem Umkehrschluss. Ordnet

---

239 Vgl. Begründung eines Regierungsentwurfs eines Gesetzes zur Umsetzung der Verbraucherkreditrichtlinie, des zivilrechtlichen Teils der Zahlungsdiensterichtlinie sowie zur Neuordnung der Vorschriften über das Widerrufs- und Rückgaberecht, BT-Drucks. 16/11643, S. 96.

240 BGH, Beschl. v. 24.02.2005 – III ZB 36/04, NJW 2005, 1273 (1274); OLG Oldenburg, Beschl. v. 12.11.2001 – 9 SchH 12/01, NJW-RR 2002, 641 (642); *Haertlein/Schultheiß*, in: BeckOGK BGB, § 513 Rn. 2 mwN. (Stand: 1 Juni 2023).

der Gesetzgeber ausnahmsweise die Anwendung solcher Rechtsvorschriften auf Existenzgründer an, die eine Verbraucherstellung voraussetzen, geht er davon aus, dass sie nicht unter § 13 BGB zu subsumieren sind. Dies kann auch durch die allgemeinen Grundsätze belegt werden. Das Vorliegen der Verbrauchereigenschaft ist anhand einer objektiv zu bestimmenden Zweckrichtung des Verhaltens zu bestimmen, bei der eine etwaige geschäftliche Erfahrung nicht relevant ist.[241] Investiert der Existenzgründer etwa in Räumlichkeiten oder Maschinen zur Aufnahme seiner späteren Tätigkeit, richtet sich der Zweck rein objektiv betrachtet gezielt auf seine Selbständigkeit bzw. sein Gewerbe. Aus der Qualifizierung des Existenzgründers als Unternehmer folgt, dass die erweiterte AGB-Kontrolle nach § 310 Abs. 3 BGB keine Anwendung findet. Ein umfassender Schutz vor unangemessenen Klauseln wie bei Verbrauchern wird ihm demgemäß nicht zugestanden. Sonstige verbraucherschützende Rechtsinstitute, wie z.B. das Widerrufsrecht gem. § 312g BGB, finden ebenfalls keine Anwendung.

b) Wertungswiderspruch zur Annahme einer Schutzbedürftigkeit von Vorstandsmitgliedern

Nachdem die Behandlung von Existenzgründern analysiert wurde, kann ein Vergleich zu Vorstandsmitgliedern gezogen werden.

Auf der einen Seite steht der Existenzgründer. Durch die geplante Aufnahme seiner Tätigkeit begibt er sich in den unternehmerischen Geschäftsverkehr und drückt hierdurch konkludent aus, dass er sich nunmehr dem Recht für Unternehmer unterwerfen und es seinerseits in Anspruch nehmen will.[242] Daraus folgt, dass der Existenzgründer grds. als nicht schutzbedürftig einzustufen ist. Eine Ausnahme von diesem Grundsatz stellt § 513 BGB dar, wonach ein partieller Schutz bspw. bei der Aufnahme eines Darlehens zur Begründung einer gewerblichen bzw. selbständigen beruflichen Tätigkeit gewährleistet wird. In dieser Konstellation überwiegt der Gedanke, dass beim Existenzgründer das persönliche Engagement und nicht seine kaufmännische Erfahrung im Vordergrund steht. Die mangeln-

---

241 BGH, Beschl. v. 24.02.2005 – III ZB 36/04, NJW 2005, 1273 (1274); ähnlich auch BGH, Urt. v. 04.05.1994 – XII ZR 24/93, NJW 1994, 2759 (2760).

242 BGH, Beschl. v. 24.02.2005 – III ZB 36/04, NJW 2005, 1273 (1274); OLG Oldenburg, Beschl. v. 12.11.2001 – 9 SchH 12/01, NJW-RR 2002, 641 (642); vgl. auch *Fritzsche*, in: Staudinger BGB, § 13 Rn. 58 ff. (Stand: 1. September 2022).

de Geschäftserfahrenheit rechtfertigt es somit ausnahmsweise, verbraucher-schützende Rechtsinstitute auf ihn anzuwenden.

Auf der anderen Seite steht das Vorstandsmitglied. Es ist nach strittiger, aber vorzugswürdiger Ansicht als Verbraucher gem. § 13 BGB zu qualifizieren.[243] Wie bereits festgestellt verfügt es typischerweise über umfassende geschäftliche sowie berufliche Erfahrung. Trotz dessen wird es nicht nur partiell geschützt, sondern ihm kommen alle verbraucherschützenden Vor-schriften zugute, insbesondere die erweiterte AGB-Kontrolle bei Abschluss des Anstellungsvertrags. Die beiden Ergebnisse sind schwer miteinander zu vereinbaren. Der Existenzgründer verfügt in aller Regel über keine bzw. nur geringe kaufmännische Erfahrung. Trotzdem wird ihm lediglich ein parti-eller Schutz zugestanden, da er sich bewusst in den unternehmerischen Geschäftsverkehr begibt. Seine mangelnde Geschäftserfahrung wird nur im Rahmen von § 513 BGB berücksichtigt. Im Gegensatz dazu handelt es sich bei Vorstandsmitgliedern um hoch qualifizierte Personen mit umfassender Berufserfahrung. Trotz dieses Umstands kommen ihnen sämtliche verbrau-cherschützenden Rechtsinstitute zugute. Vergleicht man beide Personen-gruppen bzw. ihre Behandlung, wäre es folgerichtig, Vorstandsmitglieder erst recht nicht zu schützen, wenn der Gesetzgeber lediglich eine partielle Schutzbedürftigkeit des Existenzgründers annimmt. Erstere müssten stren-ger behandelt werden als Existenzgründer, da bei ihnen das Argument des persönlichen Engagements, das den partiellen Schutz nach § 513 BGB rechtfertigt, nicht greifen kann.

4. Zwischenergebnis

Die vorstehende Analyse hat einen Widerspruch zwischen den hohen ob-jektiven sowie subjektiven Anforderungen an die Geschäftsführung bzw. die Person des Vorstands und der Annahme einer Schutzbedürftigkeit bei Abschluss des Anstellungsvertrags aufgezeigt. Die Anwendung der AGB-Kontrolle auf eine bestimmte Konstellation indiziert, dass der Ver-wendungsgegner als schutzbedürftig einzustufen ist. Es lässt sich nicht miteinander vereinbaren, dass einerseits bzgl. der Anstellung hiervon aus-gegangen wird, Vorstandsmitglieder jedoch andererseits mit dem Eintritt in das Organamt einem umfassenden Pflichtenkatalog unterliegen, bei des-

---

243 Hierbei handelt es sich um eine umstrittene Frage, die höchstrichterlich noch nicht entschieden wurde. Vgl. zu den Einzelheiten Erster Teil § 3C.I.

sen Ausführung sie eine erhöhte Sorgfaltspflicht zu beachten haben. Die Annahme einer Schutzbedürftigkeit erscheint zudem fraglich, weil es sich bei Vorstandsmitgliedern in tatsächlicher Hinsicht um hoch qualifizierte und geschäftserfahrene Personen handelt.

Ein Vergleich zur Behandlung von Existenzgründern hat das aufgefundene Ergebnis verdeutlicht. Sie werden als Unternehmer qualifiziert. Ausnahmsweise kommt ihnen ein partieller Schutz über § 513 BGB zugute, der mit ihrer nicht vorhandenen bzw. geringen kaufmännischen Erfahrung begründet wird. Das Vorstandsmitglied wird dagegen trotz umfassender beruflicher und geschäftlicher Erfahrung umfassend geschützt, insbesondere über die erweiterte AGB-Kontrolle. Diese beiden Ergebnisse widersprechen sich.

III. Sonderkonstellation: Das Vorstandsmitglied als Allein- bzw. Mehrheitsgesellschafter

Analysiert man die Anwendbarkeit der AGB-Kontrolle auf Vorstandsanstellungsverträge unter Berücksichtigung von Besonderheiten, muss eine Sonderkonstellationen berücksichtigt werden. Eine solche besteht, wenn das Vorstandsmitglied Allein- oder Mehrheitsgesellschafter der Gesellschaft ist.

In diesem Zusammenhang muss man sich erneut das Telos der AGB-Kontrolle vor Augen führen. Es liegt in der Verhinderung eines partiellen Marktversagens aufgrund eines strukturellen Informations- bzw. Motivationsgefälles. Die einseitige Inanspruchnahme der Vertragsgestaltungsfreiheit durch den Verwender ist ein Element hiervon. Bei der Analyse der aufgeworfenen Sonderkonstellation sind zwei Bestandteile der Ratio von besonderer Bedeutung, nämlich das Informationsgefälle einerseits und die einseitige Inanspruchnahme der Vertragsgestaltungsfreiheit andererseits.

Parteien des Anstellungsvertrags sind das Vorstandsmitglied und die Gesellschaft, vertreten durch den Aufsichtsrat. Wie bereits ausgeführt sind bei der Verhandlung des Anstellungsvertrags zwei Modalitäten gebräuchlich.[244] Bei der einen wird das Vorstandsmitglied aufgefordert, einen Vertragsentwurf anzufertigen, auf dessen Basis anschließend die Verhandlung mit dem Aufsichtsrat über die endgültige Fassung stattfindet. Bei der anderen verwendet die Gesellschaft einen Mustervertrag, welcher der Verhandlung zugrunde gelegt wird und auf dessen Basis Änderungen bzw. Ergänzungen verhandelt werden.

---

244 Vgl. hierzu auch *Bauer/Arnold*, ZIP 2006, 2337 (2340).

Anders als im typisierten Fall der AGB-Verwendung sind die beteiligten Parteien nicht völlig unabhängig voneinander. Das zentrale Organ der Aktiengesellschaft ist die Hauptversammlung als Summe ihrer Anteilseigner. Ihr stehen nach § 119 AktG wesentliche Rechte zu, etwa die Bestellung der Mitglieder des Aufsichtsrats. Handelt es sich beim künftigen Vorstandsmitglied um den Allein- oder Mehrheitsgesellschafter der Gesellschaft, kann dies dazu führen, dass er die Personen bestellt, die bei der späteren Verhandlung des Anstellungsvertrags auf der Gegenseite stehen. Dies muss nicht zwingend der Fall sein, etwa wenn der Aufsichtsrat bereits bestellt ist und der Gesellschafter erst anschließend das Vorstandsamt wahrnehmen soll. Allerdings handelt es sich um eine des Öfteren vorkommende Konstellation. Daneben hat die Hauptversammlung über bestimmte Handlungen des Aufsichtsrats zu beschließen. Bspw. ist nach § 119 Abs. 1 Nr. 3 AktG ein Beschluss über das Vergütungssystem und den Vergütungsbericht der Mitglieder des Vorstands zu fassen. Die Gesellschafter haben sich aufgrund dieses Beschlusssystems zwangsläufig mit den einzelnen Regelungen des Anstellungsvertrags auseinanderzusetzen. Der Allein- bzw. Mehrheitsgesellschafter hat dabei in der Hauptversammlung aufgrund seiner Beteiligung eine zentrale Position inne. Er kann hierdurch unmittelbar auf die Besetzung des Aufsichtsrats sowie mittelbar auf einzelne Vertragsbestandteile – wie die Ausgestaltung der Vergütung – Einfluss nehmen.

Ausgehend von dieser Analyse sind die oben dargelegten Elemente des Telos zu würdigen. Es wird deutlich, dass das Vorliegen eines strukturelles Informationsgefälle in dieser Sonderkonstellation besonders fraglich erscheint. Das künftige Vorstandsmitglied hat sich aufgrund seiner Gesellschafterstellung in der Hauptversammlung zwingend mit (Teil-)Bereichen des Anstellungsvertrags wie der Ausgestaltung der Vergütung zu beschäftigen. Zudem wird vor allem in Fällen, in denen sich die Gesellschaft eines Mustervertrags bedient, eine vorherige Abstimmung mit der Hauptversammlung und damit mit dem Allein- bzw. Mehrheitsgesellschafter erfolgen. Da der Vorstand als Leitungsorgan mit seinen Entscheidungen und Maßnahmen wesentlich für den wirtschaftlichen Erfolg verantwortlich ist, haben die Anteilseigner ein Interesse daran, über die wesentlichen Klauseln des Anstellungsvertrags und deren inhaltliche Ausgestaltung informiert zu werden.

Entsprechendes gilt bzgl. der einseitigen Inanspruchnahme der Vertragsgestaltungsfreiheit. Im typisierten Fall der AGB-Verwendung ist davon auszugehen, dass die vom BGB vorausgesetzte Vertragsgerechtigkeit dadurch beeinträchtigt wird, dass der Verwender die Bedingungen diktiert und der Verwendungsgegner folglich keinen Einfluss auf ihren Inhalt hat. An einer solchen Beeinträchtigung fehlt es, wenn das zu bestellende Vorstandsmitglied zugleich Allein- oder Mehrheitsgesellschafter ist. Es widerspricht der Ratio der AGB-Kontrolle, wenn sie in Fällen eingreift, in denen die Parteien zwar personenverschieden sind, der Verwendungsgegner allerdings den vorgegebenen Vertragsinhalt über seine gesellschaftsrechtliche Beteiligung bestimmen kann.[245] Unabhängig davon, ob sich die Gesellschaft eines Mustervertrags bedient oder den Entwurf durch das künftige Vorstandsmitglied anfertigen lässt, bestehen in beiden Modalitäten Mitbestimmungsmöglichkeiten. Dadurch weicht diese Konstellation entscheidend vom typisierten AGB-Verwendungsfall ab. Es liegen keine Bedingungen vor, die lediglich durch eine Partei im Voraus entworfen wurden. Es partizipieren beide Seiten an der inhaltlichen Ausgestaltung. Eine einseitige Inanspruchnahme der Vertragsgestaltungsfreiheit kann in einem solchen Fall daher nicht angenommen werden. Es scheint, dass der Gesetzgeber Konstellationen, in welchen der Verwendungsgegner aufgrund seiner gesellschaftsrechtlichen Beteiligung auf den Vertragsinhalt trotz Gebrauchens von AGB Einfluss nehmen kann, nicht bedacht hat.[246]

IV. Aktuelle Reformdiskussion der AGB-Kontrolle im unternehmerischen
    Geschäftsverkehr

Im Folgenden soll die AGB-Kontrolle im unternehmerischen Geschäftsverkehr untersucht werden, um daraus ggf. Rückschlüsse bzgl. der Handhabung von Vorstandsanstellungsverträgen zu ziehen. Hierfür soll zunächst der status quo analysiert und ausgehend davon die aktuell geführte Reformdiskussion[247] beleuchtet werden.

---

245 Siehe hierzu *Oetker*, in: FS Wank, S. 691 (700 f.).
246 *Oetker*, in: FS Wank, S. 691 (701).
247 Für einen detaillierten und umfassenden Überblick siehe *Herresthal*, Reform der AGB-Kontrolle im B2B-Bereich: Rechtslage-Reformdiskussion-Regelungsvorschlag

1. Reformdiskussion aufgrund unzureichender Rechtslage

a) Rechtslage in Deutschland sowie Vergleich mit ausländischen Jurisdiktionen

aa) Rechtslage in Deutschland

Die Analyse muss dabei zunächst de lege lata erfolgen. Es muss also die AGB-Kontrolle im unternehmerischen Geschäftsverkehr nach nationalem Recht untersucht werden. Ausgangspunkt ist § 310 Abs. 1 S. 1 BGB. Nach der Norm findet die AGB-Kontrolle nur in bestimmtem Umfang Anwendung auf vorformulierte Vertragsbedingungen, die gegenüber einem Unternehmer verwendet werden. Der Unternehmerbegriff bestimmt sich nach § 14 BGB. Er setzt voraus, dass es sich um eine natürliche bzw. juristische Person oder rechtsfähige Personengesellschaft handelt, die bei Abschluss des Rechtsgeschäfts in Ausübung ihrer gewerblichen oder selbständigen beruflichen Tätigkeit handelt. Entscheidender Anknüpfungspunkt ist die Person des Verwendungsgegners. Die AGB müssen *gegenüber* einem Unternehmer verwendet werden. Unerheblich ist dagegen, ob der *Verwender* als Verbraucher oder Unternehmer zu qualifizieren ist.

Voraussetzung der Geltung ist neben dem Vorliegen von AGB iSd. § 305 Abs. 1 S. 1 BGB, dass sie wirksam in den Vertrag einbezogen wurden, auch wenn § 305 Abs. 2 BGB keine Anwendung findet. Es ist dennoch anerkannt, dass es einer rechtsgeschäftlichen Einbeziehungsvereinbarung bedarf.[248] Hierfür ist ein Angebot notwendig, welches ausdrücklich, konkludent oder stillschweigend erfolgen sowie ein Verhalten des Verwendungsgegners, das als Einverständnis gewertet werden kann.[249] Einer tatsächlichen Kenntnis der AGB bedarf es nicht. Ausreichend ist, dass die andere Partei die Möglichkeit zumutbarer Kenntnisnahme hat.[250]

---

248 Siehe BGH, Urt. v. 20.03.1985 – VIII ZR 327/83, NJW 1985, 1838 (1839); BGH, Urt. v. 12.02.1992 – VIII ZR 84/91, NJW 1992, 1232; *Armbrüster*, NZA-Beilage 2019, 44 (46); *Mann*, BB 2017, 2178.

249 BGH, Urt. v. 20.03.1985 – VIII ZR 327/83, NJW 1985, 1838 (1839); BGH, Urt. v. 12.02.1992 – VIII ZR 84/91, NJW 1992, 1232 (1839); generell zur Einbeziehung von AGB in Verträge zwischen Unternehmern und den einzelnen Voraussetzungen *Mann*, BB 2017, 2178.

250 BGH, Urt. v. 18.06.1971 – I ZR 83/70, NJW 1971, 2126 (2127); BGH, Urt. v. 12.02.1992 – VIII ZR 84/91, NJW 1992, 1232 (1233); *Mann*, BB 2017, 2178.

Die AGB-Kontrolle ist bei Vorliegen einer Individualabrede ausgeschlossen. Die Rechtsprechung hat die sehr strengen Anforderungen, die an das Aushandeln von Vertragsbedingungen zu stellen sind, auf den unternehmerischen Geschäftsverkehr übertragen.[251] Entsprechend der Rechtslage bei Verbrauchern gilt, dass ein Aushandeln mehr als ein bloßes Verhandeln voraussetzt.[252] Der Verwender muss den Kerngehalt der Regelungen ernsthaft zur Disposition stellen und dem Verwendungsgegner Gestaltungsfreiheit mit der realen Möglichkeit einräumen, die inhaltliche Ausgestaltung der Bedingungen zu beeinflussen.[253] Die allgemein geäußerte Bereitschaft, die Klauseln auf konkretes Anfordern des Verwendungsgegners zu ändern, reicht nicht aus.[254]

Liegen ordnungsgemäß einbezogene AGB vor und fehlt es an einem individuellen Aushandeln, findet die AGB-Kontrolle auch im unternehmerischen Rechtsverkehr Anwendung. Inhaltlich weicht sie jedoch von der erweiterten Inhaltskontrolle ab. Nach § 310 Abs. 1 S. 1 BGB finden insbesondere die Klauselverbote mit und ohne Wertungsmöglichkeit gem. §§ 308, 309 BGB nahezu ausschließlich keine Anwendung. Allerdings kommt ihnen im Rahmen der Inhaltskontrolle nach § 307 Abs. 1 und 2 BGB eine Indizwirkung für den unternehmerischen Geschäftsverkehr zu.[255] Zudem ist nach § 310 Abs. 1 S. 2, 2. HS. BGB auf die im Handelsverkehr geltenden Gewohnheiten und Gebräuche angemessen Rücksicht zu nehmen. Begründen lässt sich dies damit, dass der kaufmännische Rechtsverkehr aufgrund der Verkehrssitten und der rechtsgeschäftlichen Erfahrung der beteiligten Personengruppen auf eine stärkere Elastizität der vertragsrechtlichen Normen angewiesen ist.[256] Die Vorschrift ähnelt vom Wortlaut her § 346 HGB. Inwieweit § 310 Abs. 1 S. 2, 2. HS. BGB jedoch erfordert, dass ein

---

251 Vgl. *Herresthal*, Reform der AGB-Kontrolle im B2B-Bereich: Rechtslage-Reformdiskussion-Regelungsvorschlag, S. 18 ff. mwN.
252 Stetige Rechtsprechung, vgl. etwa BGH, Urt. v. 22.11.2012 – VII ZR 222/12, NJW 2013, 856; BGH, Urt. v. 26.03.2015 – VII ZR 92/14, NJW 2015, 1952 (1954).
253 BGH, Urt. v. 22.11.2012 – VII ZR 222/12, NJW 2013, 856; BGH, Urt. v. 26.03.2015 – VII ZR 92/14, NJW 2015, 1952 (1954).
254 BGH, Urt. v. 14.04.2005 – VII ZR 56/04, NJW-RR 2005, 1040 (1041).
255 BGH, Urt. v. 08.03.1984 – VII ZR 349/82, NJW 1984, 1750 (1751); BGH, Urt. v. 19.09.2007 – VIII ZR 141/06, NJW 2007, 3774 (3775) sowie *Fornasier*, in: Münch-Komm-BGB, § 310 Rn. 11 ff. mwN.
256 Begründung des Regierungsentwurfs eines Gesetzes zur Regelung des Rechts der Allgemeinen Geschäftsbedingungen (AGB-Gesetz), BT-Drucks. 07/3919, S. 14.

Handelsbrauch iSd. § 346 HGB vorliegt[257] oder ob die Regelung auch Gewohnheiten unterhalb dieser Schwelle umfasst,[258] ist umstritten. Es konnten sich keine ungeschriebenen Grundsätze verfestigen, was in der Folge dazu führt, dass der Norm lediglich eine geringe praktische Bedeutung zukommt.[259]

bb) Vergleich mit ausländischen Jurisdiktionen

Neben der Analyse der AGB-Kontrolle im unternehmerischen Geschäftsverkehr nach nationalem Recht soll ein Vergleich zu anderen Jurisdiktionen gezogen werden.[260] Dieser Aspekt ist aufgrund der Internationalität und des grenzüberschreitenden Geschäftsverkehrs der Unternehmen relevant. Aus EU-rechtlicher Perspektive ist ein solcher Vergleich ebenfalls von Bedeutung, da insofern die Schaffung einheitlicher Regelungen angestrebt wird.

In den angloamerikanischen Rechtsordnungen gibt es keine speziellen Vorschriften zur Kontrolle von AGB wie im deutschen Recht.[261] Es wird vielmehr ein genereller Schutz vor unangemessenen Klauseln gewährleistet, wobei auf den Einzelfall unter Berücksichtigung der jeweiligen Verhandlungsstärke abgestellt wird.[262] Die Entscheidung bzgl. der Angemessenheit obliegt den Gerichten, die diesbezgl. streng zwischen dem Verbraucher- und dem Unternehmerbereich differenzieren.[263] Es findet eine Kontrolle der Vertragsbedingungen unabhängig davon statt, ob sie nach deutschem Rechtsverständnis als AGB oder Individualvereinbarung zu qualifizieren wären. Die Angemessenheitskontrolle wird nahezu ausschließlich bei Ver-

---

257 So etwa BGH, Urt. v. 04.07.2017 – XI ZR 562/15, NJW 2017, 2986 (2990) sowie *Fornasier*, in: MünchKomm-BGB, § 310 Rn. 17 ff.

258 *Armbrüster*, NZA-Beilage 2019, 44 (49 f.); *Piekenbrock*, in: Staudinger BGB, § 310 Rn. 29 f.

259 *Herresthal*, Reform der AGB-Kontrolle im B2B-Bereich: Rechtslage-Reformdiskussion-Regelungsvorschlag, S. 21.

260 Siehe hierzu auch *Herresthal*, Reform der AGB-Kontrolle im B2B-Bereich: Rechtslage-Reformdiskussion-Regelungsvorschlag, S. 27 f.

261 Vgl. etwa *Müller/Griebeler/Pfeil*, BB 2009, 2658 (2663 f.); *Müller/Schilling*, BB 2012, 2319 (2320 f.).

262 *Herresthal*, Reform der AGB-Kontrolle im B2B-Bereich: Rechtslage-Reformdiskussion-Regelungsvorschlag, S. 27; *Müller/Griebeler/Pfeil*, BB 2009, 2658 (2663 f.); *Müller/Schilling*, BB 2012, 2319 (2320).

263 Für die Handhabung in den USA *Müller/Griebeler/Pfeil*, BB 2009, 2658 (2663 f.); *Müller/Schilling*, BB 2012, 2319 (2321).

braucherverträgen angewendet, wohingegen die Rechtsprechung im unternehmerischen Geschäftsverkehr nur selten greift.[264]

Ähnlich stellt sich die Rechtslage in der Schweiz dar. Es fehlt auch hier an einer AGB-Kontrolle im unternehmerischen Geschäftsverkehr, die mit der des deutschen Rechts vergleichbar wäre. Das schweizerische Recht beschränkt sich dagegen darauf zu überprüfen, ob eine Klausel überhaupt Vertragsbestandteil wurde, indem die Rechtsprechung sie einer sog. Ungewöhnlichkeitskontrolle unterwirft.[265] Besteht die Klausel diese Kontrolle nicht, wird sie nicht Vertragsbestandteil. Ein Schutz des Unternehmers ist somit nur in besonderen Fällen gewährleistet.

In Frankreich wird der unternehmerische Geschäftsverkehr noch strenger gehandhabt. Es fehlt ebenfalls an einer mit den §§ 305 ff. BGB bzw. den Rechtsprechungsgrundsätzen vergleichbaren AGB-Kontrolle. Allenfalls im Extremfall wird die Klauselverwendung im Verkehr zwischen Unternehmern eingeschränkt, wenn ein erhebliches Ungleichgewicht der beiderseitigen Rechten und Pflichten begründet wurde.[266] Hierbei handelt es sich zwangsläufig um einen Ausnahmefall.

Vergleicht man die Handhabung vorformulierter Klauseln der aufgeführten Jurisdiktionen mit der des nationalen Rechts, sind erhebliche Unterschiede zu erkennen. Insgesamt kann festgestellt werden, dass die AGB-Kontrolle des unternehmerischen Rechtsverkehrs nach deutschem Recht eine Sonderstellung einnimmt, da de lege lata eine besonders strenge Prüfung stattfindet. AGB gegenüber Unternehmern werden einer ähnlichen Kontrolle wie gegenüber Verbrauchern unterworfen, was mit dem modernen Wirtschaftsverkehr nicht zu vereinen ist. Andere Jurisdiktionen unterwerfen die Vertragsbedingungen lediglich ausnahmsweise einer Einzelfallprüfung bzw. führen eine Ungewöhnlichkeitskontrolle durch. Teilweise ist die Unwirksamkeit als Rechtsfolge auf absolute Extremfälle beschränkt.

Die strenge AGB-Kontrolle nach nationalem Recht einerseits und die enormen Freiheiten in Bezug auf die Vertragsgestaltung in vielen anderen Jurisdiktionen andererseits führen dazu, dass international tätige Vertragsparteien relativ selten das deutsche Recht als das für sie maßgebliche wäh-

---

264 *Müller*, BB 2013, 1355 (2321).

265 *Herresthal*, Reform der AGB-Kontrolle im B2B-Bereich: Rechtslage-Reformdiskussion-Regelungsvorschlag, S. 27; *Müller/Griebeler/Pfeil*, BB 2009, 2658 (2662 f.); *Müller/Schilling*, BB 2012, 2319 (2320 f.).

266 *Herresthal*, Reform der AGB-Kontrolle im B2B-Bereich: Rechtslage-Reformdiskussion-Regelungsvorschlag, S. 28; *Müller/Schilling*, BB 2012, 2319 (2319 f.).

len.[267] Es findet eine Flucht ins ausländische Recht statt, was der Gesetzgeber bei Schaffung des Gesetzes bereits erkannt hat. Er führte aus, dass die deutsche Wirtschaft einen zunehmenden Druck zum Ausweichen auf ausländisches Recht befürchtet.[268] Trotz dieser Bedenken kam es nicht zu Anpassungen bzw. späteren Änderungen der §§ 305 ff. BGB.

b) Begründete Reformdiskussion aufgrund derzeitiger Rechtslage sowie
   Rechtsprechung

Bereits seit mehreren Jahren plädiert die Literatur für eine Reform der AGB-Kontrolle im unternehmerischen Geschäftsverkehr.[269] Es mangelt dabei nicht an Änderungsvorschlägen. Im Wesentlichen finden sich diesbzgl. drei Ansatzpunkte, nämlich die Beschränkung des Anwendungsbereichs der AGB-Kontrolle, die Präzisierung der Voraussetzungen der Individualabrede sowie die Modifikation des Maßstabs der Inhaltskontrolle.[270] Bei diesen Ansatzpunkten handelt es sich um die Gründe, weshalb AGB im unternehmerischen Verkehr einer nahezu gleich strengen Kontrolle unterliegen wie bei der Verwendung gegenüber Verbrauchern. Durch die hohen Anforderungen, welche die Rechtsprechung an eine Individualabrede stellt, ist der Anwendungsbereich der AGB-Kontrolle sehr weit. In inhaltlicher Hinsicht entspricht der anzulegende Maßstab aufgrund der Indizwirkung der Klauselverbote dem des Privatverkehrs. Der Vergleich mit ausgewählten ausländischen Jurisdiktionen hat dabei gezeigt, dass das deutsche Recht diesbzgl. eine Sonderrolle einnimmt.

Hinsichtlich der Beschränkung des Anwendungsbereichs der AGB-Kontrolle finden sich unterschiedliche Ansatzpunkte. Erwogen wird bspw., Verträge ab einem Volumen von einer Million Euro auszunehmen, es sein denn, dass der Verwendungsgegner aufgrund der relativen Marktmacht des Verwenders von diesem abhängig ist.[271] Daneben wird vorgeschlagen,

---

267 *Müller/Schilling*, BB 2012, 2319.
268 Begründung des Regierungsentwurfs eines Gesetzes zur Modernisierung des Schuldrechts, BT-Drucks. 14/6857, S. 17.
269 Für einen detaillierten und umfassenden Überblick hierzu siehe *Herresthal*, Reform der AGB-Kontrolle im B2B-Bereich: Rechtslage-Reformdiskussion-Regelungsvorschlag.
270 *Herresthal*, Reform der AGB-Kontrolle im B2B-Bereich: Rechtslage-Reformdiskussion-Regelungsvorschlag, S. 35 ff.
271 So etwa *Leuschner*, ZIP 2015, 1045 (1047 ff.); *Leuschner*, ZIP 2015, 1326 (1328 ff.).

Großunternehmen als Verwendungsgegner von der AGB-Kontrolle freizustellen.[272] Die Bestimmung soll anhand der Empfehlung 2003/361/EG erfolgen. Begründet werden beide Ansätze im Wesentlichen mit dem Telos der AGB-Kontrolle, welcher in keiner der beiden Fälle einschlägig sei. Bei Verträgen mit einem hohen Volumen könne nicht von einem Motivationsgefälle ausgegangen werden. Es liege kein Missverhältnis zwischen dem Analyse- und Verhandlungsaufwand sowie dem subjektiven Wert, den der Einzelne dem Vertrag zumisst, vor.[273] Der Verwendungsgegner setze sich mit dem Inhalt der Klauseln auseinander und lasse ihn nicht aufgrund einer etwaigen rationalen Ignoranz unbeachtet. Bei Großunternehmen könne man in aller Regel davon ausgehen, dass sie einer einseitigen Inanspruchnahme der Vertragsgestaltungsfreiheit durch den Verwender entgegentreten und hierdurch die angemessene Wahrnehmung ihrer Interessen erreichen.[274] In Ausnahmefällen, in denen das wirtschaftlich überlegene Unternehmen aufgrund seiner monopolartigen Stellung eine besonders marktstarke Stellung innehabe, würde die Gesetzmäßigkeit durch das Gebot von Treu und Glauben und ähnlichen Instituten gewährleistet.[275]

Ein weiterer Ansatzpunkt ist es, die Voraussetzungen der Individualabrede zu präzisieren bzw. konkretisieren. Es finden sich ebenfalls verschiedene Vorschläge zur Ausgestaltung des künftigen Normtextes. Teilweise wird an das Tatbestandsmerkmal des Aushandelns angeknüpft.[276] Danach solle der Gesetzeswortlaut dahingehend geändert werden, dass bereits bei einem bloßen *Verhandeln* der Parteien keine AGB vorliegen, die Voraussetzungen der Individualabrede würden abgeschwächt. Es solle dadurch zum Ausdruck kommen, dass der Inhalt des Vertrags trotz seiner Vorformulierung das Ergebnis einer freien und eigenverantwortlichen Willensentscheidung beider Parteien ist.[277] Ein neuerer Ansatz in der Literatur plädiert dafür,

---

272 *Herresthal*, Reform der AGB-Kontrolle im B2B-Bereich: Rechtslage-Reformdiskussion-Regelungsvorschlag, S. 91 f.

273 *Leuschner*, ZIP 2015, 1045 (1049); *Leuschner*, ZIP 2015, 1326 (1329); vgl. zu einer kritischen Würdigung *Graf von Westphalen*, ZIP 2015, 1316 sowie *Herresthal*, Reform der AGB-Kontrolle im B2B-Bereich: Rechtslage-Reformdiskussion-Regelungsvorschlag, S. 36 ff.

274 *Herresthal*, Reform der AGB-Kontrolle im B2B-Bereich: Rechtslage-Reformdiskussion-Regelungsvorschlag, S. 91.

275 *Herresthal*, Reform der AGB-Kontrolle im B2B-Bereich: Rechtslage-Reformdiskussion-Regelungsvorschlag, S. 92.

276 Vgl. *Berger*, NJW 2010, 465 (467) mit einer kritischen Würdigung bei *Graf von Westphalen*, ZIP 2018, 1101.

277 *Berger*, NJW 2010, 465 (468).

einen Ausschluss der AGB-Kontrolle anzunehmen, wenn er auf einer freien unternehmerischen Entscheidung in Bezug auf den gesamten Vertrag beruhe.[278] Zur Konkretisierung des Begriffs wird die Orientierung an einem Kriterienkatalog empfohlen, wonach sich eine solche Entscheidung insbesondere aus dem Wert des Rechtsgeschäfts bzw. seiner Bedeutung, einer etwaigen anwaltlichen Beratung des Verwendungsgegners und seiner Marktstellung sowie der Art und Dauer der Verhandlungen ergeben könne.[279] Letztlich lassen sich als Begründung dieser Ansätze vor allem zwei Gründe anführen. Zum einen dient sie der Rechtssicherheit. Der BGH beurteilt das Vorliegen einer Individualabrede, falls es nicht zu äußeren Änderungen des Vertragstextes gekommen ist, anhand von Indizien. Dies kann zu erheblichen Beweisschwierigkeiten führen, denn solche Indizien sind etwa die berufliche Position sowie die intellektuellen Fähigkeiten des Verwendungsgegners, bei denen ein entsprechender Beweis im Prozess nur schwerlich erbracht werden kann.[280] Zum anderen ist die AGB-Kontrolle im unternehmerischen Geschäftsverkehr nach nationalem Recht im Vergleich zu anderen Rechtsordnungen streng ausgestaltet, was zu einer Flucht ins ausländische Recht führt.[281] Es würde sich durchaus positiv auswirken, wenn die umfassende Inhaltskontrolle im B2B-Bereich nach präzisen gesetzlichen Vorgaben abbedungen werden könnte.[282]

Im Schrifttum finden sich des Weiteren Vorschläge zur Modifikation des Maßstabs der Inhaltskontrolle. Ausgangspunkt der Diskussion ist, dass die Inhaltskontrolle de lege lata nicht den Interessen des modernen Wirtschaftsverkehrs entspricht. Es sei eine flexible Vertragsgestaltung erforderlich, durch die technischen und wirtschaftlichen Bedingungen angemessen Rechnung getragen werden kann.[283] Dies könne nur durch eine flexible Gestaltung von Verträgen erreicht werden, welche nach geltendem Recht nur erschwert möglich sei. Namentlich § 310 Abs. 1 S. 2, 2. HS. BGB, durch

---

278 *Herresthal*, Reform der AGB-Kontrolle im B2B-Bereich: Rechtslage-Reformdiskussion-Regelungsvorschlag, S. 102 ff.

279 *Herresthal*, Reform der AGB-Kontrolle im B2B-Bereich: Rechtslage-Reformdiskussion-Regelungsvorschlag, S. 103.

280 *Herresthal*, Reform der AGB-Kontrolle im B2B-Bereich: Rechtslage-Reformdiskussion-Regelungsvorschlag, S. 101 f. mwN.; ähnlich auch *Fornasier*, in: MünchKomm-BGB, § 305 Rn. 41.

281 Dazu bereits im Einzelnen Erster Teil § 2D.IV.1.a)bb).

282 So etwa *Herresthal*, Reform der AGB-Kontrolle im B2B-Bereich: Rechtslage-Reformdiskussion-Regelungsvorschlag, S. 100.

283 *Herresthal*, Reform der AGB-Kontrolle im B2B-Bereich: Rechtslage-Reformdiskussion-Regelungsvorschlag, S. 106.

den eine Anpassung an die im Handelsverkehr geltenden Gewohnheiten und Gebräuche erreicht werden sollte, läuft faktisch leer. Aus der Indizwirkung der Klauselverbote folgt zudem eine strenge Inhaltskontrolle. Vorgeschlagen wird daher, die Indizwirkung auszuschließen, sodass eine unangemessene Benachteiligung stets positiv zu begründen wäre.[284] Statt der im Handelsverkehr geltenden Gewohnheiten und Gebräuche solle auf eine gute unternehmerische Praxis abgestellt werden und eine unangemessene Benachteiligung nur bei einer groben Abweichung hiervon angenommen werden.[285]

Im Ergebnis finden sich somit drei Vorschläge zur Reform der AGB-Kontrolle im unternehmerischen Geschäftsverkehr, nämlich die Beschränkung des Anwendungsbereichs, die Präzisierung der Voraussetzungen der Individualabrede sowie die Modifikation des Maßstabs der Inhaltskontrolle.

2. Rückschlüsse aus der Reformdiskussion für Vorstandsanstellungsverträge

Nachdem der status quo der AGB-Kontrolle im B2B-Bereich skizziert und die aktuell geführte Reformdiskussion beleuchtet wurde, soll im Folgenden untersucht werden, inwiefern daraus ggf. Rückschlüsse bzgl. der Handhabung von Vorstandsanstellungsverträgen gezogen werden können.

a) Übertragbarkeit der Grundsätze aufgrund von Vergleichbarkeit

Bevor detailliert auf die einzelnen Ansatzpunkte eingegangen werden kann, stellt sich die Frage der Vergleichbarkeit des unternehmerischen Geschäftsverkehrs mit dem Vorstandsanstellungsvertrag. In engem Zusammenhang hiermit steht der Streit um die rechtliche Qualifizierung des Vorstands als Verbraucher oder Unternehmer. Da er nach vorzugswürdiger Ansicht als Verbraucher gem. § 13 BGB einzuordnen ist, können die obigen Ausführungen nicht ohne Weiteres übertragen werden, denn sie setzen einen Unternehmer als Verwendungsgegner voraus. Es bedarf daher einer Analyse, inwiefern das Vorstandsmitglied trotz seiner rechtlichen Einordnung vom

---

284 *Herresthal*, Reform der AGB-Kontrolle im B2B-Bereich: Rechtslage-Reformdiskussion-Regelungsvorschlag, S. 107 f.

285 *Herresthal*, Reform der AGB-Kontrolle im B2B-Bereich: Rechtslage-Reformdiskussion-Regelungsvorschlag, S. 108 ff.

typisierten Verbraucher abweicht und sich die Grundsätze der Reformdiskussion somit mittelbar übertragen lassen.

Das Vorstandsmitglied ist nicht mit dem typisierten Verbraucher vergleichbar ist, sondern ähnelt faktisch einem Unternehmer. Dies gilt sowohl hinsichtlich der Geschäftserfahrenheit als auch bzgl. der beruflichen Qualifikation. Die Leitungsautonomie erfordert einen hohen Grad an Sachverstand. Eine ausreichende Geschäftserfahrung ist Grundvoraussetzung für die Aufnahme des Organamts. Das betrifft neben branchenspezifischen Kenntnissen insbesondere den rechtlichen Rahmen der Vorstandstätigkeit. Der Aufsichtsrat setzt für die Bestellung fachliche Kenntnisse, entsprechende Fähigkeiten und Erfahrungen hinsichtlich jedes Vorstandsmitglieds voraus.[286] Es müssen die in persönlicher und fachlicher Hinsicht notwendigen Qualifikationen erfüllt sein.[287] Zudem wird eine geeignete fachliche Eignung häufig erst dann angenommen, wenn eine dreijährige leitende Tätigkeit bei einem Institut von vergleichbarer Größe und Geschäftsart nachgewiesen wird. Daraus folgt, dass Vorstandsmitglieder in aller Regel auch eine entsprechende Berufserfahrung aufweisen.

Die Ausgangslage bei der AGB-Verwendung unterscheidet sich in diesen Fällen ebenfalls von derjenigen mit „klassischer" Verbraucherbeteiligung. Bei letzteren handelt es sich in der Regel um Verträge des Massenverkehrs mit niedrigschwelligem finanziellem Volumen und überschaubarer Bedeutung für die Vertragsparteien. Die Kosten-Nutzen-Analyse führt daher zu einer rationalen Ignoranz des Verwendungsgegners. Anders stellt es sich bei Vorstandsanstellungsverträgen dar. Bei diesen Dauerschuldverhältnissen ist bereits die geschuldete Vergütung hoch anzusetzen. Aufgrund der Bedeutung für die Parteien wird auf beiden Seiten regelmäßig die Hilfe eines Rechtsbeistands in Anspruch genommen. Das Vorstandsmitglied hat zudem – anders als der Verbraucher – eine starke Verhandlungsposition inne.

Es zeigt sich somit, dass Vorstandsmitglieder nicht mit dem typisierten Verbraucher vergleichbar sind. Die AGB-Kontrolle ähnelt in diesen Fällen derjenigen, die im B2B-Bereich vorliegt. Dort stehen sich ebenfalls geschäftserfahrene Vertragspartner mit entsprechender Berufserfahrung ge-

---

286 *Beiner/Braun*, Der Vorstandsvertrag, Rn. 25; *Behme/Zickgraf*, AG 2015, 841 (847 f.); ausführlich hierzu auch *Grau*, in: Semler/v. Schenck/Wilsing, Arbeitshandbuch für Aufsichtsratsmitglieder, § 11 Rn. 8 ff.

287 Vgl. OLG München, Urt. v. 24.11.2016 – 23 U 3582/16, AG 2017, 750 (751); ebenso *Spindler*, in: MünchKomm-AktG, § 84 Rn. 42; *Beiner/Braun*, Der Vorstandsvertrag, Rn. 24 ff.; *Behme/Zickgraf*, AG 2015, 841 (847 f.).

genüber. Ähnliches gilt bzgl. der Ausgangslage bei der AGB-Verwendung. Aufgrund der Bedeutung des Vertrags sowie weiterer Aspekte liegt eine rationale Ignoranz regelmäßig nicht vor. Es ist daher folgerichtig, die Übertragbarkeit der Grundsätze der Reformdiskussion auf Vorstandsanstellungsverträge zu untersuchen.

b) Anwendung der Anknüpfungspunkte der Reformdiskussion auf Vorstandsanstellungsverträge

aa) Beschränkung des Anwendungsbereichs der AGB-Kontrolle

Einer der drei Anknüpfungspunkte der Reformdiskussion ist der Anwendungsbereich der AGB-Kontrolle. Neben einer volumenmäßigen Beschränkung wird für einen Ausschluss von Großunternehmen iSd. Empfehlung 2003/361/EG plädiert. Stellt man auf das finanzielle Volumen des Vertrags ab, wären Vorstandsanstellungsverträge in aller Regel von der AGB-rechtlichen Inhaltskontrolle ausgeschlossen. Bei einer mehrjährigen Anstellung wird die Vergütung eines hoch dotierten Vorstandsmitglieds die teilweise vorgeschlagene Grenze von einer Million Euro überschreiten.

Im Fokus sollen jedoch primär die Begründungsansätze stehen, die für eine Beschränkung der AGB-Kontrolle herangezogen werden. Bei Verträgen mit einem hohen finanziellen Volumen wird angeführt, dass nicht von einem Motivationsgefälle ausgegangen werden könne, da es an einem Missverhältnis zwischen dem Analyse- und Verhandlungsaufwand sowie dem subjektiven Wert, den der Einzelne dem Vertrag zumisst, fehle.[288] Der Verwendungsgegner setze sich mit dem Inhalt der Klauseln auseinander und lasse ihn nicht aufgrund einer etwaigen rationalen Ignoranz unbeachtet. Bei Großunternehmen könne man davon ausgehen, dass sie einer einseitigen Inanspruchnahme der Vertragsgestaltungsfreiheit durch den Verwender entgegentreten und hierdurch die angemessene Wahrnehmung ihrer Interessen erreichen.[289]

---

288 *Leuschner*, ZIP 2015, 1045 (1049); *Leuschner*, ZIP 2015, 1326 (1329); vgl. zu einer kritischen Würdigung *Graf von Westphalen*, ZIP 2015, 1316 sowie *Herresthal*, Reform der AGB-Kontrolle im B2B-Bereich: Rechtslage-Reformdiskussion-Regelungsvorschlag, S. 36 ff.

289 *Herresthal*, Reform der AGB-Kontrolle im B2B-Bereich: Rechtslage-Reformdiskussion-Regelungsvorschlag, S. 91.

Die Überlegungen lassen sich entsprechend auf Vorstandsanstellungsverträge übertragen. Bei solchen liegt ebenfalls ein hohes finanzielles Volumen vor. Der Analyse- und Verhandlungsaufwand, den das Vorstandsmitglied aufwenden muss, um die einzelnen Klauseln zu durchdringen und etwaige Vertragsrisiken abzuwälzen, steht nicht in einem Missverhältnis zu seinem Nutzen. Selbst wenn sich der Geschäftsleiter eines Rechtsbeistands bedient, sind die hierfür aufzuwendenden Kosten im Vergleich zum (subjektiven) Wert des Vertrags nicht unangemessen hoch. Eine rationale Ignoranz kann somit auch in diesem Fall nicht angenommen werden.

Ähnlich wie bei Großunternehmen ist davon auszugehen, dass ein Vorstandsmitglied einer einseitigen Inanspruchnahme der Vertragsgestaltungsfreiheit durch die andere Vertragspartei entgegentritt und auf diese Weise die eigenen Interessen angemessen wahrnehmen kann. Es hat eine starke Verhandlungsposition inne, meist treten sich die Parteien auf Augenhöhe gegenüber. Diese starke Stellung ist mit der eines Großunternehmens vergleichbar. Bei Vorstandsmitgliedern ist folglich ebenfalls davon auszugehen, dass sie neben realen Beeinflussungsmöglichkeiten auch reelle Chancen auf die Durchsetzung der eigenen Interessen haben.[290]

bb) Anforderungen an Individualabrede

Neben der Beschränkung der AGB-Kontrolle wird für die Konkretisierung bzw. Präzisierung der Voraussetzungen der Individualabrede plädiert. Teilweise[291] wird an das Tatbestandsmerkmal des Aushandelns angeknüpft und gefordert, den Gesetzeswortlaut dahingehend zu ändern, dass bereits bei einem bloßen *Verhandeln* der Parteien keine AGB vorliegen. Ein neuerer Ansatz nimmt einen Ausschluss der AGB-Kontrolle an, wenn er auf einer freien unternehmerischen Entscheidung in Bezug auf den gesamten Vertrag beruht,[292] die durch einen Kriterienkatalog konkretisiert werden soll.[293]

Die Überlegungen lassen sich ebenfalls auf Vorstandsanstellungsverträge übertragen. Bei solchen Verträgen ist davon auszugehen, dass sie auf einer freien unternehmerischen Entscheidung beider Parteien beruhen. Die

---

290 *Herresthal*, ZIP 2014, 345 (350 f.); *Bauer/Arnold*, ZIP 2006, 2337 (2340).

291 So bspw. *Berger*, NJW 2010, 465 (467), kritisch gewürdigt von *Graf von Westphalen*, ZIP 2018, 1101.

292 *Herresthal*, Reform der AGB-Kontrolle im B2B-Bereich: Rechtslage-Reformdiskussion-Regelungsvorschlag, S. 102 ff.

293 *Herresthal*, Reform der AGB-Kontrolle im B2B-Bereich: Rechtslage-Reformdiskussion-Regelungsvorschlag, S. 103.

Kriterien, die zur Konkretisierung herangezogen werden, sind vollumfänglich einschlägig. Der Wert des Rechtsgeschäfts ist bereits aufgrund der Vergütungsabrede von wesentlicher Bedeutung. Vorstandsmitglieder nehmen eine anwaltliche Beratung für die Analyse bzw. Verhandlung des Vertrags in Anspruch. Hinzu kommt die starke Verhandlungsposition des Vorstands, die unter das Kriterium der Marktstellung subsumiert werden kann. Bzgl. Art und Dauer weicht die Verhandlung des Vorstandsanstellungsvertrag ebenfalls von Geschäften des Massenverkehrs ab. Es lässt sich festhalten, dass von einer freien unternehmerischen Entscheidung und damit einem Ausschluss der AGB-Kontrolle auszugehen ist.

cc) Modifikation des Maßstabs der Inhaltskontrolle

Der letzte Anknüpfungspunkt der Reformdiskussion ist der Maßstab der Inhaltskontrolle. Insgesamt unterliegen AGB im unternehmerischen Rechtsverkehr einer strengen Inhaltskontrolle, die nicht den Interessen des modernen Wirtschaftsverkehrs entspricht. Dies folgt aus der Indizwirkung der Klauselverbote sowie des Leerlaufens von § 310 Abs. 1 S.2, 2. HS. BGB. Es wird daher vorgeschlagen, die Indizwirkung der Klauselverbote auszuschließen, sodass eine unangemessene Benachteiligung stets positiv zu begründen wäre[294] sowie statt der im Handelsverkehr geltenden Gewohnheiten und Gebräuche auf eine gute unternehmerische Praxis abzustellen, sodass eine unangemessene Benachteiligung nur bei einer groben Abweichung hiervon angenommen werden kann.[295]

Werden Vorstandsanstellungsverträge nicht generell von der AGB-Kontrolle ausgenommen, bietet sich eine Modifikation des Maßstabs der Inhaltskontrolle an. De lege lata unterliegt ein solcher Vertrag, bei dem eine typisiert geschäftsgewandte Person mit einer starken Verhandlungsposition Verwendungsgegner der AGB ist, einer zu strengen Kontrolle. Als Beispiel kann § 310 Abs. 4 S. 2, 1. HS BGB angeführt werden. Danach sind bei der Anwendung der §§ 305 ff. BGB auf Arbeitsverträge die im Arbeitsrecht geltenden Besonderheiten angemessen zu berücksichtigen. Mangels Arbeitnehmereigenschaft des Vorstandsmitglieds[296] kann die Vorschrift nicht

---

294 *Herresthal*, Reform der AGB-Kontrolle im B2B-Bereich: Rechtslage-Reformdiskussion-Regelungsvorschlag, S. 107 f.

295 *Herresthal*, Reform der AGB-Kontrolle im B2B-Bereich: Rechtslage-Reformdiskussion-Regelungsvorschlag, S. 108 ff.

296 Vgl. hierzu im Einzelnen Erster Teil § 3B.I.

unmittelbar angewendet werden. Allerdings ist eine analoge Anwendung geboten, da bei Arbeitsverträgen ansonsten ein strengerer Maßstab gilt als bei Vorstandsanstellungsverträgen, obwohl der typisierte Arbeitnehmer geschäftsunerfahrener und damit als vergleichsweise schutzbedürftiger anzusehen ist.[297]

Exemplarisch kann § 309 Nr. 6 BGB angeführt werden. Danach ist eine in AGB enthaltene Vertragsstrafe grds. unzulässig. Nach § 310 Abs. 4 S. 2, 1. HS BGB werden allerdings die im Arbeitsrecht geltenden Besonderheiten berücksichtigt, was im Einzelfall dazu führen kann, dass eine Klausel, die bei einem Austauschvertrag unwirksam wäre, in einem Arbeitsvertrag der Inhaltskontrolle standhält. Die Zulässigkeit von Vertragsstrafeklauseln folgt aus § 888 Abs. 3 ZPO. Da nach der Norm nicht in die Arbeitsleistung des Arbeitnehmers vollstreckt werden kann und dem Arbeitgeber somit bei Weigerung eine rechtliche Handhabe fehlen würde, ist ausnahmsweise von der Zulässigkeit einer Vertragsstrafe in Arbeitsbedingungen auszugehen.[298]

Der Vorstandsanstellungsvertrag fällt ebenfalls in den Anwendungsbereich von § 888 Abs. 3 ZPO, da die Vorschrift generell von Diensten aus einem Dienstvertrag spricht. Die dienstberechtigte Aktiengesellschaft kann somit ebenso wenig wie der Arbeitgeber in die Handlung des Verpflichteten vollstrecken. Dass hinsichtlich des Arbeitnehmers eine alternative Möglichkeit zur Kompensation besteht, dies bzgl. eines der für die Funktionsfähigkeit wesentlichen Organe der Gesellschaft nicht möglich ist, ist nicht nachzuvollziehen. Zudem ist der Grundsatz zu beachten, dass bei demjenigen eine strengere AGB-rechtliche Inhaltskontrolle angebracht erscheint, der schutzbedürftiger ist. De lege lata ist allerdings Umgekehrtes der Fall, denn das Vorstandsmitglied als typisiert geschäftserfahrene Person kann sich auf den umfassenderen Schutz berufen.

3. Zwischenergebnis

Die vorstehende Untersuchung hat aufgezeigt, dass aus der aktuell geführten Reformdiskussion Rückschlüsse bzgl. der Handhabung von Vorstandsanstellungsverträgen gezogen werden können. Die drei Anknüpfungspunkte der Diskussion lassen sich hierauf übertragen.

---

297 Siehe hierzu und zu den folgenden Ausführungen Erster Teil § 3B.II.
298 Vgl. nur BAG, Urt. v. 04.03.2004 – 8 AZR 196/04, NZA 2004, 727.

Die Argumente, die für eine Beschränkung der AGB-Kontrolle vorgebracht werden, sind in Bezug auf den Vorstandsanstellungsvertrags einschlägig. Ein Missverhältnis zwischen den für Analyse und Verhandlung der Vertragsbedingungen aufzuwendenden Transaktionskosten und dem subjektiven Vertragswert kann nicht identifiziert werden. Aufgrund der starken Verhandlungsposition von Vorstandsmitgliedern ist davon auszugehen, dass sie die eigenen Interessen angemessen durchsetzen können. Ein weiterer Anknüpfungspunkt ist die Konkretisierung bzw. Präzisierung der Voraussetzungen der Individualabrede. Es wird ein Ausschluss der AGB-Kontrolle angenommen, wenn er auf einer freien unternehmerischen Entscheidung beruht. Dabei wurde festgestellt, dass die Kriterien, die zur Konkretisierung dieses unbestimmten Rechtsbegriffs herangezogen werden, bei Vorstandsanstellungsverträgen ebenfalls erfüllt sind. Selbst wenn man Anstellungsverträge nicht generell von der AGB-Kontrolle ausschließt, bietet sich die Modifikation des Maßstabs der Inhaltskontrolle an.

E. Zwischenergebnis

Als Zwischenergebnis ist festzuhalten, dass die Anwendbarkeit der AGB-Kontrolle auf Vorstandsanstellungsverträge unter Berücksichtigung von Besonderheiten abzulehnen ist. Die vorstehende Analyse erfolgte zunächst de lege lata. Der Vorstandsanstellungsvertrag ist dabei als Dienstvertrag zu qualifizieren, der eine Geschäftsbesorgung zum Gegenstand hat. Er richtet sich nach den §§ 611 ff., 675 BGB. Nach dem geltenden Trennungsgrundsatz ist das Anstellungs- vom Organverhältnis zu unterscheiden. Trotz der Trennung stehen beide Rechtsverhältnisse in einem rechtlichen und tatsächlichen Zusammenhang.

Bei unmodifizierter Gesetzesanwendung findet die AGB-Kontrolle auf den Vorstandsanstellungsvertrag Anwendung. Er erfüllt alle Tatbestandsmerkmale des § 305 Abs. 1 S. 1 BGB. Ein individuelles Aushandeln iSd. § 305 Abs. 1 S. 3 BGB würde die Anwendung der AGB-Vorschriften zwar ausschließen. Allerdings stellt die Rechtsprechung hohe Anforderungen an das Aushandeln. Auch wenn es sich um eine Frage des Einzelfalls handelt, kann dies bei Vorstandsanstellungsverträgen aufgrund der Art und Weise ihres Zustandekommens nur schwerlich angenommen werden. Es ist somit grds. davon auszugehen, dass Vorstandsanstellungsverträge de lege lata der AGB-Kontrolle unterliegen. Mit diesem Zwischenergebnis stimmt die obergerichtliche Rechtsprechung überein.

Kernaufgabe des Kapitels war jedoch die unmodifizierte Gesetzesanwendung um die Berücksichtigung von Besonderheiten zu ergänzen, um festzustellen, ob dies eine andere rechtliche Beurteilung der Anwendbarkeit erforderlich macht. Eine solche Besonderheit ist vor allem das Telos der §§ 305 ff. BGB, das bei der Anwendung der AGB-Kontrolle auf Vorstandsanstellungsverträge nicht einschlägig ist. Ein partielles Marktversagens kann in diesen Fällen nicht identifiziert und muss dementsprechend auch nicht verhindert werden. Es fehlt aufgrund der typisierten Geschäftserfahrenheit von Vorstandsmitgliedern sowie der Inanspruchnahme eines Rechtsbeistands bzw. der wirtschaftlichen Bedeutung des Anstellungsvertrags an einem strukturellen Informations- und Motivationsgefälles. Die Vertragsgestaltungsfreiheit wird wegen der starken Verhandlungsposition des künftigen Vorstandsmitglieds nicht einseitig durch die Gesellschaft in Anspruch genommen. Ein fehlender Konditionenwettbewerb liegt insbesondere aus faktischen Gründen nicht vor. Andere Begründungsversuche, die sich in Rechtsprechung und Schrifttum finden, sind ebenfalls nicht einschlägig. Ein wesentlicher organisatorischer Vorsprung der Gesellschaft als AGB-Verwender liegt nicht vor und bedarf daher keines Ausgleichs. Eine einseitige Inanspruchnahme der Vertragsgestaltungsfreiheit, die nach Ansicht des BGH die §§ 305 ff. BGB rechtfertigt, ist zwar Element des Telos, kann bzgl. der Gesellschaft allerdings nicht angenommen werden. Der Verbraucherschutzgedanke beruht auf dem Vorliegen eines Informations- bzw. Motivationsdefizits und ist daher selbst bei Qualifizierung des Vorstandsmitglieds als Verbraucher nicht einschlägig.

Daneben sind die hohen objektiven und subjektiven Anforderungen an die Geschäftsführung bzw. die Person des Vorstands zu berücksichtigen. Sie stehen im Widerspruch zur Annahme einer Schutzbedürftigkeit, die bei der Anwendung der AGB-Kontrolle indiziert wird. Es lässt sich nicht miteinander vereinbaren, dass einerseits bzgl. des Anstellungsvertrags von der Schutzbedürftigkeit von Vorstandsmitgliedern ausgegangen wird, andererseits jedoch mit dem Eintritt in das Organamt ein umfassender Pflichtenkatalog mit einem erhöhten Sorgfaltsmaßstab einhergeht. Die Annahme einer Schutzbedürftigkeit erscheint zudem abwegig, weil es sich bei Vorstandsmitgliedern in tatsächlicher Hinsicht um überdurchschnittlich qualifizierte und geschäftserfahrene Personen handelt. Ein Vergleich mit der Behandlung von Existenzgründern hat das aufgefundene Ergebnis verdeutlicht. Sie werden als Unternehmer qualifiziert. Ausnahmsweise kommt ihnen ein partieller Schutz über § 513 BGB zugute, der mit einer fehlenden bzw. geringen kaufmännischen Erfahrung begründet wird. Das Vorstandsmitglied wird dagegen trotz beruflicher und geschäftlicher Erfahrung umfassend geschützt, namentlich über die erweiterte AGB-Kontrolle. Die beiden Ergebnisse widersprechen sich.

Berücksichtigt wurde zudem die Sonderkonstellation, dass das anzustellende Vorstandsmitglied Allein- oder Mehrheitsgesellschafter der Gesellschaft ist. In diesem Fall erlangen zwei Elemente des Telos der AGB-Kontrolle besondere Bedeutung. Zum einen erscheint die Annahme eines strukturellen Informationsgefälles in dieser Sonderkonstellation ausgeschlossen, da sich das künftige Vorstandsmitglied aufgrund seiner Gesellschafterstellung in der Hauptversammlung zwingend mit (Teil-)Bereichen des Anstellungsvertrags zu beschäftigen hat. Zum anderen fehlt es an einer einseitigen Inanspruchnahme der Vertragsgestaltungsfreiheit, wenn das zu bestellende Vorstandsmitglied zugleich Allein- oder Mehrheitsgesellschafter ist. Aufgrund seiner gesellschaftsrechtlichen Beteiligung kann es den Vertragsinhalt mitbestimmen und muss ihn nicht lediglich hinnehmen.

Zuletzt wurde die aktuell geführte Reformdiskussion der AGB-Kontrolle im unternehmerischen Rechtsverkehr berücksichtigt und hieraus Rückschlüsse bzgl. der Handhabung von Vorstandsanstellungsverträgen gezogen. Es wurde aufgezeigt, dass sich die Argumente, die für eine Beschränkung der AGB-Kontrolle vorgebracht werden, auf den Anstellungsvertrag übertragen lassen. Ein Missverhältnis zwischen den Transaktionskosten und dem subjektiven Vertragswert kann nicht identifiziert werden. Zudem wird ein Ausschluss der AGB-Kontrolle angenommen, wenn er auf einer freien unternehmerischen Entscheidung beruht. Die Kriterien, die zur Konkretisierung dieses unbestimmten Rechtsbegriffs herangezogen werden, sind bei Vorstandsanstellungsverträgen ebenfalls erfüllt. Selbst wenn man Anstellungsverträge nicht generell von der AGB-Kontrolle ausschließt, bietet sich die Modifikation des Maßstabs der Inhaltskontrolle an.

§ 3 Eröffnung des Anwendungsbereichs des § 310 BGB auf Vorstandsanstellungsverträge

Abzugrenzen von der in § 2 erläuterten Thematik ist die Frage nach dem gesetzlichen Anwendungsbereich der AGB-Kontrolle, der sich aus § 310 BGB ergibt. Im Folgenden soll analysiert werden, ob die AGB-Kontrolle ggf. von Gesetzes wegen keine Anwendung auf Vorstandsanstellungsverträge findet. Für diese Untersuchung muss zunächst die Bereichsausnahme des § 310 Abs. 4 S. 1 BGB näher beleuchtet werden. Unabhängig davon, ob

Vorstandsanstellungsverträge unter den Anwendungsbereich der Norm fallen, sollen zwei Folgefragen erörtert werden. Zum einen wird analysiert, inwiefern § 310 Abs. 4 S. 2, 1. HS BGB direkte bzw. analoge Anwendung auf Vorstandsmitglieder findet. Zum anderen wird untersucht, ob sie bei Abschluss des Anstellungsvertrags als Verbraucher oder Unternehmer zu qualifizieren sind, was sich auf den Maßstab der Inhaltskontrolle auswirkt.

A. Ausschluss nach § 310 Abs. 4 S. 1 BGB für Verträge auf dem Gebiet des Gesellschaftsrechts

§ 310 Abs. 4 S. 1 BGB schränkt den Anwendungsbereich der AGB-Kontrolle ein. Danach finden die §§ 305 ff. BGB namentlich bei Verträgen auf dem Gebiet des Gesellschaftsrechts keine Anwendung. Die gesellschaftsrechtliche Bereichsausnahme wird in der Norm nicht weiter präzisiert. Ihre Reichweite ist umstritten. Zur Beurteilung ihrer Einschlägigkeit ist eine Auslegung anhand von Wortlaut, Historie und Telos unerlässlich. Das gefundene Ergebnis soll im Anschluss mit der Ratio der AGB-Kontrolle verglichen und bewertet werden.

I. Weite Auslegung der Norm aufgrund von Wortlaut, Historie und Telos

1. Wortlaut der Norm

Ausgangspunkt der Auslegung ist der Wortlaut Norm. Nach § 310 Abs. 4 S. 1 BGB findet der vorstehende Gesetzesabschnitt, im Einzelnen die §§ 305 – 309 BGB, keine Anwendung bei Verträgen *auf dem Gebiet des Gesellschaftsrechts*. Es findet sich weder eine Präzisierung bzw. Konkretisierung der Bereichsausnahme im Gesetz noch eine Legaldefinition des Begriffs des Gesellschaftsrechts.[299] Der Wortlaut der Norm ist somit sehr weit gefasst.

---

299 Der Erwägungsgrund Nr. 10 S. 2 der Klauselrichtlinie ist insoweit wortlautgleich. Grds. besteht die Überlegung, den Begriff des Gesellschaftsrecht in richtlinienkonformer Auslegung europarechtlich zu bestimmen. Davon wird hier abgesehen, da das Vorstandsmitglied bei Abschluss des Anstellungsvertrags nicht unter den Anwendungsbereich der Klauselrichtlinie fällt (siehe hierzu im Einzelnen Erster Teil § 3C.I.1.). Zur Notwendigkeit einer solchen Auslegung *Mock*, in: Graf von Westphalen/Thüsing, Vertragsrecht und AGB-Klauselwerke, Klauselwerke, Gesellschaftsrecht Rn. 16 ff.

Der Anstellungsvertrag ist schuldrechtlicher Natur. Das Anstellungsverhältnis ist vom Organverhältnis nach dem geltenden Trennungsgrundsatz zu differenzieren. Allerdings stehen beide Rechtsverhältnisse trotz ihrer Trennung in einem rechtlichen und tatsächlichen Zusammenhang.[300] Der Anstellungsvertrag ergänzt bspw. die organschaftlichen Rechten und Pflichten. Zudem wird der Organstellung dadurch der Boden entzogen, dass die Gesellschaft das Anstellungsverhältnis wirksam kündigt, da ohne Vertragsgrundlage und damit verbundener Vergütungsregelung das Vorstandsmitglied nicht weiter tätig sein wird. Der Vorstandsanstellungsvertrag kann also grds. als Vertrag *auf dem Gebiet des Gesellschaftsrecht* eingeordnet werden.[301]

2. Historische Auslegung

Ursprung der Norm ist das AGB-Gesetz. § 23 Abs. 1 AGB-Gesetz begrenzte den sachlichen Anwendungsbereich und normierte, dass das AGB-Gesetz keine Anwendung bei Verträgen auf dem Gebiet des Arbeits-, Erb-, Familien- und Gesellschaftsrechts fand. Im Zuge der Schuldrechtsmodernisierung wurde die Vorschrift in das BGB integriert, eine inhaltliche Veränderung der Bereichsausnahme fand allerdings nur in Bezug auf das Arbeitsrecht statt.[302]

Betrachtet man die Ausführungen des Gesetzgebers des AGB-Gesetz zur damaligen Bereichsausnahme, die entsprechend für § 310 Abs. 4 S. 1 BGB herangezogen werden können, folgt daraus ebenfalls eine weite Auslegung der Norm. Die aufgeführten Rechtsgebiete werden pauschal vom Anwendungsbereich des Gesetzes ausgenommen, weil der Schutz des Gesetzes in diesen Gebieten nicht erforderlich, nicht angemessen oder nicht systemgerecht erscheine.[303] Insbesondere das Gesellschaftsrecht habe derart viele Ei-

---

300 Vgl. *Fleischer*, in: BeckOGK AktG, § 84 Rn. 8 (Stand: 1. April 2023); so auch BGH, Urt. v. 24.11.1980 – II ZR 182/79, NJW 1981, 757 (758); *Cahn*, in: Kölner Kommentar zum Aktiengesetz, § 84 Rn. 4; *Thüsing*, in: Fleischer, Handbuch des Vorstandsrechts, § 4 Rn. 4 ff.

301 Ebenso *Herresthal*, ZIP 2014, 345 (350).

302 So wird in der Begründung des Regierungsentwurfs eines Gesetzes zur Modernisierung des Schuldrechts, BT-Drucks. 14/6040, S. 160 ausgeführt, dass § 310 Abs. 4 BGB fast wörtlich dem bisherigen § 23 Abs. 1 AGB-Gesetz entspricht.

303 Begründung des Regierungsentwurfs eines Gesetzes zur Regelung des Rechts der Allgemeinen Geschäftsbedingungen (AGB-Gesetz), BT-Drucks. 07/3919, S. 41.

genarten, dass die auf schuldrechtliche Austauschverträge zugeschnittenen Bedingungen sich nicht zu einer Anwendung eignen.[304] Der Ausschlusstatbestand sollte durch die Verwendung des Begriffs des Gesellschaftsrechts möglichst weit gefasst werden. Der Gesetzgeber sah eine ausdrückliche Definition des Tatbestandsmerkmals daher als obsolet an.

Die historische Auslegung spricht somit ebenfalls für eine weite Auslegung der Norm und somit dafür, Vorstandsanstellungsverträge von der AGB-Kontrolle auszunehmen. Ziel des Gesetzgebers war es, den Anwendungsbereich weit auszugestalten, um Verträge bestimmter Rechtsgebieten von der AGB-Kontrolle zu befreien. In diesen Gebieten ist ein Schutz nicht erforderlich. Auf den Anstellungsvertrag des Vorstands, der stark gesellschaftsrechtlich geprägt ist, lassen sich diese Überlegungen übertragen.

3. Teleologische Auslegung

a) Allgemeine Erwägungen zum Telos der Bereichsausnahme

Der Ausschluss von Verträgen auf dem Gebiet des Gesellschaftsrechts kann nicht auf einen einzelnen Grund gestützt werden. Es sind vielmehr mehrere Überlegungen zu berücksichtigen.

Das Gesellschaftsrecht weist derart viele Eigenarten auf, dass sich die auf schuldrechtliche Austauschverträge zugeschnittenen AGB-Bestimmungen nicht zu einer Anwendung eignen.[305] Die mangelnde Eignung folgt nach dem Gesetzgeber aus den divergierenden Ausgangskonstellationen, die bei Austauschverträgen einerseits und bei gesellschaftsrechtlichen Verträgen andererseits vorliegen. Bei Austauschverträgen verfolgen die Vertragsparteien gegenläufige Interessen.[306] Durch die Verwendung von AGB versucht der Verwender, die eigenen Interessen auf Kosten des Verwendungsgegners durchzusetzen. Er analysiert die vertragstypischen Risiken vor Vertragsabschluss und wälzt sie auf den Verwendungsgegner ab. Der AGB-Verwender nimmt die Vertragsgestaltungsfreiheit somit einseitig in Anspruch. Charak-

---

304 Begründung des Regierungsentwurfs eines Gesetzes zur Regelung des Rechts der Allgemeinen Geschäftsbedingungen (AGB-Gesetz), BT-Drucks. 07/3919, S. 41.

305 Begründung des Regierungsentwurfs eines Gesetzes zur Regelung des Rechts der Allgemeinen Geschäftsbedingungen (AGB-Gesetz), BT-Drucks. 07/3919, S. 41; ähnlich auch *Herresthal*, ZIP 2014, 345 (350); *Stoffels*, in: Wolf/Lindacher/Pfeiffer, AGB-Recht, § 310 Abs. 4 Rn. 10 sowie *Oetker*, in: FS Wank, S. 691 (693).

306 *Stoffels*, in: Wolf/Lindacher/Pfeiffer, AGB-Recht, § 310 Abs. 4 Rn. 10.

teristikum des Gesellschaftsrechts ist dagegen, dass nicht die Durchsetzung der eigenen Interessen im Vordergrund steht, sondern vielmehr der von der Gesellschaft und den Gesellschaftern gemeinsam verfolgte Zweck. „Klassische" AGB kommen in diesem Bereich daher selten vor.[307] Die Zweckverfolgung liegt im gemeinsamen Interesse der Parteien und soll durch die Verhandlungen bestmöglich umgesetzt werden. Die Durchsetzung der eigenen Interessen durch die einseitige Inanspruchnahme der Vertragsgestaltungsfreiheit steht nicht im Vordergrund. Da sie aber Teil des Telos der AGB-Kontrolle ist, rechtfertigt sich die Herausnahme von Verträgen dieses Rechtsgebiets.

Neben den generellen Überlegungen, die sich auf das gesamte Gesellschaftsrecht übertragen lassen, wird hinsichtlich der GbR sowie Personengesellschaften angeführt, dass diese Gesellschaftsformen eine enge persönliche bzw. geschäftliche Beziehung der Gesellschafter zueinander kennzeichnet.[308]

Dies folgt aus dem kleinen Kreis an beteiligten Personen sowie der damit verbundenen Notwendigkeit einer engen und vertrauensvollen Zusammenarbeit. Aufgrund dessen haben die Gesellschafter meist eine gleichstarke Verhandlungsposition inne, wodurch es an einer einseitigen Inanspruchnahme der Vertragsgestaltungsfreiheit fehlt.[309] Die Parteien können meist auf Augenhöhe verhandeln, die Vertragsbedingungen müssen nicht lediglich hingenommen werden. Die gemeinsame Zweckverfolgung, die charakteristisch für das Gesellschaftsrecht ist, verstärkt diese Annahme.

Zuletzt wird gegen eine AGB-Kontrolle von Verträgen auf dem Gebiet des Gesellschaftsrechts angeführt, dass in vielen Bereichen eine Störung der Vertragsfreiheit, die Grundgedanke der §§ 305 ff. BGB ist, größtenteils ausgeschlossen ist. Dies gilt vor allem für das Aktienrecht. Das Aktiengesetz enthält zahlreiche zwingende Regelungen, von denen weder durch

---

307 Begründung des Regierungsentwurfs eines Gesetzes zur Regelung des Rechts der Allgemeinen Geschäftsbedingungen (AGB-Gesetz), BT-Drucks. 07/3919, S. 41.

308 *Fornasier*, in: MünchKomm-BGB, § 310 Rn. 121; *Schäfer*, in: Ulmer/Brandner/Hensen, AGB-Recht, § 310 Rn. 119; kritisch dagegen *Mock*, in: Graf von Westphalen/Thüsing, Vertragsrecht und AGB-Klauselwerke, Klauselwerke, Gesellschaftsrecht Rn. 6 f.

309 Ähnlich *Fornasier*, in: MünchKomm-BGB, § 310 Rn. 121; *Ulmer/Schäfer*, in: Ulmer/Brandner/Hensen, AGB-Recht, § 310 Rn. 119.

AGB noch durch Individualvereinbarung abgewichen werden kann.[310] Bedeutung kommt etwa § 23 Abs. 5 S. 1 AktG zu, wonach die Satzung von den Vorschriften des Gesetzes nur abweichen kann, wenn es ausdrücklich zugelassen ist. In diesem Fall bedarf es des AGB-rechtlichen Schutzes nicht. Er wird bspw. durch die Prüfungspflicht der Registergerichte gem. § 38 AktG gewährleistet. Zusätzlich bestehen alternative gesellschaftsrechtliche Schutzsysteme.[311] Zu nennen ist die Kontrolle nach § 242 BGB, die einen angemesseneren Schutz unter Berücksichtigung der gesellschaftsrechtlichen Eigenarten ermöglicht.

b) Vorstandsanstellungsvertrag als Vertrag auf dem Gebiet des Gesellschaftsrechts

Die vorstehenden Grundsätze lassen sich auf den Vorstandsanstellungsvertrag übertragen. Das Gesellschaftsrecht ist ein Rechtsgebiet mit diversen Eigenheiten. Sie wirken sich insbesondere auf den Anstellungsvertrag aus und führen dazu, dass die auf schuldrechtliche Austauschverträge zugeschnittenen §§ 305 ff. BGB sich nicht zu einer Anwendung eignen. Trotz der schuldrechtlichen Natur des Anstellungsvertrags weicht er wesentlich vom typisierten Austauschverhältnis ab. Denn obwohl Anstellung und Bestellung nach dem geltenden Trennungsgrundsatz voneinander zu unterscheiden sind, stehen sie in einem rechtlichen und tatsächlichen Zusammenhang. Der organschaftliche Akt der Bestellung ist in der Regel sogar conditio-sine-qua-non zur Anstellung.[312] Entscheidend ist, dass die Rechte und Pflichten des künftigen Vorstandsmitglieds korporationsrechtlich geprägt sind, weshalb der Anstellungsvertrag nicht mit dem typisierten Austauschverhältnis vergleichbar ist.[313] So wird etwa der schuldrechtliche Ver-

---

310 Ähnlich auch *Fornasier*, in: MünchKomm-BGB, § 310 Rn. 121; *Oetker*, in: FS Wank, S. 691 (693); *Schäfer*, in: Ulmer/Brandner/Hensen, AGB-Recht, § 310 Rn. 119; ablehnend dagegen *Bieder*, ZHR 174 (2010), 705, (715 f.).

311 Vgl. dazu *Mock*, in: Graf von Westphalen/Thüsing, Vertragsrecht und AGB-Klauselwerke, Klauselwerke, Gesellschaftsrecht Rn. 13 f.; vergleichbar damit sind die Ausführungen im Bericht des Rechtsausschusses zum Regierungsentwurf eines Gesetzes zur Regelung der Allgemeinen Geschäftsbedingungen, BT-Drucks. 7/5422, S. 13.

312 *Oetker*, in: FS Wank, S. 691 (694).

313 Siehe hierzu auch *Herresthal*, ZIP 2014, 345 (350), der sich ebenfalls für eine weite Auslegung der Norm ausspricht.

gütungsanspruch durch die §§ 87 f. AktG überlagert, die Vorgaben zu ihrer inhaltlichen Ausgestaltung enthalten. Im Gegensatz dazu trifft das Gesetz bei Austauschverträgen keine Vorgaben zur Vergütungsregelung. Daneben sei z.B. auf die Haftung der Vorstandsmitglieder nach § 93 Abs. 2 S. 1 AktG hingewiesen. Aus § 23 Abs. 5 AktG folgt, dass weder in der Satzung selbst noch im Anstellungsvertrag eine Haftungsmilderung oder ein Haftungsausschluss vereinbart werden können.[314]

Die Bereichsausnahme rechtfertigt sich daneben daraus, dass im Gesellschaftsrecht die gemeinsame Zweckverfolgung und nicht die Durchsetzung der eigenen Interessen im Vordergrund steht. Neben der Zweckverfolgung kennzeichnet vor allem Personengesellschaften eine enge persönliche und geschäftliche Beziehung der Gesellschafter zueinander. Diese Überlegungen lassen sich entsprechend auf den Vorstandsanstellungsvertrag übertragen. Das Rechtsverhältnis zwischen Aktiengesellschaft und Vorstand ist durch eine enge Verbundenheit der beiden Parteien geprägt. Das besondere Vertrauensverhältnis ist charakteristisches Merkmal dieser Beziehung. Sie stehen sich näher als die Parteien anderer Rechtsverhältnisse, bei denen es zumeist auf den bloßen Leistungsaustausch ankommt. Insbesondere sind sie auch in wirtschaftlicher Hinsicht in gewisser Weise voneinander abhängig, indem einerseits die wesentlichen, für den wirtschaftlichen Erfolg ausschlaggebenden unternehmerischen Entscheidungen auf dieser Ebene getroffen werden und sich andererseits die Höhe der variablen Vergütung des Vorstands nach dem Erreichen festgelegter Unternehmensziele richtet. Eine einseitige Inanspruchnahme der Vertragsgestaltungsfreiheit durch die Gesellschaft bei Vorstandsanstellungsverträgen kann daher – wie bei sonstigen Verträgen auf dem Gebiet des Gesellschaftsrecht iSd. § 310 Abs. 4 S. 1 BGB – schwerlich angenommen werden.

Zudem bestehen alternative Schutzsysteme zur Kontrolle von Vorstandsanstellungsverträgen, was im Laufe dieser Untersuchung aufgezeigt wird.[315] Bereits an dieser Stelle sei allerdings darauf hingewiesen, dass die Unwirksamkeitsschwelle im Vergleich zur AGB-rechtlichen Inhaltskontrolle höher liegt, was der Geschäftsgewandtheit des Vorstands in angemessener Weise Rechnung trägt.

---

314 *Grigoleit*, in: Grigoleit, Aktiengesetz, § 93 Rn. 123; *Fleischer*, ZIP 2014, 1305; *Krieger*, in: Krieger/Schneider, Handbuch Managerhaftung, § 4 Rn. 4.44; *Spindler*, in: MünchKomm-AktG, § 93 Rn. 27.
315 Vgl. dazu im Detail Erster Teil § 4A.II.

4. Zwischenergebnis

Wortlaut, Historie und Telos sprechen für eine weite Auslegung der Norm. Dementsprechend erscheint es vorzugswürdig, Vorstandsanstellungsverträge unter die Bereichsausnahme zu subsumieren und damit nicht der AGB-Kontrolle zu unterwerfen.[316] Insbesondere die Gründe, die in teleologischer Hinsicht das Fundament der Bereichsausnahme darstellen, lassen sich auf Vorstandsanstellungsverträge übertragen. § 310 Abs. 4 S. 1 BGB stellt damit einen Anhaltspunkt im Gesetz dar, durch welchen die Verträge der AGB-Kontrolle entzogen und damit Wertungswidersprüche, die aus der unmodifizierten Gesetzesanwendung folgen, vermieden werden können.

II. Kein Wertungswiderspruch der Auslegung mangels Einschlägigkeit des Zwecks der AGB-Vorschriften

Die weite Auslegung der Norm führt zum Ausschluss der AGB-Kontrolle bei Vorstandsanstellungsverträgen. Dieses Ergebnis ist aus Wertungsgesichtspunkten zu begrüßen.[317] Im vorstehenden Kapitel wurde festgestellt, dass der Zweck der §§ 305 ff. BGB bei der Anwendung auf Vorstandsanstellungsverträgen nicht einschlägig ist. Zudem hat sich gezeigt, dass die hohen Anforderungen an die Geschäftsführung und die Person des Vorstands im Widerspruch zur Annahme einer Schutzbedürftigkeit beim Abschluss des Anstellungsvertrags stehen. Zur Lösung dieses Konflikts bestehen zwei Alternativen. Einerseits könnte durch ein gesetzgeberisches Eingreifen die Anwendbarkeit der AGB-Kontrolle beschränkt werden. Der Vergleich mit der Reformdiskussion im unternehmerischen Geschäftsverkehr hat diesbzgl. mehrere Möglichkeiten aufgezeigt. Andererseits stellt die Bereichsausnahme des § 310 Abs. 4 S. 1 BGB einen geeigneten Anknüpfungspunkt im

---

316 Hierbei handelt es sich um eine Mindermeinung. Ebenso vertreten von *Mülbert*, in: FS Goette, S. 333 (342 ff.) Danach sollen Regelungen im Anstellungsvertrag zumindest partiell von der AGB-Kontrolle ausgenommen werden, soweit es sich um solche handelt, die auch als echte Satzungsregelungen getroffen werden könnten; für eine Einschlägigkeit der Bereichsausnahme bei Schiedsabreden und auch bei Anstellungsverträgen *Herresthal*, ZIP 2014, 345 (349 f.); zur gegenteiligen Meinung siehe insbesondere *Bauer/Arnold*, ZIP 2006, 2337 (2338 f.); *Schmidt*, in: Wolf/Lindacher/Pfeiffer, AGB-Recht, § 310 Abs. 4 Rn. 14a; *Oetker*, in: FS Wank, S. 691 (693); *Jänsch*, Angemessene Vorstandsverträge, S. 53 ff.

317 Vgl. hierzu auch *Herresthal*, ZIP 2014, 345 (350 ff.), der in einem ersten Schritt die Reichweite des § 310 Abs. 4 BGB analysiert und in einem zweiten Schritt das aufgefundene Ergebnis in Bezug auf die Ratio der AGB-Kontrolle wertet.

Gesetz dar, der es ermöglicht, Vorstandsanstellungsverträge von der AGB-Kontrolle auszuschließen.

B. Unmittelbare bzw. analoge Anwendung von § 310 Abs. 4 S. 2, 1. HS BGB

Obwohl die Bereichsausnahme nach vorzugswürdiger Ansicht auf Vorstandsanstellungsverträge anwendbar ist, soll im Folgenden die direkte bzw. analoge Anwendung von § 310 Abs. 4 S. 2, 1. HS BGB analysiert werden. Nach der Norm sind bei der Anwendung der §§ 305 ff. BGB auf Arbeitsverträge die im Arbeitsrecht geltenden Besonderheiten zu berücksichtigen. Durch die Untersuchung soll festgestellt werden, inwiefern sich dies als Alternativlösung zur generellen Herausnahme aus dem Anwendungsbereich eignet.

I. Fehlende Arbeitnehmereigenschaft des Vorstands aufgrund autonomer Leitungsbefugnis

1. Keine Arbeitnehmereigenschaft nach nationalem Recht

Eine direkte Anwendung von § 310 Abs. 4 S. 2, 1. HS BGB setzt voraus, dass es sich bei Vorstandsanstellungsverträgen um Arbeitsverträge handelt, Vorstandsmitglieder also Arbeitnehmer iSd. § 611a Abs. 1 BGB sind. Entscheidendes Kriterium der Arbeitnehmereigenschaft ist, dass Arbeit unter Leitung und nach Weisung des Arbeitgebers erbracht wird.[318]

Der Anstellungsvertrag stellt einen Dienstvertrag dar, der eine Geschäftsbesorgung zum Gegenstand hat. Es handelt sich nicht um einen Arbeitsvertrag, das Vorstandsmitglied ist nicht als Arbeitnehmer zu qualifizieren.[319] Charakteristisch für die Eigenschaft als Arbeitnehmer ist nach § 611a Abs. 1 S. 1 BGB seine Weisungsgebundenheit sowie die persönliche Abhängigkeit vom Arbeitgeber. Einer solchen Weisungsgebundenheit und persönlichen Abhängigkeit gegenüber der Gesellschaft als Arbeitgeberin

---

318 *Spinner*, in: MünchKomm-BGB, § 611a Rn. 71 mwN.
319 BGH, Urt. v. 11.07.1953 – II ZR 126/52, NJW 1953, 1465; BGH, Urt. v. 16.12.1953 – II ZR 41/53, NJW 1954, 505 (507 f.); BGH, Urt. v. 07.12.1961 – II ZR 117/60, NJW 1962, 340 (343); *Fleischer*, in: BeckOGK AktG, § 84 Rn. 27 (Stand: 1. April 2023); *Cahn*, in: Kölner Kommentar zum Aktiengesetz, § 84 Rn. 35; *Spindler*, in: MünchKomm-AktG, § 84 Rn. 65; *Thüsing*, in: Fleischer, Handbuch des Vorstandsrechts, § 4 Rn. 54.

unterliegen Vorstandsmitglieder allerdings nicht.[320] Sie haben die Gesellschaft vielmehr nach § 76 Abs. 1 AktG unter eigener Verantwortung zu leiten, gehören damit zu den willensbildenden Organen der Gesellschaft[321] und üben selbst das Weisungsrecht des Arbeitgebers aus.[322] Durch die ihnen zugewiesenen Aufgaben und der Stellung in der Gesellschaft ähneln sie eher einem Arbeitgeber.[323] An dieser Unabhängigkeit ändert auch § 111 Abs. 4 S. 2 AktG nichts, welcher dem Aufsichtsrat die Möglichkeit eröffnet, durch Zustimmungsvorbehalte auf die Geschäftsführung des Vorstands Einfluss zu nehmen.[324] Es handelt sich hierbei um eine Art vorbeugende Überwachung, welche lediglich die effektive und ordnungsgemäße Aufgabenerfüllung durch den Aufsichtsrat sicherstellen soll.[325]

2. Keine Übertragung unionsrechtlicher Rechtsprechung

a) Relevante Kriterien nach EuGH

Etwas anderes ergibt sich auch nicht aus unionsrechtlicher Rechtsprechung. In diesem Zusammenhang sind zwei Entscheidungen des EuGH relevant, in der er sich mit der Arbeitnehmereigenschaft von Geschäftsleitern beschäftigt hat. Diese sind die sog. Danosa-Entscheidung[326] aus dem Jahr 2011 sowie die Balkaya-Entscheidung[327] aus dem Jahr 2015.

In ersterer thematisierte das Gericht die Frage, ob die Geschäftsführerin einer lettischen Kapitalgesellschaft als Arbeitnehmerin iSd. Mutterschutz-

---

320 BGH, Urt. v. 11.07.1953 – II ZR 126/52, NJW 1953, 1465; BGH, Urt. v. 16.12.1953 – II ZR 41/53, NJW 1954, 505 (507 f.); *Fleischer*, in: BeckOGK AktG, § 84 Rn. 27 (Stand: 1. April 2023); *Cahn*, in: Kölner Kommentar zum Aktiengesetz, § 84 Rn. 35; *Spindler*, in: MünchKomm-AktG, § 84 Rn. 65.

321 BGH, Urt. v. 11.07.1953 – II ZR 126/52, NJW 1953, 1465.

322 BGH, Urt. v. 16.12.1953 – II ZR 41/53, NJW 1954, 505 (507).

323 *Spindler*, in: MünchKomm-AktG, § 84 Rn. 65; ähnlich auch BGH, Urt. v. 16.12.1953 – II ZR 41/53, NJW 1954, 505 (507), wonach die Vorstandsmitglieder selbst das Weisungsrecht des Arbeitgebers sowie seine sonstigen Funktionen ausüben und ihn sozusagen repräsentieren.

324 *Cahn*, in: Kölner Kommentar zum Aktiengesetz, § 84 Rn. 34; BGH, Urt. v. 23.01.2003 – IX ZR 39/09, NZG 2003, 327 (329); BSG, Urt. v. 22.04.1987 – 10 RAr 6/86, ZIP 1987, 924 (925).

325 Vgl. hierzu die Ausführungen bei Erster Teil § 3B.I.2.b).

326 EuGH, Urt. v. 11.11.2010 – C-232/09, NZA 2011, 143.

327 EuGH, Urt. v. 09.07.2015 – C-229/14, NZG 2015, 963.

richtlinie[328] zu qualifizieren ist. Hinsichtlich des Arbeitnehmerbegriffs führte der EuGH aus, dass die Richtlinie nicht je nach nationalem Recht ausgelegt werden könne, sondern der Begriff nach objektiven Kriterien zu definieren sei, die das Arbeitsverhältnis kennzeichnen.[329] Wesentliches Merkmal ist, dass eine Person Leistungen weisungsgebunden erbringt und für sie als Gegenleistung eine Vergütung erhält.[330] Weitere Kriterien sind die Bedingungen, unter denen das Mitglied in die Unternehmensleitung bestellt wurde, die Art der ihm übertragenen Aufgaben, der Rahmen, in dem diese Aufgaben ausgeführt werden, der Umfang der Befugnisse des Betroffenen und die Kontrolle, der es innerhalb der Gesellschaft unterliegt sowie die Umstände, unter denen es abberufen werden kann.[331] Das Gericht sah die Arbeitnehmereigenschaft der Geschäftsführerin im Ergebnis als erfüllt an und stütze dies im Wesentlichen darauf, dass sie in gewissem Maße Weisungen des Aufsichtsrats unterliege und jederzeit von ihrem Amt abberufen werden könne.[332]

In der Balkaya-Entscheidung hatte das Gericht zu entscheiden, ob Art. 1 Abs. 1 a) der Massenentlastungsrichtlinie[333] derart auszulegen ist, dass er einer nationalen Regelung bzw. Praxis entgegensteht, die bei der in dieser Vorschrift genannten Zahl von Arbeitnehmern ein Mitglied der Unternehmensleitung einer Kapitalgesellschaft, das seine Tätigkeit nach Weisung und Aufsicht eines anderen Organs erbringt, unberücksichtigt lässt.[334] Der EuGH bestätigte die Grundsätze der Danosa-Entscheidung und bejahte die unionsrechtliche Arbeitnehmereigenschaft des Geschäftsführers einer GmbH, was darauf gestützt wurde, dass er jederzeit gegen seinen Willen von der Gesellschafterversammlung abberufen werden könne sowie der Weisung und der Aufsicht dieses Organs unterliege.[335]

---

328 Richtlinie 92/85/EWG des Rates vom 19. Oktober 1992 über die Durchführung von Maßnahmen zur Verbesserung der Sicherheit und des Gesundheitsschutzes von schwangeren Arbeitnehmerinnen, Wöchnerinnen und stillenden Arbeitnehmerinnen am Arbeitsplatz (zehnte Einzelrichtlinie im Sinne des Artikels 16 Absatz 1 der Richtlinie 89/391/EWG), ABl. 1992 L 348/1 (im Folgenden Mutterschutzrichtlinie).
329 EuGH, Urt. v. 11.11.2010 – C-232/09, NZA 2011, 143 (145).
330 EuGH, Urt. v. 11.11.2010 – C-232/09, NZA 2011, 143 (145).
331 EuGH, Urt. v. 11.11.2010 – C-232/09, NZA 2011, 143 (145).
332 EuGH, Urt. v. 11.11.2010 – C-232/09, NZA 2011, 143 (146).
333 Richtlinie 98/59/EG des Rates vom 20. Juli 1998 zur Angleichung der Rechtsvorschriften der Mitgliedsstaaten über Massenentlastungen, ABl. 1998 L 225/16 (im Folgenden Massenentlassungsrichtlinie).
334 EuGH, Urt. v. 09.07.2015 – C-229/14, NZG 2015, 963 f.
335 EuGH, Urt. v. 09.07.2015 – C-229/14, NZG 2015, 963 f.

b) Fehlende Einschlägigkeit bei Vorstandsmitgliedern

Ein Vorstandsmitglied ist auch unter Zugrundelegung der vom EuGH aufgestellten Kriterien nicht als Arbeitnehmer in unionsrechtlicher Hinsicht zu qualifizieren.[336] Einer richtlinienkonformen Auslegung des nationalen Rechts bedarf es daher nicht. Im Gegensatz zum Geschäftsführer einer GmbH unterliegen Vorstandsmitglieder keiner Weisung durch den Aufsichtsrat oder der Hauptversammlung. Sie haben eine autonome Leitungsbefugnis inne und nehmen eine arbeitgeberähnliche Funktion wahr. Teilweise wird angeführt, dass der Vorstand nicht stets weisungsfrei sei, was sich aus § 308 AktG ergebe.[337] Nach § 308 Abs. 1 S. 1 AktG ist das herrschende Unternehmen bei Bestehen eines Beherrschungsvertrags berechtigt, dem Vorstand der Gesellschaft hinsichtlich der Leitung der Gesellschaft Weisungen zu erteilen. Hierbei handelt es sich jedoch um ein „konzernrechtliches Weisungsrecht"[338]. Die Muttergesellschaft kann dem Vorstand der Tochtergesellschaft Weisungen erteilen. Gegenüber der Hauptversammlung der Tochtergesellschaft bleibt es bei der autonomen Leitungsbefugnis des Vorstands. Es handelt sich um zwei voneinander zu unterscheidende Rechtsverhältnisse. Bei der Frage, ob das Vorstandsmitglied weisungsabhängig und damit Arbeitnehmer in unionsrechtlicher Hinsicht ist, kommt es auf die Rechtsbeziehung zwischen Tochtergesellschaft und dem für sie tätigen Vorstandsmitglied an. In diesem Verhältnis besteht kein Weisungsrecht der Hauptversammlung und somit keine Weisungsgebundenheit des Vorstands. § 308 AktG als Argument für die Arbeitnehmereigenschaft eines Vorstandsmitglieds heranzuziehen wirft zudem auch andere Bedenken auf. Denn konsequent wäre es dann, das Vorstandsmitglied zwar nicht gegenüber der Tochtergesellschaft als Arbeitnehmer anzusehen, aber als solcher der Muttergesellschaft, was durchaus problematisch sein kann.[339]

---

336 Siehe etwa *Arnold/Romero*, NZG 2019, 930 (932); *Bauer/Arnold*, ZIP 2012, 597 (599); *Fleischer*, in: BeckOGK AktG, § 84 Rn. 27 (Stand: 1. April 2023); *Spindler*, in: MünchKomm-AktG, § 84 Rn. 65; *Wentrup*, in: MHdG, § 21 Rn. 8; zweifelnd auch Jänsch, Angemessene Vorstandsverträge, S. 34 f.; eine Mindermeinung vertritt *Ziemons*, KSzW 2013, 19, wonach der Vorstand als Arbeitnehmer in unionsrechtlicher Hinsicht zu qualifizieren sei. Begründet wird dies damit, dass eine Abberufung nur aus wichtigem Grund möglich ist, der Vorstand dem Aufsichtsrat gemäß § 90 AktG Bericht erstatten muss und der Aufsichtsrat nach § 111 Abs. 4 AktG die Vornahme bestimmter Geschäfte von seiner Zustimmung abhängig machen kann.

337 *Ziemons*, KSzW 2013, 19 (20).

338 *Kort*, NZG 2013, 601 (606).

339 So etwa *Kort* NZG 2013, 601 (606).

Neben der Weisungsgebundenheit ist nach der Rechtsprechung des EuGH für die Qualifizierung als Arbeitnehmer relevant, inwiefern gegenüber dem Aufsichtsrat Rechenschaft abzulegen ist und eine Pflicht zur Zusammenarbeit besteht.[340] Für eine Rechenschaftspflicht des Vorstands könnte grds. die Berichtspflicht nach § 90 AktG angeführt werden.[341] Hiernach muss der Vorstand etwa über die Geschäftspolitik und die Rentabilität der Gesellschaft in regelmäßigen Zeitabschnitten berichten. Die Berichtspflicht dient der effektiven und vorbeugenden Überwachung der Geschäftsleitung des Vorstands.[342] Hierdurch soll allerdings lediglich die Kommunikation zwischen Vorstand und Aufsichtsrat im Sinne einer *Unterrichtung* sichergestellt werden, eine Rechenschaft im Sinne einer *Rechtfertigung*, wie sie der unionsrechtliche Arbeitnehmerbegriff voraussetzt, soll dadurch nicht bezweckt werden und liegt hinsichtlich Vorstandsmitgliedern auch nicht vor.[343] Eine Pflicht zur Zusammenarbeit folgt auch nicht aus § 111 Abs. 4 AktG.[344] Es handelt sich um eine besondere Ausprägung von Abs. 1 der Norm, die eine vorbeugende Überwachung gewährleisten soll.[345] Der Vorstand bleibt weiterhin „Herr der Geschäftsführung"[346]. Die Vorschrift normiert somit keine Zusammenarbeit zwischen Vorstand und Aufsichtsrat iSd. der Rechtsprechung des EuGH, sondern stellt die effektive Überwachung durch den Aufsichtsrat sicher.

Ein weiteres Kriterium sind die Umstände, unter denen das Geschäftsführungsmitglied abberufen werden kann. Je freier der Aufsichtsrat in dieser Entscheidung ist, desto eher ist von einer Abhängigkeit des Vorstands und somit von seiner Arbeitnehmerstellung auszugehen. Eine jederzeitige, uneingeschränkte Abberufung ist bei Vorstandsmitgliedern jedoch nicht möglich. Der Widerruf der Bestellung ist in § 84 Abs. 4 AktG geregelt. Danach kann der Aufsichtsrat die Bestellung nur widerrufen, wenn ein wichtiger Grund vorliegt. Ein wichtiger Grund kann namentlich eine grobe Pflichtverletzung, die Unfähigkeit zur ordnungsgemäßen Geschäftsführung oder ein Vertrauensentzug durch die Hauptversammlung sein. Das

---

340 EuGH, Urt. v. 11.11.2010 – C-232/09, NZA 2011, 143 (146).
341 *Ziemons*, KSzW 2013, 19 (20).
342 Vgl. dazu *Kort*, NZG 2013, 601 (606).
343 *Kort*, NZG 2013, 601 (606).
344 So aber *Ziemons*, KSzW 2013, 19 (20), die ein Unterordnungsverhältnis zwischen Aufsichtsrat und Vorstand annimmt.
345 BGH, Urt. v. 11.12.2006 – II ZR 243/05, ZIP 2007, 224 (225); *Habersack*, in: Münch-Komm-AktG, § 111 Rn. 114; *Kort*, NZG 2013, 601 (606).
346 *Kort*, NZG 2013, 601 (606).

Vorliegen eines solchen Grundes ist zwingend.[347] Hierdurch soll die Unabhängigkeit der Vorstandsmitglieder vom Aufsichtsrat sichergestellt und gewährleistet werden, dass sie die Gesellschaft eigenverantwortlich leiten können.[348] Eine jederzeitige und uneingeschränkte Abberufung ist bei Vorstandsmitgliedern folglich nicht möglich.[349] Eine Abhängigkeit vom Aufsichtsrat, welches dem Kriterium des EuGH als Rechtsgedanke zugrunde liegt, soll durch § 84 Abs. 4 AktG gerade verhindert werden. Dagegen lässt sich auch nicht anführen, dass nach § 84 Abs. 4 S. 4 AktG der Widerruf wirksam ist, bis seine Unwirksamkeit rechtskräftig festgestellt wurde.[350] Die Norm dient lediglich der Rechtssicherheit und schließt eine gerichtliche Überprüfung nicht aus.[351]

3. Zwischenergebnis

Eine direkte Anwendung von § 310 Abs. 4 S. 2, 1. HS BGB scheidet aus. Wie aufgezeigt handelt es sich bei Vorstandsanstellungsverträgen nicht um Arbeits-, sondern um Dienstverträge, die eine Geschäftsbesorgung zum Gegenstand haben. Das Vorstandsmitglied ist kein Arbeitnehmer iSd. § 611a BGB. Einer richtlinienkonformen Auslegung des nationalen Rechts bedarf es ebenfalls nicht, da Vorstandsmitglieder insbesondere aufgrund ihrer Weisungsunabhängigkeit auch nach unionsrechtlicher Rechtsprechung nicht als Arbeitnehmer zu qualifizieren sind.

---

347 *Fleischer*, in: BeckOGK AktG, § 84 Rn. 131 (Stand: 1. April 2023); *Cahn*, in: Kölner Kommentar zum Aktiengesetz, § 84 Rn. 148; *Spindler*, in: MünchKomm-AktG, § 84 Rn. 166.

348 Vgl. etwa *Koch*, in: Koch, Aktiengesetz, § 84 Rn. 53; *Fleischer*, in: BeckOGK AktG, § 84 Rn. 131 (Stand: 1. April 2023).

349 *Arnold/Romero*, NZG 2019, 930 (932); *Bauer/Arnold*, ZIP 2012, 597 (599); *Kort*, NZG 2013, 601 (605 f.).

350 Dafür jedoch *Ziemons*, KSzW 2013, 19 (20). Danach sei die Abberufung zwar formal an das Vorliegen eines wichtigen Grunds geknüpft, allerdings rechtswirksam bis zur Feststellung des Nichtvorliegens eines wichtigen Grunds. Zudem stehe dem Vorstand ein einstweiliger Rechtsschutz nicht zur Verfügung.

351 *Bauer/Arnold*, ZIP 2012, 597 (599); ebenso *Arnold/Romero*, NZG 2019, 930 (932) sowie *Kort*, NZG 2013, 601 (606 f.), wonach das Vorstandsmitglied automatisch in seine Position einrückt, wenn das Gericht das Fehlen eines wichtigen Grunds feststellt.

II. Analoge Anwendung der Vorschrift

Im Folgenden soll geprüft werden, ob eine analoge Anwendung von § 310 Abs. 4 S. 2, 1. HS BGB auf Vorstandsanstellungsverträge in Betracht kommt.[352] Vor allem der aufgezeigte Wertungswiderspruch zur Behandlung von Arbeitsverträgen, bei denen aufgrund der Norm ein strengerer Maßstab bzgl. der Unwirksamkeit von AGB trotz höherer Schutzbedürftigkeit gilt, könnte hierfür sprechen.

1. Telos der Norm

Vor Darlegung der Voraussetzungen einer Analogie ist es unerlässlich, das Telos des § 310 Abs. 4 S. 2, 1. HS BGB zu analysieren. Ohne dessen Kenntnis können etwaige Wertungswidersprüche nicht identifiziert und somit nicht festgestellt werden, ob es der Bildung einer Analogie bedarf. Zudem ist zu beachten, dass die analoge Anwendung einer Norm eine *planwidrige* Regelungslücke des Gesetzes erfordert. Die Planwidrigkeit steht in engem Zusammenhang mit der Ratio der Vorschrift(en). Es gilt der Grundsatz, dass eine Analogie nur dann zu bilden ist, wenn aus teleologischer Sicht die Anwendung der Rechtsfolge einer Vorschrift hinsichtlich des ungeregelten Sachverhalts zur Vervollständigung des Gesetzesplans erforderlich erscheint.[353]

Ursprünglich war das Arbeitsrecht vollumfänglich der AGB-Kontrolle entzogen. § 23 Abs. 1 AGB-Gesetz schränkte den sachlichen Anwendungsbereich des Gesetzes ein und schloss insbesondere Verträge auf dem Gebiet des Arbeitsrechts von der Kontrolle aus. Dies wurde damit begründet, dass ein ausreichender Schutz durch zwingende gesetzliche Vorgaben sowie kollektivrechtliche Vorgaben gewährleistet werde.[354] Im Zuge der Schuldrechtsmodernisierung wurde der pauschale Ausschluss

---

352 Für eine analoge Anwendung etwa *Bauer/Arnold*, ZIP 2006, 2337 (2338); *Bauer*, in: FS Wank, S. 1 f.; *Habersack*, in: FS Coester-Waltjen, S. 1097 (1102 f.); *Habersack*, in: Ulmer/Brandner/Hensen, AGB-Recht, Teil 2 (2) Rn. 3; gegen eine analoge Anwendung *Oetker*, in: FS Wank, S. 691 (702 f.).

353 Vgl. *Khanian*, Die Inhaltskontrolle von Organanstellungsverträgen am Beispiel des GmbH-Geschäftsführervertrags, S. 72; zu den Voraussetzungen einer Analogie *Canaris*, Die Feststellung von Lücken im Gesetz, S. 45; *Honsell*, in: Staudinger BGB, Einl. zum BGB Rn. 156.

354 Begründung des Regierungsentwurfs eines Gesetzes zur Regelung des Rechts der Allgemeinen Geschäftsbedingungen (AGB-Gesetz), BT-Drucks. 07/3919, S. 41.

von Verträgen auf dem Gebiet des Arbeitsrechts aufgehoben. Gem. § 310 Abs. 4 S. 2, 1. HS BGB sind allerdings die im Arbeitsrecht geltenden Besonderheiten angemessen zu berücksichtigen. Nach den Gesetzesmaterialien sollen hierdurch vor allem die Klauselverbote ohne Wertungsmöglichkeiten nicht uneingeschränkt zur Anwendung kommen und die besonderen Bedürfnisse eines Arbeitsverhältnisses berücksichtigt werden können.[355] Es ist somit grds. von der Anwendbarkeit der §§ 305 ff. BGB auszugehen. Für die Begründung einer Ausnahme, also einer Nichtanwendung einer bestimmten Norm, ist auf die dem Arbeitsrecht innewohnenden Besonderheiten abzustellen.[356] Damit soll dem Gesetzesanwender bei Bedarf ein Korrektiv[357] zur Verfügung gestellt werden, um im Einzelfall auf eine unzureichende Rechtslage reagieren zu können.

2. Wertungswiderspruch aufgrund Ungleichbehandlung

Die Notwendigkeit der Bildung einer Analogie könnte sich aus der aufgeworfenen Ungleichbehandlung von Arbeitnehmern einerseits und Vorstandsmitgliedern andererseits ergeben. § 310 Abs. 4 S. 2, 1. HS BGB kann dazu führen, dass Vorstandsanstellungsverträge der uneingeschränkten Kontrolle der §§ 305 ff. BGB unterliegen, während bei Arbeitsverträgen aufgrund der Norm ein strengerer Maßstab bzgl. der Unwirksamkeit gilt.

Es erscheint widersprüchlich, die AGB-rechtliche Kontrolle einzuschränken und Arbeitnehmern einen geringeren Schutz zu gewähren als Vorstandsmitgliedern. Bei letzteren handelt es sich um typisiert berufs- und geschäftserfahrene Personen, an die hohe Anforderungen gestellt werden.[358] Aus dem weiten Arbeitnehmerbegriff iSv. § 611a BGB ergibt sich zwangsläufig ein breites Bild an umfassten Rechtssubjekten. Trotz der Unmöglichkeit, eine allgemeingültige Aussage hinsichtlich der Berufserfahrung bzw. der Qualifikation zu treffen, divergiert sie zu derjenigen von Vorstandsmitgliedern. In der Regel weist der typisierte Arbeitnehmer weder eine vergleichbare Geschäftserfahrenheit noch eine ähnliche berufliche Qualifikation auf.

---

355 Begründung des Regierungsentwurfs eines Gesetzes zur Modernisierung des Schuldrechts, BT-Drucks. 14/6857, S. 54.

356 Ausführlich hierzu *Stoffels*, in: Wolf/Lindacher/Pfeiffer, AGB-Recht, ArbR Rn. 17, der sich im weiteren Verlauf um die Konkretisierung des relativierenden Vorbehalts bemüht.

357 So auch *Stoffels*, in: Wolf/Lindacher/Pfeiffer, AGB-Recht, ArbR Rn. 17.

358 Die hohen Anforderungen werden sowohl an die Person als auch an die Geschäftsführung gestellt, vgl. Erster Teil § 2D.II.

Trotzdem gewähren die §§ 305 ff. BGB Arbeitnehmern de lege lata einen geringeren Schutz in Bezug auf den Arbeitsvertrag als Vorstandsmitgliedern bzgl. ihres Anstellungsvertrags. Dies soll im Folgenden beispielhaft verdeutlicht werden.

a) § 309 Nr. 6 BGB

Nach § 309 Nr. 6 BGB ist in AGB eine Bestimmung, durch die dem Verwender für den Fall der Nichtabnahme oder verspäteten Abnahme der Leistung, des Zahlungsverzugs oder für den Fall, dass der andere Vertragsteil sich vom Vertrag löst, Zahlung einer Vertragsstrafe versprochen, unwirksam. In einem Vorstandsanstellungsvertrag ist folglich eine Klausel, die der Gesellschaft die Zahlung einer bestimmten Summe im Fall des Nichtantritts oder der vorzeitigen Lösung vom Vertrag durch das Vorstandsmitglied gewährt, unwirksam. Dies würde an sich ebenso für Arbeitsverträge gelten. Allerdings sind nach § 310 Abs. 4 S. 2, 1. HS BGB bei der Anwendung der §§ 305 ff. BGB die im Arbeitsrecht geltenden Besonderheiten angemessen zu berücksichtigen. Eine solche Besonderheit stellt in diesem Zusammenhang § 888 Abs. 3 ZPO dar, wonach die zwangsvollstreckungsrechtlichen Vorschriften im Fall der Verurteilung von Diensten aus einem Dienstvertrag nicht zur Anwendung kommen. In die Arbeitsleistung des Arbeitnehmers kann folglich nicht vollstreckt werden. Das BAG schließt hieraus, dass eine Vertragsstrafeklausel in Arbeitsbedingungen ausnahmsweise begründet werden kann, da dem Arbeitgeber ansonsten jede rechtliche Handhabe bei Nichtleistung durch den Arbeitnehmer fehle,[359] auch wenn hieraus eine Schlechterstellung im Vergleich zum Verwendungsgegner eines „klassischen" Austauschvertrags folgt.

Diese Ausführungen lassen sich auf den Vorstandsanstellungsvertrag übertragen.[360] Der Anstellungsvertrag fällt ebenfalls in den Anwendungsbereich von § 888 Abs. 3 ZPO, da die Vorschrift generell von Diensten aus einem Dienstvertrag spricht. Die dienstberechtigte Aktiengesellschaft kann somit ebenso wenig wie der Arbeitgeber in die Handlung des Verpflichteten

---

359 Vgl. nur BAG, Urt. v. 04.03.2004 – 8 AZR 196/03, NZA 2004, 727.

360 Ebenso *Bauer/Arnold*, ZIP 2006, 2337 (2338); *Bauer*, in: FS Wank, S. 1 f.; *Habersack*, in: FS Coester-Waltjen, S. 1097 (1102 f.); *Habersack*, in: Ulmer/Brandner/Hensen, AGB-Recht, Teil 2 (2) Rn. 3; entsprechend für den GmbH-Geschäftsführer *Khanian*, Die Inhaltskontrolle von Organanstellungsverträgen am Beispiel des GmbH-Geschäftsführervertrags, S. 40 ff.; *Khanian*, GmbHR 2011, 116 (117 f.).

vollstrecken. Dass hinsichtlich des Arbeitnehmers eine alternative Möglichkeit zur Kompensation besteht, dies bzgl. des Geschäftsleiters nicht möglich ist, kann nicht nachvollzogen werden. Es wäre vorzugswürdig, dass Arbeitsverträge aufgrund der höheren Schutzbedürftigkeit von Arbeitnehmern einer strengeren AGB-rechtliche Inhaltskontrolle unterliegen.

b) § 308 Nr. 4 BGB

Als weiteres Beispiel lässt sich § 308 Nr. 4 BGB anführen. Danach ist in AGB die Vereinbarung eines Rechts des Verwenders, die versprochene Leistung zu ändern oder von ihr abzuweichen, unwirksam. Nach der Rechtsprechung des BAG kann in Arbeitsverträgen ein Änderungsvorbehalt in Bezug auf sog. Zusatzleistungen unter bestimmten Voraussetzungen wirksam vereinbart werden, weil der Arbeitgeber aufgrund der Ungewissheit der wirtschaftlichen Entwicklung des Unternehmens und der Entwicklung des Arbeitsverhältnisses ein anerkennenswertes Interesse an einer flexiblen Ausgestaltung hat.[361] Es handelt sich hierbei um eine nach § 310 Abs. 4 S. 2, 1. HS BGB zu berücksichtigende Besonderheit des Arbeitsrechts. Bei Vorstandsanstellungsverträgen würde es dagegen bei Unwirksamkeit einer entsprechenden Klausel verbleiben. Dies erscheint aus zwei Gründen problematisch.

Einerseits findet sich im Aktiengesetz eine Regelung, die mit § 308 Nr. 4 BGB schwer vereinbar ist. Gem. § 87 Abs. 2 S. 1 AktG soll der Aufsichtsrat die Bezüge des Vorstands auf die angemessene Höhe herabsetzen, wenn sich die Lage der Gesellschaft so verschlechtert, dass die Weitergewährung der Bezüge unbillig für die Gesellschaft wäre. Die Norm wird dogmatisch als Sonderfall der Störung der Geschäftsgrundlage verstanden.[362] Es wäre widersprüchlich, wenn ein solches Institut, das die Vertragsgerechtigkeit im Extremfall sicherstellen soll, eine Anpassung qua Gesetz ermöglicht, eine entsprechende vertragliche Klausel wegen § 308 Nr. 4 BGB allerdings nicht vereinbart werden könnte. Erwähnenswert ist zudem die

---

361 Vgl. etwa BAG, Urt. v. 12.01.2005 – 5 AZR 364/04, NZA 2005, 465 (467) sowie zur Parallelproblematik beim Anstellungsvertrag des GmbH-Geschäftsführers *Khanian*, Die Inhaltskontrolle von Organanstellungsverträgen am Beispiel des GmbH-Geschäftsführervertrags, S. 45 ff.

362 *Spindler*, in: MünchKomm-AktG-ARUGII, § 87 Rn. 165; ebenso *Fleischer*, NZG 2009, 801 (804); *Klöhn*, ZGR 2012, 1 (28 ff.); ähnlich *Cahn*, in: Kölner Kommentar zum Aktiengesetz, § 87 Rn. 119.

Empfehlung G.11 S.1 DCGK. Danach soll der Aufsichtsrat die Möglichkeit haben, außergewöhnlichen Entwicklungen in angemessenem Rahmen Rechnung zu tragen.[363] Eine Vertragsbestimmung, die eine solche Anpassungsmöglichkeit sicherstellen will, entspricht dieser Empfehlung.

Andererseits lässt sich an dieser Stelle erneut die im Vergleich zu Arbeitnehmern geringere Schutzbedürftigkeit von Vorstandsmitgliedern anführen. Als Leitungsorgan ist der Vorstand für die wirtschaftliche Situation der Gesellschaft verantwortlich. Im Falle der positiven Entwicklung partizipieren seine Mitglieder infolge der variablen Vergütungsbestandteile. Im umgekehrten Fall erscheint es nicht unangemessen, der Gesellschaft eine Herabsetzung der Bezüge mittels vertraglicher Anpassungsklausel zu ermöglichen. Zudem unterliegen die Vorstandsmitglieder gegenüber der Gesellschaft einer besonderen Treuepflicht.[364] Aus diesem Grund ist eine Teilhabe am Schicksal der Gesellschaft anerkannt.[365] Es erscheint widersprüchlich, wenn sich ein Vorstandsmitglied trotz Not der Gesellschaft auf den Grundsatz pacta sunt servanda berufen könnte, Arbeitnehmer dagegen, die keiner vergleichbar stark ausgeprägten Treuepflicht unterliegen, Änderungsvorbehalte zu akzeptieren hätten.

3. Bildung der Analogie

Die Notwendigkeit der Analogiebildung folgt aus dem oben aufgezeigten Wertungswiderspruch. Der Gleichheitssatz gem. Art. 3 Abs. 1 GG ist Wertungsgrundlage einer analogen Anwendung.[366] § 310 Abs. 4 S. 2, 1. HS BGB führt dazu, dass bei Arbeitsverträgen ein strengerer Maßstab bzgl. der Unwirksamkeit gilt als bei Vorstandsanstellungsverträgen, die der uneingeschränkten Kontrolle der §§ 305 ff. BGB unterliegen. Im Folgenden sollen

---

363 Zu dieser Empfehlung sowie generell zur Gestaltung von Vorstandsanstellungsverträgen nach dem DCGK siehe *Arnold/Gralla*, NZG 2020, 529.

364 Siehe zur Treuepflicht bereits Erster Teil § 2D.II.1.a)aa) sowie BGH, Urt. v. 28.04.1954 – II ZR 211/53, NJW 1954, 998 (999); BGH, Urt. v. 26.03.1956 – II ZR 57/55, NJW 1956, 906 f.; *Fleischer*, in: BeckOGK AktG, § 93 Rn. 147 ff. (Stand: 1. April 2023); *Cahn*, in: Kölner Kommentar zum Aktiengesetz, § 93 Rn. 112 ff.

365 So BGH, Urt. v. 27.10.2015 – II ZR 296/14, NJW 2016, 1236 (1238), der ausführt, dass der Aufsichtsrat mit der Regelung des § 87 Abs. 2 AktG eine Handhabe erhalten soll unter Abweichung von dem Grundsatz pacta sunt servanda den Vorstand im Rahmen seiner Treuepflicht an der wirtschaftlichen Situation der Gesellschaft partizipieren zu lassen.

366 Siehe *Herresthal/Weiß*, Methodenlehre, Rn. 195.

daher die Voraussetzungen einer Analogie dargestellt und auf ihre Einschlägigkeit hin überprüft werden.

Die Bildung einer Analogie ist eine Rechtsfortbildung. Eine Norm kann analog angewendet werden, wenn sich eine planwidrige Regelungslücke im Gesetz findet und der geregelte sowie der ungeregelte Sachverhalt miteinander vergleichbar sind, also vergleichbare Interessenlagen bei einem Ähnlichkeitsvergleich bestehen.[367] Hinsichtlich der Regelungslücke ist zu beachten, dass sie planwidrig entstanden sein muss, sich also aus dem unbeabsichtigten Abweichen des Gesetzgebers von seinem dem konkreten Gesetzgebungsverfahren zu Grunde liegenden Regelungsplan ergibt.[368]

a) Planwidrige Regelungslücke

aa) Regelungslücke

Eine Analogie setzt zunächst das Vorliegen einer Lücke im Gesetz in Form eines ungeregelten Sachverhalts voraus.[369] Eine Lücke lässt sich definieren als eine planwidrige Unvollständigkeit des Gesetzes gemessen am Maßstab der gesamten geltenden Rechtsordnung.[370] Allerdings folgt aus der Nichtregelung eines Sachverhalts nicht ohne Weiteres die Annahme, dass es sich um eine Regelungslücke handelt. Vielmehr wird das Schweigen des Gesetzes in der Regel beredet sein.[371] Ein beredtes Schweigen kann vorliegen, wenn in einem bestimmen Fall überhaupt keine rechtliche Regelung eintreten soll oder sich durch die Festlegung der Rechtsfolge für einen bestimmten Sachverhalt zeigt, dass sie für den nicht ausdrücklich geregelten Fall nicht gewollt ist und somit das argumentum e contrario

---

367 Vgl. *Herresthal/Weiß*, Methodenlehre, Rn. 195.
368 BGH, Urt. v. 16.07.2003 – VIII ZR 274/02, NJW 2003, 2601 (2603); BGH, Urt. v. 17.11.2009 – XI ZR 36/09, NJW 2010, 1144 (1146); BGH, Urt. v. 04.12.2014 – III ZR 61/14, NJW 2015, 1176.
369 Canaris, Die Feststellung von Lücken im Gesetz, S. 45; *Herresthal/Weiß*, Methodenlehre, Rn. 195; *Honsell*, in: Staudinger BGB, Einl. zum BGB Rn. 156; vgl. zu einer detaillierten Untersuchung der analogen Anwendung des § 310 Abs. 4 S. 2, 1. HS BGB auf den Anstellungsvertrag eines GmbH-Geschäftsführers *Khanian*, Die Inhaltskontrolle von Organanstellungsverträgen am Beispiel des GmbH-Geschäftsführervertrags, S. 55 ff.
370 *Canaris*, Die Feststellung von Lücken im Gesetz, S. 39.
371 *Canaris*, Die Feststellung von Lücken im Gesetz, S. 39 f.

greift.[372] Übertragen auf § 310 Abs. 4 S. 2, 1. HS BGB könnte dies bedeuten, dass der Gesetzgeber Vorstandsanstellungsverträge bewusst nicht in den Anwendungsbereich der Norm aufgenommen hat, um sie in der Folge der uneingeschränkten AGB-Kontrolle zu unterwerfen.

Ein bewusstes Nichteinbeziehen erscheint sehr fraglich.[373] Bis zur Schaffung von § 310 Abs. 4 S. 2, 1. HS BGB im Jahr 2002 war die AGB-Kontrolle von Vorstandsanstellungsverträgen – soweit ersichtlich – lediglich einmal Gegenstand einer Entscheidung des BGH.[374] Bei der Schaffung der §§ 305 ff. BGB war sie demnach nicht derart präsent, dass sich dem Gesetzgeber eine Regelung hätte aufdrängen müssen. Der Ausnahmecharakter der AGB-Kontrolle von Vorstandsanstellungsverträgen hat sich seitdem nicht wesentlich verändert. Obergerichtliche Entscheidungen finden sich nur selten.[375]

Für die Annahme einer Regelungslücke spricht zudem die Rechtsnatur des Vorstandsanstellungsvertrags. Er ist als Dienstvertrag zu qualifizieren, der eine Geschäftsbesorgung zum Gegenstand hat. Allerdings ist er in hohem Maße gesellschaftsrechtlich geprägt und weicht dadurch von sonstigen Austauschverträgen ab. Anstellung und Bestellung stehen trotz ihrer Trennung in einem rechtlichen und tatsächlichen Zusammenhang. Der dienstvertragliche Charakter wird durch diese Verknüpfung überlagert. Hieraus folgen teils zwingende Vorgaben für die Ausgestaltung des Anstellungsvertrags. Eine eindeutige Zuordnung erscheint schwierig. Es handelt sich um eine spezifische Besonderheit von Vorstandsanstellungsverträgen, die der Gesetzgeber bei der Kodifizierung von § 310 Abs. 4 S. 2, 1. HS BGB

---

372 Zu diesen beiden Fällen des beredten Schweigens siehe im Einzelnen *Canaris*, Die Feststellung von Lücken im Gesetz, S. 39 ff.; siehe auch *Herresthal/Weiß*, Methodenlehre, Rn. 179.

373 *Khanian*, Die Inhaltskontrolle von Organanstellungsverträgen am Beispiel des GmbH-Geschäftsführervertrags, S. 68 ff.; ebenfalls anerkennend *Jänsch*, Angemessene Vorstandsverträge, S. 128; *Rosiak*, Clawback-Klauseln im System der Vorstandsvergütung, S. 234 f.

374 BGH, Urt. v. 29.05.1989 – II ZR 220/88, GmbHR 1989, 415; siehe auch entsprechend für den Geschäftsführer *Khanian*, Die Inhaltskontrolle von Organanstellungsverträgen am Beispiel des GmbH-Geschäftsführervertrags, S. 69.

375 BGH, Urt. v. 24.09.2019 – II ZR 192/18, NZG 2020, 64; das OLG Hamm, Urt. v. 18.07.2007 – 8 Sch 2/07, AG 2007, 910 ging nicht auf die Frage der Anwendbarkeit der §§ 305 ff. BGB ein, sondern führte eine Kontrolle einer Schiedsabrede anhand der §§ 1025 ff. BGB durch.

wohl nicht bedacht hat.[376] Wie die Bereichsausnahme zeigt, waren ihm die Eigenheiten des Gesellschaftsrechts zwar durchaus bewusst, allerdings erscheint es fraglich, inwieweit eine derartige Verknüpfung eines schuldrechtlichen Vertrags mit dem Gesellschaftsrechts in die Überlegungen einbezogen wurde. Für den Ausnahmecharakter des Vorstandsanstellungsvertrags lässt sich zudem sein arbeitsrechtlicher Einschlag anführen. Auch wenn Vorstandsmitglieder nicht als Arbeitnehmer zu qualifizieren sind, werden bestimmte arbeitsrechtliche Normen auf das Anstellungsverhältnis angewendet.[377] Zu nennen sind bspw. die Mindestkündigungsfristen nach § 622 BGB.[378] Die Analogie verdeutlicht die Spezialität des Vorstandsanstellungsvertrags. Trotz des dienstvertraglichen Charakters und der gesellschaftsrechtlichen Prägung ist eine Nähe zum Arbeitsrecht zu erkennen. Der Anstellungsvertrag befindet sich an der Schnittstelle zwischen mehreren Rechtsgebieten, was eine bewusste Entscheidung des Gesetzgebers ebenfalls fraglich erscheinen lässt.

bb) Planwidrigkeit

Die Regelungslücke muss planwidrig entstanden sein. Es muss sich also um ein unbeabsichtigtes Abweichen des Gesetzgebers von seinem dem konkreten Gesetzgebungsverfahren zu Grunde liegenden Regelungsplan handeln.[379] Entscheidender Bedeutung kommt hierbei einer-

---

376 Ähnlich auch *Khanian*, Die Inhaltskontrolle von Organanstellungsverträgen am Beispiel des GmbH-Geschäftsführervertrags, S. 69 f. Er führt aus, dass der Vertrag eine Art „Zwitterstellung" einnehme und es daher nicht überraschend wäre, wenn ihn der Gesetzgeber bei der Schaffung der Bereichsausnahme nicht in seine Überlegungen einbezogen hätte; kritisch dagegen *Jänsch*, Angemessene Vorstandsverträge, S. 128 f.

377 Siehe insbesondere das Grundsatzurteil BGH, Urt. v. 08.12.1977 – II ZR 219/75, NJW 1978, 756; ebenso *Beiner/Braun*, Der Vorstandsvertrag Rn. 241 ff.; *Fleck*, in: FS Hilger und Stumpf, S. 197 (208 ff.); *Fleischer*, in: BeckOGK AktG, § 84 Rn. 29 ff. (Stand. 1. April 2023); *Mertens/Cahn*, in: Kölner Kommentar zum Aktiengesetz, § 84 Rn. 37 f.; *Spindler*, in: MünchKomm-AktG, § 84 Rn. 65 ff.

378 Für den GmbH-Geschäftsführer BGH, Urt. v. 29.01.1981 – II ZR 92/80, NJW 1981, 1270 (1271); *Beiner/Braun*, Der Vorstandsvertrag Rn. 242; *Fleischer*, in: BeckOGK AktG, § 84 Rn. 30 (Stand: 1. April 2023); *Cahn*, in: Kölner Kommentar zum Aktiengesetz, § 84 Rn. 41 f.

379 BGH, Urt. v. 16.07.2003 – VIII ZR 274/02, NJW 2003, 2601 (2603); BGH, Urt. v. 17.11.2009 – XI ZR 36/09, NJW 2010, 1144 (1146); BGH, Urt. v. 04.12.2014 – III ZR 61/14, NJW 2015, 1176.

seits dem Telos der Norm und andererseits dem Gleichheitssatz zu.[380] § 310 Abs. 4 S. 2, 1. HS BGB soll dem Gesetzesanwender als Korrektiv zur Verfügung gestellt werden, um im Einzelfall auf eine unzureichende Rechtslage reagieren zu können, die sich aus den Besonderheiten des Arbeitsrechts ergeben kann.[381] Wie aufgezeigt sind solche Besonderheiten ebenfalls charakteristisch für den Vorstandsanstellungsvertrag, sodass sich diese Wertungen entsprechend übertragen lassen.

Neben der Einschlägigkeit der Wertung des Gesetzes bedarf es der Bildung einer Analogie nach dem Grundsatz Gleiches gleich und Ungleiches ungleich zu behandeln[382] dann, wenn sie aufgrund der Vergleichbarkeit der Sachverhalte notwendig erscheint, um ein Auseinanderfallen der Kontrollmaßstäbe[383] bei Arbeitsverträgen und Vorstandsanstellungsverträgen zu vermeiden, das dem Willen des Gesetzgebers widersprechen würde. Im Rahmen der zweiten Voraussetzung der Analogiebildung – der vergleichbaren Interessenlage – soll deshalb die Vergleichbarkeit von Arbeits- und Vorstandsanstellungsverträgen analysiert werden, um daraus auf die Planwidrigkeit der Regelungslücke schließen zu können.

b) Vergleichbare Interessenlage

aa) Vergleichbarkeit von Arbeits- und Vorstandsanstellungsvertrag

Beiden Rechtsverhältnissen ist der schuldrechtliche Austauschcharakter gemeinsam,[384] auch wenn das Vorstandsanstellungsverhältnis durch seine gesellschaftsrechtliche Prägung überlagert wird. Arbeitnehmer und Vorstandsmitglied erbringen eine Arbeits- bzw. Dienstleistung, für die der Empfänger eine entsprechende Vergütung zu entrichten hat. Es handelt sich um personenbezogene Rechtsverhältnisse,[385] die der Sicherung der

---

380 *Canaris*, Die Feststellung von Lücken im Gesetz, S. 56.
381 So auch *Stoffels*, in: Wolf/Lindacher/Pfeiffer, AGB-Recht, ArbR Rn. 17.
382 *Canaris*, Die Feststellung von Lücken im Gesetz, S. 45.
383 Ebenso *Khanian*, Die Inhaltskontrolle von Organanstellungsverträgen am Beispiel des GmbH-Geschäftsführervertrags, S. 73.
384 Zu diesem Aspekt und den weiteren Gemeinsamkeiten bzw. Unterschieden von Arbeitsverhältnis und Anstellungsverhältnis eines Organmitglieds *Fleck*, in: FS Hilger und Stumpf, S. 197 (206 ff.).
385 *Fleck*, in: FS Hilger und Stumpf, S. 197 (206 f.); *Jänsch*, Angemessene Vorstandsverträge, S. 143; *Khanian*, Die Inhaltskontrolle von Organanstellungsverträgen am Beispiel des GmbH-Geschäftsführervertrags, S. 74.

persönlichen und wirtschaftlichen Existenz innerhalb eines langfristigen Beschäftigungsverhältnisses dienen. Ähnlich wie das Arbeitsverhältnis weist das Anstellungsverhältnis eines Vorstandsmitglieds zahlreiche Besonderheiten auf, die im Rahmen der AGB-rechtlichen Inhaltskontrolle Berücksichtigung finden müssen. Zu nennen ist etwa die fehlende Vollstreckungsmöglichkeit nach § 888 Abs. 3 ZPO. Der Gesellschaft fehlt ebenso wie dem Arbeitgeber eine rechtliche Handhabe, wenn der Dienstberechtigte die Erbringung der Leistung verweigert.

Die Vergleichbarkeit der beiden Rechtsverhältnisse zeigt sich daneben an der Treuepflicht, der Arbeitnehmer und Vorstandsmitglieder unterliegen.[386] Sie ist Spezifikum der beiden Vertragsarten und unterscheidet sie von klassischen Austauschverträgen. So sind Geschäftsleiter zu einem loyalen und kooperativen Verhalten gegenüber der Gesellschaft verpflichtet.[387] Ihre Treuepflicht geht damit über diejenige der Arbeitnehmer hinaus. In diesem Zusammenhang sind bspw. Änderungsvorbehalte zu nennen. Ähnlich wie bei Arbeitsverträgen besteht bei Vorstandsanstellungsverträgen ein Bedürfnis, auf Ungewissheiten bzgl. der wirtschaftlichen Entwicklung des Unternehmens reagieren zu können. Hierfür sprechen wie aufgezeigt sowohl § 87 Abs. 2 AktG als auch Empfehlung G.11 S.1 DCGK.[388]

Eine Vergleichbarkeit von Arbeits- und Vorstandsanstellungsvertrag ist gegeben. Die vorstehenden Ausführungen haben gezeigt, dass das Anstellungsverhältnis des Vorstands aufgrund seiner gesellschaftsrechtlichen Prägung weit mehr Eigenheiten aufweist als ein Arbeitsverhältnis. Insbesondere die korporationsrechtlichen Maßstäbe und Vorgaben beeinflussen das Rechtsverhältnis und seine konkrete vertragliche Ausgestaltung.

bb) Vergleichbare Interessenlage aufgrund Ähnlichkeiten

Aus der Vergleichbarkeit von Arbeits- und Vorstandsanstellungsvertrag folgt die vergleichbare Interessenlage, die Voraussetzung der Analogiebildung ist. Sie sind sich derart ähnlich, dass die Bildung einer Analogie

---

386 Ebenso *Fleck*, in: FS Hilger und Stumpf, S. 197 (207 f.); *Jänsch*, Angemessene Vorstandsverträge, S. 144.
387 Vgl. nur *Seyfarth*, Vorstandsrecht, § 8 Rn. 77.
388 Vgl. genauer Erster Teil § 3B.II.2.b).

notwendig erscheint, um ein Auseinanderfallen der Kontrollmaßstäbe[389] zu vermeiden, das dem Willen des Gesetzgebers widersprechen würde. Der Grundsatz Gleiches gleich und Ungleiches ungleich zu behandeln[390] greift ein. Sowohl Arbeits- als auch Vorstandsanstellungsverträge weisen diverse Besonderheiten auf, die von sonstigen Austauschverträgen und damit von den – hierauf zugeschnittenen – §§ 305 ff. BGB abweichen. In beiden Fällen erscheint es dem Willen des Gesetzgebers zu entsprechen, dem Gesetzesanwender ein Korrektiv zur Verfügung zu stellen, um diese Besonderheiten berücksichtigen zu können. Zu nennen sind bspw. die ausnahmsweise Anerkennung einer Vertragsstrafe nach § 309 Nr.6 BGB, um die fehlende Vollstreckungsmöglichkeit ausgleichen zu können sowie die Zulässigkeit von Änderungsvorbehalten nach § 308 Nr. 4 BGB aufgrund der besonderen Treuepflicht.

III. Zwischenergebnis

Als Zwischenergebnis lässt sich festhalten: Eine direkte Anwendung von § 310 Abs. 4 S. 2, 1. HS BGB scheidet aus. Bei Vorstandsanstellungsverträgen handelt es sich nicht um Arbeits-, sondern um Dienstverträge, die eine Geschäftsbesorgung zum Gegenstand haben. Das Vorstandsmitglied ist kein Arbeitnehmer iSd. § 611a BGB. Einer richtlinienkonformen Auslegung des nationalen Rechts bedarf es nicht, da Vorstandsmitglieder insbesondere aufgrund ihrer Weisungsunabhängigkeit auch nach unionsrechtlicher Rechtsprechung nicht als Arbeitnehmer zu qualifizieren sind.

Allerdings erscheint eine analoge Anwendung von § 310 Abs. 4 S. 2, 1. HS BGB angebracht. Eine planwidrige Regelungslücke sowie eine vergleichbare Interessenlage liegen vor. Die aufgezeigten Wertungswidersprüche sowie das Telos von § 310 Abs. 4 S. 2, 1. HS BGB, dem Gesetzesanwender ein Korrektiv zur Verfügung zu stellen, um etwaige Besonderheiten auszugleichen, stehen im Einklang mit diesem Ergebnis. Die analoge Anwendung der Norm führt in der Rechtsfolge dazu, dass die *im Gesellschaftsrecht* geltenden Besonderheiten bei der Anwendung der §§ 305 ff. BGB angemessen zu berücksichtigen sind. Nähere Ausführungen zum Inhalt der Kontrolle erfolgen in § 4 dieser Untersuchung.

---

389 *Khanian*, Die Inhaltskontrolle von Organanstellungsverträgen am Beispiel des GmbH-Geschäftsführervertrags, S. 73; *Rosiak*, Clawback-Klauseln im System der Vorstandsvergütung, S. 234 f.
390 *Canaris*, Die Feststellung von Lücken im Gesetz, S. 45.

C. Erweiterte Inhaltskontrolle nach § 310 Abs. 3 BGB aufgrund Verbraucherstellung

Im Zusammenhang mit der Analogiebildung steht § 310 Abs. 3 BGB. Die sog. erweiterte Inhaltskontrolle dehnt den sachlichen Anwendungsbereich der AGB-Kontrolle aus und modifiziert ihren inhaltlichen Maßstab. Die Norm findet allerdings nur Anwendung auf Verträge zwischen einem Unternehmer und einem Verbraucher. Es ist daher zu untersuchen, ob Vorstandsmitglieder bei Abschluss des Anstellungsvertrags als Verbraucher oder Unternehmer zu qualifizieren sind. Hierfür ist zwischen dem Verbraucherbegriff der Klauselrichtlinie und dem des BGB zu differenzieren.

I. Vorstand als Verbraucher

1. Enger Verbraucherbegriff der Klauselrichtlinie

a) Anwendungsbereich der Klauselrichtlinie

§ 310 Abs. 3 BGB findet Anwendung auf sog. Verbraucherverträge, also Verträge zwischen einem Unternehmer und einem Verbraucher. Inwiefern eine natürliche Person als Unternehmer bzw. Verbraucher zu qualifizieren ist, bestimmt sich grds. nach den §§ 13, 14 BGB. Die Normen enthalten eine Legaldefinition der beiden Begriffe. Allerdings darf das europäische Unionsrecht nicht unberücksichtigt bleiben, da bei einem Abweichen durch das nationale Recht die Notwendigkeit einer richtlinienkonformen Auslegung im Raum stehen kann. Es bedarf daher zunächst des Absteckens des europarechtlichen Rahmens. Entscheidender Bedeutung kommt der Klauselrichtlinie zu, die vor unangemessenen Klauseln in Verbraucherverträgen schützen soll. Sind Vorstandsmitglieder bei Abschluss des Anstellungsvertrags vom Anwendungsbereich der Richtlinie umfasst und würde es zu einer Divergenz zur Auslegung des nationalen Verbraucherbegriffs kommen, bedürfte es einer richtlinienkonformen Auslegung von § 310 Abs. 3 BGB.

Art. 2 b) der Klauselrichtlinie definiert den Verbraucher als eine natürliche Person, die bei Verträgen, die unter diese Richtlinie fallen, zu einem Zweck handelt, der nicht ihrer gewerblichen oder *beruflichen* Tätigkeit zugerechnet werden kann. Im Gegensatz dazu ist nach § 13 BGB Verbraucher jede natürliche Person, die ein Rechtsgeschäft zu Zwecken abschließt, die überwiegend weder ihrer gewerblichen noch ihrer *selbständigen* beruflichen Tätigkeit zugerechnet werden können. Es stellt sich die Frage, ob der Begriff der beruflichen *Tätigkeit* gem. der Klauselrichtlinie neben der selbständigen auch die *unselbständige* berufliche Tätigkeit erfasst. Dies ist nach vorzugswürdiger Auffassung der Fall.[391] Als Argument lässt sich der Wortlaut der Richtlinie anführen, der auf die berufliche Tätigkeit abstellt und damit gerade nicht – wie das nationale Pendant – zwischen der Selbständigkeit und der Unselbständigkeit differenziert.[392] Die berufliche Tätigkeit umfasst jedoch begriffsnotwendig sowohl die selbständige als auch die unselbständige Tätigkeit.

Neben dem weiten Wortlaut des Art. 2 b) spricht auch das Verhältnis zu Erwägungsgrund 10 der Klauselrichtlinie für dieses Verständnis. Danach sollen Arbeitsverträge sowie Verträge auf dem Gebiet des Erb-, Familien- und Gesellschaftsrechts vom Anwendungsbereich ausgenommen sein. Die Reichweite des europarechtlichen Verbraucherschutzes beschränkt sich auf solche Verträge, die in keinem Zusammenhang mit einer beruflichen Tätigkeit stehen. Lediglich derjenige, der ein Rechtsgeschäft zu rein privaten Zwecken tätigt, soll durch die Richtlinie geschützt werden. Der Arbeitnehmer wird dagegen bewusst aus dem Anwendungsbereich der Norm herausgenommen. Es erscheint folgerichtig, die unselbständige Tätigkeit als von der Definition umfasst anzusehen, um den Arbeitnehmer als Paradefall des unselbständig Tätigen aus dem Anwendungsbereich der Richtlinie auszuschließen.[393]

Zudem spricht die Ratio der Klauselrichtlinie für das weite Begriffsverständnis.[394] Nach dem Erwägungsgrund 6 sollen Bürger beim Kauf von Waren und Dienstleistungen geschützt werden, indem missbräuchliche Klauseln durch die Richtlinie aus bestimmten Verträgen entfernt werden. Der Arbeitnehmer als unselbständig Tätiger kauft jedoch weder Waren noch Dienstleistungen. Er erbringt eine besondere Form der Dienstleistung

---

391 Vgl. etwa *Pfeiffer*, in: Grabitz/Hilf/Nettesheim, Das Recht der Europäischen Union, RL 93/13/EWG, Art. 2 Rn. 7; *Bauer/Kock*, DB 2002, 42 (43); *Bülow/Artz*, NJW 2000, 2049 (2050); *Herresthal*, ZIP 2014, 345 (348); *Hümmerich/Holthausen*, NZA 2002, 173 (174); andere Ansicht *Fornasier*, in: MünchKomm-BGB, § 310 Rn. 77.

392 Ebenso *Herresthal*, ZIP 2014, 345 (348); anders *Faber*, ZEuP 1998, 854, wonach der Gesetzgeber das Wort „employment" anstatt „profession" hätte verwenden können, wenn es ihm darauf angekommen wäre, den abhängigen Beschäftigten vom Verbraucherbegriff auszunehmen.

393 *Pfeiffer*, in: Grabitz/Hilf/Nettesheim, Das Recht der Europäischen Union, RL 93/13/EWG, Art. 2 Rn. 7; *Pfeiffer*, in: Wolf/Lindacher/Pfeiffer, AGB-Recht, RL Art. 2 Rn. 7; *Herresthal*, ZIP 2014, 345 (348).

394 *Herresthal*, ZIP 2014, 345 (348).

aufgrund seines Arbeitsvertrags als Dienstleistungsverpflichteter. Da das Telos der Richtlinie bei solchen Verträgen nicht einschlägig ist, sprechen die besseren Argumente dafür, dass der europäische Gesetzgeber die unselbständige Tätigkeit nicht unter den Verbraucherbegriff fassen wollte, um den Anwendungsbereich der Richtlinie auf solche Verträge zu beschränken, die zu rein privaten Zwecken abgeschlossen werden.

b) Rechtsprechung des EuGH

Diese Auslegung des Verbraucherbegriffs korrespondiert mit der Rechtsprechung des EuGH.[395] Das Gericht hat sich in mehreren Entscheidungen zum Verbraucherbegriff des früheren Art. 13 EuGVÜ bzw. Art. 15 EuGVVO, nunmehr Art. 17 EuGVVO, geäußert. Aufgrund des ähnlichen Wortlauts zur Definition in der Klauselrichtlinie kann die Rechtsprechung sinngemäß übertragen werden.[396] Zentrale Aussage ist, dass sich die Vorschriften nach ihrem Wortlaut und Zweck auf den nicht berufs- oder gewerbebezogen handelnden privaten Endverbraucher beziehen.[397] Der Verbraucherbegriff ist dementsprechend eng auszulegen.

Hervorzuheben ist die sog. *Česká spořitelna*-Entscheidung[398]. Ihr lag ein Blankowechsel zugrunde, den eine tschechische Gesellschaft zugunsten einer anderen tschechischen Gesellschaft ausstellte. Der Wechsel sollte als Garantie für die Verbindlichkeiten eines Überziehungskreditvertrags dienen. Der Geschäftsführer der Ausstellerin unterzeichnete den Wechsel als natürliche Person auf der Vorderseite mit dem Hinweis „per Aval". Im Folgenden hatte sich der EuGH mit der Vorlagefrage zu befassen, ob der Geschäftsführer in diesem Fall als Verbraucher iSd. Art. 17 Abs. 1 EuGVVO[399]

---

395 Vgl. dazu auch *Micklitz/Rott*, in: Dauses/Ludwigs, Handbuch des EU-Wirtschaftsrechts, Kapitel H. V. Rn. 86 ff. sowie *Herresthal*, ZIP 2014, 345 (347 f.), die sich ebenfalls mit der Rechtsprechung des EuGH und der Übertragbarkeit auf die Klauselrichtlinie beschäftigen.

396 *Micklitz/Rott*, in: Dauses/Ludwigs, Handbuch des EU-Wirtschaftsrechts, Kapitel H. V. Rn. 86 ff.

397 EuGH, Urt. v. 19.01.1993 – Rs C-89/91, NJW 1993, 1251 (1252) – Shearson Lehmann Hutton; EuGH, Urt. v. 03.07.1997 – C-269/95, BeckRS 2004, 75849 (Rn. 15) – Benincasa; EuGH, Urt. v. 14.03.2013 – C-419/11, BeckRS 2013, 80540 (Rn. 32) – Česká spořitelna.

398 EuGH, Urt. v. 14.03.2013 – C-419/11, BeckRS 2013, 80540 – *Česká spořitelna*.

399 In der Entscheidung wird auf Art. 15 EuGVVO abgestellt, der jedoch Art. 17 EuGVVO entspricht.

zu qualifizieren ist. Die Verbrauchereigenschaft wurde verneint. Begründet wurde dies damit, dass nicht davon ausgegangen werden könne, dass die Bürgschaft außerhalb einer beruflichen oder gewerblichen Tätigkeit bzw. Zielsetzung und unabhängig von einer solchen übernommen wurde, insbesondere bei enger beruflicher oder gewerblicher Verbindung mit der Gesellschaft, etwa als deren Geschäftsführer.[400] Die enge Auslegung des Verbraucherbegriffs wurde in diesem Urteil somit einerseits bestätigt und andererseits im gesellschaftsrechtlichen Kontext erläutert.

c) Folgerung

Nach vorzugswürdiger Ansicht ist die Verbraucherdefinition der Klauselrichtlinie eng auszulegen. Hierfür sprechen ihr Wortlaut, ihr Telos sowie Erwägungsgrund 10 der Richtlinie. Diese Auslegung korrespondiert mit der Rechtsprechung des EuGH. Folglich umfasst der Begriff der beruflichen Tätigkeit gem. Art. 2 b) der Klauselrichtlinie neben der selbständigen auch die *unselbständige* berufliche Tätigkeit. Der Verbraucherbegriff des nationalen Rechts ist dagegen weiter, da nach § 13 BGB Verbraucher jede natürliche Person ist, die ein Rechtsgeschäft zu Zwecken abschließt, die überwiegend weder ihrer gewerblichen noch ihrer *selbständigen* beruflichen Tätigkeit zugerechnet werden können. Im Gegensatz dazu steht jedweder Bezug zu einer beruflichen oder gewerblichen Tätigkeit der Anwendung der Klauselrichtlinie entgegen. Folglich sind Vorstandsmitglieder bei Abschluss des Anstellungsvertrags nicht vom Anwendungsbereich der Richtlinie umfasst, denn sie schließen das Rechtsgeschäft jedenfalls nicht zu rein privaten Zwecken ab.[401]

Die Divergenz zwischen den beiden Verbraucherbegriffen – dem engen der Klauselrichtlinie und dem weiten des BGB – ist unschädlich. Trotz des Vorrangs des Gemeinschaftsrechts bedarf es keiner richtlinienkonformen Auslegung von § 310 Abs. 3 BGB. Der Grundsatz der Mindestharmonisierung, welcher der Klauselrichtlinie zugrunde liegt, ist gewahrt. Das nationale Recht hält den Mindeststandard ein. Dem Gesetzgeber bleibt es gem. Art. 8 der Klauselrichtlinie überlassen, einen umfassenderen Verbraucher-

---

400 EuGH, Urt. v. 14.03.2013 – C-419/11, BeckRS 2013, 80540 (Rn. 37) – Česká spořitelna.

401 *Jänsch*, Angemessene Vorstandsverträge, S. 84; für Schiedsklauseln *Herresthal*, ZIP 2014, 345 (347).

schutz beizubehalten bzw. einzuführen.[402] Ein Fall der Vollharmonisierung liegt nicht vor.

2. Weiter Verbraucherbegriff des BGB

Gem. § 13 BGB ist Verbraucher jede natürliche Person, die ein Rechtsgeschäft zu Zwecken abschließt, die überwiegend weder ihrer gewerblichen noch ihrer selbständigen beruflichen Tätigkeit zugerechnet werden können. Anders als bei der Klauselrichtlinie ist die Auslegung des Tatbestandsmerkmals des Berufs des nationalen Rechts nicht umstritten. Der Gesetzgeber hat durch die eindeutige Formulierung der Norm klargestellt, dass die Verbindung des Rechtsgeschäfts mit einer unselbständigen Tätigkeit unschädlich ist.

Der weite Verbraucherbegriff des BGB und der damit einhergehende umfassende Verbraucherschutz ist konsequent. Während die Klauselrichtlinie nach ihrem Erwägungsgrund 10 auf Arbeitsverträge sowie Verträge auf dem Gebiet des Erb-, Familien- und Gesellschaftsrechts keine Anwendung finden soll, ist § 13 BGB im Zusammenhang mit der Bereichsausnahme des § 310 Abs. 4 BGB zu sehen. Verträge auf dem Gebiet des Arbeitsrechts sind seit der Schuldrechtsmodernisierung nicht mehr pauschal vom sachlichen Anwendungsbereich der §§ 305 ff. BGB ausgenommen. Folgerichtig ist die Verbrauchereigenschaft lediglich bei selbständigen beruflichen oder gewerblichen Tätigkeiten abzulehnen. Eine unselbständige Tätigkeit wie z.B. bei Arbeitnehmern schadet nicht, wodurch ihnen über die erweiterte Inhaltskontrolle gem. § 310 Abs. 3 BGB ein umfassender Schutz zukommen soll. Sie sind nicht mit selbständig als Unternehmer am Wirtschaftsleben Beteiligte vergleichbar, weshalb sie besonderen Vorschriften unterstellt werden.[403]

---

402 *Jänsch*, Angemessene Vorstandsverträge, S. 84; *Pfeiffer*, in: Wolf/Lindacher/Pfeiffer, AGB-Recht, RL 93/13 EWG Art. 8 Rn. 8.

403 Vgl. entsprechend zu den Ausführungen des Gesetzgebers zum Verbrauchsgüterkauf Begründung des Regierungsentwurfs eines Gesetzes zur Modernisierung des Schuldrechts, BT-Drucks. 14/6040, S. 242 f.

3. Anwendung der Grundsätze auf Vorstandsmitglieder

a) Keine Unternehmereigenschaft iSd. § 14 BGB mangels gewerblichen oder selbständigen Zwecks

aa) Berufliche, aber nicht gewerbliche Tätigkeit

Nach Darstellung des europarechtlichen und nationalen Verbraucherbegriffs sowie ihrer Hintergründe sind die Grundsätze auf Vorstandsmitglieder anzuwenden. Es stellt sich die Frage, ob sie bei Abschluss des Anstellungsvertrags als Verbraucher zu qualifizieren sind und der Vertrag damit der erweiterten Inhaltskontrolle gem. § 310 Abs. 3 BGB unterliegt.

Die Norm findet Anwendung auf Verbraucherverträge, also Verträge zwischen einem Unternehmer und einem Verbraucher. Unternehmer ist gem. § 14 BGB eine natürliche oder juristische Person oder eine rechtsfähige Personengesellschaft, die bei Abschluss eines Rechtsgeschäfts in Ausübung ihrer gewerblichen oder selbständigen beruflichen Tätigkeit handelt. Verbraucher kann demnach nur sein, wer ein Rechtsgeschäft überwiegend weder zu gewerblichen noch zu selbständigen beruflichen Zwecken abschließt. Die Aktiengesellschaft ist unstreitig Unternehmerin iSd. § 14 BGB. Näher zu analysieren ist dagegen die rechtliche Einordnung des Vorstandsmitglieds bei Abschluss des Anstellungsvertrags.

Der Zweck des Rechtsgeschäfts kann zweifelsfrei einer *beruflichen* Tätigkeit zugeordnet werden. Der Berufsbegriff wird definiert als die auf Dauer angelegte, der Schaffung und Erhaltung einer Lebensgrundlage dienende Tätigkeit.[404] Das Vorstandsmitglied schließt den Anstellungsvertrag ab, um durch den Erhalt der Vergütung seinen Lebensunterhalt zu bestreiten sowie Einnahmen generieren zu können. Das Kriterium der Dauerhaftigkeit ist aufgrund der Mehrjährigkeit des Dienstverhältnisses ebenfalls erfüllt.

Die Zuordnung zu einer beruflichen Tätigkeit allein reicht für die Bestimmung allerdings nicht aus. Zusätzlich muss untersucht werden, ob sie als gewerblich oder als selbständig zu qualifizieren ist. Ein gewerblicher Zweck liegt nicht vor.[405] Bei § 14 Abs. 1 BGB handelt es sich um einen

---

404 BGH, Urt. v. 25.04.1988 – II ZR 185/87, NJW 1988, 2039; *Alexander*, in: BeckOGK BGB, § 14 Rn. 152 (Stand: 1. Mai 2023); *Micklitz*, in: MünchKomm-BGB, § 14 Rn. 31.
405 Vgl. etwa OLG Hamm, Urt. v. 18.07.2007 – 8 Sch 2/07, BeckRS 2007, 15564. Das Gericht führt aus, dass es keiner weiteren Begründung bedarf, dass der Abschluss

eigenständigen – vom HGB unabhängigen – Gewerbebegriff.[406] Zu seiner näheren Bestimmung kann allerdings auf die zum handelsrechtlichen Begriff entwickelten Grundsätze zurückgegriffen werden.[407] Daraus wird gefolgert, dass ein Gewerbe iSd. BGB voraussetzt, dass ein selbständiges und planmäßiges, auf eine gewisse Dauer angelegtes Anbieten entgeltlicher Leistungen am Markt vorliegt.[408] Das Vorstandsmitglied bietet keine entgeltliche Leistung iSd. Definition am Markt an. Es steht mit der Gesellschaft in einem Anstellungsverhältnis und erbringt für sie eine Dienstleistung. Daran ändert nichts, wenn das Vorstand seine Tätigkeit über mehrere Jahre diversen Gesellschaften „anbietet". Andernfalls wären auch Arbeitnehmer unter den Gewerbebegriff zu fassen.

bb) Keine Selbständigkeit bei Abschluss des Anstellungsvertrags

Fraglich ist, ob Vorstandsmitglieder bei Abschluss des Anstellungsvertrags in Ausübung ihrer *selbständigen* beruflichen Tätigkeit handeln. Das Tatbestandsmerkmal der Selbständigkeit ermöglicht hauptsächlich die Abgrenzung zum Arbeitnehmer.[409] Daneben gibt es andere Personengruppen, die zwar unselbständig tätig, allerdings keine Arbeitnehmer sind.[410] Eine selbständige berufliche Tätigkeit ist anzunehmen, wenn in eigener Verantwortung und auf eigene Rechnung sowie Gefahr gehandelt wird.[411] Charakteristische Merkmale sind die Selbstbestimmung über die Arbeitszeit,

---

eines Anstellungsvertrags nicht einer gewerblichen Tätigkeit zugerechnet werden kann; ablehnend auch *Jänsch*, Angemessene Vorstandsverträge, S. 80.

406 BGH, Urt. v. 29.03.2006 – VIII ZR 173/05, NJW 2006, 2250 (2251); *Alexander*, in: BeckOGK BGB, § 14 Rn. 126 ff. (Stand: 1. Mai 2023); *Fritzsche*, in: Staudinger BGB, § 14 Rn. 47 ff. (Stand: 1. September 2022).

407 So bspw. *Alexander*, in: BeckOGK BGB, § 14 Rn. 130 (Stand: 1. Mai 2023); *Micklitz*, in: MünchKomm-BGB, § 14 Rn. 19.

408 BGH, Urt. v. 29.03.2006 – VIII ZR 173/05, NJW 2006, 2250 (2251); *Alexander*, in: BeckOGK BGB, § 14 Rn. 132 ff. (Stand: 1. Mai 2023); *Micklitz*, in: MünchKomm-BGB, § 14 Rn. 19; so auch *Fritzsche*, in: Staudinger BGB, § 14 Rn. 47 ff. (Stand: 1. September 2022).

409 Vgl. etwa *Micklitz*, in: MünchKomm-BGB, § 14 Rn. 31.

410 *Fritzsche*, in: Staudinger BGB, § 14 Rn. 54 (Stand: 1. September 2022); *Khanian*, Die Inhaltskontrolle von Organanstellungsverträgen am Beispiel des GmbH-Geschäftsführervertrags, S. 110, der Beamte als Beispiel nennt.

411 *Micklitz*, in: MünchKomm-BGB, § 14 Rn. 31; *Alexander*, in: BeckOGK BGB, § 14 Rn. 166 (Stand: 1. Mai 2023); BAG, Urt. v. 19.05.2010 – 5 AZR 253/09, NJW 2010, 2827 (23).

den Ort und das Pensum als auch eine im Wesentlichen freie inhaltliche Gestaltung der Tätigkeit.[412] Diese Voraussetzungen sind beim Abschluss des Anstellungsvertrags nicht erfüllt,[413] Vorstandsmitglieder sind nach vorzugswürdiger Auffassung als Verbraucher zu qualifizieren.[414] Der Gegenansicht, die eine selbständige Tätigkeit annimmt,[415] kann nicht gefolgt werden.

(1) Eigene(r) Name bzw. Rechnung

Das Vorstandsmitglied schließt den Anstellungsvertrag nicht zu einem Zweck ab, der überwiegend seiner selbständigen beruflichen Tätigkeit zugeordnet werden kann. Leitung und Geschäftsführung, die aus der mit der Anstellung verbundenen Bestellung folgen,[416] werden weder im eigenen Namen noch auf eigene Rechnung wahrgenommen.[417] Dies zeigt sich insbesondere bei Betrachtung des Außenverhältnisses. Die Aktiengesellschaft ist nach § 1 Abs. 1 S. 1 AktG eine Gesellschaft mit eigener Rechtspersönlichkeit. Als juristische Person des Privatrechts kann sie selbständig Rechte und Pflichten begründen. Mangels Handlungsfähigkeit vertritt sie der Vorstand gem. § 78 Abs. 1 S. 1 AktG gerichtlich und außergerichtlich. Die Verträge schließt er für die Gesellschaft ab. Berechtigt und verpflichtet werden damit nicht seine einzelnen Mitglieder, sondern die Gesellschaft selbst. Er handelt damit in fremdem Namen und auf fremde Rechnung.

---

412 *Micklitz*, in: MünchKomm-BGB, § 14 Rn. 31.

413 Zu einer ausführlichen Untersuchung *Jänsch*, Angemessene Vorstandsverträge, S. 93 ff.

414 OLG Frankfurt, Urt. v. 18.04.2018 – 4 U 120/17, BeckRS 2018, 9111; OLG Hamm, Urt. v. 18.07.2007 – 8 Sch 2/07, BeckRS 2007, 15564; *Alexander*, in: BeckOGK BGB, § 13 Rn. 331 (Stand: 1. Mai 2023); *Bauer/Arnold/Kramer*, AG 2014, 677 (678 f.); *Habersack*, in: FS Coester-Waltjen, S. 1097 (1098 f.); *Jänsch*, Angemessene Vorstandsverträge, S. 93 ff.; *Micklitz*, in: MünchKomm-BGB, § 13 Rn. 61; *Rosiak*, Clawback-Klauseln im System der Vorstandsvergütung, S. 231 f.; *Schmitt-Rolfes*, in: FS Hromdka, S. 393 (397); *Tödtmann/von Erdmann*, NZG 2022, 3 (5); ähnlich auch OLG Düsseldorf, Urt. v. 24.02.2012 – I-16 U 177/10, BeckRS 2012, 11650 sowie LG Kiel, Urt. v. 17.01.2007 – 2 O 109/06, BeckRS 2010, 609; beide Gerichte lehnen die Anwendung des § 288 Abs. 2 BGB ab und begründen dies mit der Verbrauchereigenschaft des Vorstandsmitglieds.

415 *Thüsing*, in: Fleischer, Handbuch des Vorstandsrechts, § 4 Rn. 101; *Seyfarth*, Vorstandsrecht, § 4 Rn. 17 f.; *Kort*, in: FS Karsten Schmidt zum 80. Geburtstag, S. 715 (720); *Kort*, NZG 2020, 121 (122); *Mülbert*, in: FS Goette, S. 333 (337 ff.).

416 Nach dem Trennungsgrundsatz sind Anstellung und Bestellung grds. voneinander zu unterscheiden. Dieser Grundsatz wird allerdings dadurch „durchbrochen", dass sie in einem rechtlichen und tatsächlichen Zusammenhang stehen.

417 *Habersack*, in: FS Coester-Waltjen, S. 1097 (1098).

(2) Eigene Gefahr

Weiteres Merkmal der Selbständigkeit ist ein Handeln auf eigene Gefahr. Das unternehmerische Risiko muss also vom Handelnden selbst getragen werden. Dies kann bei Vorstandsmitgliedern ebenfalls nicht angenommen werden.[418] Die Gefahr trägt die Gesellschaft selbst. Sie profitiert von einer positiven Unternehmensentwicklung, hat allerdings umgekehrt negative Folgen zu tragen, die auf dem Handeln des Vorstands beruhen. Da das unternehmerische Risiko der Gesellschaft aufgebürdet ist, die Mitglieder des Vorstands jedoch für die Leitung und damit wesentlich für die Entwicklung verantwortlich sind, werden hohe Anforderungen an ihre Person gestellt. Etwaige nachteilige unternehmerische Entscheidungen, bspw. durch den Abschluss nicht profitabler Verträge, verpflichten die Gesellschaft und haben grds. keine Auswirkungen auf die einzelnen Vorstandsmitglieder. Sie handeln damit nicht auf eigene Gefahr. Lediglich bei Pflichtverletzungen iSd. § 93 Abs. 2 AktG sind sie einer persönlichen Haftung gegenüber der Gesellschaft ausgesetzt.

Dagegen kann nicht eingewendet werden, dass ein erheblicher Teil der Vergütung der Vorstandsmitglieder erfolgsabhängig ausgestaltet ist und sie dadurch in gewissem Maße das unternehmerische Risiko zu tragen haben.[419] Die erfolgsabhängige Vergütung ist vom unternehmerischen Risiko zu unterscheiden. Im modernen Wirtschaftsverkehr ist es üblich, Mitarbeiter am wirtschaftlichen Erfolg des Unternehmens partizipieren zu lassen, um dadurch eine besondere Bindung an die Gesellschaft sowie ggf. eine Steigerung der Produktivität zu erreichen. Zu nennen sind etwa Boni, Prämien oder virtuelle Aktienprogramme. In diesen Fällen besteht ebenfalls eine Art Abhängigkeit. Trotz dessen kann auch hier nicht davon ausgegangen werden, dass Mitarbeiter, die in einem Arbeitsverhältnis mit der Gesellschaft stehen, als selbständig zu qualifizieren sind. Es würden sich auch erhebliche Abgrenzungsprobleme ergeben, müsste man entscheiden, ab welcher Höhe eine erfolgsabhängige Vergütung dazu führt, dass von

---

418 OLG Hamm, Urt. v. 18.07.2007 – 8 Sch 2/07, BeckRS 2007, 15564; OLG Frankfurt, Urt. v. 18.04.2018 – 4 U 120/17, BeckRS 2018, 9111; *Bauer/Arnold/Kramer*, AG 2014, 677 (678 f.); *Jänsch*, Angemessene Vorstandsverträge, S. 101 f.; *Schmitt-Rolfes*, in: FS Hromdka, S. 393 (397).

419 Als Argument für das Tragen des unternehmerischen Risikos jedoch angeführt von *Seyfarth*, Vorstandsrecht, § 4 Rn. 18; dagegen allerdings z.B. OLG Hamm, Urt. v. 18.07.2007 – 8 Sch 2/07, BeckRS 2007, 15564; *Bauer/Arnold/Kramer*, AG 2014, 677 (678 f.).

einem Mittragen des unternehmerischen Risikos auszugehen ist. Zudem unterscheiden sich das unternehmerische Risiko und variable Vergütungsbestandteile hinsichtlich des Ausmaßes etwaiger finanzieller Auswirkungen. Bei Nichterreichen der festgelegten Ziele entfällt die variable Vergütung, während das Tragen des unternehmerischen Risikos ein existenzgefährdendes Ausmaß annehmen kann.

(3) Selbstbestimmung sowie freie inhaltliche Gestaltung

Charakteristisch für die Selbständigkeit ist zudem die Selbstbestimmung über die Arbeitszeit, den Ort und das Pensum als auch eine im Wesentlichen freie inhaltliche Gestaltung der Tätigkeit. Das Anstellungsverhältnis ist von einem hohen Maß an Eigenverantwortlichkeit geprägt. Der Vorstand hat eine autonome Leitungsbefugnis inne und unterliegt keinem Weisungsrecht des Aufsichtsrats bzw. der Hauptversammlung.

Daraus folgt allerdings nicht, dass die Tätigkeit als selbständig zu qualifizieren ist.[420] § 76 Abs. 1 BGB will sicherstellen, dass der Vorstand freie unternehmerische Entscheidungen treffen und die Gesellschaft in eigener Verantwortung leiten kann.[421] Vorstandsmitglieder sind trotz der Norm an bestimmte Vorgaben hinsichtlich ihrer Arbeitsweise gebunden. Von einer Selbstbestimmung, wie sie bei selbständig Tätigen vorliegt, unterscheidet sie sich. Der Grundsatz der Weisungsfreiheit gilt des Weiteren nicht grenzenlos.[422] Im Konzern kann ein Weisungsrecht aus § 308 Abs. 1 S. 1 AktG folgen.[423] Die Norm ordnet an, dass bei Bestehen eines Beherrschungsvertrags das herrschende Unternehmen berechtigt ist, dem Vorstand hinsichtlich der Leitung Weisungen zu erteilen. § 308 Abs. 2 S. 1 AktG verpflichtet den Vorstand, diese Weisungen zu befolgen. Ähnliches folgt aus

---

420 Zu dieser Ansicht *Kort*, NZG 2020, 121 (122) sowie *Kort*, in: FS Karsten Schmidt zum 80. Geburtstag, S. 715 (720); aus der starken gesellschaftsrechtlichen Prägung des Anstellungsvertrags folge danach, dass die Tätigkeit als selbständig zu qualifizieren und das Vorstandsmitglied bei Abschluss des Anstellungsvertrags als Unternehmer iSd. § 14 BGB einzuordnen ist.

421 Vgl. etwa *Cahn*, in: Kölner Kommentar zum Aktiengesetz, § 76 Rn. 9 ff.

422 Die arbeitsrechtliche Behandlung steht dem nicht entgegen, da Arbeits- und Verbraucherschutzrecht verschiedene Schutzzwecke zukommen und daher nicht dieselben Maßstäbe angelegt werden können; siehe dazu *Jänsch*, Angemessene Vorstandsverträge, S. 104.

423 Ebenso *Jänsch*, Angemessene Vorstandsverträge, S. 98 f.

§ 323 Abs. 1 S. 1 AktG bei einer eingegliederten Gesellschaft.[424] Danach ist die Hauptgesellschaft ebenfalls zur Weisungserteilung an den Vorstand der eingegliederten Gesellschaft berechtigt.

Zudem erscheint fraglich, inwiefern sich die aus § 76 Abs. 1 BGB ergebenden Grundsätze, die sich auf das Organverhältnis beziehen, auf den Anstellungsvertrag übertragen lassen, der aufgrund seines dienstvertraglichen Charakters weisungsabhängig ist.[425]

b) Übereinstimmung mit obergerichtlicher Rechtsprechung

Die vorstehenden Ausführungen stimmen mit der obergerichtlichen Rechtsprechung[426] überein. Sowohl das OLG Hamm[427] als auch das OLG Frankfurt[428] haben sich mit der Verbrauchereigenschaft von Vorstandsmitgliedern auseinandergesetzt.

Das OLG Hamm hatte im Rahmen von § 1031 Abs. 5 BGB, der ein besonderes Formerfordernis für Schiedsvereinbarung mit Verbraucherbeteiligung normiert, über die Qualifizierung eines Vorstandsmitglieds als Verbraucher zu entscheiden. Das Gericht nahm sie im Ergebnis an. Ausschlaggebend sei, dass das Vorstandsmitglied nicht das unternehmerische Risiko seines Handelns trage und die Voraussetzungen der Selbständigkeit daher nicht vorliegen würden.[429] Daran ändere nichts, wenn sich die Vergütung teilweise nach dem wirtschaftlichen Erfolg seiner Tätigkeit richte. Anerkannt wurde zwar, dass die Rechtsstellung in hohem Maße mit Selbständigkeit und Eigenverantwortung ausgestaltet sei. Hieraus ergebe sich allerdings kein anderes Ergebnis.

Das OLG Frankfurt hatte im Zusammenhang mit einer Bonuszahlung in einem Anstellungsvertrag über die Anwendung der erweiterten Inhaltskontrolle gem. § 310 Abs. 3 BGB und damit ebenfalls über die Qualifizierung

---

424 *Jänsch*, Angemessene Vorstandsverträge, S. 99 f.
425 So vertreten von *Jänsch*, Angemessene Vorstandsverträge, S. 101; *Khanian*, Die Inhaltskontrolle von Organanstellungsverträgen am Beispiel des GmbH-Geschäftsführervertrags, S. 110 ff.
426 Eine höchstrichterliche Entscheidung steht noch aus; offengelassen in BGH, Urt. v. 24.09.2019 – II ZR 192/18, NZG 2020, 64.
427 OLG Hamm, Beschl. v. 18.07.2007 – 8 Sch 2/07, BeckRS 2007, 15564.
428 OLG Frankfurt a.M., Urt. v. 18.04.2018 – 4 U 120/17, BeckRS 2018, 9111.
429 Siehe zu den folgenden Ausführungen OLG Hamm, Beschl. v. 18.07.2007 – 8 Sch 2/07, BeckRS 2007, 15564.

eines Vorstandsmitglieds als Verbraucher zu entscheiden. Die Verbraucher-eigenschaft wurde bejaht. Begründet wurde dies mit der Fremdnützigkeit der Tätigkeit sowie des Fehlens einer unmittelbaren wirtschaftlichen Risi-kotragung.[430] Die dem Vorstandsmitglied eingeräumte Selbständigkeit bei der Wahrnehmung der ihm obliegenden Pflichten rechtfertige kein anderes Ergebnis.[431] Der BGH hat sich anschließend – als Revisionsgericht – nicht zu der Frage geäußert.

Sowohl das OLG Düsseldorf[432] als auch das LG Kiel[433] entschieden bzgl. der Frage der Anwendung des erhöhten Zinssatzes gem. § 288 Abs. 2 BGB über die Verbrauchereigenschaft von Vorstandsmitgliedern. Beide Gerichte sprachen sich gegen die Anwendung der Norm aus, da Vorstandsmitglieder Verbraucher und nicht, was die Norm voraussetze, Unternehmer seien. Nach Ansicht des OLG Düsseldorf[434] handeln sie nicht im Rahmen einer selbständigen beruflichen Tätigkeit, sondern im Rahmen des vereinbarten Dienstverhältnisses. Die organschaftliche Stellung als Vorstand ändere hier-an nichts.

II. Erweiterte Inhaltskontrolle nach § 310 Abs. 3 BGB als Rechtsfolge

Folge der Qualifizierung von Vorstandsmitgliedern als Verbraucher ist die Anwendung der erweiterten Inhaltskontrolle gem. § 310 Abs. 3 BGB auf den Anstellungsvertrag. Hieraus ergeben sich mehrere Konsequenzen, die an dieser Stelle überblicksweise dargestellt werden.

Einerseits wird der sachliche Anwendungsbereich der AGB-Kontrolle durch die Norm erweitert. Gem. § 310 Abs. 3 Nr. 2 BGB finden bestimmte Vorschriften auf vorformulierte Vertragsbedingungen auch dann Anwen-dung, wenn diese nur zur einmaligen Verwendung bestimmt sind und soweit der Verbraucher auf Grund der Vorformulierung auf ihren Inhalt keinen Einfluss nehmen konnte. Im Gegensatz zu § 305 Abs. 1 S. 1 BGB ist nicht notwendig, dass die Klauseln für eine Vielzahl von Verträgen vorformuliert wurden. Daneben gelten AGB nach § 310 Abs. 3 Nr. 1 BGB als

---

430 OLG Frankfurt a.M., Urt. v. 18.04.2018 – 4 U 120/17, BeckRS 2018, 9111 (Rn. 30).
431 Vgl. OLG Frankfurt a.M., Urt. v. 18.04.2018 – 4 U 120/17, BeckRS 2018, 9111 (Rn. 30).
432 OLG Düsseldorf, Urt. v. 24.02.2012 – I-16 U 177/10, BeckRS 2012, 11650.
433 LG Kiel, Urt. v. 17.01.2007 – 2 O 109/06, BeckRS 2010, 609.
434 Siehe dazu OLG Düsseldorf, Urt. v. 24.02.2012 – I-16 U 177/10, BeckRS 2012, 11650.

vom Unternehmer gestellt. Durch die Fiktion[435] wird die Anwendung der AGB-Kontrolle erleichtert.

Andererseits wird der Maßstab der Inhaltskontrolle durch § 310 Abs. 3 Nr. 3 BGB modifiziert. Bei der Beurteilung der unangemessenen Benachteiligung nach § 307 Abs. 1 und Abs. 2 sind die den Vertragsschluss begleitenden Umstände zu berücksichtigen. Die abstrakt-generelle AGB-Kontrolle wird damit durch eine konkret-individuelle Prüfung ergänzt.[436]

III. Zwischenergebnis

Als Zwischenergebnis ist festzuhalten, dass die erweiterte Inhaltskontrolle nach § 310 Abs. 3 BGB auf Vorstandsanstellungsverträge Anwendung findet. Vorstandsmitglieder sind bei Abschluss des Anstellungsvertrags als Verbraucher gem. § 13 BGB zu qualifizieren. Bei der Analyse war zwischen dem Verbraucherbegriff der Klauselrichtlinie und dem des BGB zu differenzieren. Die Verbraucherdefinition des Art. 2 b) der Klauselrichtlinie ist nach Wortlaut, Telos sowie ihrem Erwägungsgrund 10 eng auszulegen und umfasst neben der selbständigen auch die unselbständige berufliche Tätigkeit. § 13 BGB ist dagegen weit auszulegen. Die Divergenz der beiden Verbraucherbegriffen ist unschädlich. Trotz des Vorrangs des Gemeinschaftsrechts bedarf es keiner richtlinienkonformen Auslegung von § 310 Abs. 3 BGB, da der Grundsatz der Mindestharmonisierung gewahrt ist.

Ausgehend von der Verbraucherdefinition des nationalen Rechts wurde thematisiert, ob Vorstandsmitglieder den Anstellungsvertrag zu selbständigen beruflichen Zwecken abschließen. Eine selbständige berufliche Tätigkeit ist anzunehmen, wenn in eigener Verantwortung und auf eigene Rech-

---

435 *Fornasier*, in: MünchKomm-BGB, § 310 Rn. 89; *Stoffels*, in: Wolf/Lindacher/Pfeiffer, AGB-Recht, § 310 Abs. 3 Rn. 10; anders *Schäfer*, in: Ulmer/Brandner/Hensen, AGB-Recht, § 310 Rn. 71 f. BGB, der von einer widerleglichen Vermutung ausgeht.

436 Vgl. etwa *Fuchs*, in: Ulmer/Brandner/Hensen, AGB-Recht, § 307 Rn. 402 ff.; *Pfeiffer*, in: Wolf/Lindacher/Pfeiffer, AGB-Recht, § 310 Abs. 3 Rn. 34 ff; siehe auch *Jänsch*, Angemessene Vorstandsverträge, S. 109 ff., die sich der Frage widmet, welche Art von Umständen zu berücksichtigten sind. Unterwirft man den Vorstandsanstellungsvertrag entgegen der hier vertretenen Auffassung der AGB-Kontrolle, stellt § 310 Abs. 3 Nr. 3 BGB einen Anknüpfungspunkt dar, wie die besondere Stellung des Vorstands und seine daraus folgende geringere Schutzbedürftigkeit ausgeglichen werden könnte.

nung sowie Gefahr gehandelt wird.[437] Charakteristische Merkmale sind die Selbstbestimmung über die Arbeitszeit, den Ort und das Pensum als auch eine im Wesentlichen freie inhaltliche Gestaltung der Tätigkeit.[438] Diese Voraussetzungen sind beim Abschluss des Anstellungsvertrags nicht erfüllt. Leitung und Geschäftsführung werden weder im eigenen Namen noch auf eigene Rechnung wahrgenommen. Der Vorstand handelt nicht auf eigene Gefahr. Das unternehmerische Risiko wird von der Gesellschaft getragen. Vorstandsmitglieder sind folglich als Verbraucher zu qualifizieren. Das aufgefundene Ergebnis stimmt mit der obergerichtlichen Rechtsprechung überein.

D. Zwischenergebnis

§ 3 hat aufgezeigt, dass die AGB-Kontrolle nach vorzugswürdiger Ansicht bereits von Gesetzes wegen keine Anwendung auf Vorstandsanstellungsverträge findet. Wortlaut, Historie und Ratio von § 310 Abs. 4 S. 1 BGB sprechen für eine weite Auslegung der Norm. Insbesondere die Gründe, die in teleologischer Hinsicht das Fundament der Bereichsausnahme darstellen, lassen sich auf Vorstandsanstellungsverträge übertragen.

Subsumiert man sie nicht unter die Bereichsausnahme, stellt sich die Frage, inwiefern sich die Anwendung von § 310 Abs. 4 S. 2, 1. HS BGB als Alternativlösung zur generellen Herausnahme aus dem Anwendungsbereich eignet. Es wurde festgestellt, dass eine direkte Anwendung der Norm ausscheidet, da das Vorstandsmitglied kein Arbeitnehmer iSd. § 611a BGB ist. Damit stimmt die unionsrechtliche Rechtsprechung überein. Einer richtlinienkonformen Auslegung bedarf es nicht. Allerdings ist eine analoge Anwendung der Norm angebracht. Eine planwidrige Regelungslücke sowie eine vergleichbare Interessenlage liegen vor. Die aufgezeigten Wertungswidersprüche sowie das Telos von § 310 Abs. 4 S. 2, 1. HS. BGB, dem Gesetzesanwender ein Korrektiv zur Verfügung zu stellen, um etwaige Besonderheiten auszugleichen, stehen im Einklang mit diesem Ergebnis. Als Rechtsfolge sind die im Gesellschaftsrecht geltenden Besonderheiten bei der Anwendung der §§ 305 ff. BGB angemessen zu berücksichtigen.

---

437 *Micklitz*, in: MünchKomm-BGB, § 14 Rn. 31; *Alexander*, in: BeckOGK BGB, § 14 Rn. 166 (Stand: 1. Mai 2023); BAG, Urt. v. 19.05.2010 – 5 AZR 253/09, NJW 2010, 2827 (23).
438 *Micklitz*, in: MünchKomm-BGB, § 14 Rn. 31.

Im Zusammenhang mit der Analogiebildung stand die Frage nach der Anwendung der erweiterte Inhaltskontrolle gem. § 310 Abs. 3 BGB. Es war zu analysieren, ob Vorstandsmitglieder bei Abschluss des Anstellungsvertrags als Verbraucher qualifiziert werden können. Dies ist nach vorzugswürdiger Ansicht der Fall. Folge hiervon ist die Ausdehnung des sachlichen Anwendungsbereichs der AGB-Kontrolle sowie die Modifikation ihres inhaltlichen Maßstabs.

§ 4 Allgemeine Inhaltskontrolle von Vorstandsanstellungsverträgen

Nachdem in § 2 und § 3 die Anwendbarkeit der AGB-Kontrolle auf Vorstandsanstellungsverträge bzw. die Eröffnung des Anwendungsbereichs des § 310 BGB dargestellt wurde, muss die Inhaltskontrolle solcher Verträge jenseits der AGB-Kontrolle untersucht werden. Ziel von § 4 ist es aufzuzeigen, auf welche Weise Vorstandsanstellungsverträge alternativ zu den geltenden §§ 307 ff. BGB anhand der allgemeinen Grundsätze auf ihre Angemessenheit hin überprüft werden können. Die entwickelten Grundsätze sollen im zweiten Teil der Untersuchung auf besonders praxisrelevante Klauseln angewendet und ein Vergleich zur AGB-Kontrolle gezogen werden.

A. Inhaltskontrolle von Vorstandsanstellungsverträgen anhand der allgemeinen Grundsätze

Wendet man die AGB-Kontrolle nicht auf Vorstandsanstellungsverträge an, muss eine alternative Überprüfung der Vertragsbedingungen durchgeführt werden, um besondere Fälle unangemessener Benachteiligungen zu erfassen und ihnen die rechtliche Geltung zu versagen. Teilweise präsent in der Literatur ist die Frage der Anwendbarkeit der allgemeinen Vorschriften *neben* der AGB-rechtlichen Inhaltskontrolle.[439] Zulässigkeit und Reichweite dieser parallelen, subsidiären Anwendung sollen in einem ersten Schritt herausgearbeitet werden, um ihren rechtlichen Rahmen abzustecken und die Unterschiede zur, im zweiten Schritt darzustellenden, Anwendung

---

439 Siehe bspw. *Fuchs*, in: Ulmer/Brandner/Hensen, AGB-Recht, Vor. § 307 Rn. 54 ff.; *Locher*, BB 1981, 818; *Loewenheim*, AcP 180 (1980), 433; *Pfeiffer*, in: Wolf/Lindacher/Pfeiffer, AGB-Recht, § 307 Rn. 10 ff.; *Wendland*, in: Staudinger BGB, § 307 Rn. 17 ff.

der allgemeinen Vorschriften auf Vorstandsanstellungsverträge *anstatt* der AGB-Kontrolle zu verdeutlichen.

I. Allgemeine Unwirksamkeitsgründe neben § 307 BGB

1. Nicht abschließender Regelungscharakter der AGB-rechtlichen Inhaltskontrolle

Die AGB-rechtliche Inhaltskontrolle ist als nicht abschließendes Regelungssystem zu qualifizieren.[440] Andere Vorschriften finden daneben Anwendung, soweit sie einen anderen Schutzansatz verfolgen.[441] Die Unwirksamkeit einer Klausel kann sich folglich auch daraus ergeben, dass sie gegen allgemeine Vorschriften verstößt bzw. der Verwendungsgegner sich auf ihre Nichtgeltung berufen kann. Neben der Anfechtung nach § 119 BGB sowie § 123 BGB kommen die §§ 134, 138, 242 und 313 BGB in Betracht. Allerdings ist zu beachten, dass die §§ 307 ff. BGB als leges speciales grds. vorrangig zu prüfen sind, soweit die Wirksamkeit einer Klausel in Frage steht.

2. Irrtumsanfechtung gem. § 119 BGB

Ein Mangel einer Willenserklärung kann daraus resultieren, dass der Erklärende einem Inhalts-, Erklärungs- oder Eigenschaftsirrtum gem. § 119 Abs. 1 und 2 BGB unterliegt. Dies berechtigt ihn zur Anfechtung der Willenserklärung mit der Folge, dass das Rechtsgeschäft nach § 142 Abs. 1 BGB als von Anfang an nichtig anzusehen ist.

Inwiefern bzgl. AGB ein Irrtum iSd. § 119 BGB möglich ist, soll im Folgenden untersucht werden. Es muss dabei zwischen einem Irrtum über die Einbeziehungsvoraussetzungen gem. § 305 Abs. 2 BGB und über den Klauselinhalt differenziert werden. Zudem ist eine Unterscheidung danach zu treffen, ob Irrender der Verwender oder der Verwendungsgegner der AGB ist.

---

440 *Fuchs*, in: Ulmer/Brandner/Hensen, AGB-Recht, Vor. § 307 Rn. 54; *Roloff/Looschelders*, in: Erman BGB, Vor. § 307 Rn. 10.

441 *Fuchs*, in: Ulmer/Brandner/Hensen, AGB-Recht, Vor. § 307 Rn. 54; ähnlich auch *Wurmnest*, in: MünchKomm-BGB, Vor. § 307 Rn. 8, wonach die allgemeinen Bestimmungen insoweit anwendbar bleiben, als die Voraussetzungen, auf denen ihre Anwendbarkeit beruht, andere als die in §§ 307 ff. BGB genannten sind.

a) Irrtum des Verwendungsgegners über die
Einbeziehungsvoraussetzungen

Hinsichtlich eines Irrtums über die Einbeziehungsvoraussetzungen lassen sich zwei Konstellationen unterscheiden.[442] In ersterer unterliegt der Verwendungsgegner der Annahme, das Angebot des Verwenders enthalte keine AGB. In letzterer geht er zu Unrecht davon aus, seine Erklärung enthalte eine Ablehnung der vorformulierten Vertragsbedingungen.

Ist der Verwendungsgegner der Annahme, das ihm vorliegende Angebot enthält keine AGB, ist zunächst danach zu fragen, welche Vorstellung seinerseits im Konkreten vorliegen muss, um einen Inhaltsirrtum gem. § 119 Abs. 1, 1. Alt BGB annehmen zu können. In dieser Konstellation ist es denkbar, dass sich der Verwendungsgegner entweder überhaupt keine Gedanken über etwaige formularmäßige Vertragsbedingungen macht oder bewusst davon ausgeht, dass AGB nicht Bestandteil des Angebots des Vertragspartners sind. Im ersten Fall liegt kein Inhaltsirrtum vor, eine Anfechtung der Willenserklärung scheidet aus.[443] Der Verwendungsgegner hat keinen konkretisierten Erklärungswillen gebildet und dementsprechend liegt keine Inkongruenz von Erklärtem und Gewolltem, die Voraussetzung der Anfechtung ist, vor.[444] Ist der Verwendungsgegner dagegen fälschlicherweise der Auffassung, das ihm vorliegende Angebot enthalte keine AGB, kommt eine Irrtumsanfechtung gem. § 119 BGB in Betracht.[445] Die geforderte Inkongruenz von Erklärtem und Gewolltem ist gegeben, denn der Verwendungsgegner hat bewusst einen Willen gebildet, der von dem Erklärten abweicht.

---

442 Zu diesen beiden Konstellationen siehe *Loewenheim*, AcP 180 (1980), 433 (440 ff.); *Fuchs*, in: Ulmer/Brandner/Hensen, AGB-Recht, Vor. § 307 Rn. 70; bereits insoweit, vor Geltung des AGB-Gesetzes, erkannt von *Raiser*, Das Recht der Allgemeinen Geschäftsbedingungen, S. 243 f.

443 *Loewenheim*, AcP 180 (1980), 433 (440 ff.); *Fuchs*, in: Ulmer/Brandner/Hensen, AGB-Recht, Vor. § 307 Rn. 70; zum älteren Schrifttum noch vor Geltung des AGB-Gesetzes siehe *Raiser*, Das Recht der Allgemeinen Geschäftsbedingungen, S. 244.

444 *Loewenheim*, AcP 180 (1980), 433 (441); *Fuchs*, in: Ulmer/Brandner/Hensen, AGB-Recht, Vor. § 307 Rn. 70; dagegen argumentiert *Raiser*, Das Recht der Allgemeinen Geschäftsbedingungen, S. 244, dass sich derjenige, der sich aus Gleichgültigkeit nicht darum kümmert, ob der andere Teil auf seine AGB hingewiesen hat, das Risiko auf sich nimmt, dass seine Vertragserklärung als Zustimmung zu der von ihm nicht beachteten Verweisung gedeutet wird. Der Verwendungsgegner irre danach in Wahrheit nicht.

445 So auch *Loewenheim*, AcP 180 (1980), 433 (442); *Fuchs*, in: Ulmer/Brandner/Hensen, AGB-Recht, Vor. § 307 Rn. 70.

In der zweiten Konstellation, in welcher der Verwendungsgegner zu Unrecht davon ausgeht, seine Erklärung enthalte eine Ablehnung der vorformulierten Vertragsbedingungen, ist ebenfalls ein Inhaltsirrtum gem. § 119 Abs. 1, 1. Alt. BGB anzunehmen.[446] Der Verwendungsgegner irrt über den Inhalt seiner Erklärung, da er davon ausgeht, sie enthalte eine Ablehnung der AGB. Die erforderliche Inkongruenz zwischen Erklärtem und Gewolltem liegt vor.

b) Irrtum des Verwendungsgegners über den Inhalt der Klauseln

Neben einem Irrtum über die Einbeziehungsvoraussetzungen ist ein Irrtum über den Inhalt der Klauseln denkbar. Entsprechend den vorstehenden Ausführungen ist danach zu differenzieren, ob der Verwendungsgegner sich über den Inhalt überhaupt keine Gedanken macht oder er konkreten Fehlvorstellungen bzgl. einzelner Klauseln unterliegt.

In der ersten Konstellation fehlt es an der erforderlichen Inkongruenz zwischen Erklärtem und Gewolltem. Eine Anfechtung scheidet aus, da sich der Verwendungsgegner keinerlei Vorstellung über den Inhalt gemacht und dementsprechend keinen Erklärungswillen gebildet hat.[447] Er kann damit auch keinem Inhaltsirrtum gem. § 119 Abs. 1, 1. Alt. BGB unterliegen, der ihn zur Anfechtung berechtigen würde.

In der zweiten Konstellation unterliegt der Verwendungsgegner konkreten Fehlvorstellungen über den Inhalt einzelner bzw. mehrerer Klauseln. Grds. kann damit von einer Inkongruenz zwischen Erklärtem und Gewolltem ausgegangen werden. Ein Inhaltsirrtum gem. § 119 Abs. 1, 1. Alt. BGB liegt bspw. vor, wenn der Verwendungsgegner mit dem Verwender in Geschäftsbeziehungen stand und er bereits mehrfach AGB verwendet hat, sie jedoch ohne Kenntnis des Verwendungsgegners abgeändert wurden.[448] In diesem Fall erteilt der Verwendungsgegner seine Zustimmung zu den geänderten Geschäftsbedingungen, ohne sich dieses Umstands bewusst zu sein. Erklärtes und Gewolltes weichen ab, ein Inhaltsirrtum liegt vor. Aller-

---

446 *Loewenheim*, AcP 180 (1980), 433 (442 f.); *Fuchs*, in: Ulmer/Brandner/Hensen, AGB-Recht, Vor. § 307 Rn. 70; *Locher*, BB 1981, 818 (819).

447 *Loewenheim*, AcP 180 (1980), 433 (443 f.); *Fuchs*, in: Ulmer/Brandner/Hensen, AGB-Recht, Vor. § 307 Rn. 72.

448 Dieses Beispiel ist teilweise in der Literatur anzutreffen und gilt als unstreitiger Fall eines Inhaltsirrtums iSd. § 119 Abs. 1, 1. Alt. BGB, siehe *Loewenheim*, AcP 180 (1980), 433 (444 ff.); *Fuchs*, in: Ulmer/Brandner/Hensen, AGB-Recht, Vor. § 307 Rn. 72.

dings berechtigt nicht jedwede Fehlvorstellung zur Anfechtung. Nimmt der Verwendungsgegner etwa den Inhalt der Klauseln zur Kenntnis, unterliegt aber einer Fehlvorstellung über ihre inhaltliche Tragweite, stellt sich ein schwieriges Abgrenzungsproblem zwischen beachtlichem und unbeachtlichem Rechtsfolgenirrtum. Ein beachtlicher Rechtsfolgenirrtum liegt nur dann vor, wenn die Erklärung von dem Gewollten wesentlich verschiedene Rechtswirkungen hervorbringt und nicht lediglich neben der bezweckten Rechtsfolge noch andere, nicht erkannte und nicht gewollte Nebenfolgen bewirkt.[449] Hierbei handelt es sich freilich um eine Frage der Auslegung im Einzelfall. Grds. wird eine Anfechtung vor allem bei Verträgen in Betracht kommen, die gesetzlich nicht geregelt sind und die wesentlichen Rechte und Pflichten der Parteien durch den Vertrag sowie die AGB geregelt werden.[450]

c) Irrtümer des Verwenders

Grds. erscheint auch ein Irrtum des Verwenders denkbar. Folgerichtig wäre auch hier zwischen einem Irrtum über die Einbeziehungsvoraussetzungen und über den Inhalt der Klauseln zu differenzieren. Allerdings ist eine Anfechtung richtigerweise abzulehnen.[451] Hinsichtlich eines Irrtums über die Einbeziehungsvoraussetzungen lässt sich dies mit dem Schutzzweck der §§ 305 Abs. 2, 306 BGB begründen. Die Vorschriften dienen dem Schutz des Verwendungsgegners und sollen bewirken, dass bei einem nicht ordnungsgemäß erteilten Hinweis die Klauseln nicht Vertragsbestandteil werden, der Vertrag jedoch im Übrigen wirksam bleibt. Dem würde es widersprechen, wenn der Verwender den Vertrag durch die Anfechtung seiner Willenserklärung im Nachhinein vollständig beseitigen könnte. Eine

---

449 So bereits RG, Urt. v. 03.06.1916 – V 70/16, RGZ 88, 278 (284); entsprechend dieser Rechtsprechung entscheidet z.B. auch BGH, Beschl. v. 29.11.1996 – BLw 19/96, BGHZ 134, 152 (157).

450 *Fuchs*, in: Ulmer/Brandner/Hensen, AGB-Recht, Vor. § 307 Rn. 73; eine andere Ansicht vertritt dagegen *Loewenheim*, AcP 180 (1980), 433 (445 f.), der eine Anfechtungsmöglichkeit bei Rechtsfolgenirrtümern generell ablehnt. Begründet wird dies damit, dass die Rechtsfolgen nicht kraft Parteiwillens, sondern von Rechts wegen eintreten.

451 *Fuchs*, in: Ulmer/Brandner/Hensen, AGB-Recht, Vor. § 307 Rn. 69; andere Ansicht *Loewenheim*, AcP 180 (1980), 433 (446 f.), der eine Anfechtung bei einem Irrtum über die Einbeziehungsvoraussetzungen für möglich hält. Begründet wird dies mit der Inkongruenz zwischen Erklärtem und Gewolltem, ohne die notwendigerweise zu beachtende Schutzzweckerwägung zu berücksichtigen.

vergleichbare Regelung bzgl. Fehlvorstellungen über den Inhalt der Klauseln trifft das Gesetz in § 305c Abs. 2 BGB. Zweifel bei der Auslegung der AGB gehen danach zu Lasten des Verwenders. Die Möglichkeit zur Anfechtung wegen inhaltlicher Fehlvorstellungen würde mit dieser Regelung im Widerspruch stehen. Der Verwender hat das Risiko unklarer AGB zu tragen und soll sich hiervon nicht einseitig befreien können.

d) Rechtsfolgen der Irrtumsanfechtung

Liegt ein Anfechtungsgrund gem. § 119 BGB vor und sind die sonstigen Voraussetzungen erfüllt, ergibt sich die Rechtsfolge der Anfechtung grds. aus § 142 Abs. 1 BGB. Das Rechtsgeschäft ist danach ex tunc nichtig. § 306 BGB steht mit dieser Regelung allerdings im Widerspruch. Nach Abs. 1 der Norm bleibt der Vertrag im Übrigen wirksam, falls AGB ganz oder teilweise nicht Vertragsbestandteil geworden oder unwirksam sind.

Aus diesem Grund ist dem Verwendungsgegner die Möglichkeit zur Teilanfechtung einzuräumen.[452] Irrt er sich bspw. über den Inhalt einer einzelnen Klausel, kann er auch nur diese Bestimmung anfechten. Im Übrigen bleibt der Vertrag wirksam. § 306 Abs. 1 BGB ist lex specialis zu § 142 Abs. 1 BGB und schützt das Interesse des Verwendungsgegners an der Durchführung des Vertrags.[453] Diese teleologische Erwägung muss im besonderen Fall der Anfechtung von AGB Berücksichtigung finden und führt in Abweichung von § 142 Abs. 1 BGB nicht zur Nichtigkeit des *gesamten* Vertrags.

Nicht unberücksichtigt bleiben darf jedoch die Tatsache, dass der Verwender ebenfalls schutzbedürftig ist. Im Fall der Anfechtung durch den Verwendungsgegner kommt es zur Unwirksamkeit einer Bestimmung, ohne dass der Grund aus seiner Sphäre stammt. Irrt z.B. der Verwendungsgegner über den Inhalt einer Klausel, liegt darin kein Fehlverhalten des Verwenders. Trotzdem kann er sich nicht auf ihre Geltung berufen. Daher ist ihm ein Schadensersatzanspruch gemäß § 122 BGB zuzubilligen.[454] Auf

---

452 *Fuchs*, in: Ulmer/Brandner/Hensen, AGB-Recht, Vor. § 307 Rn. 75; *Loewenheim*, AcP 180 (1980), 433 (453 ff.); *Pfeiffer*, in: Wolf/Lindacher/Pfeiffer, AGB-Recht, § 307 Rn. 10.

453 Siehe etwa *Fuchs*, in: Ulmer/Brandner/Hensen, AGB-Recht, Vor. § 307 Rn. 75 mwN.

454 *Fuchs*, in: Ulmer/Brandner/Hensen, AGB-Recht, Vor. § 307 Rn. 75; *Loewenheim*, AcP 180 (1980), 433 (456 ff.); *Pfeiffer*, in: Wolf/Lindacher/Pfeiffer, AGB-Recht, § 307 Rn. 10.

diese Weise findet ein angemessener Ausgleich der beiderseitigen Interessen statt.

3. Anfechtung gem. § 123 BGB

Zusätzlich sei darauf hingewiesen, dass eine Anfechtung zumindest aufgrund widerrechtlicher Drohung in Betracht kommt und in der Literatur ebenfalls diskutiert wird,[455] mangels Relevanz für diese Untersuchung jedoch nicht besprochen werden soll.

4. Nichtigkeit gem. § 134 BGB

Die Nichtigkeit eines Rechtsgeschäfts kann auch aus § 134 BGB folgen. Die Norm ordnet dies für ein Rechtsgeschäfts an, das gegen ein gesetzliches Verbot verstößt, allerdings unter dem Vorbehalt, dass sich nicht aus dem Gesetz ein anderes ergibt. Es handelt sich um eine sog. „Transformationsnorm"[456]. Durch sie sollen Verbote, die keine abschließende Aussage zu den zivilrechtlichen Folgen eines Verstoßes treffen, um eine Rechtsfolgenregelung erweitert werden.[457] Ist die Rechtsfolge der Vorschrift dagegen immanent, handelt es sich nicht um ein Verbotsgesetz und ein Rückgriff auf § 134 BGB ist weder notwendig noch zulässig.

Die §§ 307 ff. BGB selbst stellen keine Verbotsgesetze dar.[458] § 134 BGB ist jedoch neben der AGB-rechtlichen Inhaltskontrolle anwendbar.[459] Dies ergibt sich einerseits aus den unterschiedlichen Rechtsfolgen der beiden

---

455 *Fuchs*, in: Ulmer/Brandner/Hensen, AGB-Recht, Vor. § 307 Rn. 74 mwN.

456 *Vossler*, in: BeckOGK BGB, § 134 Rn. 10 (Stand: 1. März 2023); so auch *Fischinger/Hengstberger*, in: Staudinger BGB, § 134 Rn. 1 (Stand: 1. November 2022).

457 *Armbrüster*, in: MünchKomm-BGB, § 134 Rn. 1; im Ergebnis ebenso *Fischinger/Hengstberger*, in: Staudinger BGB, § 134 Rn. 1 (Stand: 1. November 2022); *Vossler*, in: BeckOGK BGB, § 134 Rn. 10 (Stand: 1. März 2023).

458 *Fuchs*, in: Ulmer/Brandner/Hensen, AGB-Recht, Vor. § 307 Rn. 55; *Roloff/Looschelders*, in: Erman BGB, Vor. § 307 Rn. 10; *Pfeiffer*, in: Wolf/Lindacher/Pfeiffer, AGB-Recht, § 307 Rn. 12; *Wendland*, in: Staudinger BGB, § 307 Rn. 31.

459 BGH, Urt. v. 25.09.2002 – VIII ZR 253/99, NJW 2003, 290 (293); *Fuchs*, in: Ulmer/Brandner/Hensen, AGB-Recht, Vor. § 307 Rn. 56; *Pfeiffer*, in: Wolf/Lindacher/Pfeiffer, AGB-Recht, § 307 Rn. 12; *Roloff/Looschelders*, in: Erman BGB, Vor. § 307 Rn. 10; *Wendland*, in: Staudinger BGB, § 307 Rn. 31; *Wurmnest*, in: MünchKomm-BGB, Vor. § 307 Rn. 9.

Institute und andererseits aus Verbandsklagegesichtspunkten.[460] Während bei einem Verstoß gegen die §§ 307 ff. BGB nur die einzelne Klausel unwirksam ist und der Vertrag im Übrigen wirksam bleibt, ordnet § 134 BGB als Rechtsfolge die Gesamtnichtigkeit des Rechtsgeschäfts an. Die parallele Anwendung beider Normen ist zudem bei Verbandsklagen sinnvoll. Nach § 1 UKlaG kann auf Unterlassung bzw. Widerruf geklagt werden, wenn Bestimmungen in AGB, die nach den §§ 307 ff. BGB unwirksam sind, verwendet oder für den rechtsgeschäftlichen Verkehr empfohlen werden. Die Regelung würde leerlaufen, wenn die Nichtigkeit nach § 134 BGB die Geltendmachung einer AGB-rechtlichen Unwirksamkeit ausschließen würde.[461]

5. Nichtigkeit gem. § 138 BGB

Ein weiterer Nichtigkeitsgrund von Gesetzes wegen ist § 138 BGB. Verstößt ein Rechtsgeschäft gegen die guten Sitten, ist es nichtig. Selbst wenn einzelne Klauseln aufgrund der §§ 307 ff. BGB unwirksam sind, kann der Vertrag nach § 138 BGB insgesamt als nichtig zu qualifizieren sein. Die beiden Normen sind nebeneinander anwendbar.[462] Dies folgt aus den unterschiedlichen Schutzrichtungen der beiden Rechtsinstitute. Die AGB-rechtliche Inhaltskontrolle stellt auf die individuelle Vertragsgerechtigkeit ab, wohingegen § 138 BGB Verstöße gegen die allgemeine Rechtsordnung sanktioniert und damit die überindividuelle Ebene betrifft.[463] Die divergierenden Schutzzwecke können nur erreicht werden, wenn beide Normen berücksichtigt werden. Würde man dies anders sehen, käme den §§ 307 ff. BGB eine Art Bereinigungsfunktion zu.[464] Denn eine AGB-rechtlich unwirksame

---

460 *Fuchs*, in: Ulmer/Brandner/Hensen, AGB-Recht, Vor. § 307 Rn. 56; zu Verbands-klagegesichtspunkten auch *Pfeiffer*, in: Wolf/Lindacher/Pfeiffer, AGB-Recht, § 307 Rn. 12.

461 So etwa *Fuchs*, in: Ulmer/Brandner/Hensen, AGB-Recht, Vor. § 307 Rn. 56.

462 BGH, Urt. v. 31.03.1982 – I ZR 56/80, NJW 1982, 1692; *Fuchs*, in: Ulmer/Brandner/Hensen, AGB-Recht, Vor. § 307 Rn. 58 ff.; *Pfeiffer*, in: Wolf/Lindacher/Pfeiffer, AGB-Recht, § 307 Rn. 24 ff.; *Wendland*, in: Staudinger BGB, § 307 Rn. 34; andere Ansicht BGH, Beschl. v. 16.04.1996 – XI ZR 234/95, ZIP 1996, 957 (960 f.) sowie *Roloff/Looschelders*, in: Erman BGB, Vor. § 307 Rn. 11; *Wurmnest*, in: MünchKomm-BGB, Vor. § 307 Rn. 10.

463 *Fuchs*, in: Ulmer/Brandner/Hensen, AGB-Recht, Vor. § 307 Rn. 58; *Wendland*, in: Staudinger BGB, § 307 Rn. 32.

464 *Fuchs*, in: Ulmer/Brandner/Hensen, AGB-Recht, Vor. § 307 Rn. 60.

Klausel könnte nicht mehr zur Begründung der Unwirksamkeit des gesamten Vertrags herangezogen werden.

Hinsichtlich der Kontrolle ist danach zu differenzieren, ob eine einzelne Klausel oder der Vertrag insgesamt als sittenwidrig zu beurteilen ist. Im ersten Fall ist § 306 BGB und die Rechtsfolge der Teilnichtigkeit als lex specialis zur Gesamtnichtigkeit des § 138 BGB zu sehen.[465]

6. § 242 BGB

Vor Geltung des AGB-Gesetzes führte die Rechtsprechung eine sog. offene Inhaltskontrolle vorformulierter Vertragsbedingungen durch, die auf § 242 BGB gestützt wurde. Die entwickelten Grundsätze wurden in § 307 BGB kodifiziert. Daraus folgt, dass die Inhaltskontrolle nach § 307 BGB lex specialis zu § 242 BGB ist, soweit es um die Unangemessenheit bzw. Unwirksamkeit von AGB geht. Die beiden Normen sind in diesem Anwendungsbereich damit nicht nebeneinander anwendbar.[466]

Anderes gilt nur in Bereichen, die nicht anhand der §§ 307 ff. BGB kontrolliert werden, weil die AGB-rechtliche Inhaltskontrolle hierauf keine Anwendung findet. Neben Verträgen auf dem Gebiet des Gesellschaftsrecht gem. § 310 Abs. 4 S. 1 BGB sind insbesondere nicht kontrollfähige Hauptleistungspflichten iSd. § 307 Abs. 3 S. 1 BGB zu nennen.[467]

Einen weiteren Anwendungsbereich der Norm stellt die Ausübungskontrolle dar.[468] Sie folgt aus dem Grundsatz von Treu und Glauben. Danach kann die Ausübung eines Rechts im Einzelfall wegen außergewöhnlicher Umstände rechtsmissbräuchlich und somit unzulässig sein.[469] In Bezug auf AGB wäre also ein Berufen auf eine Klausel in bestimmten Konstellationen

---

465 *Wendland*, in: Staudinger BGB, § 307 Rn. 34; *Pfeiffer*, in: Wolf/Lindacher/Pfeiffer, AGB-Recht, § 307 Rn. 25.

466 *Fuchs*, in: Ulmer/Brandner/Hensen, AGB-Recht, Vor. § 307 Rn. 62; *Pfeiffer*, in: Wolf/Lindacher/Pfeiffer, AGB-Recht, § 307 Rn. 28; *Roloff/Looschelders*, in: Erman BGB, Vor. § 307 Rn. 12; *Wendland*, in: Staudinger BGB, § 307 Rn. 35; *Wurmnest*, in: MünchKomm-BGB, Vor. § 307 Rn. 11.

467 Vgl. zu diesen Anwendungsbereichen bspw. *Wendland*, in: Staudinger BGB, § 307 Rn. 35.

468 *Fuchs*, in: Ulmer/Brandner/Hensen, AGB-Recht, Vor. § 307 Rn. 63 ff.; *Pfeiffer*, in: Wolf/Lindacher/Pfeiffer, AGB-Recht, § 307 Rn. 30 f.; *Roloff/Looschelders*, in: Erman BGB, Vor. § 307 Rn. 12; *Wendland*, in: Staudinger BGB, § 307 Rn. 36 ff.; *Wurmnest*, in: MünchKomm-BGB, Vor. § 307 Rn. 11.

469 Vgl. nur *Wendland*, in: Staudinger BGB, § 307 Rn. 36.

rechtsmissbräuchlich und damit unzulässig. Zu denken ist insbesondere an Fälle des venire contra factum proprium oder des Fehlens eines schutzwürdigen Eigeninteresses.[470]

II. Allgemeine Unwirksamkeitsgründe anstatt AGB-Kontrolle

Nachdem die Anwendbarkeit der allgemeinen Vorschriften *neben* der AGB-rechtlichen Inhaltskontrolle herausgearbeitet wurde, soll im Folgenden die Anwendung der allgemeinen Vorschriften auf Vorstandsanstellungsverträge *anstatt* der AGB-Kontrolle untersucht werden. Ziel der Ausführungen ist es, Leitlinien zu entwickeln, die der Anwender bei der Kontrolle als Orientierung heranziehen kann. Abstrakte Ausführungen zu den einzelnen Unwirksamkeitsgründen allein reichen allerdings nicht aus. In Teil Zwei der Untersuchung sollen daher die entwickelten Grundsätze auf praxisrelevante Klauseln angewendet werden.

1. Anfechtung gem. § 119 BGB

a) Grundsatz

Unter I. wurde dargestellt, dass eine Irrtumsanfechtung neben der AGB-Kontrolle möglich ist. Auf diese Grundsätze kann an dieser Stelle teilweise zurückgegriffen werden. Es ist ebenfalls zwischen einem Irrtum über die Einbeziehungsvoraussetzungen und über den Inhalt einer Bestimmung zu differenzieren. Für Vorstandsanstellungsverträge ist allerdings nur die zweite Alternative relevant. Der Vertrag selbst ist in seiner Gesamtheit als AGB zu qualifizieren, weshalb es ausgeschlossen erscheint, dass ein Vorstandsmitglied darüber irrt, dass der Anstellungsvertrag Gegenstand des Rechtsverhältnisses wird.

Innerhalb der zweiten Alternative ist danach zu unterscheiden, ob sich der Geschäftsleiter als Verwendungsgegner über den Inhalt einer einzelnen Bestimmung entweder keine Gedanken gemacht hat oder er konkreten Fehlvorstellungen unterliegt. Macht er sich keine Gedanken, scheidet eine Anfechtung aus. Ein Irrtum gem. § 119 Abs. 1, 1. Alt. BGB kann nicht ange-

---

470 Vgl. zu diesen beiden Beispielen mit entsprechenden Nachweisen sowie weiteren Fällen der unzulässigen Rechtsausübung *Pfeiffer*, in: Wolf/Lindacher/Pfeiffer, AGB-Recht, § 307 Rn. 30.

nommen werden, da es an der für die Anfechtung erforderlichen Inkongruenz zwischen Erklärtem und Gewolltem fehlt.[471] Dem Vorstandsmitglied eine Anfechtungsmöglichkeit einzuräumen, ist insoweit auch nicht notwendig. Es erscheint unwahrscheinlich, dass es sich über einen Regelungsinhalt keine Gedanken macht, da es den Vertrag lesen und sich mit den einzelnen Bedingungen beschäftigen wird, in aller Regel unter Zuhilfenahme eines Rechtsbeistands. Selbst wenn diese Konstellation einmal vorliegen sollte, ist die Ablehnung der Anfechtungsmöglichkeit nicht ungerechtfertigt. Von dem Vorstandsmitglied als typisiert geschäftserfahrener Person ist zu erwarten, dass es ein Vertragsdokument nur in Kenntnis und mit Verständnis aller Regelungen unterzeichnet. Eine andere Vorgehensweise würde nicht dem Sorgfaltsmaßstab entsprechen, den es bzgl. der Leitung der Geschäfte anzuwenden hat.[472]

Unterliegt das Vorstandsmitglied dagegen einer konkreten Fehlvorstellung über den Inhalt einer Bestimmung, ist die erforderliche Inkongruenz zwischen Erklärtem und Gewolltem grds. gegeben. In diesem Fall stellt sich allerdings ebenfalls das Abgrenzungsproblem zwischen beachtlichem und unbeachtlichem Rechtsfolgenirrtum. Ein Rechtsfolgenirrtum ist nur beachtlich, wenn die Erklärung von dem Gewollten wesentlich verschiedene Rechtswirkungen hervorbringt und nicht lediglich neben der bezweckten Rechtsfolge noch andere – nicht erkannte und nicht gewollte – Nebenfolgen bewirkt.[473] Anders formuliert berechtigt ein solcher Irrtum dann nicht zur Anfechtung, wenn die ungewollte Rechtsfolge aus heteronomer Rechtssetzung folgt, also bloß mittelbare Folge des Rechtsgeschäfts ist.[474] In Bezug auf Vorstandsanstellungsverträge ist ein beachtlicher Rechtsfolgenirrtum damit grds. möglich. Für die Beurteilung ist auf die einzelnen Bestimmungen abzustellen und zu fragen, ob die Rechtswirkung autonomer oder heteronomer Rechtssetzung folgt.

---

471 Vergleichbar ist dies mit der Anfechtung einer einzelnen AGB-rechtlichen Bestimmung, siehe hierzu *Loewenheim*, AcP 180 (1980), 433 (444); *Fuchs*, in: Ulmer/Brandner/Hensen, AGB-Recht, Vor. § 307 Rn. 72.

472 Nach § 93 Abs. 1 S. 1 AktG haben die Vorstandsmitglieder bei ihrer Geschäftsführung die Sorgfalt eines ordentlichen und gewissenhaften Geschäftsleiters anzuwenden. Siehe im Detail hierzu Erster Teil § 2D.II.1.a)bb).

473 So bereits RG, Urt. v. 03.06.1916 – V 70/16, RGZ 88, 278 (284); entsprechend dieser Rechtsprechung entscheidet z.B. auch BGH, Beschl. v. 29.11.1996 – BLw 19/96, BGHZ 134, 152 (157).

474 *Singer*, in: Staudinger BGB, § 119 Rn. 26 mwN.; ähnlich auch *Armbrüster*, in: MünchKomm-BGB, § 119 Rn. 86.

b) Vergleich mit § 305c Abs. 1 BGB

§ 119 Abs. 1, 1. Alt. BGB ist vergleichbar mit § 305c Abs. 1 BGB. Nach der Norm werden Bestimmungen in AGB, die nach den Umständen, insbesondere nach dem äußeren Erscheinungsbild des Vertrags, so ungewöhnlich sind, dass der Vertragspartner mit ihnen nicht zu rechnen braucht, nicht Vertragsbestandteil. Die Rechtsfolge der beiden Vorschriften ist ähnlich. Der gegnerische Vertragspartner soll davor bewahrt werden, dass eine Regelung Vertragsinhalt wird, obwohl er sie nicht zur Kenntnis genommen hat bzw. einer Fehlvorstellung hierüber unterlag.

§ 305c Abs. 1 BGB hat zwei Voraussetzungen. Zum einen muss die Klausel objektiv ungewöhnlich sein, wobei auf den typischen Vertragsinhalt aus Sicht des angesprochenen Verkehrskreises und somit allein auf objektive Kriterien abzustellen ist.[475] Maßgeblich für die Beurteilung sind die Abweichung vom dispositiven Gesetzesrecht und die für den Geschäftskreis übliche Gestaltung des Vertrags.[476] Zum anderen muss in subjektiver Hinsicht die Überraschung des Verwendungsgegners hinzukommen, der aufgrund dessen nicht mit der Klausel gerechnet hat.[477] Dabei ist nicht auf die Erkenntnismöglichkeit des konkreten Vertragspartners abzustellen, sondern auf die Verständnismöglichkeit des Durchschnittkunden, der bei Verträgen der geregelten Art zu erwarten ist.[478]

Vergleicht man dies mit der Irrtumsanfechtung gem. § 119 Abs. 1, 1. Alt. BGB, lässt sich feststellen, dass an die Anfechtung höhere Voraussetzungen zu stellen sind. Es muss im Einzelfall dargelegt werden, dass eine *konkrete* Fehlvorstellung in Bezug auf den Inhalt einer Vertragsbedingung vorliegt. Hiermit gehen erhebliche Beweisschwierigkeiten einher. Bei § 305c Abs. 1 BGB wird dagegen ein *genereller objektiver* Maßstab angelegt, ergänzt durch eine subjektive Komponente. Ausreichend ist, dass die Bestimmung überraschend ist, der Verwendungsgegner also nicht mit ihr zu rechnen braucht. Allein die Ungewöhnlichkeit kann dazu führen, dass die Klausel nicht Vertragsbestandteil wird. Einer Fehlvorstellung im Einzelfall

---

475 Siehe nur *Schäfer*, in: Ulmer/Brandner/Hensen, AGB-Recht, § 305c Rn. 11.

476 BGH, Urt. v. 30.06.1995 – V ZR 184/94, NJW 1995, 2637 (2638) mwN.

477 *Schäfer*, in: Ulmer/Brandner/Hensen, AGB-Recht, § 305c Rn. 11; *Fornasier*, in: MünchKomm-BGB, § 305c Rn. 12; ähnlich auch *Mäsch*, in: Staudinger BGB, § 305c Rn. 25 ff.

478 BGH, Urt. v. 30.06.1995 – V ZR 184/94, NJW 1995, 2637 (2638); siehe auch *Mäsch*, in: Staudinger BGB, § 305c Rn. 25; *Schäfer*, in: Ulmer/Brandner/Hensen, AGB-Recht, § 305c Rn. 13.

bedarf es nicht. Zudem ist die Anfechtung hinsichtlich ihrer Rechtsfolgen strenger. Aus ihr kann eine Schadensersatzpflicht des Anfechtenden gem. § 122 Abs. 1 BGB folgen, während § 305c Abs. 1 BGB zu keinem Anspruch führt.

c) Fazit

Die Möglichkeit zur Anfechtung bei Vorliegen eines Inhaltsirrtums gem. § 119 Abs. 1, 1. Alt. BGB stellt einen ausreichenden Schutz des Vorstandsmitglieds dar. Unterliegt es einer Fehlvorstellung in Bezug auf den Inhalt einer Vertragsbestimmung, kann dies zur Anfechtung berechtigen. Aufgrund der dargestellten hohen Voraussetzungen wird es sich dabei allerdings um den Ausnahmefall handeln. Im Gegensatz dazu geht der Schutz des § 305c Abs. 1 BGB weiter, indem überwiegend auf die Ungewöhnlichkeits- bzw. Überraschungskomponente abgestellt wird. Es ist allerdings nicht ersichtlich, weshalb es dieses Schutzes bedarf. Aufgrund eigener Kenntnisse und des zur Verfügung stehenden Rechtsrats ist es für das Vorstandsmitglied meist unschwer erkennbar, welche Bedeutung die einzelnen Vertragsabreden haben. Es erscheint abwegig, dass der Anstellungsvertrag eine Bestimmung enthält, die überhaupt nicht zum Gegenstand der Verhandlungen gemacht wurde. Es wäre auch zu hinterfragen, weshalb man einem typischerweise geschäftserfahrenen Vorstandsmitglied, dass aus Unachtsamkeit von einer Regelung überrascht wird, einen solchen Schutz gewähren sollte. Dies steht im Widerspruch zu dem Sorgfaltsmaßstab, der bei der Leitung der Gesellschaft einzuhalten ist.

2. § 138 BGB bei besonderen Umständen

§ 138 BGB ordnet die Nichtigkeit eines Rechtsgeschäfts an, das gegen die guten Sitten verstößt. Hierdurch wird der Privatautonomie als Rechtsmacht, durch Rechtsgeschäfte Regelungen in Geltung zu setzen, eine Grenze gesetzt.[479] Der Norm kommt ein Eliminations- sowie ein Abschre-

---

479 *Armbrüster*, in: MünchKomm-BGB, § 138 Rn. 1; *Fischinger*, in: Staudinger BGB, § 138 Rn. 1 f. (Stand: 25. Oktober 2022); *Jakl*, in: BeckOGK BGB, § 138 Rn. 2 (Stand: 1. Februar 2023).

ckungszweck zu.[480] Ersterer ist selbsterklärend und ergibt sich aus dem Gesetz. Die Vorschrift soll Rechtsgeschäften die Geltung versagen, die gegen die guten Sitten verstoßen. Hieraus folgt zugleich der Abschreckungszweck. Indem die Nichtigkeit des gesamten Rechtsgeschäfts Folge von § 138 BGB ist, sollen die Parteien davon abgehalten werden, solche Vereinbarungen überhaupt zu treffen. Es sollen keinerlei Rechte aus einem Vertrag hergeleitet werden können, der mit der Rechtsordnung unvereinbar ist.

Ein Rechtsgeschäft wird als sittenwidrig qualifiziert, wenn es nach seinem Inhalt oder Gesamtcharakter gegen das Anstandsgefühl aller billig und gerecht Denkender verstößt.[481] Die Sittenwidrigkeit ist, wenn sie nicht aus einem inhaltlichen Verstoß gegen die Rechts- oder Werteordnung folgt, anhand des Gesamtcharakters des Vertrags zu beurteilen, wobei eine besondere Verwerflichkeit des Verhaltens hinzutreten muss, die sich aus dem verfolgten Ziel, den eingesetzten Mitteln oder der zutage tretenden Gesinnung ergeben kann.[482] Zur näheren Bestimmung der formelhaften Beschreibung können sog. Sittenwidrigkeitskriterien herangezogen werden, die weder fest abgrenzbare Tatbestände enthalten noch abschließend sind.[483] Sie bieten sich jedoch an, um beurteilen zu können, ob eine Vereinbarung als sittenwidrig zu qualifizieren ist. Bei Vorstandsanstellungsverträgen kommt vor allem drei Sittenwidrigkeitskriterien Bedeutung zu, nämlich der Absicherung anerkannter Ordnungen, der Abwehr von Freiheitsbeschränkungen sowie der Abwehr von Äquivalenzstörungen.[484] An dieser Stelle soll beispielhaft erläutert werden, welche Regelungen im Anstellungsvertrag im Zusammenhang mit den Sittenwidrigkeitskriterien zu problematisieren sind. Detaillierte Ausführungen sind Teil Zwei der Untersuchung vorbehalten.

Hinsichtlich der Abwehr von Freiheitsbeschränkungen sind nachvertragliche Wettbewerbsverbote zu untersuchen.[485] Da das gesetzliche Wettbe-

---

480 Zu beiden Zwecken siehe *Armbrüster*, in: MünchKomm-BGB, § 138 Rn. 1 f.; zum Abschreckungszweck auch *Fischinger*, in: Staudinger BGB, § 138 Rn. 5 (Stand: 25. Oktober 2022); *Jakl*, in: BeckOGK BGB, § 138 Rn. 5 (Stand: 1. Februar 2023).

481 Stetige Rechtsprechung, vgl. BGH, Urt. v. 16.07.2019 – II ZR 426/17, NJW 2019, 3635 (3637) sowie BGH, Urt. v. 15.10.2013 – VI ZR 124/12, NJW 2014, 1380.

482 BGH, Urt. v. 16.07.2019 – II ZR 426/17, NJW 2019, 3635 (3637); BGH, Urt. v. 15.10.2013 – VI ZR 124/12, NJW 2014, 1380.

483 Zu diesem überzeugenden Ansatz, insbesondere zu den einzelnen Sittenwidrigkeitskriterien, siehe *Armbrüster*, in: MünchKomm-BGB, § 138 Rn. 49 ff.; zu einer kritischen Würdigung *Jakl*, in: BeckOGK BGB, § 138 Rn. 114 f. (Stand: 1. Februar 2023).

484 Für einen Überblick zu den Sittenwidrigkeitskriterien mit Verweis auf Einzelheiten *Armbrüster*, in: MünchKomm-BGB, § 138 Rn. 51 ff.

485 Im Detail Zweiter Teil § 3.

werbsverbot nach § 88 AktG nur für die Dauer der Bestellung gilt und mit Ausscheiden aus dem Organamt erlischt, werden in aller Regel nachvertragliche Wettbewerbsverbote vereinbart, um die Interessen der Gesellschaft zu wahren. Solche Vereinbarungen tangieren einerseits das Interesse des Unternehmens, dass die im Rahmen der Tätigkeit erlangten Kenntnisse und geschäftlichen Beziehungen nicht zu seinem Nachteil ausgenutzt werden und andererseits das Interesse des Vorstandsmitglieds, nach Beendigung des Organamts nicht in seiner Berufsfreiheit beschränkt zu werden.[486] Die Gesellschaft strebt dabei ein in gegenständlicher und zeitlicher Hinsicht möglichst umfassendes Verbot an, um ihre Interessen zu schützen. Eine solche Vereinbarung kann jedoch im Extremfall einen weitgehenden Verlust der wirtschaftlichen Selbständigkeit des Vorstandsmitglieds und damit eine unzulässige Freiheitsbeschränkung darstellen, die über § 138 BGB abzuwehren ist.[487]

Im Zusammenhang mit der Absicherung anerkannter Ordnungen sind Schiedsabreden zu problematisieren. Das schiedsrichterliche Verfahren ist detailliert in den §§ 1025 ff. ZPO geregelt und ermöglicht den Parteien eine Streitentscheidung unabhängig von staatlichen Gerichten.[488] Im Grundsatz ist von der Zulässigkeit von Schiedsabreden auszugehen. Allerdings kann im Einzelfall eine unzulässige Einschränkung des Rechtsschutzes vor Gericht und damit ein Verstoß gegen die anerkannte Ordnung im Raum stehen. Zu denken wäre an eine Vereinbarung, welche den Streitwert sowohl für das Schieds- als auch für das Gerichtsverfahren auf eine bestimmte Summe begrenzt.[489] Zudem können Abreden über die Zusammensetzung des Schiedsgerichts dazu führen, dass eine Partei einseitig benachteiligt wird und ihr der – auch im Schiedsverfahren – zustehende Rechtsschutz entzogen wird.

---

486 BGH, Urt. v. 26.03.1984 – II ZR 229/83, NJW 1984, 2366 zu den §§ 74 ff. HGB, die nachvertragliche Wettbewerbsverbote mit Handlungsgehilfen gesetzlich normieren. Auch wenn dieser Ansatz nicht pauschal auf Wettbewerbsverbote mit Vorstandsmitgliedern übertragen werden kann, sind die betroffenen Interessen vergleichbar.

487 *Armbrüster*, in: MünchKomm-BGB, § 138 Rn. 52 sowie 126 ff. mwN.

488 Siehe Zweiter Teil § 2.

489 Ein solcher Fall liegt bspw. BGH, Urt. v. 26.01.1989 – X ZR 23/87, ZIP 1989, 535 zugrunde. Nach dem BGH stellt eine solche Schiedsklausel eine Einschränkung des Rechtsschutzes vor Gericht und damit einen Verstoß gegen § 138 BGB dar.

Neben einem inhaltlichen Verstoß kann die Nichtigkeit auch aus einer bewusst intransparenten Gestaltung des Rechtsgeschäfts folgen.[490] Vergleichbar ist dies mit dem in § 307 Abs. 1 S. 2 BGB geregelten Transparenzgebot. Allerdings liegt die Schwelle diesbzgl. sowie generell bei der Unwirksamkeit nach § 138 BGB höher als bei § 307 BGB. Aufgrund der geringeren Schutzbedürftigkeit des Vorstandsmitglieds erscheint dies gerechtfertigt.

3. § 242 BGB im Falle des Missbrauchseinwands

§ 242 BGB ist ein weiterer Grundsatz, der zu untersuchen ist. Dem Gebot von Treu und Glauben sind mehrere Funktionen zu entnehmen. Es ist zunächst zwischen der Inhalts- und der Ausübungskontrolle zu differenzieren. Während sich erstere auf den konkreten Vertragsinhalt bezieht und unter Umständen zur Unwirksamkeit des Vertrags führt, setzt letztere die Wirksamkeit der Vereinbarung voraus und verbietet im Einzelfall ein Berufen hierauf.

Die allgemeine Inhaltskontrolle von Vorstandsanstellungsverträgen kann nicht auf § 242 BGB gestützt werden. Es ist anerkannt, dass aus dem Gebot von Treu und Glauben eine materielle Schranke für die Privatautonomie und damit auch für die Vertragsfreiheit folgt.[491] Man spricht von der sog. Korrekturfunktion.[492] Sie muss allerdings auf Ausnahmefälle beschränkt bleiben und darf nicht dazu führen, dass die Judikative jede Vereinbarung auf ihre Angemessenheit hin überprüft. Dies würde einen schwerwiegenden Eingriff und damit eine zu weitgehende Beschränkung der Privatautonomie darstellen. Die Vertragsgestaltungsfreiheit gewährleistet vielmehr auch eine für die Vertragspartei unangemessene bzw. nachteilige Regelung zu treffen, soweit sich gleichberechtigte Vertragsparteien gegenüberstehen.

Eine auf § 242 BGB gestützte Inhaltskontrolle kann allerdings dann eingreifen, wenn es an der Vertragsparität der Parteien fehlt.[493] Ähnlich wie

---

490 *Armbrüster*, in: MünchKomm-BGB, § 138 Rn. 8; OLG Dresden, Urt. v. 03.11.1999 – 8 U 1305/99, NZM 2000, 207.

491 Vgl. auch BVerfG, Beschl. v. 07.02.1990 – 1 BvR 26/84, NJW 1990, 1469 (1470); *Looschelders/Olzen*, in: Staudinger BGB, § 242 Rn. 457 (Stand: 3. Dezember 2021); *Schubert*, in: MünchKomm-BGB, § 242 Rn. 141.

492 Zu dieser Funktion und für einen Überblick zu den weiteren Funktionen mit Einzelheiten siehe *Schubert*, in: MünchKomm-BGB, § 242 Rn. 136.

493 BVerfG, Beschl. v. 07.02.1990 – 1 BvR 26/84, NJW 1990, 1469 (1470); BAG, Urt. v. 25.05.2005 – 5 AZR 572/04, NJW 2005, 3305 (3309); *Looschelders/Olzen*, in:

bei der AGB-Kontrolle wird in solchen Fällen davon ausgegangen, dass die Vereinbarung nicht mehr das Ergebnis eines Aushandelns gleichberechtigter Vertragsparteien und eine Richtigkeitsgewähr damit nicht mehr gewährleistet ist.[494] Aus diesem Grund ist ausnahmsweise eine auf § 242 BGB gestützte Inhaltskontrolle möglich. Eine gestörte Vertragsparität kann bei Vorstandsanstellungsverträgen jedoch nicht angenommen werden. Keine der Parteien ist derart unterlegen, dass nicht mehr davon ausgegangen werden kann, dass der Vertrag das Ergebnis einer ausgeglichenen Verhandlung ist. Sowohl die vom Aufsichtsrat vertretene Gesellschaft als auch das einzelne Vorstandsmitglied treten sich auf Augenhöhe gegenüber. Eine Inhaltskontrolle gem. § 242 BGB und damit ein Eingriff in die Privatautonomie ist nicht gerechtfertigt.

§ 242 BGB kann allerdings im Zusammenhang mit der sog. Schrankenfunktion[495] relevant werden. Sie ist Teil der Ausübungskontrolle und dient der Verhinderung eines Rechtsmissbrauchs bzw. einer unzulässigen Rechtsausübung. Danach kann die Ausübung eines Rechts insbesondere bei widersprüchlichem Verhalten unzulässig sein. Allerdings missbilligt die Rechtsordnung widersprüchliches Verhalten nicht generell, sondern qualifiziert es dann als rechtsmissbräuchlich, wenn für eine Partei ein Vertrauenstatbestand geschaffen worden ist oder wenn besondere Umstände die Rechtsausübung als treuwidrig erscheinen lassen.[496] Dies wird vor allem dann angenommen, wenn das frühere Verhalten sachlich unvereinbar mit dem späteren ist und die Interessen der anderen Partei als vorrangig schutzwürdig erscheinen.[497] Bei Vorstandsanstellungsverträgen kann der Einwand des Rechtsmissbrauchs bspw. im Zusammenhang mit Schiedsabreden relevant werden. Ein widersprüchliches Verhalten kann etwa darin liegen, dass eine Partei trotz Schiedsvereinbarung die Zuständigkeit der ordentlichen Gerichtsbarkeit geltend macht, sich im anschließenden zivilgerichtlichen Verfahren jedoch auf die Schiedsvereinbarung und damit auf

---

Staudinger BGB, § 242 Rn. 459 (Stand: 3. Dezember 2021); *Schubert*, in: MünchKomm-BGB, § 242 Rn. 141.

494 *Looschelders/Olzen*, in: Staudinger BGB, § 242 Rn. 458 mwN. (Stand: 3. Dezember 2021).

495 *Schubert*, in: MünchKomm-BGB, § 242 Rn. 136.

496 Stetige Rechtsprechung, siehe BGH. Urt. v. 15.11.2012 – IX ZR 103/11, NJW-RR 2013, 757 (759); BGH, Urt. v. 17.02.2005 – III ZR 172/04, NJW 2005, 1354 (1356); BGH, Urt. v. 05.12.1991 – IX ZR 271/90, NJW 1992, 834 (834).

497 BGH, Urt. v. 15.11.2012 – IX ZR 103/11, NJW-RR 2013, 757 (759); BGH, Urt. v. 12.11.2008 – XII ZR 134/04, NJW 2009, 1343 (1346).

die Zuständigkeit der Schiedsgerichtsbarkeit beruft.[498] Damit der anderen Partei nicht der Rechtsschutz abgeschnitten wird, muss sich die erklärende Partei an der Auffassung, das Verfahren gehöre vor die ordentlichen Gerichte, festhalten lassen.[499] Jenseits von Schiedsklauseln kann die Ausübungskontrolle aufgrund widersprüchlichen Verhaltens ebenfalls relevant werden. Sowohl bei nachvertraglichen Wettbewerbsverboten als auch bei Clawback-Klauseln ist der Einwand des Rechtsmissbrauchs denkbar.

4. Weitere Vorschriften zur Kontrolle

Die vorstehenden Ausführungen sind nicht abschließend. Daneben können weitere Normen bei der Kontrolle des Anstellungsvertrags relevant werden.

a) § 134 BGB

Gem. § 134 BGB ist ein Rechtsgeschäft nichtig, das gegen ein gesetzliches Verbot verstößt. Die Qualifizierung einer Norm als Verbotsgesetz ist nach Sinn und Zweck der jeweiligen Verbotsvorschrift zu bestimmen.[500] Es kommt darauf an, dass sie sich nicht gegen den Abschluss des Rechtsgeschäfts als solches richtet, sondern gegen seine zivilrechtliche Wirksamkeit und somit gegen den wirtschaftlichen Erfolg.[501] Selbst wenn ein Verbotsgesetz und ein tatbestandlicher Verstoß festgestellt werden, ist im Einzelfall zu prüfen, ob daraus die Nichtigkeit des Rechtsgeschäfts folgt. Denn bereits der Wortlaut des § 134 BGB ordnet an, dass dies nur gilt, wenn sich aus dem Gesetz nicht ein anderes ergibt. Es bedarf daher einer Auslegung der Norm, bei der dem Telos des Verbotsgesetzes eine wesentliche Bedeutung zukommt. Die Rechtsquelle des Verbotsgesetzes ist unbeachtlich, weshalb auch Vorschriften außerhalb des BGB herangezogen werden können.

---

498 Zu einer solchen Konstellation etwa BGH, Urt. v. 02.04.1987 – III ZR 76/86, NJW-RR 1987, 1194 (1195).

499 BGH, Urt. v. 02.04.1987 – III ZR 76/86, NJW-RR 1987, 1194 (1195).

500 BGH, Urt. v. 30.04.1992 – III ZR 151/91, NJW 1992, 2021; BGH, Urt. v. 17.01.1985 – III ZR 135/83, NJW 1985, 1020; *Armbrüster*, in: MünchKomm-BGB, § 134 Rn. 58; *Fischinger/Hengstberger*, in: Staudinger BGB, § 134 Rn. 49 (Stand: 1. November 2022); *Vossler*, in: BeckOGK BGB, § 134 Rn. 51 (Stand: 1. März 2023).

501 So z.B. präzise formuliert in BGH, Urt. v. 30.04.1992 – III ZR 151/91, NJW 1992, 2021.

In Bezug auf den Vorstandsanstellungsvertrag kommen mehrere Vorschriften in Betracht, die in diesem Zusammenhang zu thematisieren sind. Zu nennen ist bspw. § 84 Abs. 1 S. 1 AktG, der eine zeitliche Höchstgrenze von fünf Jahren für die Bestellung und nach S. 5, 1. HS entsprechend auch für die Anstellung anordnet. Die Norm stellt nach ihrem Telos ein Verbotsgesetz dar, denn es soll eine längere Bindung an den Geschäftsleiter verhindert und damit das wirtschaftliche Risiko der Gesellschaft begrenzt werden.[502] Eine Anstellung und Bestellung über diesen Zeitraum hinaus hätte die Nichtigkeit des Rechtsgeschäfts zur Folge. Davon umfasst sind auch sonstige Gestaltungsmöglichkeiten, die der Umgehung der Norm dienen. Soll etwa das Anstellungsverhältnis nach Beendigung des Organamts über die Fünfjahresfrist hinaus unverändert als Arbeitsverhältnis weitergeführt werden, stellt dies eine Umgehung mit der Folge der Nichtigkeit dar.[503] In diesem Fall wird die Gesellschaft an das Vorstandsmitglied über die Höchstfrist hinaus gebunden und trägt auch weiterhin das wirtschaftliche Risiko, da die Vergütung aus dem schuldrechtlichen Rechtsverhältnis folgt. Es sind weitere Vorschriften denkbar, die als Verbotsgesetze iSd. § 134 BGB zu qualifizieren sind und somit zur Nichtigkeit des Anstellungsvertrags führen können. Beispielhaft kann § 263 StGB sowie § 266 StGB genannt werden.

In diesem Kontext ist zudem § 93 Abs. 2 S. 3 AktG zu thematisieren. Danach hat die Gesellschaft bei Abschluss einer D&O-Versicherung einen Selbstbehalt von zehn Prozent des Schadens vorzusehen. Da die Regelungen zum Versicherungsschutz im Anstellungsvertrag enthalten sind,[504] stellt sich die Frage, wie sich ein Verstoß gegen den Selbstbehalt auf Wirksamkeit des Vertrags auswirken würde. Die Norm ist im Hinblick auf ihre Ratio allerdings nicht als Verbotsgesetz iSd. § 134 BGB zu qualifizieren.[505] Zum einen handelt sich um eine Vorschrift, die das Innenverhältnis der Gesellschaft betrifft und zum anderen würde es dem Präventionszweck

---

502 BAG, Urt. v. 26.08.2009 – 5 AZR 522/08, NZA 2009, 1205 (1207); *Preis*, in: Erfurter Komm. zum Arbeitsrecht, § 611a Rn. 362; *Fischinger/Hengstberger*, in: Staudinger BGB, § 134 Rn. 223 (Stand: 1. November 2022).

503 Zu diesem Fall siehe BAG, Urt. v. 26.08.2009 – 5 AZR 522/08, NZA 2009, 1205.

504 Zu einer Musterregelung zum Versicherungsschutz *Beiner/Braun*, Der Vorstandsvertrag, Anhang B, S. 404 f.

505 *Armbrüster*, in: MünchKomm-BGB, § 134 Rn. 106; *Dauner-Lieb/Tettinger*, ZIP 2009, 1555 (1556 f.); *Kerst*, WM 2010, 594 (600 f.); *Thüsing/Traut*, NZA 2010, 140 (140 f.); dagegen *Vossler*, in: BeckOGK BGB, § 134 Rn. 163 mwN. (Stand: 1. März 2023).

widersprechen, wenn bei Fehlen eines Selbstbehalts in der D&O-Versicherung überhaupt kein Versicherungsschutz mehr bestehen würde.[506]

b) § 313 BGB

§ 313 BGB kann ebenfalls Bedeutung erlangen. Die Norm ermöglicht bei Vorliegen ihrer Voraussetzungen eine Vertragsanpassung oder, wenn eine Anpassung nicht möglich ist, einen Rücktritt vom Vertrag. Ratio der Vorschrift ist es, aus Gründen der Vertragsgerechtigkeit das Risiko eines Auseinanderfallens von Wirklichkeit und Vorstellung auf die Vertragspartner zu verteilen.[507] Zur Begründung des Anspruchs muss ein reales, ein hypothetisches und ein normatives Element vorliegen. § 313 BGB ist jedoch auf Ausnahmefälle beschränkt und bedarf stets einer Bewertung im Einzelfall, da es sich um eine Abweichung vom Grundsatz pacta sunt servanda handelt.

Als Beispiel für eine Störung der Geschäftsgrundlage wäre an eine Vereinbarung im Anstellungsvertrag zu denken, wonach das Vorstandsmitglied eine bestimmte Anzahl von Anteilen an der Aktiengesellschaft in bestimmten zeitlichen Abständen zum jeweiligen Kurs zu erwerben hat. Ähnlich wie bei Mitarbeiterbeteiligungen würde sich dies anbieten, um es langfristig an das Unternehmen zu binden. Grds. ist das Risiko einer Kurssteigerung und damit einer Preiserhöhung vom Geschäftsleiter zu tragen. Allerdings kann im Ausnahmefall bei einer exorbitanten Kurssteigerung eine sog. Äquivalenzstörung vorliegen.[508] Verändern außergewöhnliche und unvorhergesehene Umstände den Kurs derart, dass es nicht mehr den erwartbaren Schwankungen entspricht, erfordert die Vertragsgerechtigkeit, dass die Parteien das Vertragsrisiko gemeinsam zu tragen haben. Allerdings muss es sich hierbei um den Ausnahmefall handeln.

---

506 *Armbrüster*, in: MünchKomm-BGB, § 134 Rn. 229; *Dauner-Lieb/Tettinger*, ZIP 2009, 1555 (1556 f.); *Kerst*, WM 2010, 594 (600).

507 Vgl. nur *Finkenauer*, in: MünchKomm-BGB, § 313 Rn. 2.

508 Eine ähnliche Vereinbarung wird von *Finkenauer*, in: MünchKomm-BGB, § 313 Rn. 207 angeführt. Bei dieser verpflichtet sich ein Darlehensnehmer zur Rückzahlung derjenigen Summe, die zum Erwerb eines bestimmten Aktiendepots erforderlich ist, wobei es in der Zwischenzeit zu einer exorbitanten Aktienkurssteigerung kommt. Aufgrund der Risikozurechnung wird eine Anpassung allerdings angezweifelt. Dies kann jedoch nur insoweit gelten, als die Kurssteigerung nicht auf völlig vorhersehbaren Umständen beruht, die in keine Risikosphäre fallen.

Im Zusammenhang mit § 313 BGB stellt sich die Frage nach seinem Verhältnis zu § 87 Abs. 2 S. 1 AktG. Letzterer ermöglicht die Herabsetzung der Vorstandsbezüge, wenn sich die Lage der Gesellschaft nach der Festsetzung so verschlechtert hat, dass die Weitergewährung unbillig wäre. Es handelt sich um einen Sonderfall von § 313 BGB.[509] Eine Herabsetzung ist danach unter erheblich erleichterten Voraussetzungen möglich, da anstelle einer *schwerwiegenden* Geschäftsgrundlagenänderung und einer *unzumutbaren* Vertragsfortführung eine bloße *Verschlechterung* der wirtschaftlichen Lage sowie eine *Unbilligkeit* der Vergütungszahlung ausreichend ist.[510] Die beiden Regelungskomplexe schließen sich allerdings nicht vollständig aus. Eine Störung der Geschäftsgrundlage kann außerhalb des Anwendungsbereichs des § 87 Abs. 2 S. 1 AktG in Betracht kommen. Dies kann der Fall sein, wenn dem Vorstand im Rahmen einer Transaktion Sonderprämien von einem Anteilseigner gezahlt werden, um seine zusätzliche Mehrbelastung auszugleichen und dadurch die Gesamtvergütung des Vorstands als nicht mehr angemessen anzusehen ist.[511] Eine Anpassung über § 87 Abs. 2 AktG scheidet in dieser Konstellation aus, da sich die Lage der Gesellschaft nicht verschlechtert hat. Sie kann daher nur über § 313 Abs. 1 BGB stattfinden. Jedoch muss auch hier eine Interessenabwägung durchgeführt werden und die Anwendung auf Extremfälle beschränkt bleiben. Als Richtwert für die Annahme einer Störung der Geschäftsgrundlage kann etwa eine Verdoppelung der Jahresgesamtbezüge, bestehend aus fester und variabler Vergütung, angenommen werden.[512]

III. Zwischenergebnis

Die Anwendbarkeit der allgemeinen Vorschriften neben der AGB-rechtlichen Inhaltskontrolle ist teilweise anerkannt. Sie ist als nicht abschließen-

---

509 *Wittuhn/Hamann*, ZGR 2009, 847 (852); *Martens*, in: BeckOGK BGB, § 313 Rn. 93.2 (Stand: 15. April 2023); *Spindler*, in: MünchKomm-AktG-ARUGII, § 87 Rn. 165; *Weller*, NZG 2010, 7 (9).

510 *Martens*, in: BeckOGK BGB, § 313 Rn. 93.2 (Stand: 15. April 2023); *Weller*, NZG 2010, 7 (9); im Ergebnis ebenso *Spindler*, in: MünchKomm-AktG-ARUGII, § 87 Rn. 165.

511 *Kirchner/Iversen*, NZG 2008, 921 (925 f.); ebenso vertreten von *Martens*, in: BeckOGK BGB, § 313 Rn. 93.2 (Stand: 15. April 2023).

512 *Kirchner/Iversen*, NZG 2008, 921 (925).

des Regelungssystem zu qualifizieren.[513] Andere Vorschriften finden daneben Anwendung, soweit sie einen anderen Schutzansatz verfolgen.[514] Es erscheint eine Anfechtung aufgrund von § 119 Abs. 1, 1. Alt. BGB bei einem Irrtum des Verwendungsgegners über den Inhalt der Klauseln möglich. Dabei ist danach zu differenzieren, ob er sich über den Inhalt überhaupt keine Gedanken macht oder er konkreten Fehlvorstellungen bzgl. einzelner Klauseln unterliegt. Allenfalls in der zweiten Konstellation kann eine Inkongruenz zwischen Erklärtem und Gewolltem angenommen werden. Die Nichtigkeit kann sich daneben aus §§ 134, 138 BGB ergeben.

Primäres Ziel war es, die Anwendung der allgemeinen Vorschriften auf Vorstandsanstellungsverträge *anstatt* der AGB-Kontrolle zu analysieren. Es wurde festgestellt, dass die Möglichkeit zur Anfechtung bei Vorliegen eines Inhaltsirrtums gem. § 119 Abs. 1, 1. Alt. BGB einen ausreichenden Schutz des Vorstandsmitglieds darstellt. § 305c Abs. 1 BGB ist dagegen umfassender, indem er überwiegend auf die Ungewöhnlichkeits- bzw. Überraschungskomponente abstellt. Allerdings ist nicht ersichtlich, weshalb das typischerweise geschäftserfahrene Vorstandsmitglied dieses Schutzes bedarf. Die Sittenwidrigkeit und damit die Nichtigkeit eines Rechtsgeschäfts gem. § 138 BGB bestimmt sich anhand sog. Sittenwidrigkeitskriterien. Hinsichtlich der Abwehr von Freiheitsbeschränkungen sind nachvertragliche Wettbewerbsverbote relevant, während im Zusammenhang mit der Absicherung anerkannter Ordnungen Schiedsabreden zu problematisieren sind. Die aus § 242 BGB folgende Ausübungskontrolle dient der Verhinderung eines Rechtsmissbrauchs bzw. einer unzulässigen Rechtsausübung. Insbesondere widersprüchliches Verhalten im Rahmen von Schiedsabreden wurde als Beispiel angeführt. Weitere Normen, die bei der Kontrolle von Vorstandsanstellungsverträgen relevant werden können, sind § 134 BGB und § 313 BGB.

---

513 *Fuchs*, in: Ulmer/Brandner/Hensen, AGB-Recht, Vor. § 307 Rn. 54; *Roloff/ Looschelders*, in: Erman BGB, Vor. § 307 Rn. 10.

514 *Fuchs*, in: Ulmer/Brandner/Hensen, AGB-Recht, Vor. § 307 Rn. 54; ähnlich auch *Wurmnest*, in: MünchKomm-BGB, Vor. § 307 Rn. 8, wonach die allgemeinen Bestimmungen insoweit anwendbar bleiben, als die Voraussetzungen, auf denen ihre Anwendbarkeit beruht, andere als die in §§ 307 ff. BGB genannten sind.

B. Analoge Anwendung von § 310 Abs. 4 S. 2, 1. HS BGB als Alternativlösung

Wendet man die AGB-Kontrolle auf Vorstandsanstellungsverträge an, anstatt eine Überprüfung anhand der allgemeinen Vorschriften durchzuführen, erscheint eine analoge Anwendung von § 310 Abs. 4 S. 2, 1. HS BGB als Alternativlösung angebracht. Die aufgezeigten Wertungswidersprüche sowie die Ratio der Norm stehen im Einklang mit diesem Ergebnis. Rechtsfolge der Analogie ist, dass die *im Gesellschaftsrecht* geltenden Besonderheiten bei der Anwendung der §§ 305 ff. BGB angemessen zu berücksichtigen sind.[515] In diesem Kapitel soll auf die Besonderheiten und ihre Auswirkungen auf den Anstellungsvertrag eingegangen werden.

I. Unterscheidung zwischen rechtlichen und tatsächlichen Besonderheiten

Besonderheiten iSd. § 310 Abs. 4 S. 2, 1. HS BGB können rechtlicher und tatsächlicher Natur sein. Rechtliche Besonderheiten sind unstreitig zu berücksichtigen. In Bezug auf Vorstandsanstellungsverträge erscheint fragwürdig, ob tatsächliche Momente ebenfalls Auswirkungen haben können. Diese Frage findet sich auch im Arbeitsrecht. Während ein Teil nur auf die rechtlichen Eigenarten abstellt,[516] spricht sich eine andere Auffassung für die zusätzliche Berücksichtigung der faktischen Besonderheiten aus.[517]

Ausgehend vom Wortlaut der Norm könnte man zu dem Schluss gelangen, dass tatsächliche Besonderheiten keine Berücksichtigung finden. § 310 Abs. 4 S. 2, 1. HS BGB spricht lediglich von den *geltenden* Besonderheiten. Man könnte daher annehmen, dass tatsächliche Umstände nicht von der Vorschrift erfasst sind, da von einer Geltung nur bei rechtlichen Momenten ausgegangen werden kann.[518] Der Wortlaut der Vorschrift wäre dementsprechend sehr eng. Allerdings lässt sich hiergegen anführen, dass

---

515 *Kort*, in: FS Karsten Schmidt zum 80. Geburtstag, S. 715 (722); im Ergebnis vergleichbar *Oetker*, in: FS Wank, S. 691 (702 f.); *Khanian*, Die Inhaltskontrolle von Organanstellungsverträgen am Beispiel des GmbH-Geschäftsführervertrags, S. 82.

516 LAG Hamm, Urt. v. 24.01.2003 – 10 Sa 1158/02, NZA 2003, 499 (501); ausführlich hierzu *Thüsing*, NZA 2002, 591; *Thüsing/Leder*, BB 2004, 42 (45).

517 BAG, Urt. v. 25.05.2005 – 5 AZR 572/04, NZA 2005, 1111 (1113); *Hanau*, NZA 2004, 625 (628); *Hanau/Hromadka*, NZA 2005, 73 (77); *Leder/Morgenroth*, NZA 2002, 952 (956 f.).

518 Als Ausgangspunkt aufgeworfen von *Khanian*, Die Inhaltskontrolle von Organanstellungsverträgen am Beispiel des GmbH-Geschäftsführervertrags, S. 92; so LAG

diese Unterscheidung in § 310 BGB nicht konsequent eingehalten wurde und ihre Aussagekraft dementsprechend eingeschränkt ist. So ist etwa nach § 310 Abs. 1, S. 2, 2. HS. BGB auf die im Handelsverkehr *geltenden Gewohnheiten und Gebräuche* angemessen Rücksicht zu nehmen. Es ist anerkannt, dass es sich bei Gewohnheiten und Gebräuchen um faktische Umstände handelt, die durch eine tatsächliche Übung entstehen.[519] Es kann daher nicht davon ausgegangen werden, dass allein aus dem Geltungsbegriff folgt, dass nur rechtliche Momente miteinzubeziehen sind. Der Wortlaut allein ist zur Bestimmung des Anwendungsbereichs nicht ausreichend.

Nach der Gesetzesbegründung sollen durch § 310 Abs. 4 S. 2, 1. HS BGB die besonderen *Bedürfnisse* eines Arbeitsverhältnisses berücksichtigt werden können.[520] Der Begriff ist weiter gefasst als derjenige der *Besonderheiten*. Der Wille des Gesetzgebers spricht somit wohl gegen eine Ausklammerung der tatsächlichen Momente.[521] Die Gesetzesbegründung legt vielmehr nahe, dass alle Interessenlagen unabhängig von einer rein formalen Rechtslage Berücksichtigung finden sollen.[522] Dies erscheint sachgerecht, da ein Arbeitsverhältnis auch durch diverse faktische Umstände geprägt ist. § 310 Abs. 4 S. 2 BGB fordert eine *angemessene* Berücksichtigung der Besonderheiten des Rechtsverhältnisses. Angemessen ist die Berücksichtigung nur, wenn rechtliche und tatsächliche Aspekte in die Interessenabwägung miteinbezogen werden.

Zuletzt spricht für die Einbeziehung der faktischen Momente, dass sie zum einen zumeist prägende Vorbedingungen sind und zum anderen eine trennscharfe Abgrenzung ohnehin kaum möglich erscheint.[523] Die Grenzen

---

Hessen, Urt. v. 07.05.2003 – 2 Sa 53/03, BeckRS 2003, 17011; *Thüsing*, NZA 2002, 591 (592 f.).

519 BGH, Urt. v. 27.10.1951 – II ZR 102/50, NJW 1952, 257 f.; *Khanian*, Die Inhaltskontrolle von Organanstellungsverträgen am Beispiel des GmbH-Geschäftsführervertrags, S. 92.

520 Begründung des Regierungsentwurfs eines Gesetzes zur Modernisierung des Schuldrechts, BT-Drucks. 14/6857, S. 54.

521 *Stoffels*, in: Wolf/Lindacher/Pfeiffer, AGB-Recht, § 310 Rn. 21; *Khanian*, Die Inhaltskontrolle von Organanstellungsverträgen am Beispiel des GmbH-Geschäftsführervertrags, S. 92; im Ergebnis ebenso BAG, Urt. v. 25.05.2005 – 5 AZR 572/04, NZA 2005, 1111 (1113); *Hanau*, NZA 2004, 625 (628); *Hanau/Hromadka*, NZA 2005, 73 (77); *Leder/Morgenroth*, NZA 2002, 952 (956 f.).

522 *Khanian*, Die Inhaltskontrolle von Organanstellungsverträgen am Beispiel des GmbH-Geschäftsführervertrags, S. 92.

523 *Stoffels*, in: Wolf/Lindacher/Pfeiffer, AGB-Recht, § 310 Rn. 21; ähnlich auch *Khanian*, Die Inhaltskontrolle von Organanstellungsverträgen am Beispiel des GmbH-Geschäftsführervertrags, S. 93 f.; *Hanau*, NZA 2004, 625 (628).

von tatsächlichen und rechtlichen Besonderheiten verschwimmen. Eine isolierte Betrachtung der beiden Komponenten scheint daher nicht nur unzweckmäßig, sondern auch unnatürlich.

II. Prägende Grundsätze des Vorstandsanstellungsvertrags

Nachdem herausgearbeitet wurde, dass sowohl rechtliche als auch tatsächliche Momente im Rahmen von § 310 Abs. 4 S. 2, 1. HS BGB Bedeutung erlangen können, ist zu analysieren, welche gesellschaftsrechtlichen Besonderheiten bei der Anwendung der §§ 305 ff. BGB auf Vorstandsanstellungsverträge zu berücksichtigen sind. Es kann dabei kein abschließender Überblick gegeben werden. Vielmehr sollen die allgemeinen Grundsätze dargestellt werden, die das Anstellungsverhältnis prägen.[524] Anschließend findet eine beispielhafte Erläuterung einzelner Besonderheiten statt.

1. Höchstpersönlichkeit der Leistungserbringung

Der Vorstandsanstellungsvertrag ist als Dienstvertrag zu qualifizieren und richtet sich nach den §§ 611 ff., 675 BGB. Gem. § 613 S. 1 BGB hat der zur Dienstleistung Verpflichtete die Dienste in Person zu leisten. Die Dienstleistung ist somit höchstpersönlich. Der Verpflichtete hat die geschuldete Dienstleistung in seiner Person zu erbringen und darf sich keiner anderen Personen bedienen.[525]

Die Höchstpersönlichkeit ist eine Besonderheit des Vorstandsanstellungsvertrags.[526] Zwar findet der Grundsatz auch auf andere Dienstverträge iSd. § 611 BGB Anwendung, allerdings ist die höchstpersönliche Leistungserbringung die Ausnahme im Zivilrecht. Etwas anderes kann sich nur aus dem Gesetz, einer Vereinbarung oder dem Wesen des

---

524 Die folgenden Ausführungen sind angelehnt an *Khanian*, Die Inhaltskontrolle von Organanstellungsverträgen am Beispiel des GmbH-Geschäftsführervertrags, S. 94 ff., der in seinem Werk die Besonderheiten des Geschäftsführerdienstvertrags darstellt. Geprägt wird das Rechtsverhältnis danach vor allem durch die Höchstpersönlichkeit der Dienstpflicht, der Verflechtung zwischen Dienstherrn und Dienstnehmer sowie dem Vorliegen einer Schicksalsgemeinschaft.

525 *Maties*, in: BeckOGK BGB, § 613 Rn. 16 (Stand: 1. Juni 2023); *Müller-Glöge*, in: MünchKomm-BGB, § 613 Rn. 2; *Fischinger*, in: Staudinger BGB, § 613 Rn. 3 f.

526 Entsprechend für den GmbH-Geschäftsführers *Khanian*, Die Inhaltskontrolle von Organanstellungsverträgen am Beispiel des GmbH-Geschäftsführervertrags, S. 96 f.

Schuldverhältnisses ergeben.[527] Derartige Vorschriften sind etwa §§ 27 Abs. 3 S. 1, 664 Abs. 1 S. 1 BGB für den Vereinsvorstand sowie iVm. § 713 BGB für den geschäftsführenden Gesellschafter.[528] Bei diesen Rechtsverhältnissen ist ein ausgeprägtes Vertrauensverhältnis ebenfalls besonders charakteristisch.[529] Ansonsten gilt gem. § 267 Abs. 1 BGB der Grundsatz, dass auch ein Dritter – ohne Einwilligung des Schuldners – die Leistung bewirken kann.

Zudem gilt zu beachten, dass es sich bei der Höchstpersönlichkeit auch im Verhältnis zu den §§ 305 ff. BGB um eine Besonderheit handelt. Die AGB-Vorschriften sind auf schuldrechtliche Austauschverträge zugeschnitten, bei denen der Leistungsaustausch im Vordergrund steht. Die Person, die die Leistung bewirkt, ist in aller Regel nicht von besonderem Belang. Anders ist dies bei Vorstandsanstellungsverträgen, bei denen neben den Leistungsaustausch ein besonders ausgeprägtes Vertrauensverhältnis tritt, dem insbesondere die Gesellschaft ein hohes Interesse beimisst. Es soll kein Dritter für das Unternehmen tätig werden, sondern das bestellte Organ. Die Höchstpersönlichkeit ist folglich eine gesellschaftsrechtliche Besonderheit, die im Rahmen von § 310 Abs. 4 S. 2, 1. HS BGB zu berücksichtigen ist.

2. Enge Verbundenheit von Gesellschaft und Vorstand

Ein weiterer prägender Grundsatz des Vorstandsanstellungsvertrags ist die enge Verbundenheit von Gesellschaft und Vorstand.[530] Ein Organmitglied wird in starkem Maße mit dem von ihm geführten Unternehmen gleichgesetzt, weshalb die Leistungen und Tätigkeiten der Gesellschaft im Wesentlichen ihm zugeschrieben werden.[531] Das Organmitglied repräsentiert das Unternehmen, die geschäftlichen Beziehungen konzentrieren sich auf seine Person.[532] Dies folgt unter anderem aus der autonomen Leitungsautonomie des Vorstands gem. § 76 Abs. 1 AktG. Hinzu kommt, dass ein besonders ausgeprägtes Vertrauensverhältnis zwischen den Parteien ebenfalls Charak-

---

527 *Krüger*, in: MünchKomm-BGB, § 267 Rn. 4; *Bittner/Kolbe*, in: Staudinger BGB, § 267 Rn. 4.

528 Dazu und für weitere Beispiele *Bittner/Kolbe*, in: Staudinger BGB, § 267 Rn. 4; *Krüger*, in: MünchKomm-BGB, § 267 Rn. 5.

529 *Krüger*, in: MünchKomm-BGB, § 267 Rn. 4.

530 Zum GmbH-Geschäftsführer siehe *Khanian*, Die Inhaltskontrolle von Organanstellungsverträgen am Beispiel des GmbH-Geschäftsführervertrags, S. 97 f.

531 BGH, Urt. v. 26.03.1984 – II ZR 229/83, NJW 1984, 2366.

532 BGH, Urt. v. 26.03.1984 – II ZR 229/83, NJW 1984, 2366 f.

teristikum des Gesellschaftsrechts ist. Im Gegensatz dazu verfolgen die Parteien bei Austauschverträgen gegenläufige Interessen. Ein besonderes Vertrauensverhältnis ist in aller Regel nicht vorhanden. Auswirkungen der Verbundenheit ergeben sich insbesondere auf die AGB-Kontrolle von Wettbewerbsverboten, da hier das besondere Vertrauen Bedeutung erlangen kann.

3. Wohl und Wehe

Zudem ist zu berücksichtigen, dass Gesellschaft und Vorstand nicht nur eng miteinander verbunden sind, sondern die Parteien teilweise auch in wirtschaftlicher Hinsicht voneinander abhängig sind.[533] Auf der einen Seite steht die Gesellschaft. Der variable Teil der Vergütung des Vorstands ist vom Erreichen festgelegter wirtschaftlicher Ziele abhängig. Erfolg des Unternehmens und Höhe des Gehalts sind miteinander verbunden, woraus sich eine wirtschaftliche Abhängigkeit ergibt. Zudem gilt es zu beachten, dass der Erfolg bzw. Misserfolg des Unternehmens zu einem wesentlichen Teil dem Vorstand zugeschrieben wird. Die Leitungsfunktion bei einer wirtschaftlich florierenden Gesellschaft wirkt sich somit – durch eine Steigerung der Reputation – positiv auf das einzelne Vorstandsmitglied aus. Auf der anderen Seite steht der Vorstand. Aus der autonomen Leitungsbefugnis folgt, dass die unternehmerischen Entscheidungen auf seiner Ebene getroffen werden. In der Regel sind sie für die Entwicklung des Unternehmens und damit den wirtschaftlichen Erfolg von zentraler Bedeutung. Eine Abhängigkeit besteht somit auch in diesem Verhältnis. Sie wirkt sich einerseits auf das einzelne Vorstandsmitglied aus, indem bei Erreichen der wirtschaftlichen Ziele ein höheres Gehalt gezahlt wird. Andererseits wird es aufgrund der Abhängigkeit bzw. Verbundenheit in Extremsituationen eher als bspw. ein Arbeitnehmer einen Leistungsverzicht akzeptieren, um die Erholung des Unternehmens sicherzustellen.[534]

An einer vergleichbaren wirtschaftlichen Abhängigkeit fehlt es bei Austauschverträgen. In diesem Verhältnis stehen sich wirtschaftlich unabhängige Vertragspartner gegenüber. Dem Grundsatz pacta sunt servanda kommt daher elementare Bedeutung zu.

---

533 Entsprechend *Khanian*, Die Inhaltskontrolle von Organanstellungsverträgen am Beispiel des GmbH-Geschäftsführervertrags, S. 98 ff.

534 *Khanian*, Die Inhaltskontrolle von Organanstellungsverträgen am Beispiel des GmbH-Geschäftsführervertrags, S. 99.

III. Beispielhafte Erläuterung einzelner Besonderheiten

Die vorstehenden Grundsätze sind gesellschaftsrechtliche Besonderheiten, die den Anstellungsvertrag prägen. Sie sind bei der Anwendung der AGB-Kontrolle in angemessener Weise zu berücksichtigen. Nachfolgend wird beispielhaft erläutert, wie sie sich im Einzelnen auswirken können.

Auf die Höchstpersönlichkeit wurde bereits im Zusammenhang mit § 309 Nr. 6 BGB eingegangen. Nach der Norm ist die AGB-rechtliche Festlegung einer Vertragsstrafe grds. unwirksam. Aufgrund der Höchstpersönlichkeit des Anstellungsverhältnisses ist eine solche im Vorstandsanstellungsvertrag ausnahmsweise zulässig. Andernfalls würde § 888 Abs. 3 ZPO gelten mit der Folge, dass die zwangsvollstreckungsrechtlichen Vorschriften im Fall der Verurteilung von Diensten aus einem Dienstvertrag nicht zur Anwendung kommen. Um der dienstberechtigten Aktiengesellschaft eine Handhabe bei Nichtleistung des Vorstandsmitglieds einzuräumen, muss ihr die Möglichkeit gegeben werden, wirksam eine Vertragsstrafe festzulegen.

Eine weitere Besonderheit ist die enge Verbundenheit von Gesellschaft und Geschäftsleiter. Sie wirkt sich vor allem auf den Zeitraum nach Beendigung der Anstellung bzw. Bestellung aus. Organmitglieder repräsentieren in starkem Maß das Unternehmen, bei dem sie beschäftigt sind. Hierdurch sind sie in der Lage, in den Kundenkreis der Gesellschaft einzudringen und dadurch Geschäftspartner abzuwerben bzw. Bezugsquellen des Unternehmens auszunutzen, wodurch eine Konkurrenztätigkeit eine erhebliche Gefahr eines Schadenseintritts begründet und damit auch die nachwirkenden Treuepflichten weiter gehen müssen.[535] Um diesen Gefahren vorzubeugen, enthalten Vorstandsanstellungsverträge in aller Regel Wettbewerbsverbote für die Zeit nach Beendigung des Vorstandsamt, da das gesetzliche Wettbewerbsverbot nach § 88 AktG ab diesem Moment nicht mehr greift.[536] Die enge Verbundenheit von Unternehmen und Vorstand ist als gesellschaftsrechtliche Besonderheit bei der AGB-Kontrolle von Wettbewerbsverbotsklauseln zu berücksichtigen. Es kann daher eine Modifikation des

---

535 BGH, Urt. v. 26.03.1984 – II ZR 229/83, NJW 1984, 2366 f.; *Cahn*, in: Kölner Kommentar zum Aktiengesetz, § 88 Rn. 33 ff..
536 BGH, Urt. v. 26.03.1984 – II ZR 229/83, NJW 1984, 2366 f.; nachvertragliche Wettbewerbsverbotsklauseln werden in Teil Zwei der Untersuchung behandelt, weshalb an dieser Stelle lediglich allgemeine Ausführungen erfolgen. Für Einzelheiten siehe Zweiter Teil § 3.

AGB-Rechts bei der Frage nach den adäquaten Mittel zur Sicherung der Interessen der Gesellschaft geboten sein.[537]

Die wirtschaftliche Abhängigkeit der Vertragsparteien wirkt sich z.B. auf § 308 Nr. 4 BGB aus. Bei der Norm handelt es sich um ein Klauselverbot mit Wertungsmöglichkeit, das einen einseitigen Änderungsvorbehalt in AGB für unwirksam erklärt. Bei Austauschverträgen entspricht die Regelung den Bedürfnissen der Parteien. Dort steht primär der Leistungsaustausch zu den ausgehandelten Vertragsbedingungen im Vordergrund. Eine einseitige Änderungsbefugnis würde meist einen der Vertragspartner benachteiligen. Anders ist dies im Verhältnis von Vorstand und Gesellschaft. Das Rechtsverhältnis ist auf einen längeren Zeitraum angelegt und führt zur wirtschaftlichen Abhängigkeit der Parteien. Ein Festhalten am vertraglich Vereinbarten – vor allem in Extremfällen – entspricht regelmäßig nicht den Parteiinteressen. Dies verdeutlicht § 87 Abs. 2 S.1 AktG, wonach der Aufsichtsrat die Bezüge des Vorstands auf die angemessene Höhe herabsetzen soll, wenn sich die Lage der Gesellschaft so verschlechtert, dass die Weitergewährung der Bezüge unbillig für die Gesellschaft wäre. Ähnlich ist auch die Empfehlung G.11 S.1 DCGK zu deuten, nach welcher der Aufsichtsrat die Möglichkeit haben soll, außergewöhnlichen Entwicklungen in angemessenem Rahmen Rechnung zu tragen. Es handelt sich um Vorgaben, die mit § 308 Nr. 4 BGB schwer vereinbar sind. Vielmehr führt die wirtschaftliche Abhängigkeit dazu, dass in besonderen Lagen ein Verzicht auf bestimmte Leistungen akzeptiert wird, um die Erholung des Unternehmens sicherzustellen.[538] Es handelt sich um eine gesellschaftsrechtliche Besonderheit, die im Rahmen der AGB-Kontrolle und insbesondere bei der Anwendung von § 308 Nr. 4 BGB zu berücksichtigen ist. Wenn schon eine gesetzliche Anpassungsmöglichkeit besteht, muss sie erst recht bei entsprechender vertraglicher Vereinbarung Geltung beanspruchen können.

C. Zwischenergebnis

Es erscheint vorzugswürdig, Vorstandsanstellungsverträge alternativ zu den geltenden §§ 307 ff. BGB anhand der allgemeinen Grundsätze auf ihre Angemessenheit hin zu überprüfen. Sie gewährleisten einen ausreichenden

---

537 Ähnlich auch Geschäftsführerdienstvertrag *Khanian*, Die Inhaltskontrolle von Organanstellungsverträgen am Beispiel des GmbH-Geschäftsführervertrags, S. 98.

538 Vgl. *Khanian*, Die Inhaltskontrolle von Organanstellungsverträgen am Beispiel des GmbH-Geschäftsführervertrags, S. 99.

Schutz und vermeiden Wertungswidersprüche, die sich aus der Anwendung der AGB-Kontrolle ergeben.

Die Anwendbarkeit der allgemeinen Vorschriften *neben* der AGB-rechtlichen Inhaltskontrolle ist in der Literatur teilweise anerkannt. Sie wurde in einem ersten Schritt herausgearbeitet, um ihren rechtlichen Rahmen abzustecken und die Unterschiede zur Anwendung der allgemeinen Vorschriften *anstatt* der AGB-Kontrolle zu verdeutlichen. Bzgl. letzterer wurde festgestellt, dass die Möglichkeit zur Anfechtung bei Vorliegen eines Inhaltsirrtums nach § 119 Abs. 1, 1. Alt. BGB einen ausreichenden Schutz darstellt. § 305c Abs. 1 BGB geht dagegen weiter, indem er überwiegend auf die Ungewöhnlichkeits- bzw. Überraschungskomponente abstellt. Es ist nicht ersichtlich, weshalb das Vorstandsmitglied dieses Schutzes bedarf. Zur Beurteilung einer evtl. Sittenwidrigkeit des Anstellungsvertrags gem. § 138 BGB kann auf sog. Sittenwidrigkeitskriterien zurückgegriffen werden. Hinsichtlich der Abwehr von Freiheitsbeschränkungen sind nachvertragliche Wettbewerbsverbote relevant, während im Zusammenhang mit der Absicherung anerkannter Ordnungen Schiedsabreden zu problematisieren sind. Die aus § 242 BGB folgende Ausübungskontrolle dient der Verhinderung eines Rechtsmissbrauchs bzw. einer unzulässigen Rechtsausübung. Insbesondere widersprüchliches Verhalten im Rahmen von Schiedsabreden wurde als Beispiel angeführt. Weitere Normen zur Kontrolle sind § 134 BGB und § 313 BGB.

Wendet man die AGB-Kontrolle auf Vorstandsanstellungsverträge an, erscheint eine analoge Anwendung von § 310 Abs. 4 S. 2, 1. HS BGB als Alternativlösung angebracht. Die aufgezeigten Wertungswidersprüche sowie die Ratio der Norm stehen im Einklang mit diesem Ergebnis. Rechtsfolge der Analogie ist, dass die *im Gesellschaftsrecht* geltenden rechtlichen und tatsächlichen Besonderheiten bei der Anwendung der §§ 305 ff. BGB angemessen zu berücksichtigen sind.[539] Wesentliche Bedeutung kommt den allgemeinen Grundsätzen zu, die das Anstellungsverhältnis prägen. Diese sind die Höchstpersönlichkeit der Leistungserbringung, die enge Verbundenheit sowie die wirtschaftliche Abhängigkeit von Gesellschaft und Vorstand. Sie können dazu führen, dass etwa Vertragsstrafeklauseln oder Änderungsvorbehalte entgegen § 309 Nr. 6 BGB bzw. § 308 Nr. 4 BGB zulässig sind.

---

539 *Kort*, in: FS Karsten Schmidt zum 80. Geburtstag, S. 715 (722); im Ergebnis vergleichbar *Oetker*, in: FS Wank, S. 691 (702 f.); *Khanian*, Die Inhaltskontrolle von Organanstellungsverträgen am Beispiel des GmbH-Geschäftsführervertrags, S. 82 für den Anstellungsvertrag des GmbH-Geschäftsführers.

Zweiter Teil. Anwendung auf typische Klauseln

§ 1 Hinführung und Überblick

Nachdem im ersten Teil herausgearbeitet wurde, dass die Anwendung der AGB-Kontrolle auf Vorstandsanstellungsverträge abzulehnen ist und eine Überprüfung anhand der allgemeinen Vorschriften vorzugswürdig erscheint, soll dieses Ergebnis im zweiten Teil der Untersuchung überprüft werden. Für diesen Zweck sollen die erarbeiteten Grundsätze auf drei verschiedene Klauselarten angewendet werden. Aufgrund ihrer Praxisrelevanz werden Schiedsklauseln, nachvertragliche Wettbewerbsverbote sowie Clawback-Klauseln herangezogen. Für jede Klauselart wird zunächst die Möglichkeit ihrer vertraglichen Gestaltung aufgezeigt. Anschließend findet eine Analyse der rechtlichen Zulässigkeit anhand der allgemeinen – gesellschafts- und zivilrechtlichen – Normen statt. Im letzten Schritt wird die AGB-Kontrolle der Klauseln aufgezeigt.

§ 2 Schiedsklauseln

Das schiedsrichterliche Verfahren ist in den §§ 1025 ff. ZPO geregelt. Schiedsvereinbarungen ermöglichen den Parteien eine Streitentscheidung unabhängig von staatlichen Gerichten. Entsprechend den vorstehenden Ausführungen soll zunächst auf die verschiedenen Regelungsmöglichkeiten eingegangen werden. Anschließend ist es das Ziel der Analyse, Schiedsabreden auf ihre Zulässigkeit sowohl bzgl. der allgemeinen Vorschriften als auch in AGB-rechtlicher Hinsicht zu untersuchen und die aufgefundenen Ergebnisse zu vergleichen bzw. zu werten.

A. Schiedsfähige Ansprüche und Regelungsmöglichkeiten von Schiedsabreden

I. Bedeutung von Schiedsabreden

In der gesellschaftsrechtlichen Praxis kommt Schiedsabreden eine hohe Bedeutung zu. Dies folgt aus den Vorteilen, die solche Vereinbarungen mit sich bringen. Im Vordergrund stehen vor allem die Geheimhaltung und die Vertraulichkeit, die durch solche Klauseln erreicht werden können.[540] Die Gefahr eines Reputationsverlustes durch ein öffentliches Verfahren bzw. das Bekanntwerden von Unternehmensinterna ist deutlich geringer, wenn die Parteien den Rechtsstreit unabhängig von staatlichen Gerichten führen.[541] Daneben besteht durch die freie Wahl der Schiedsrichter die Möglichkeit, Personen mit besonderer Sachkompetenz in dem jeweiligen Fachgebiet zu bestimmen, die bei einem Richter der ordentlichen Gerichtsbarkeit nicht zwangsläufig gegeben sein muss.[542] Damit kann auch eine größere Akzeptanz des Schiedsspruchs einhergehen, da sich die Parteien auf die Personen verständigt haben, auch wenn nicht zu vernachlässigen ist, dass die Schwierigkeit in der Auswahl liegt. Meist wird ein Schiedsverfahren aufgrund seiner geringeren Kosten und der schnelleren Verfahrensdauer gewählt,[543] was jedoch nicht zwingend der Fall sein muss.[544] Aufgrund des Fehlens eines umfassenden Instanzenzugs wird dies allerdings in aller Regel bejaht werden können.

II. Schiedsfähigkeit von Ansprüchen

Die Schiedsfähigkeit von Ansprüchen bestimmt sich nach § 1030 ZPO. Grds. kann jeder vermögensrechtliche Anspruch Gegenstand einer Schiedsvereinbarung sein. Der Begriff des Anspruchs ist dabei nicht materiellrechtlich, sondern prozessual wie der Streitgegenstandsbegriff zu verstehen, sodass auch sonstige subjektive Rechte durch Feststellungs- und Gestal-

---

540 *Münch*, in: MünchKomm-ZPO, Vor. § 1025 Rn. 115 ff.; *Geimer*, in: Zöller, ZPO, Vor. § 1025 Rn. 6; *Voit*, in: Musielak/Voit, § 1025 Rn. 2.

541 So auch *Herresthal*, ZIP 2014, 345.

542 *Münch*, in: MünchKomm-ZPO, Vor. § 1025 Rn. 119; *Geimer*, in: Zöller, ZPO, Vor. § 1025 Rn. 6; *Voit*, in: Musielak/Voit, § 1025 Rn. 2.

543 *Herresthal*, ZIP 2014, 345; *Geimer*, in: Zöller, ZPO, Vor. § 1025 Rn. 6; *Voit*, in: Musielak/Voit, § 1025 Rn. 2.

544 Dazu *Münch*, in: MünchKomm-ZPO, Vor. § 1025 Rn. 115 ff.

tungsklagen geltend gemacht werden können.[545] Vermögensrechtlich sind alle Ansprüche und Rechtsverhältnisse, die aus Vermögensrechten abgeleitet werden, sowie solche aus nichtvermögensrechtlichen Verhältnissen, die eine vermögenswerte Leistung zum Gegenstand haben.[546]

Ausgehend hiervon kann zwischen Schiedsvereinbarungen über Streitigkeiten aus dem Anstellungsvertrag und aus der Organstellung unterschieden werden.[547] In die erste Kategorie fallen etwa Ansprüche des Vorstandsmitglieds auf Zahlung der festen bzw. variablen Vergütung oder Streitigkeiten über die Wirksamkeit einer Kündigung. Eine Streitigkeit aus der Organstellung ist dagegen im Fall der Organhaftung anzunehmen. Hauptanwendungsfall ist der Schadensersatzanspruch gem. § 93 Abs. 2 S. 1 AktG bei Vorliegen einer Pflichtverletzung durch das Vorstandsmitglied. Er ist vermögensrechtlicher Natur und somit gem. § 1030 Abs. 1 S. 1 ZPO schiedsfähig.[548] Daneben sind weitere Ansprüche von der Norm erfasst, die ebenfalls als vermögensrechtlich einzustufen sind.[549]

III. Regelung der Schiedsabrede

1. Individualrechtliche Schiedsabreden

Schiedsabreden können auf verschiedene Art getroffen werden. Grds. ist dabei zu beachten, dass die Formvorschrift des § 1031 ZPO eingehalten wird. Aus der Norm ergibt sich, dass die Schiedsvereinbarung entweder in einem von den Parteien unterzeichneten Dokument oder in einer anderen Form enthalten sein muss, die einen Nachweis über die Vereinbarung sicherstellt. Bei der Schiedsvereinbarung handelt es sich um einen Prozessvertrag, der als rechtlich selbständig und unabhängig von dem jeweiligen

---

545 *Münch*, in: MünchKomm-ZPO, § 1030 Rn. 13.
546 BGH, Urt. v. 27.02.1954 – II ZR 17/53, NJW 1954, 833; *Münch*, in: MünchKomm-ZPO, § 1030 Rn. 13.
547 Zu dieser Unterscheidung *Beiner/Braun*, Der Vorstandsvertrag, S. 326 ff.
548 *Bauer/Arnold/Kramer*, AG 2014, 677 (681); *Habersack/Wasserbäch*, AG 2016, 2 (12); *Herresthal*, ZIP 2014, 345 (346); *Spindler*, in: FS Baums, S. 1205 (1206).
549 Siehe hierzu *Herresthal*, ZIP 2014, 345 (346); davon abzugrenzen ist die Frage, inwiefern das Organverhältnis selbst Gegenstand einer Schiedsvereinbarung sein kann. Die überwiegende Meinung lehnt dies ab und führt insbesondere an, dass hierdurch ein viertes Organ geschaffen wird, was mit der rechtlich zwingenden Ausgestaltung des Organisationsstatus einer Aktiengesellschaft nicht zu vereinbaren ist; im Einzelnen *Bauer/Arnold/Kramer*, AG 2014, 677 (681 f.); *Habersack/Wasserbäch*, AG 2016, 2 (10 ff.).

Hauptvertrag zu qualifizieren ist, was sich § 1040 Abs. 1 S. 2 ZPO ergibt.[550] Aufgrund dessen kann die Abrede entweder im Anstellungsvertrag selbst oder separat und unabhängig hiervon getroffen werden. Aus Praktikabilitätsgründen wird sie jedoch im Dienstvertrag enthalten sein. Folge hiervon ist, dass die Abrede der AGB-Kontrolle unterliegt, denn der Vorstandsanstellungsvertrag erfüllt alle Voraussetzungen des § 305 Abs. 1 S. 1 BGB.

2. Statutarische Schiedsabreden

Eine Schiedsabrede kann auch statutarisch getroffen werden,[551] indem sie in die Satzung der Aktiengesellschaft aufgenommen wird. Dies folgt aus § 1066 ZPO. Die Norm ordnet an, dass die Vorschriften des zehnten Buches auch auf solche Schiedsgerichte Anwendung finden, die nicht auf Vereinbarung beruhender Verfügung angeordnet werden. Statutarische Schiedsabreden sind von der Norm erfasst.[552] Es liegt kein Verstoß gegen § 23 Abs. 5 AktG vor, soweit es sich lediglich um eine ergänzende Bestimmung handelt, das Gesetz also nicht die Geltendmachung etwaiger Streitigkeiten vor den staatlichen Gerichten vorschreibt.[553]

Obwohl das Vorstandsmitglied nicht an der Fassung der Satzung beteiligt ist, wird es hierdurch gebunden und der Schiedsabrede unterworfen. Dies darf allerdings nicht ohne den Willen des Geschäftsleiters erfolgen. Da es diesbzgl. an einer korrespondierenden Vereinbarung fehlt, muss die Bindung auf andere Weise begründet werden. Sie folgt daraus, dass sich das Vorstandsmitglied durch die Annahme der organschaftlichen Bestellung der korporativen Bindung durch die Satzung insoweit unterwirft,[554] als durch das Gesetz, etwaige Gesellschafterbeschlüsse und der Satzung

---

550 *Schwab/Walter*, in: Schwab/Walter, Schiedsgerichtsbarkeit, Kap. 4 Rn. 16; *Münch*, in: MünchKomm-ZPO, § 1040 Rn. 8; *Voit*, in: Musielak/Voit, § 1040 Rn. 4; *Geimer*, in: Zöller, ZPO, § 1040 Rn. 3.

551 BGH, Urt. v. 04.07.1951 – II ZR 117/50, BeckRS 1951, 31203937; *Bauer/Arnold/Kramer*, AG 2014, 677 (681); *Habersack/Wasserbäch*, AG 2016, 2 (3 ff.); *Herresthal*, ZIP 2014, 345 (347).

552 *Münch*, in: MünchKomm-ZPO, § 1066 Rn. 11; *Voit*, in: Musielak/Voit, § 1066 Rn. 7; *Geimer*, in: Zöller, ZPO, § 1066 Rn. 2.

553 *Bauer/Arnold/Kramer*, AG 2014, 677 (682); *Habersack/Wasserbäch*, AG 2016, 2 (12); *Herresthal*, ZIP 2014, 345 (347); *Spindler*, in: FS Baums, S. 1205 (1207).

554 *Spindler*, in: FS Baums, S. 1205 (1207); *Habersack/Wasserbäch*, AG 2016, 2 (7); *Herresthal*, ZIP 2014, 345 (347).

selbst sein Handlungsrahmen bestimmt wird.[555] Kommt es allerdings zu einer nachträglichen Änderung der Schiedsabrede oder wird eine solche erst nach der Bestellung des Vorstandsmitglieds mittels Satzungsänderung gemäß den §§ 179 ff. AktG getroffen, stellt sich die Frage, ob auch in diesem Fall eine Bindungswirkung begründet werden kann. In dieser Konstellation liegt der organschaftliche Akt der Bestellung bzw. die Annahme durch den Geschäftsleiter nämlich zeitlich vor der Festlegung der Schiedsabrede. Allerdings ist auch hier davon auszugehen, dass es zu einer Unterwerfung unter die Schiedsabrede kommt, denn aus der Organstellung als solcher folgt eine Bindung an die jeweils gültige Satzung.[556] Unabhängig davon, ob die Schiedsabrede bei Bestellung des Vorstandsmitglieds bereits in der Satzung enthalten war oder erst nachträglich durch Satzungsänderung eingefügt wurde, sind von einer solchen nur organschaftliche Streitigkeiten erfasst.[557] Aus dem Anstellungsverhältnis resultierende Ansprüche und sonstige Rechte können nicht hierunter fallen, da es an der korporationsrechtlichen Bindung fehlt.

B. Überprüfung der Zulässigkeit von Schiedsabreden anhand der allgemeinen Vorschriften

I. Ausreichender Schutz durch allgemeine Vorschriften

Nachdem die Schiedsfähigkeit von Ansprüchen sowie die beiden Regelungsmöglichkeiten von Schiedsabreden dargestellt wurden, soll im Folgenden ihre Zulässigkeit anhand der allgemeinen Vorschriften untersucht werden. Es wird dabei zwischen den Schutzmechanismen der ZPO und des BGB differenziert.

---

555 *Herresthal*, ZIP 2014, 345 (347).

556 Ebenso *Habersack/Wasserbäch*, AG 2016, 2 (9); kritisch dagegen *Spindler*, in: FS Baums, S. 1205 (1207 ff.), der anführt, ohne sich klar zu positionieren, dass sich das Vorstandsmitglied nur durch Amtsniederlegung gegen die Bindungswirkung wehren könne und es daher an der nötigen Freiwilligkeit fehle.

557 *Bauer/Arnold/Kramer*, AG 2014, 677 (681); *Habersack/Wasserbäch*, AG 2016, 2 (13); *Herresthal*, ZIP 2014, 345 (347); *Spindler*, in: FS Baums, S. 1205 (1209).

1. Schutzmechanismus der ZPO

a) Formerfordernis gem. § 1031 ZPO

aa) Telos der Vorschrift

§ 1031 ZPO regelt die Voraussetzungen an die Form der Schiedsvereinbarung. Nach Abs. 1 muss die Schiedsvereinbarung entweder in einem von den Parteien unterzeichneten Dokument oder in einer anderen Form enthalten sein, die einen Nachweis über die Vereinbarung sicherstellt. Das Schriftlichkeitserfordernis dient der Beweisfunktion und damit der Rechtssicherheit,[558] auch wenn die Parteien in aller Regel bereits von sich aus die Vereinbarung schriftlichen treffen, um im Zweifelsfall einen entsprechenden Nachweis hierüber erbringen zu können.[559] Das Schriftlichkeitserfordernis gewährleistet diesen Beweis.

§ 1031 Abs. 5 ZPO stellt eine Verschärfung der Form bei Verbraucherbeteiligung dar. Neben die Beweisfunktion treten eine Schutz- und eine Warnfunktion.[560] Es soll dem betroffenen Personenkreis vor Augen geführt werden, dass durch den Abschluss der Schiedsvereinbarung im Falle etwaiger Rechtsstreitigkeiten auf eine Entscheidung durch die staatlichen Gerichte verzichtet wird.[561] Dem Verbraucher soll die Tragweite der Abrede verdeutlicht[562] und gewährleistet werden, dass sie nicht nur versehentlich abgeschlossen wird, sondern auf einer bewussten Entscheidung beruht. Schutz- und Warnfunktion werden durch die in § 1031 Abs. 5 ZPO normierten Anforderungen sichergestellt.

bb) Anforderungen im Einzelnen

Vorstandsmitglieder sind bei Abschluss des Anstellungsvertrags als Verbraucher zu qualifizieren. Sie schließen das Rechtsgeschäft weder zu ge-

---

558 *Münch*, in: MünchKomm-ZPO, § 1031 Rn. 10; zur Beweis- bzw. Nachweisfunktion siehe auch *Geimer*, in: Zöller, ZPO, § 1031 Rn. 5; *Voit*, in: Musielak/Voit, § 1031 Rn. 1.
559 Hiervon ausgehend auch *Münch*, in: MünchKomm-ZPO, § 1031 Rn. 10.
560 *Münch*, in: MünchKomm-ZPO, § 1031 Rn. 9; *Geimer*, in: Zöller, ZPO, § 1031 Rn. 34; *Voit*, in: Musielak/Voit, § 1031 Rn. 1.
561 Vgl. nur BGH, Urt. v. 19.05.2011 – III ZR 16/11, ZIP 2011, 2223.
562 BGH, Urt. v. 24.07.2014 – III ZB 83/13, NJW 2014, 3652 (3655); *Herresthal*, ZIP 2014, 345 (352); *Münch*, in: MünchKomm-ZPO, § 1031 Rn. 9.

werblichen noch zu selbständigen beruflichen Zwecken ab. Folge der Verbraucherstellung ist gem. § 1031 Abs. 5 ZPO eine Formverschärfung. Die Norm enthält zwei Elemente, die ihre Schutz- und Warnfunktion sicherstellen sollen. Erstes Element ist das Schriftformerfordernis. Die Schiedsvereinbarung muss in einer von den Parteien eigenhändig unterzeichneten Urkunde enthalten sein. Notwendig ist die Einhaltung der Form des § 126 Abs. 1, 1. Alt BGB.[563] Die Urkunde muss eigenhändig durch Namensunterschrift unterzeichnet werden. Zweites Element der Formverschärfung ist die Eigenständigkeit der Urkunde nach § 1031 Abs. 5 S. 3, 1. HS ZPO. Danach darf die Urkunde andere Vereinbarungen als solche, die sich auf das schiedsrichterliche Verfahren beziehen, nicht enthalten. Erforderlich ist allerdings nicht, dass die Schiedsvereinbarung in einer separaten Urkunde getroffen wird. Sie kann vielmehr auf dasselbe Blatt wie der Hauptvertrag gesetzt werden, wenn gewährleistet ist, dass sie sich eindeutig von ihm absetzt und besonders unterschrieben ist.[564] Denn auch in diesem Fall ist sichergestellt, dass die beiden wesentlichen Funktionen der Norm nicht leerlaufen. Durch die räumliche Absetzung sowie die separate Unterschrift wird eine Schiedsvereinbarung „im Kleingedruckten" verhindert und der Verbraucher davor geschützt, dass er sich der Abrede ohne seine Kenntnis unterwirft.[565] Aufgrund der Vorschrift ist es etwa nicht ausreichend, dass AGB-rechtlich auf Schiedsklauseln verwiesen wird.[566] Die Urkunde muss vielmehr selbst erkennen lassen, dass die Parteien die Zuständigkeit eines Schiedsgerichts begründen wollen.[567] Sie muss jedoch nicht alle Einzelheiten zum Verfahren enthalten. Es genügt ein Verweis auf die Geltung der gesetzlichen Vorschriften oder auf ein weiteres Dokument, das spezifische Angaben enthält.[568]

---

563 *Geimer*, in: Zöller, ZPO, § 1031 Rn. 36; *Münch*, in: MünchKomm-ZPO, § 1031 Rn. 61.

564 BGH, Urt. v. 25.10.1962 – II ZR 188/61, NJW 1963, 203 (205); *Geimer*, in: Zöller, ZPO, § 1031 Rn. 36; *Münch*, in: MünchKomm-ZPO, § 1031 Rn. 67; *Voit*, in: Musielak/Voit, § 1031 Rn. 11.

565 BGH, Urt. v. 24.07.2014 – III ZB 83/13, NJW 2014, 3652 (3655); BGH, Urt. v. 13.01.2005 – III ZR 265/03, NJW 2005, 1125 (1126); *Münch*, in: MünchKomm-ZPO, § 1031 Rn. 67.

566 *Münch*, in: MünchKomm-ZPO, § 1031 Rn. 67; *Voit*, in: Musielak/Voit, § 1031 Rn. 10.

567 *Geimer*, in: Zöller, ZPO, § 1031 Rn. 37; *Voit*, in: Musielak/Voit, § 1031 Rn. 10.

568 Zu einer (unwirksamen) Schiedsklausel in einem Vorstandsanstellungsvertrag siehe OLG Hamm, Urt. v. 18.07.2007 – 8 Sch 2/07, AG 2007, 910 (911); das Gericht stellt jedoch klar, dass die rechtsgeschäftliche Einigung darüber, alle oder einzelne Streitigkeiten der Entscheidung durch ein Schiedsgericht zu unterwerfen, ausreichend ist. Der Regelung weiterer Einzelheiten bedarf es zur Annahme einer wirksamen

cc) Ausreichender Schutz des Vorstandsmitglieds

Durch die Anwendung von § 1031 Abs. 5 ZPO auf Schiedsvereinbarungen in Anstellungsverträgen ist das Vorstandsmitglied ausreichend geschützt.[569] Durch die eigenhändige Unterzeichnung der Urkunde und die Eigenständigkeit der Vereinbarung wird sichergestellt, dass es Kenntnis von der Abrede hat und sie nicht ohne seine Willen Bestandteil des Vertrags wird. Vor allem die gesonderte Unterzeichnung verdeutlicht dem Geschäftsleiter die Tragweite der Abrede. Ihm wird vor Augen geführt, dass durch den Abschluss der Schiedsvereinbarung auf eine Entscheidung durch die staatlichen Gerichte verzichtet wird. Die räumliche Absetzung verhindert eine Schiedsvereinbarung „im Kleingedruckten".

b) § 1034 Abs. 2 ZPO

Die ZPO enthält in Bezug auf das schiedsrichterliche Verfahren weitere Vorschriften, die dem Schutz der Parteien sowie der Gewährleistung eines ordnungsgemäßen Verfahrens dienen. In diesem Zusammenhang ist bspw. § 1034 ZPO zu nennen, der die Zusammensetzung des Schiedsgerichts regelt. § 1034 Abs. 1 S.1 ZPO ermöglicht es den Parteien, die Anzahl der Schiedsrichter frei zu vereinbaren. Für den Fall, dass die Parteien keine Vereinbarung getroffen haben, ist die Zahl der Schiedsrichter nach S. 2 drei. Abs. 2 der Norm enthält eine Schutzvorschrift. Sie ermöglicht einer Partei bei Gericht zu beantragen, die Schiedsrichter abweichend von der erfolgten Ernennung bzw. der vereinbarten Ernennungsregelung zu bestellen. Dies setzt voraus, dass die Schiedsvereinbarung einer Partei bei der Zusammensetzung des Schiedsgerichts ein Übergewicht gibt, durch welches die andere Seite benachteiligt wird. Die Norm bezweckt, eine Überlegenheit bei der Zusammensetzung des Schiedsgerichts zu verhindern.[570] Keiner der Parteien soll ein Übergewicht derart zukommen, dass sie auf die Ernennung des Einzelschiedsrichters oder des dritten Schiedsrichters einen größeren

---

Schiedsvereinbarung nicht, da diese durch die gesetzlichen Vorschriften ersetzt werden können.

569 So auch *Herresthal*, ZIP 2014, 345 (351).

570 Begründung des Entwurfs eines Gesetzes zur Neuregelung des Schiedsverfahrensrechts (Schiedsverfahrens-Neuregelungsgesetz-SchiedsVfG), BT-Drucks. 13/5274, S. 39.

Einfluss hat als die andere Partei.[571] Sinn und Zweck der Norm ist die Gewährleistung der Gleichheit bei der Ernennung der Schiedsrichter,[572] um zu verhindern, dass eine Partei aufgrund der Wirkung des § 1055 ZPO Richter in eigener Sache ist. Rechtsfolge ist – auf Antrag – eine Bestellung durch ein staatliches Gericht, bei der es den Grundsatz der Unparteilichkeit und Unabhängigkeit aller Schiedsrichter von Amts wegen zu beachten hat, was sich aus § 1035 Abs. 5 ZPO ergibt.[573] Die Regelung soll ein faires Verfahren sicherstellen, denn der in Art. 97 Abs. 1 GG enthaltene Grundsatz der Unabhängigkeit bezieht sich nur auf den staatlichen Richter und nicht auf denjenigen eines schiedsrichterlichen Verfahrens.[574] Der Schutz, der auch dem Vorstandsmitglied bei Abschluss des Anstellungsvertrags zugute kommt, ist durchaus gerechtfertigt. Es muss ebenfalls ein Gleichgewicht bei der Zusammensetzung des Schiedsgerichts und damit ein faires Verfahren sichergestellt werden.

c) § 1059 ZPO

Eine weitere Schutzvorschrift ist § 1059 ZPO. Die Vorschrift regelt den sog. Aufhebungsantrag als statthafter Rechtsbehelf gegen einen ergangenen Schiedsspruch. Die Gründe, bei deren Vorliegen ein Schiedsspruch aufgehoben werden kann, sind erschöpfend in Abs. 2 aufgezählt. Während § 1059 Abs. 2 Nr. 1 eine Geltendmachung durch eine Partei erfordert, sind die Gründe in Nr. 2 von Amts wegen zu berücksichtigen, auf sie kann durch die Parteien nicht verzichtet werden.[575] Eine Inhaltskontrolle des Schieds-

---

571 Begründung des Entwurfs eines Gesetzes zur Neuregelung des Schiedsverfahrens-rechts (Schiedsverfahrens-Neuregelungsgesetz-SchiedsVfG), BT-Drucks. 13/5274, S. 39.

572 *Geimer*, in: Zöller, ZPO, § 1034 Rn. 2; *Münch*, in: MünchKomm-ZPO, § 1034 Rn. 2; *Voit*, in: Musielak/Voit, § 1034 Rn. 1.

573 Begründung des Entwurfs eines Gesetzes zur Neuregelung des Schiedsverfahrens-rechts (Schiedsverfahrens-Neuregelungsgesetz-SchiedsVfG), BT-Drucks. 13/5274, S. 39.

574 Vgl. nur *Geimer*, in: Zöller, ZPO, § 1034 Rn. 3.

575 Begründung des Entwurfs eines Gesetzes zur Neuregelung des Schiedsverfahrens-rechts (Schiedsverfahrens-Neuregelungsgesetz-SchiedsVfG), BT-Drucks. 13/5274, S. 58 f.

spruchs ist damit jedoch ausgeschlossen.[576] Telos der Norm ist nicht die inhaltliche Überprüfung des Schiedsspruchs, sondern die Sicherstellung, dass aus Sicht der staatlichen Rechtsordnung unabdingbare Voraussetzungen erfüllt sind.[577] Namentlich der in § 1059 Abs. 2 Nr. 2 a) ZPO normierte Ordre public-Vorbehalt gewährleistet, dass die wesentlichen Prinzipien des Rechtsordnung eingehalten werden. Das Gericht hat dabei von Amts wegen zu prüfen, ob die Anerkennung oder die Vollstreckung des Schiedsspruchs zu einem Widerspruch hierzu führen würde. § 1059 ZPO ist folglich eine weitere Norm, die dem Schutz des Vorstandsmitglieds dient. Sie ermöglicht eine Kontrolle des Schiedsspruchs durch die staatlichen Gerichte und ermöglicht seine Aufhebung. Neben § 1031 Abs. 5 ZPO und § 1034 ZPO ist sie Teil des eigenständigen Schutzmechanismus der ZPO gegen unangemessene Schiedsabreden.

2. Erfassung weiterer Fälle über § 138 BGB sowie § 242 BGB

a) § 138 BGB

Wie erläutert sind Schiedsvereinbarungen detailliert in den §§ 1025 ff. ZPO geregelt. Aufgrund ihrer gesetzlichen Normierung ist grds. von ihrer Zulässigkeit auszugehen. Allerdings können Schiedsabreden im Einzelfall unangemessen ausgestaltet sein, weshalb sie einer Überprüfung bedürfen. Neben den eigenständigen Schutzmechanismen der ZPO enthält das BGB weitere Vorschriften, die hierfür herangezogen werden können.

Es kommen mehrere Konstellationen in Betracht, bei denen ein Verstoß gegen § 138 BGB möglich erscheint.[578] Als Beispiel soll folgende Abrede herangezogen werden:[579] „Über alle Streitigkeiten aus dem Anstellungsver-

---

576 Begründung des Entwurfs eines Gesetzes zur Neuregelung des Schiedsverfahrensrechts (Schiedsverfahrens-Neuregelungsgesetz-SchiedsVfG), BT-Drucks. 13/5274, S. 58 f.

577 *Voit*, in: Musielak/Voit, § 1059 Rn. 1; *Münch*, in: MünchKomm-ZPO, § 1059 Rn. 1.

578 § 138 BGB kann nach überwiegender Meinung auf Schiedsvereinbarungen angewendet werden, siehe bspw. *Schmidt*, ZHR 162 (1998), 265 (281 f.); *Herresthal*, ZIP 2014, 345 (350 ff.); *Münch*, in: MünchKomm-ZPO, § 1029 Rn. 22; *Schwab/Walter*, Schiedsgerichtsbarkeit, Kap. 4 Rn.15; differenzierend dagegen *Voit*, in: Musielak/Voit, § 1029 Rn. 10.

579 Vgl. zum Sachverhalt BGH, Urt. v. 26.01.1989 – X ZR 23/87, ZIP 1989, 535. Dem Urteil liegt keine Schiedsvereinbarung mit Vorstandsmitgliedern zugrunde. Allerdings erscheint es denkbar, dass der Anstellungsvertrag eine ähnliche Abrede enthält.

trag entscheidet unter Ausschluss des ordentlichen Rechtswegs ein Schiedsgericht, soweit dies rechtlich zulässig ist. Es darf immer nur ein Verfahren gegeneinander geführt werden. Der Streitwert eines jeden Verfahrens ist auf maximal EUR 10.000, – begrenzt."

Ein Verstoß gegen die Vorschriften der ZPO ist nicht ersichtlich. Hinsichtlich der inhaltlichen Ausgestaltung der Vereinbarung ist jedoch eine Prüfung von § 138 BGB erforderlich. Ein Rechtsgeschäft ist dann als sittenwidrig zu qualifizieren, wenn es nach seinem Inhalt oder Gesamtcharakter gegen das Anstandsgefühl aller billig und gerecht Denkender verstößt.[580] Zur näheren Bestimmung der formelhaften Beschreibung der Sittenwidrigkeit können sog. Sittenwidrigkeitskriterien herangezogen werden, die weder fest abgrenzbare Tatbestände noch abschließend sind.[581] Namentlich die Absicherung anerkannter Ordnungen ist ein solches Kriterium.

Es gilt der Grundsatz, dass für bürgerlich-rechtliche Streitigkeiten ein wirkungsvoller Rechtsschutz gewährleistet sein muss, der aus dem Rechtsstaatsprinzip des GG abzuleiten ist.[582] Er muss eine umfassende tatsächliche und rechtliche Prüfung des Streitgegenstands und eine verbindliche Entscheidung durch einen Richter ermöglichen,[583] da ansonsten die von der Rechtsordnung anerkannten Rechte des Einzelnen ein geringes praktisches Gewicht hätten.[584] Eine Schiedsabrede, die bestimmt, dass die Parteien lediglich ein Verfahren gegeneinander führen dürfen und den Streitwert eines jeden Verfahrens auf maximal EUR 10.000, – begrenzt, schränkt den Rechtsschutz unangemessen ein und verstößt damit gegen § 138 BGB.[585] Problematisch ist einerseits die Begrenzung des Streitwerts. Vor allem bei der Geltendmachung von Ansprüchen auf Zahlung der Vergütung durch das Vorstandsmitglied wird die Wertgrenze regelmäßig überschritten sein. Es besteht dann die Notwendigkeit zur Teilung des Verfahrens, falls dies überhaupt möglich ist. Andererseits folgt aus der Einschränkung, dass immer nur ein Verfahren gegeneinander geführt werden darf, dass stets der Abschluss des ersten Verfahrens notwendig wäre, bevor ein weiteres eingeleitet werden könnte. Die Aufteilung der Verfahren führt bei langer

---

580 Stetige Rechtsprechung, vgl. BGH, Urt. v. 16.07.2019 – II ZR 426/17, NJW 2019, 3635 (3637) sowie BGH, Urt. v. 15.10.2013 – VI ZR 124/12, NJW 2014, 1380.

581 Zu diesem überzeugenden Ansatz, insbesondere zu den einzelnen Sittenwidrigkeitskriterien, bereits Erster Teil § 4A.II.2.

582 BVerfG, Beschl. v. 11.06.1980 – 1 PBvU 1/79, ZIP 1980, 1137 (1139).

583 BVerfG, Beschl. v. 11.06.1980 – 1 PBvU 1/79, ZIP 1980, 1137 (1139).

584 So auch BGH, Urt. v. 26.01.1989 – X ZR 23/87, ZIP 1989, 535.

585 BGH, Urt. v. 26.01.1989 – X ZR 23/87, ZIP 1989, 535.

Prozessdauer dazu, dass eine rechtliche bzw. tatsächliche Prüfung und damit eine verbindliche Entscheidung durch ein Gericht auf unbestimmte Zeit hinausgeschoben wird. Ein effektiver Rechtsschutz ist damit nicht gewährleistet. Bei der vorstehenden Schiedsabrede handelt es sich somit um einen Extremfall einer unangemessenen Vereinbarung, der die Geltung über § 138 BGB zu versagen ist. Eine solche Vereinbarung muss sowohl bei Individual- als auch bei AGB-rechtlicher Vereinbarung zur Unwirksamkeit führen,[586] da ansonsten tragende Rechtsstaatsprinzipien verletzt würden.

b) § 242 BGB

§ 242 BGB stellt eine weitere Norm dar, die eine Überprüfung von Schiedsabreden ermöglicht. Die Ausübungskontrolle dient der Verhinderung einer unzulässigen Rechtsausübung sowie eines Rechtsmissbrauchs. Danach kann die Ausübung eines Rechts insbesondere bei widersprüchlichem Verhalten unzulässig sein. Allerdings missbilligt die Rechtsordnung widersprüchliches Verhalten nicht generell, sondern qualifiziert es dann als rechtsmissbräuchlich, wenn für eine Partei ein Vertrauenstatbestand geschaffen worden ist oder wenn besondere Umstände die Rechtsausübung als treuwidrig erscheinen lassen.[587] Dies wird bspw. angenommen, wenn das frühere Verhalten sachlich unvereinbar mit dem späteren ist und die Interessen der anderen Partei als vorrangig schutzwürdig erscheinen.[588]

Eine unzulässige Rechtsausübung liegt vor, wenn sich eine Partei vorprozessual auf einen Schiedsvertrag beruft, ihren Vertragspartner durch dieses Verhalten zur Erhebung einer Schiedsklage veranlasst, im Schiedsverfahren selbst jedoch geltend macht, ein gültiger Schiedsvertrag sei nicht zustande gekommen.[589] Es handelt sich um ein widersprüchliches Verhalten, wenn sich die Partei vor den ordentlichen Gerichten zunächst auf den Schiedsvertrag beruft und damit konkludent zum Ausdruck bringt, dass er wirksam geschlossen wurde, im Schiedsverfahren selbst jedoch die Unzuständigkeit des Schiedsgerichts geltend macht und sich somit auf die

---

586 Im Ergebnis ebenso *Herresthal*, ZIP 2014, 345 (350 ff.).

587 Stetige Rechtsprechung, siehe BGH. Urt. v. 15.11.2012 – IX ZR 103/11, NJW-RR 2013, 757 (759); BGH, Urt. v. 17.02.2005 – III ZR 172/04, NJW 2005, 1354 (1356); BGH, Urt. v. 05.12.1991 – IX ZR 271/90, NJW 1992, 834 (834).

588 BGH, Urt. v. 15.11.2012 – IX ZR 103/11, NJW-RR 2013, 757 (759); BGH, Urt. v. 12.11.2008 – XII ZR 134/04, NJW 2009, 1343 (1346).

589 Hierzu und zu den folgenden Ausführungen BGH, Urt. v. 02.04.1987 – III ZR 76/86, NJW-RR 1987, 1194 f.

Unwirksamkeit der Vereinbarung beruft. Zu dem gegensätzlichen Verhalten müssen besondere Umstände hinzutreten, um es als rechtsmissbräuchlich zu qualifizieren. Solche Umstände liegen hier darin, dass das Verhalten ein Abschneiden des Rechtsschutzes der anderen Partei bewirkt und sie damit rechtlos gestellt wäre. Die Ausübungskontrolle führt dazu, dass sich die Partei, welche die Unzuständigkeit des Schiedsgerichts geltend macht, in einem anschließenden Prozess vor den ordentlichen Gerichten an dieser Auffassung festhalten muss. Das Interesse an der Gewährung effektiven Rechtsschutzes wiegt in diesem Fall höher.

Die vorstehende Konstellation war – mit teilweisen Abweichungen – mehrfach Gegenstand der höchstrichterlichen Rechtsprechung. Bereits das RG hatte in einem ähnlichen gelagerten Fall entschieden, dass derjenige, der sich in einem Vorprozess auf einen Schiedsvertrag beruft und damit die Abweisung der Klage bewirkt, sich allerdings anschließend auf das Schieds-verfahren einlässt und die Unzulässigkeit des schiedsgerichtlichen Verfah-rens geltend macht, arglistig handelt.[590] Das Gericht sah hierin ebenfalls einen Verstoß gegen Treu und Glauben mit der Folge, dass die Partei ihren Anspruch auf Erhebung der Einrede der Unzuständigkeit verwirkt habe. In derartigen Fällen ist es unerheblich, ob zunächst ein Schiedsverfahren eingeleitet wird und anschließend Klage vor den ordentlichen Gerichten erhoben wird[591] oder die Einrede der Unzuständigkeit des Schiedsgerichts im Verfahren vor den ordentlichen Gerichten erhoben wird. Entscheidend ist, dass sich eine Partei in solchen Fällen in einem unlösbaren Wider-spruch befindet. Die besonderen Umstände, die hinzutreten müssen, um das Verhalten als rechtsmissbräuchlich zu qualifizieren, liegen darin, dass der anderen Partei der Rechtsschutz abgeschnitten wird.

c) § 119 BGB

Mit der Irrtumsanfechtung gem. §§ 119, 142 ff. BGB kann die Nichtigkeit einer Schiedsvereinbarung ex tunc erreicht werden. Voraussetzung ist eine Inkongruenz zwischen Erklärtem und Gewolltem. Der Anfechtende muss einer Fehlvorstellungen über den Inhalt einer Vertragsbestimmung unter-liegen. Des Weiteren ist danach zu differenzieren, ob es sich um einen beachtlichen oder einen unbeachtlichen Rechtsfolgenirrtum handelt.

---

590 RG, Urt. v. 08.12.1897 – Rep. I. 272/92, RGZ 40, 401.
591 Diese Reihenfolge lag BGH, Urt. v. 20.05.1968 – VII ZR 80/67, NJW 1968, 1928 zugrunde.

Bei Schiedsvereinbarungen ist eine Anfechtung grds. möglich.[592] Zwar ist ihre Rechtsnatur umstritten, jedoch wird davon ausgegangen, dass die materiellen Grundnormen zum Abschluss der Vereinbarung sowie ihrer Gültigkeit Anwendung finden.[593] Es gilt zu beachten, dass Hauptvertrag und Schiedsvereinbarung voneinander zu trennen sind, weshalb § 139 BGB keine Anwendung findet.[594] Eine wirksame Anfechtung wegen Irrtum des Vorstands erscheint jedoch unwahrscheinlich, da die Urkunde, welche die Schiedsvereinbarung enthält, gesondert zu unterschreiben ist. Zudem enthalten Schiedsvereinbarungen in aller Regel lediglich die notwendigen Angaben und sind im Übrigen knapp gehalten. Ein Muster einer solchen Vereinbarung für einen Vorstandsanstellungsvertrag empfiehlt bspw. die folgende Formulierung:[595] „Über alle Streitigkeiten aus diesem Anstellungsvertrag entscheidet unter Ausschluss des ordentlichen Rechtswegs ein Schiedsgericht, soweit dies rechtlich zulässig ist. Für das Schiedsgericht gelten die Bestimmungen der §§ 1025 ff. ZPO." Inwiefern ein typisiert geschäftsgewandtes Vorstandsmitglied bei einer solchen Formulierung geltend machen könnte, es habe die Bedeutung der Abrede verkannt, ist fraglich. Bei derart klarem und eindeutigem Wortlaut kann ausgeschlossen werden, dass ihm bei Unterzeichnung das Bewusstsein fehlte, eine bindende, die staatlichen Gerichte verdrängende Vereinbarung zu unterzeichnen.[596]

Hierfür lässt sich auch, wie oben erläutert, die Formverschärfung gem. § 1031 Abs. 5 ZPO anführen. Ratio der Norm ist es, dem betroffenen Personenkreis vor Augen zu führen, dass durch den Abschluss der Schiedsvereinbarung auf eine Entscheidung durch die staatlichen Gerichte verzichtet[597] und ihm somit die Tragweite der Abrede verdeutlicht wird[598]. Es würde dem Telos der Norm widersprechen, wenn das Vorstandsmitglied die Ver-

---

592 BGH, Urt. v. 21.11.1966 – VII ZR 174/65, BeckRS 1966, 31180113; *Münch*, in: Münch-Komm-ZPO, § 1029 Rn. 152; *Voit*, in: Musielak/Voit, § 1029 Rn. 11; *Schwab/Walter*, in: Schwab/Walter, Schiedsgerichtsbarkeit, Kap. 7 Rn. 9.

593 *Münch*, in: MünchKomm-ZPO, § 1029 Rn. 15 ff.; *Voit*, in: Musielak/Voit, § 1029 Rn. 3; *Schwab/Walter*, in: Schwab/Walter, Schiedsgerichtsbarkeit, Kap. 7 Rn. 37.

594 OLG München, Beschl. v. 12.02.2008 – 34 SchH 006/07, BeckRS 2008, 5441; siehe auch *Geimer*, in: Zöller, ZPO, § 1029 Rn. 1.

595 *Beiner/Braun*, Der Vorstandsvertrag, Anhang B, S. 415.

596 Vgl. zu einer ähnlichen Konstellation OLG Stuttgart, Beschl. v. 10.09.2009 – 1 SchH 1/09, BeckRS 2011, 7076.

597 Vgl. nur BGH, Urt. v. 19.05.2011 – III ZR 16/11, ZIP 2011, 2223.

598 BGH, Urt. v. 24.07.2014 – III ZB 83/13, NJW 2014, 3652 (3655); *Herresthal*, ZIP 2014, 345 (352); *Münch*, in: MünchKomm-ZPO, § 1031 Rn. 9.

einbarung mit obiger Begründung anfechten könnte. Eine Irrtumsanfechtung gem. §§ 119, 142 ff. BGB ist daher abzulehnen.

II. Zwischenergebnis

Durch die Schutzmechanismen der ZPO und des BGB wird ein ausreichender Schutz von Vorstandsmitgliedern bzgl. Schiedsabreden sichergestellt, eines Rückgriffs auf die §§ 305 ff. BGB bedarf es nicht. Das aus § 1031 Abs. 5 ZPO folgende Erfordernis der eigenhändigen Unterzeichnung der Urkunde und der Eigenständigkeit der Vereinbarung gewährleistet, dass der Geschäftsleiter Kenntnis von der Abrede hat und verdeutlichen ihm ihre Tragweite. § 1034 Abs. 2 ZPO sowie § 1059 ZPO stellen weitere Vorschriften dar, die dem Schutz der Parteien und der Einhaltung eines ordnungsgemäßen Verfahrens dienen. Das BGB enthält ebenfalls Normen, die für die Überprüfung von Schiedsabreden herangezogen werden können. Besondere Relevanz hat neben der Sittenwidrigkeitsprüfung gem. § 138 BGB die Ausübungskontrolle anhand von § 242 BGB.

C. Untergeordnete Bedeutung der AGB-Kontrolle von Schiedsklauseln

Durch die Schutzmechanismen der ZPO sowie des BGB wird ein ausreichender Schutz von Vorstandsmitgliedern sichergestellt. Allerding finden die §§ 305 ff. BGB de lege lata Anwendung auf den Anstellungsvertrag und damit auf – nicht statutarisch vereinbarte – Schiedsabreden. Im Folgenden soll daher die AGB-Kontrolle von Schiedsklauseln sowie ihre Bedeutung, vor allem im Vergleich zur Überprüfung anhand der allgemeinen Vorschriften, untersucht werden.

I. Kein Verstoß von Schiedsklauseln gegen die Klauselrichtlinie

Unabhängig von der nationalen AGB-rechtlichen Inhaltskontrolle stellt sich die Frage, inwiefern eine formularmäßig vereinbarte Schiedsklausel mit der Klauselrichtlinie vereinbar ist. Hierfür sind der persönliche und sachliche Anwendungsbereich der Richtlinie zu bestimmen, um ggf. einen Verstoß identifizieren zu können.

1. Keine Eröffnung des persönlichen Anwendungsbereichs

Die Anwendung der Klauselrichtlinie setzt die Verbrauchereigenschaft des Verwendungsgegners voraus. Nach Artikel 2 b) der Richtlinie ist Verbraucher eine natürliche Person, die bei Verträgen zu einem Zweck handelt, der nicht ihrer gewerblichen oder beruflichen Tätigkeit zugerechnet werden kann. Entsprechend den Ausführungen im ersten Teil ist hiervon sowohl die selbständige als auch die unselbständige berufliche Tätigkeit erfasst.[599] Der persönliche Anwendungsbereich der Richtlinie wäre also nur eröffnet, wenn das Vorstandsmitglied bei Abschluss des Anstellungsvertrags zu einem Zweck handelt, der weder seiner selbständigen noch unselbständigen beruflichen Tätigkeit zugerechnet werden kann.

Unabhängig davon, ob die Tätigkeit als selbständig oder als unselbständig – wofür die besseren Argumente sprechen – zu qualifizieren ist, ist sie in jedem Fall beruflich. Der Berufsbegriff wird definiert als eine auf Dauer angelegte, der Schaffung und Erhaltung einer Lebensgrundlage dienende Tätigkeit.[600] Das Vorstandsmitglied schließt den Anstellungsvertrag ab, um durch den Erhalt der Vergütung seinen Lebensunterhalt bestreiten sowie darüberhinausgehende Einnahme zu generieren. Das Kriterium der Dauerhaftigkeit ist aufgrund der Mehrjährigkeit des Dienstverhältnisses ebenfalls erfüllt. Aufgrund dessen ist der persönliche Anwendungsbereich der Klauselrichtlinie bereits nicht eröffnet.[601] Ein Verstoß gegen die Richtlinie scheidet aus.[602]

2. Im Übrigen: Fehlender Verstoß gegen Klauselrichtlinie

Würde man dies anders sehen und das Vorstandsmitglieder in den persönlichen Anwendungsbereich der Richtlinie einbeziehen, kann jedenfalls kein Verstoß dagegen identifiziert werden. Vereinzelt wird für einen solchen

---

599 Im Einzelnen hierzu Erster Teil § 3C.I.1.
600 BGH, Urt. v. 25.04.1988 – II ZR 185/87, NJW 1988, 2039; *Alexander*, in: BeckOGK BGB, § 14 Rn. 152 (1. Mai 2023); *Micklitz*, in: MünchKomm-BGB, § 14 Rn. 31.
601 Zur mangelnden Verbrauchereigenschaft von Geschäftsleitern beim Abschluss einer Schiedsabrede nach Unionsrecht siehe *Herresthal*, ZIP 2014, 345 (347 f.).
602 Einen Verstoß ebenfalls ablehnend *Bauer/Arnold/Kramer*, AG 2014, 677 (679 ff.); *Habersack*, in: FS Coester-Waltjen, S. 1097 (1107 f.); *Herresthal*, ZIP 2014, 345 (347 f.); *Spindler*, in: FS Baums, S. 1205 (1213 ff.); andere Ansicht dagegen *Graf von Westphalen*, ZIP 2013, 2184.

Art. 3 Abs. 1, Abs. 3 iVm. Anh. q) der Richtlinie angeführt.[603] Danach kann eine Klausel als missbräuchlich erklärt werden, die dem Verbraucher die Möglichkeit, Rechtsbehelfe bei Gericht einzulegen oder sonstige Beschwerdemittel zu ergreifen, nimmt oder erschwert und zwar insbesondere dadurch, dass er ausschließlich auf ein nicht unter die rechtlichen Bestimmungen fallendes Schiedsgerichtsverfahren verwiesen wird.

Eine Schiedsklausel, die auf ein gesetzlich zugelassenes Schiedsverfahren abzielt und entsprechend den §§ 1025 ff. ZPO ausgestaltet ist, zählt nicht hierzu.[604] Die Bestimmungen der Klauselrichtlinie stellen sicher, dass nach dem jeweiligen nationalen Recht überhaupt ein Schiedsverfahren gesetzlich zugelassen ist und bzgl. der Schiedsabrede die Anforderungen erfüllt werden, die der nationale Gesetzgeber an ein solches Verfahren stellt.[605] Die Norm verbietet nicht per se eine Klausel, die bei Streitigkeiten unter Verbraucherbeteiligung auf ein Schiedsverfahren verweist. In solchen Fällen kann ohne Weiteres eine Schiedsabrede getroffen werden, wenn die Vorgaben der §§ 1025 ff. ZPO eingehalten werden. Eine Schiedsvereinbarung zwischen der Gesellschaft und dem Vorstandsmitglied – würde man letzteres als Verbraucher iSd. Richtlinie qualifizieren – verstößt folglich nicht gegen Art. 3 Abs. 1, Abs. 3 iVm. Anhang q).

II. Verdrängung der AGB-Kontrolle durch § 1031 Abs. 5 ZPO

Fraglich ist, ob die AGB-Kontrolle ggf. von § 1031 Abs. 5 ZPO verdrängt wird. Die Norm stellt eine Formverschärfung dar, indem sie neben der Schriftform die Eigenständigkeit der Schiedsabrede anordnet. Ihr kommt damit eine Schutz- und Warnfunktion zu. Teilweise wird deshalb angenommen, dass neben der Anwendung von § 1031 Abs. 5 ZPO ein Rückgriff auf § 307 BGB entbehrlich sei, weil die Norm als Schutz für Fälle der Ausnutzung sozialer oder wirtschaftlicher Überlegenheit ausreiche.[606]

---

603 *Graf von Westphalen*, ZIP 2013, 2184 (2185 ff.).
604 BGH, Urt. v. 13.01.2005 – III ZR 265/03, NJW 2005, 1125 (1127); *Bauer/Arnold/Kramer*, AG 2014, 677 (680); *Habersack*, in: FS Coester-Waltjen, S. 1097 (1107 f.); *Herresthal*, ZIP 2014, 345 (348); *Spindler*, in: FS Baums, S. 1205 (1214 f.).
605 *Bauer/Arnold/Kramer*, AG 2014, 677 (680).
606 *Schwab/Walter*, in: Schwab/Walter, Schiedsgerichtsbarkeit, Kap. 5 Rn. 14; andere Ansicht dagegen *Habersack*, in: FS Coester-Waltjen, S. 1097 (1108); *Schmidt*, in: Ulmer/Brandner/Hensen, AGB-Recht, Teil 2 (39) Rn. 3; offengelassen von BGH, Urt. v. 13.01.2005 – III ZR 265/03, NJW 2005, 1125 (1126); BGH, Urt. v. 01.03.2007 – III ZR 164/06, NJW-RR 2007, 1466.

1. Keine Einschlägigkeit des Telos der AGB-Kontrolle aufgrund von § 1031 Abs. 5 ZPO

Für die Feststellung ist vom Telos der §§ 305 ff. BGB auszugehen. Es soll daher im Folgenden untersucht werden, ob Sinn und Zweck eine AGB-Kontrolle erfordern, wenn die Schiedsabrede entsprechend den Vorgaben des § 1031 Abs. 5 ZPO in den Anstellungsvertrag aufgenommen wurde.

Ratio der Vorschriften ist es, ein partielles Marktversagen bzgl. der individuellen und überindividuellen Ebene zu verhindern, das aus einem strukturellen Informations- und Motivationsgefälle zwischen Verwender und Verwendungsgegner folgt. Elemente des Marktversagens sind die einseitige Inanspruchnahme der Vertragsgestaltungsfreiheit durch den Verwender sowie der fehlende Konditionenwettbewerb. Es wurde bereits herausgearbeitet, dass das Telos bei der Anwendung der AGB-Kontrolle auf Vorstandsanstellungsverträge nicht einschlägig ist. Es fehlt aufgrund der typisierten Geschäftserfahrenheit des Vorstandsmitglieds sowie der Inanspruchnahme eines Rechtsbeistands bzw. der wirtschaftlichen Bedeutung des Anstellungsvertrags an einem strukturellen Informations- und Motivationsdefizits.

Betrachtet man die Formvorschrift des § 1031 Abs. 5 ZPO im Zusammenhang mit der Ratio der §§ 305 ff. BGB, verstärkt sich diese Annahme. Dies betrifft insbesondere das strukturelle Informationsgefälle, das in der typisierten AGB-Verwendungssituation auf Seiten des Verwendungsgegners vorliegt. Es ist davon auszugehen, dass der Geschäftsleiter aufgrund seiner beruflichen Erfahrung und der Inanspruchnahme eines Rechtsbeistands ein Grundverständnis hinsichtlich des Anstellungsvertrags hat und sich rechtlich mit seinem Inhalt beschäftigt. Dies wird bzgl. der Schiedsabrede durch § 1031 Abs. 5 ZPO sichergestellt, indem die eigenständige Vereinbarung eigenhändig zu unterschreiben ist. Es erscheint unwahrscheinlich, dass eine Schiedsklausel, welche die Voraussetzungen von Abs. 5 erfüllt, ohne Kenntnis des Vorstands Vertragsbestandteil wird.

Ähnliches gilt bzgl. der Annahme eines Motivationsdefizits. Ein solches liegt bei Vorstandsanstellungsverträgen wegen ihrer wirtschaftlichen Bedeutung nicht vor. Kosten- und Zeitaufwand für die Analyse und das Unterbreiten von Alternativvorschlägen stehen nicht einem unverhältnismäßigen Aufwand zu ihrem Nutzen.[607] Diesen Befund bestätigt § 1031 Abs. 5 ZPO. Einerseits bereitet eine Analyse der Schiedsabrede auf-

---

607 Vgl. auch *Herresthal*, ZIP 2014, 345 (350 f.).

grund ihrer einfachen und knappen Ausgestaltung keine besonderen Umstände.[608] Um dem Erfordernis der Eigenständigkeit zu genügen, bedarf es einer räumlichen Abgrenzung vom Dienstvertrag, wodurch eine Abrede „im Kleingedruckten" verhindert wird. Andererseits beschränkt sich die Klausel auf die Schiedsvereinbarung an sich, Nebenabreden sind nicht in übermäßigem Umfang enthalten.[609] Eine rechtliche Analyse erscheint daher nicht derart kosten- und zeitintensiv, dass sie außer Verhältnis zur wirtschaftlichen Bedeutung der Schiedsklausel steht, die in ihrer Wirkung durchaus einschneidend ist. Es lässt sich feststellen, dass das Telos der §§ 305 ff. BGB bei der Anwendung der AGB-Kontrolle auf Schiedsklausel aufgrund von § 1031 Abs. 5 ZPO *erst recht* nicht einschlägig ist.

2. Keine Einschlägigkeit des alternativen Begründungsversuchs

Sieht man die Ratio der AGB-Vorschriften nicht in der Verhinderung eines partielles Marktversagens, sondern im Ausgleich der Überlegenheit des AGB-Verwenders zugunsten des Verwendungsgegners in sachgerechter und vernünftiger Weise unter Berücksichtigung der Privatautonomie,[610] bedarf es einer AGB-Kontrolle von Schiedsklauseln aufgrund von § 1031 Abs. 5 ZPO ebenfalls nicht.[611] Ausgangspunkt der Überlegung ist, dass der Verwender von AGB einen organisatorischen Vorsprung hat. Er folgt daraus, dass der Verwender die wirtschaftlichen Geschäftsrisiken und deren nachteilige Konsequenzen im Vorfeld analysiert und durch entsprechende Ausgestaltung der Bedingungen von sich abgewendet hat. In der konkreten Abschlusssituation hat dies zur Folge, dass der Verwendungsgegner überfordert ist, die vorgelegten AGB auf ihre Angemessenheit hin zu

---

608 Für ein Muster einer Schiedsklausel *Beiner/Braun*, Der Vorstandsvertrag Anhang B, S. 415.

609 *Beiner/Braun*, Der Vorstandsvertrag, Anhang B, S. 415.

610 Zu diesem Begründungsansatz Erster Teil § 1B.III.1.

611 Im ersten Teil der Untersuchung wurden weitere Begründungsversuche dargestellt. Die Rechtsprechung sieht etwa die einseitige Inanspruchnahme der Vertragsgestaltungsfreiheit als ratio der AGB-Kontrolle an. Da diese Ansicht allerdings im Wesentlichen Teil des unter 1. vertretenen Telos ist, wurde auf eine separate Darstellung verzichtet. Die weiteren Begründungsversuche wurden mangels Relevanz nicht dargestellt, da diese offensichtlich nicht einschlägig sind.

überprüfen. Der organisatorische Vorsprung wird häufig durch eine wirtschaftliche oder intellektuelle Überlegenheit des Verwenders verstärkt.[612]

Es kann bezweifelt werden, ob der Gesellschaft durch die Verwendung eines Mustervertrags – der die Schiedsklausel enthält – ein wesentlicher organisatorischer Vorsprung zukommt. Die Klausel ist in aller Regel nicht derart umfangreich und komplex, dass ein typisiert geschäftserfahrenes Vorstandsmitglied ihre Risiken und Konsequenzen nicht durchdringen kann.[613] Diese Annahme wird durch die Formverschärfung gem. § 1031 Abs. 5 ZPO verdeutlicht. Es ist davon auszugehen, dass die Norm entsprechend der oben dargestellten Meinung als Schutz für Fälle der Ausnutzung sozialer oder wirtschaftlicher Überlegenheit ausreicht. Das von der Legislative vertretene Telos der AGB-Kontrolle wäre folglich ebenfalls gewahrt.

III. AGB-Kontrolle von Schiedsklauseln de lege lata

Nach vorzugswürdiger Ansicht ist ein Rückgriff auf § 307 BGB neben der Anwendung von § 1031 Abs. 5 ZPO entbehrlich. Die Norm gewährleistet einen ausreichenden Schutz für Fälle der Ausnutzung sozialer oder wirtschaftlicher Überlegenheit. De lege lata wird die AGB-Kontrolle jedoch auch auf Schiedsklauseln angewendet. Ihre Einzelheiten sollen daher im Folgenden dargestellt werden.

1. Ordnungsgemäße Einbeziehung

§ 1031 Abs. 5 ZPO wirkt sich in zweierlei Hinsicht auf die AGB-Kontrolle aus. Zum einen hat sie Bedeutung bzgl. der ordnungsgemäßen Einbeziehung der Klausel in den Vertrag. Die Formverschärfung erfordert, dass die Abrede eigenhändig unterschrieben ist, keine anderen Vereinbarungen als solche, die sich auf das schiedsrichterliche Verfahren beziehen, enthält und sich eindeutig vom Hauptvertrag absetzt. Eine Schiedsklausel, die unter

---

612 Begründung des Regierungsentwurfs eines Gesetzes zur Regelung des Rechts der Allgemeinen Geschäftsbedingungen (AGB-Gesetz), BT-Drucks. 07/3919, S. 13.

613 Vgl. etwa das Muster bei *Beiner/Braun*, Der Vorstandsvertrag Anhang B, S. 415.

Beachtung dieser Vorgaben in den Vertrag aufgenommen wurde, genügt den Einbeziehungsvoraussetzungen gem. § 305 Abs. 2 BGB.[614] Zum anderen ist die Norm bei der Beurteilung der Ungewöhnlichkeit einer Klausel iSv. § 305c Abs. 1 BGB zu berücksichtigten. Eine Schiedsvereinbarung, die den Anforderungen des § 1031 Abs. 5 ZPO genügt, kann nicht als nach den Umständen so ungewöhnlich angesehen werden, dass der Verwendungsgegner hiermit nicht zu rechnen braucht.[615] Die Vorschrift führt aufgrund dem Erfordernis der eigenhändigen Unterzeichnung sowie der Eigenständigkeit der Urkunde dazu, dass eine Überrumpelung des Verwendungsgegner nicht angenommen werden kann.[616]

2. Inhaltskontrolle von Schiedsklauseln

a) Keine generelle Unangemessenheit

Eine in AGB niedergelegte Schiedsvereinbarung stellt als solche keine unangemessene Benachteiligung des Verwendungsgegners iSd. § 307 Abs. 1 BGB dar.[617] Insbesondere muss kein besonderes Bedürfnis für die Einsetzung eines Schiedsgerichts seitens des Verwenders nachgewiesen werden.[618] Eine unangemessene Benachteiligung kann sich nur aus dem Inhalt der Schiedsklausel selbst ergeben. Als Prüfungsmaßstab sind die §§ 1025 ff. BGB heranzuziehen. Die Inhaltskontrolle betrifft vor allem die Ausgestaltung des Verfahrens, die Zusammensetzung des Schiedsgerichts

---

614 *Wurmnest*, in: MünchKomm-BGB, § 307 Rn. 327; *Habersack*, in: FS Coester-Waltjen, S. 1097 (1108); *Schmidt*, in: Ulmer/Brandner/Hensen, AGB-Recht, Teil 2 (39) Rn. 4; *Schwab/Walter*, in: Schwab/Walter, Schiedsgerichtsbarkeit, Kap. 5 Rn. 10.

615 BGH, Urt. v. 13.01.2005 – III ZR 265/03, NJW 2005, 1125 (1126); *Schmidt*, in: Ulmer/Brandner/Hensen, AGB-Recht, Teil 2 (39) Rn. 4; *Wurmnest*, in: MünchKomm-BGB, § 307 Rn. 327.

616 BGH, Urt. v. 13.01.2005 – III ZR 265/03, NJW 2005, 1125 (1126); *Wurmnest*, in: MünchKomm-BGB, § 307 Rn. 327.

617 BGH, Urt. v. 13.01.2005 – III ZR 265/03, NJW 2005, 1125 (1126); BGH, Urt. v. 01.03.2007 – III ZR 164/06, NJW-RR 2007, 1466 (1467); *Schwab/Walter*, in: Schwab/Walter, Schiedsgerichtsbarkeit, Kap. 5 Rn. 14; *Wurmnest*, in: MünchKomm-BGB, § 307 Rn. 328.

618 BGH, Urt. v. 13.01.2005 – III ZR 265/03, NJW 2005, 1125 (1126); BGH, Urt. v. 01.03.2007 – III ZR 164/06, NJW-RR 2007, 1466 (1467); *Wurmnest*, in: MünchKomm-BGB, § 307 Rn. 328; andere Ansicht dagegen bei Verbraucherbeteiligung *Schmidt*, in: Ulmer/Brandner/Hensen, AGB-Recht, Teil 2 (39) Rn. 4.

sowie die Voraussetzungen, unter denen seine Anrufung möglich ist.[619] Grds. ist davon auszugehen, dass lediglich bei wesentlichen Abweichungen von den in §§ 1025 ff. BGB normierten Prinzipien eine unangemessene Benachteiligung angenommen werden kann.[620] Die Inhaltskontrolle beschränkt sich auf Extremfälle, die kein ordnungsgemäßes Schiedsverfahren und damit keinen ausreichenden Rechtsschutz mehr gewährleisten. Beispielhaft kann in diesem Zusammenhang eine Klausel genannt werden, die dem Verwender die Möglichkeit gibt, maßgeblichen Einfluss auf die Zusammensetzung des Schiedsgerichts zu nehmen. Hierbei handelt es sich um eine wesentliche Abweichung von § 1034 Abs. 2 ZPO und dem der Norm zugrundeliegenden Gedanken der Chancengleichheit. Keiner der Parteien soll bei der Bestellung ein Übergewicht derart zukommen, dass sie bei der Ernennung des Einzelschiedsrichters oder des dritten Schiedsrichters einen größeren Einfluss hat als die andere Partei und damit Richter in eigener Sache wäre.[621]

Bei der Beurteilung des Vorliegens einer unangemessenen Benachteiligung aufgrund eines Abweichens von den §§ 1025 ff. BGB ist § 1031 Abs. 5 ZPO zu berücksichtigen. Wie die AGB-Vorschriften z.B. in § 309 Nr. 11 BGB zum Ausdruck bringen, kann eine für sich genommene unangemessene Klausel durchaus vor der Unwirksamkeit bewahrt werden, wenn eine gesonderte Zustimmung des Vertragspartners vorliegt.[622] Eine solche liegt im Falle der Verbraucherbeteiligung aufgrund der eigenhändigen Unterzeichnung der eigenständigen Abrede vor. In der Regel werden Schiedsklauseln somit nur inhaltlich unangemessen und damit unwirksam

---

619 Vgl. *Schmidt*, in: Ulmer/Brandner/Hensen, AGB-Recht, Teil 2 (39) Rn. 3; *Wurmnest*, in: MünchKomm-BGB, § 307 Rn. 328; in diesem Zusammenhang ist auch BGH, Urt. v. 13.01.2005 – III ZR 265/03, NJW 2005, 1125 (1127) zu nennen. Bei der Prüfung einer etwaigen unangemessenen Benachteiligung werden beispielhaft der Zugang zum Schiedsgericht, das Ernennungsrecht sowie das schiedsrichterliche Verfahren selbst genannt.

620 So auch *Habersack*, in: FS Coester-Waltjen, S. 1097 (1108).

621 Vgl. Begründung des Entwurfs eines Gesetzes zur Neuregelung des Schiedsverfahrensrechts (Schiedsverfahrens-Neuregelungsgesetz-SchiedsVfG), BT-Drucks. 13/5274, S. 39.

622 *Wurmnest*, in: MünchKomm-BGB, § 307 Rn. 328; ähnlich auch *Habersack*, in: FS Coester-Waltjen, S. 1097 (1108), wonach die Geschäftsgewandtheit des Vorstandsmitglieds unter Berücksichtigung der vom Formerfordernis des § 1031 Abs. 5 ZPO ausgehenden Warnfunktion die Annahme einer unangemessenen Benachteiligung im Allgemeinen ausschließt.

sein, wenn die gesonderte Unterschrift nicht gleichzeitig eine Billigung der Abrede darstellt.[623]

b) Sonderproblem der Drittbeteiligung

Ein Sonderproblem bei der Inhaltskontrolle von Schiedsklauseln in Vorstandsanstellungsverträgen stellt die Beteiligung Dritter dar. Vereinzelt findet sich in der Literatur die Auffassung, dass eine Schiedsvereinbarung zwischen der Gesellschaft und dem Vorstand betreffend die Organhaftung unwirksam sei.[624] Eine solche Klausel stelle eine unangemessene Benachteiligung des Vorstandsmitglieds iSd. § 307 Abs. 1 S. 1 BGB dar, da es seiner nach § 86 VVG bestehenden Regresssicherungspflicht gegenüber der D&O-Versicherung hierdurch nur schwer nachkommen könne. Dies folge daraus, dass in einem Schiedsverfahren nicht die Möglichkeit bestehe, durch eine Streitverkündung eine Interventionswirkung iSd. § 74 ZPO gegenüber den übrigen, ggf. gesamtschuldnerisch haftenden Vorstandsmitgliedern herbeizuführen und somit ein Regress nur unter erschwerten Bedingungen möglich sei.[625]

Der Einwand greift jedoch nicht durch.[626] Hierfür lassen sich mehrere Gründe anführen. Zunächst kann er nicht für solche Schiedsvereinbarung gelten, die vorausschauend gestaltet wurden und diese Problematik durch eine abweichende Gestaltung vermieden haben. Es besteht nämlich die Möglichkeit, die Unanwendbarkeit der §§ 68 ff. ZPO zu verhindern, indem die Schiedsabrede zwischen der Gesellschaft, sämtlichen Organmitgliedern sowie dem Versicherungsgeber geschlossen und bereits antizipiert der Verfahrensbeitritt der Parteien vereinbart wird.[627] In diesem Fall wird durch die antizipierte Einigung eine Bindungswirkung auch bzgl. der D&O-Versicherung sichergestellt. Selbst wenn die Schiedsklausel eine solche Regelung nicht enthält, wird man entsprechend einer im Vordringen befindlichen Ansicht[628] davon ausgehen können, dass der Schiedsspruch eine Bindungs-

---

623 *Wurmnest*, in: MünchKomm-BGB, § 307 Rn. 328.
624 *Graf von Westphalen*, in: FS Feigen, S. 355 (375 ff.).
625 *Graf von Westphalen*, in: FS Feigen, S. 355 (376 f.).
626 *Habersack/Wasserbäch*, AG 2016, 2 (6); *Spindler*, in: FS Baums, S. 1205 (1217 f.); generell für Zulässigkeit auch *Herresthal*, ZIP 2014, 345 (352).
627 Zu diesem Vorschlag siehe *Habersack/Wasserbäch*, AG 2016, 2 (6).
628 *Lücke*, in: Prölss/Martin, VVG, § 100 Rn. 59; andere Ansicht etwa *Landheid*, in: Langheid/Rixecker, VVG, § 100 Rn. 36.

wirkung auch gegenüber der D&O-Versicherung hinsichtlich der haftungsrechtlichen Feststellungen entfaltet.[629] Dies ermöglicht eine Regressmöglichkeit, ohne dass die Parteien im Vorhinein eine Vereinbarung treffen müssen. Letztlich gilt es zu beachten, dass dem Schiedsverfahren eine Beschränkung auf zwei Parteien immanent ist und es widersprüchlich wäre, wenn man Schiedsvereinbarungen aus diesem Grund bei Organmitgliedern als unwirksam qualifizieren würde. Da bei Vorstandsmitgliedern der Abschluss einer D&O-Versicherung die Regel ist, hätte dies immer die Unwirksamkeit der Schiedsvereinbarung zur Folge.

D. Zwischenergebnis

Schiedsabreden bringen mehrere Vorteile mich sich. Zu nennen sind etwa die Geheimhaltung, die Vertraulichkeit, die besondere Sachkompetenz der Schiedsrichter sowie die kürzere Verfahrensdauer. Schiedsabreden können Streitigkeiten aus dem Anstellungsvertrag und aus der Organstellung betreffen. Sie können individualrechtlich oder statutarisch getroffen werden. Der Fokus der Untersuchung lag auf Schiedsvereinbarungen im Anstellungsvertrag.

In § 2 B. wurde festgestellt, dass die Schutzmechanismen der ZPO und des BGB einen ausreichenden Schutz von Vorstandsmitgliedern darstellen und es folglich keines Rückgriffs auf die §§ 305 ff. BGB bedarf. Das aus § 1031 Abs. 5 ZPO folgende Erfordernis der eigenhändigen Unterzeichnung der Urkunde und der Eigenständigkeit der Vereinbarung gewährleistet, dass der Geschäftsleiter Kenntnis von der Abrede hat. Zudem verdeutlicht es ihm ihre Tragweite. Daneben stellen § 1034 Abs. 2 ZPO sowie § 1059 ZPO weitere Vorschriften dar, die dem Schutz der Parteien und der Einhaltung eines ordnungsgemäßen Verfahrens dienen. Das BGB enthält mit § 138 BGB sowie § 242 BGB ebenfalls Normen, die für die Überprüfung von Schiedsabreden herangezogen werden können.

In § 2 C wurde die AGB-Kontrolle von Schiedsabreden untersucht. Nach vorzugswürdiger Ansicht ist ein Rückgriff auf § 307 BGB neben § 1031 Abs. 5 ZPO entbehrlich, weil die Norm einen ausreichenden Schutz gewährleistet. Das Telos der §§ 305 ff. BGB ist bei der Anwendung der AGB-Kontrolle auf Schiedsklausel aufgrund von § 1031 Abs. 5 ZPO – erst recht – nicht einschlägig. Wendet man die AGB-rechtliche Inhaltskon-

---

629 *Habersack/Wasserbäch*, AG 2016, 2 (6); *Spindler*, in: FS Baums, S. 1205 (1217).

trolle dennoch an, kommt ihr lediglich eine untergeordnete Bedeutung zu. Eine Schiedsvereinbarung, die unter Beachtung der Vorgaben des § 1031 Abs. 5 ZPO in den Vertrag aufgenommen wurde, genügt den Einbeziehungsvoraussetzungen gem. § 305 Abs. 2 BGB und kann nicht als ungewöhnlich iSd. § 305c Abs. 1 BGB angesehen werden. Eine unangemessene Benachteiligung gem. § 307 Abs. 1 BGB kann nur bei wesentlichen Abweichungen von den in §§ 1025 ff. BGB normierten Prinzipien angenommen werden, wobei die Schwelle der Unwirksamkeit im Vergleich zu den allgemeinen Vorschriften – wie bspw. §§ 138, 242 BGB – niedriger anzusetzen ist.

§ 3 Nachvertragliche Wettbewerbsverbotsklauseln

Nachvertragliche Wettbewerbsverbote sind eine weitere praxisrelevante Klauselart. Sie haben einen hohen Stellenwert für die Gesellschaft, denn bei einer konkurrierenden Tätigkeit des Vorstands im Anschluss an das Organamt besteht ein erhebliches Schadenspotenzial. Gleiches gilt für den Geschäftsleiter. Ein solches Verbot stellt eine wesentliche Beschränkung seiner Berufsfreiheit dar. Nachfolgend sollen zunächst die vertraglichen Gestaltungsmöglichkeiten von Wettbewerbsverboten herausgearbeitet werden. Anschließend werden sie anhand der allgemeinen sowie AGB-rechtlichen Vorschriften überprüft.

A. Gesetzliches Wettbewerbsverbot und vertragliche Gestaltungsmöglichkeiten

I. Gesetzliches Wettbewerbsverbot

1. Geltungsbereich des gesetzlichen Wettbewerbsverbots

Vertragliches und gesetzliches Wettbewerbsverbot sind voneinander zu unterscheiden. Letzteres ist ausdrücklich in § 88 AktG geregelt. Unter den Anwendungsbereich der Vorschrift fallen alle amtierenden Vorstandsmitglieder der Gesellschaft sowie gem. § 94 AktG deren Stellvertreter. Ebenfalls erfasst sind fehlerhaft bestellte Vorstandsmitglieder,[630] während Aufsichtsratsmitglieder nicht unter den Anwendungsbereich der Norm subsumiert werden können.[631] Das gesetzliche Wettbewerbsverbot gilt nur für die Dauer des Vorstandsamts, wobei auf den organschaftlichen Akt der Bestellung abzustellen ist.[632] Der Abschluss des Anstellungsvertrags, der hiermit nicht zwangsläufig zusammenfallen muss, ist dagegen irrelevant. Dementsprechend endet das Wettbewerbsverbot mit der Beendigung des Vorstandsamts, gleichgültig aus welchem Grund es eintritt.[633]

Einen Sonderfall stellt es dar, wenn die Bestellung zwar wirksam widerrufen wurde, der Anstellungsvertrag allerdings nicht gekündigt wird und die Gesellschaft weiterhin die Bezüge bezahlt. Teilweise wird in dieser Konstellation angenommen, dass das Wettbewerbsverbot trotz der Abberufung fort gilt[634] und als Begründung auf die sich aus § 88 AktG ergebende Treuepflicht verwiesen.[635] Dieser Ansicht kann allerdings nicht gefolgt werden.[636] Sinn und Zweck der Norm ist es sicherzustellen, dass die Vorstandsmitglieder ihre Arbeitskraft in vollem Umfang der Gesellschaft widmen.[637] Ist ein Geschäftsleiter abberufen, wenn auch bei ungekündigtem Anstellungs-

---

630 *Freudenberg*, Das Nebentätigkeitsrecht der Vorstandsmitglieder nach § 88 Aktiengesetz, S. 76; *Fleischer*, AG 2005, 336 (340); *Fleischer*, in: BeckOGK AktG, § 88 Rn. 7 (Stand: 1. April 2023); *Spindler*, in: MünchKomm-AktG, § 88 Rn. 9; *Weber*, in: Hölters/Weber, Aktiengesetz, § 88 Rn. 4.

631 *Schneider*, BB 1995, 365 (367); *Fleischer*, AG 2005, 336 (340); *Fleischer*, in: BeckOGK AktG, § 88 Rn. 7 (Stand: 1. April 2023); *Spindler*, in: MünchKomm-AktG, § 88 Rn. 9.

632 *Freudenberg*, Das Nebentätigkeitsrecht der Vorstandsmitglieder nach § 88 Aktiengesetz, S. 79; *Fleischer*, AG 2005, 336 (340); *Fleischer*, in: BeckOGK AktG, § 88 Rn. 8 (Stand: 1. April 2023); *Spindler*, in: MünchKomm-AktG, § 88 Rn. 10; *Cahn*, in: Kölner Kommentar zum Aktiengesetz, § 88 Rn. 6.

633 *Spindler*, in: MünchKomm-AktG, § 88 Rn. 11; *Fleischer*, in: BeckOGK AktG, § 88 Rn. 9 (Stand: 1. April 2023); *Cahn*, in: Kölner Kommentar zum Aktiengesetz, § 88 Rn. 7.

634 OLG Frankfurt, Urt. v. 05.11.1999 – 10 U 257/98, AG 2000, 518 (519); *Cahn*, in: Kölner Kommentar zum Aktiengesetz, § 88 Rn. 7; *Spindler*, in: MünchKomm-AktG, § 88 Rn. 11.

635 So angeführt von *Spindler*, in: MünchKomm-AktG, § 88 Rn. 11, während bei anderen Vertretern dieser Ansicht entsprechende Begründungsversuche fehlen.

636 *Fleischer*, in: BeckOGK AktG, § 88 Rn. 10 (Stand: 1. April 2023); *Koch*, in: Koch, Aktiengesetz, § 88 Rn. 2; *Kort*, in: Großkommentar Aktiengesetz, § 88 Rn. 109; *Thüsing*, in: Fleischer, Handbuch des Vorstandsrechts, § 4 Rn. 85.

637 BGH, Urt. v. 17.02.1997 – II ZR 278/95, NJW 1997, 2055 (2056); BGH, Urt. v. 02.04.2001 – II ZR 217/99, NJW 2001, 2476 (2476); *Cahn*, in: Kölner Kommentar zum Aktiengesetz, § 88 Rn. 2; *Fleischer*, in: BeckOGK AktG, § 88 Rn. 2 (Stand: 1. April 2023).

verhältnis, verzichtet die Aktiengesellschaft auf seine Tätigkeit. Es bedarf in diesem Fall auch nicht der Geltung einer Norm, die gerade dies sicherstellen soll. Weiterhin ist zu beachten, dass dogmatische Anbindung der Norm die korporationsrechtliche Stellung des Vorstandsmitglieds ist.[638] Das Schuldverhältnis, das hiervon zu differenzieren ist, ist dagegen nicht Anknüpfungspunkt der Vorschrift.

2. Umfang des gesetzlichen Wettbewerbsverbots

Der Umfang des gesetzlichen Wettbewerbsverbots ist § 88 Abs. 1 AktG zu entnehmen. Nach S. 1 dürfen Vorstandsmitglieder ohne Einwilligung des Aufsichtsrats weder ein Handelsgewerbe betreiben noch im Geschäftszweig der Gesellschaft für eigene oder fremde Rechnung Geschäfte machen. Außerdem ist es ihnen nach S. 2 der Norm untersagt, Mitglied des Vorstands oder Geschäftsführer oder persönlicher haftender Gesellschafter einer anderen Handelsgesellschaft zu sein. S. 2 steht ebenfalls unter dem Vorbehalt der Zustimmung des Aufsichtsrats. Der weite sachliche Anwendungsbereich der Norm verfolgt zwei Regelungszwecke. Zum einen dient die Vorschrift dem Schutz der Gesellschaft vor konkurrierenden Wettbewerbshandlungen.[639] Es soll verhindert werden, dass ihr durch eine selbständige oder unselbständige Tätigkeit des Vorstands im Geschäftszweig der Gesellschaft ein Schaden entsteht. Zum anderen wird durch das gesetzliche Wettbewerbsverbot sichergestellt, dass die Arbeitskraft in vollem Umfang dem Unternehmen gewidmet wird. Etwas anderes gilt nur dann, wenn der Aufsichtsrat seine Einwilligung, die auf bestimmte Bereiche oder Arten von Handelsgeschäften beschränkt werden kann, erteilt hat. Notwendig ist ein förmlicher Aufsichtsratsbeschluss gem. § 108 Abs. 1 AktG.[640] Es muss sich dabei um eine vorherige Zustimmung iSd. § 183 S. 1 BGB handeln,

---

638 *Fleischer*, AG 2005, 336 (340); *Fleischer*, in: BeckOGK AktG, § 88 Rn. 10 (Stand: 1. April 2023); *Thüsing*, in: Fleischer, Handbuch des Vorstandsrechts, § 4 Rn. 85.

639 Vgl. nur BGH, Urt. v. 17.02.1997 – II ZR 278/95, NJW 1997, 2055 (2056).

640 *Armbrüster*, ZIP 1997, 1269 (1270); *Fleischer*, AG 2005, 336 (345); *Fleischer*, in: BeckOGK AktG, § 88 Rn. 27 (Stand: 1. April 2023); *Spindler*, in: MünchKomm-AktG, § 88 Rn. 25.

weil ansonsten gem. § 88 Abs. 2 AktG bereits Ansprüche zugunsten des Unternehmens entstehen können.[641]

3. Rechtsfolgen eines Verstoßes

§ 88 Abs. 1 AktG ist – wenn auch nicht ausdrücklich geregelt – ein Unterlassungsanspruch der Gesellschaft gegenüber dem Vorstandsmitglied zu entnehmen.[642] Er setzt kein Verschulden voraus und kann im Wege der Klage oder durch einstweilige Verfügung geltend gemacht werden.[643] Nach § 88 Abs. 2 S. 1 AktG steht der Gesellschaft im Falle eines Verstoßes gegen das Wettbewerbsverbot ein Schadensersatzanspruch zu. Voraussetzung ist ein schuldhaftes Verhalten. Stattdessen kann sie vom Geschäftsleiter verlangen, dass es die für eigene Rechnung getätigten Geschäfte als für Rechnung der Gesellschaft eingegangen gelten lässt und die aus Geschäften für fremde Rechnung bezogene Vergütung herausgibt oder seinen Anspruch auf die Vergütung abtritt. Es handelt sich um ein sog. Eintrittsrecht. Für den Anspruch ist ein Verschulden nachzuweisen.[644] Der Vorteil gegenüber dem Schadensersatz liegt darin, dass der Nachweis eines Schadens nicht geführt

---

641 *Cahn*, in: Kölner Kommentar zum Aktiengesetz, § 88 Rn. 17; *Fleischer*, in: BeckOGK AktG, § 88 Rn. 26 (Stand: 1. April 2023); *Spindler*, in: MünchKomm-AktG, § 88 Rn. 25 ff.

642 *Freudenberg*, Das Nebentätigkeitsrecht der Vorstandsmitglieder nach § 88 Aktiengesetz, S. 154; *Fleischer*, in: BeckOGK AktG, § 88 Rn. 33 (Stand: 1. April 2023); *Cahn*, in: Kölner Kommentar zum Aktiengesetz, § 88 Rn. 26; *Spindler*, in: MünchKomm-AktG, § 88 Rn. 29.

643 *Freudenberg*, Das Nebentätigkeitsrecht der Vorstandsmitglieder nach § 88 Aktiengesetz, S. 154; *Fleischer*, in: BeckOGK AktG, § 88 Rn. 33 (Stand: 1. April 2023); *Cahn*, in: Kölner Kommentar zum Aktiengesetz, § 88 Rn. 26; *Spindler*, in: MünchKomm-AktG, § 88 Rn. 29.

644 *Freudenberg*, Das Nebentätigkeitsrecht der Vorstandsmitglieder nach § 88 Aktiengesetz, S. 141; *Kort*, in: Großkommentar Aktiengesetz, § 88 Rn. 74; *Spindler*, in: MünchKomm-AktG, § 88 Rn. 33; *Thüsing*, in: Fleischer, Handbuch des Vorstandsrechts, § 4 Rn. 95; andere Ansicht *Fleischer*, in: BeckOGK AktG, § 88 Rn. 37 (Stand: 1. April 2023) sowie *Cahn*, in: Kölner Kommentar zum Aktiengesetz, § 88 Rn. 23: als Begründung wird insbesondere angeführt, dass es sich um eine Abschöpfung von Vorteilen handelt und somit um einen der Eingriffskondition nahestehenden Anspruch.

werden muss.[645] Der Eintritt hat keine Außenwirkung[646] und berührt das Rechtsverhältnis zwischen Vorstandsmitglied und Drittem nicht.

II. Vertragliche Gestaltungsmöglichkeiten

1. Abweichende Regelungen zum gesetzlichen Wettbewerbsverbot

§ 88 AktG ist dispositiv.[647] Sowohl durch den Anstellungsvertrag als auch durch die Satzung können abweichende Vereinbarungen getroffen und das gesetzliche Wettbewerbsverbot eingeschränkt oder erweitert werden.[648] Der konkreten vertraglichen Ausgestaltung sind jedoch Grenzen gesetzt. Bzgl. der Einschränkung ist das Verbot der Blankett-Einwilligung gem. § 88 Abs. 1 S. 3 AktG zu beachten.[649] Dem ist zu entnehmen, dass der Anstellungsvertrag bzw. die Satzung das gesetzliche Wettbewerbsverbot nicht insgesamt abbedingen kann.[650] Allerdings ist es zulässig, das Wettbewerbsverbot bspw. für bestimmte Handelsgewerbe oder Arten von Geschäften auszuschließen, sodass das Vorstandsmitglied insoweit erlaubterweise tätig werden kann.

Die Grenze für die Erweiterung des Wettbewerbsverbots folgt aus dem Grundrecht der Berufsfreiheit gem. Art. 12 GG, das nicht unverhältnismäßig eingeschränkt werden darf.[651] Das Wettbewerbsverbot darf nicht so weit

---

645 BGH, Urt. v. 22.01.1988 – 2 StR 133/87, NJW 1988, 2483 (2485); *Spindler*, in: Münch-Komm-AktG, § 88 Rn. 32; *Fleischer*, in: BeckOGK AktG, § 88 Rn. 35 (Stand: 1. April 2023).

646 Vgl. nur BGH, Urt. v. 05.12.1983 – II ZR 242/82, NJW 1984, 1351 (1353) zum wortlautgleichen § 113 Abs. 1 HGB.

647 *Spindler*, in: MünchKomm-AktG, § 88 Rn. 28; *Fleischer*, AG 2005, 336 (345); *Fleischer*, in: BeckOGK AktG, § 88 Rn. 30 (Stand: 1. April 2023); *Cahn*, in: Kölner Kommentar zum Aktiengesetz, § 88 Rn. 8; *Thüsing*, in: Fleischer, Handbuch des Vorstandsrechts, § 4 Rn. 104.

648 OLG Brandenburg, Urt. v. 24.06.2008 – 6 U 104/07, BeckRS 2009, 8165; *Jänsch*, Angemessene Vorstandsverträge, S. 156; *Kort*, ZIP 2008, 717 (718).

649 *Thüsing*, in: Fleischer, Handbuch des Vorstandsrechts, § 4 Rn. 104; *Fleischer*, AG 2005, 336 (345); *Cahn*, in: Kölner Kommentar zum Aktiengesetz, § 88 Rn. 8; *Spindler*, in: MünchKomm-AktG, § 88 Rn. 28.

650 *Freudenberg*, Das Nebentätigkeitsrecht der Vorstandsmitglieder nach § 88 Aktiengesetz, S. 144; *Armbrüster*, ZIP 1997, 1269 (1270); *Cahn*, in: Kölner Kommentar zum Aktiengesetz, § 88 Rn. 8.

651 *Thüsing*, in: Fleischer, Handbuch des Vorstandsrechts, § 4 Rn. 105; ebenso *Fleischer*, in: BeckOGK AktG, § 88 Rn. 31 (Stand: 1. April 2023); *Cahn*, in: Kölner Kommentar zum Aktiengesetz, § 88 Rn. 9; *Spindler*, in: MünchKomm-AktG, § 88 Rn. 28.

gefasst werden, dass dem Vorstand jegliche Tätigkeit verboten ist. Bspw. ist eine anstellungsvertragliche Regelung, die eine vorherige Zustimmung des Aufsichtsrats bzgl. jeder bezahlten oder unbezahlten anderweitigen Tätigkeit erfordert, verfassungskonform und somit restriktiv dahingehend ausgelegt werden, dass nur solche Tätigkeiten der Einwilligung des Aufsichtsratsvorsitzenden bedürfen, durch die die Erfüllung der Gesellschaft geschuldeten Dienste beeinträchtigt wird.[652]

2. Nachvertragliches Wettbewerbsverbot

Das nachvertragliche Wettbewerbsverbot ist vom gesetzlich geregelten zu differenzieren. Letzteres hat einen weiten sachlichen Anwendungsbereich, durch den das Unternehmen vor konkurrierenden Wettbewerbshandlungen geschützt und zugleich sichergestellt werden soll, dass der Vorstand seine Arbeitskraft in vollem Umfang der Gesellschaft widmet. Der zeitliche Geltungsbereich der Norm ist jedoch beschränkt. Er knüpft an die Eigenschaft als Vorstandsmitglied an. Die Bindung an das Wettbewerbsverbot entfällt folglich mit der Beendigung des Vorstandsamts durch Abberufung. Allerding ist das Schadenspotenzial ab diesem Zeitpunkt ähnlich hoch wie während der Organstellung, da das Vorstandsmitglied die erlangten Einblicke in den Geschäftsbereich und die internen Abläufe im Rahmen einer konkurrierenden Tätigkeit nutzen könnte. Der Geschäftsleiter soll daher über die Beendigung des Amts hinaus wettbewerbsrechtlich gebunden werden.

Eine solche Bindung kann durch ein nachvertragliches Wettbewerbsverbot erreicht werden. Hierbei handelt es sich um einen gegenseitigen Vertrag, auf den die §§ 320 ff. BGB Anwendung finden.[653] Es wird im Anstellungsvertrag vereinbart,[654] weshalb es sich um einen „Vertrag im Vertrag"

---

652 Zu dieser Entscheidung siehe OLG Frankfurt, Urt. v. 05.11.1999 – 10 U 257/98, AG 2000, 518 (519).

653 BAG, Urt. v. 07.07.2015 – 10 AZR 260/14, NZA 2015, 1253 (1256); BAG, Urt. v. 31.01.2018 – 10 AZR 392/17, NZA 2018, 578 (579); siehe hierzu auch *Lembke*, BB 2020, 52 (53).

654 Für ein Muster einer nachvertraglichen Wettbewerbsverbotsklausel siehe *Beiner/ Braun*, Der Vorstandsvertrag, Anhang B, S. 411 f.

handelt.[655] Die Verpflichtung zur Unterlassung des Wettbewerbs und die von der Gesellschaft zu zahlende Karenzentschädigung stehen im Synallagma.[656] In der Regel wird ein nachvertragliches Wettbewerbsverbot durch eine Vertragsstrafe gemäß §§ 339 ff. BGB abgesichert.[657] Möglich ist auch die Vereinbarung eines Eintrittsrechts iSd. § 88 Abs. 2 S. 2 AktG.[658]

B. Überprüfung von nachvertraglichen Wettbewerbsverboten anhand der allgemeinen Vorschriften

I. Anwendung der §§ 74 ff. HGB auf Wettbewerbsverbote in Vorstandsanstellungsverträgen

Die §§ 74 ff. HGB regeln Wettbewerbsverbote zwischen einem Prinzipal und einem Handlungsgehilfen. Nach der Legaldefinition des § 59 S. 1 HGB ist Handlungsgehilfe, wer in einem Handelsgewerbe zur Leistung kaufmännischer Dienste gegen Entgelt angestellt ist. Zusätzlich hierzu ordnet § 110 S. 2 GewO an, dass die §§ 74 bis 75f HGB auf Wettbewerbsverbote für Arbeitnehmer entsprechend anzuwenden sind.[659] Bzgl. nachvertraglichen Wettbewerbsverboten in Vorstandsanstellungsverträgen fehlt eine gesetzliche Regelung. Es soll daher im Folgenden untersucht werden, ob eine entsprechende oder analoge Anwendung möglich erscheint.

---

655 *Bauer/Diller*, Wettbewerbsverbote: rechtliche und taktische Hinweise für Arbeitgeber, Arbeitnehmer und Organmitglieder § 3 Rn. 51; zustimmend *Lembke*, BB 2020, 52 (53).

656 So auch *Lembke*, BB 2020, 52 (53).

657 *Spindler*, in: MünchKomm-AktG, § 88 Rn. 48; *Koch*, in: Koch, Aktiengesetz, § 88 Rn. 10; *Cahn*, in: Kölner Kommentar zum Aktiengesetz, § 88 Rn. 48; siehe auch die Formulierungsempfehlung bei *Beiner/Braun*, Der Vorstandsvertrag, Anhang B., S. 412.

658 *Cahn*, in: Kölner Kommentar zum Aktiengesetz, § 88 Rn. 48; *Spindler*, in: Münch-Komm-AktG, § 88 Rn. 48; *Thüsing*, in: Fleischer, Handbuch des Vorstandsrechts, § 4 Rn. 127.

659 § 110 S. 2 GewO stellt eine Umsetzung der Rechtsprechung des BAG dar. Das Gericht entschied in seinem Urteil vom 13.09.1969 – 3 AZR 138/68, NJW 1970, 626, dass die §§ 74 ff. HGB analog auf Arbeitnehmer anzuwenden sind. Nunmehr besteht keine Notwendigkeit mehr zu Bildung einer Analogie, da das Gesetz die entsprechende Anwendung explizit anordnet; siehe hierzu Begründung des Regierungsentwurfs eines Dritten Gesetzes zur Änderung der Gewerbeordnung und sonstiger gewerberechtlicher Vorschriften, BT-Drucks. 14/8796, S. 26.

1. Keine entsprechende Anwendung über § 110 S. 2 GewO mangels
   Arbeitnehmereigenschaft

Eine entsprechende Anwendung der §§ 74 ff. HGB über § 110 S. 2 GewO
scheidet aus. Die Norm setzt voraus, dass es sich um eine Vereinbarung
handelt, durch welche die berufliche Tätigkeit *des Arbeitnehmers* für die
Zeit nach Beendigung des Arbeitsverhältnisses beschränkt wird. Das Vorstandsmitglied ist allerdings nicht als Arbeitnehmer zu qualifizieren.[660]
Charakteristisch für die Eigenschaft als Arbeitnehmer ist seine Weisungsgebundenheit sowie die persönliche Abhängigkeit vom Arbeitgeber. Einer solchen Weisungsgebundenheit und persönlichen Abhängigkeit gegenüber der
Gesellschaft als Arbeitgeberin unterliegen Vorstandsmitglieder allerdings
nicht.[661] Sie haben die Gesellschaft nach § 76 Abs. 1 AktG unter eigener
Verantwortung zu leiten, gehören damit zu den willensbildenden Organen
der Gesellschaft[662] und üben selbst das Weisungsrecht des Arbeitgebers
aus.[663] Etwas anderes ergibt sich auch nicht aus unionsrechtlicher Rechtsprechung, denn das Vorstandsmitglied fällt auch nicht unter den europarechtlichen Arbeitnehmerbegriff.[664]

2. Analoge Anwendung der §§ 74 ff. HGB

a) Grundsätzliche Ablehnung der Analogie

Die §§ 74 ff. HGB finden weder direkte noch über § 110 S. 2 GewO entsprechende Anwendung auf nachvertragliche Wettbewerbsverbote in Vorstandsanstellungsverträgen. Fraglich ist jedoch, ob eine analoge Anwendung der
Normen geboten ist. Dies ist grds. abzulehnen.[665] Die §§ 74 ff. HGB stellen

---

660 Im Einzelnen hierzu Erster Teil § 3B.I.
661 BGH, Urt. v. 11.07.1953 – II ZR 126/52, NJW 1953, 1465; BGH, Urt. v. 16.12.1953
– II ZR 41/53, NJW 1954, 505 (507 f.); *Fleischer*, in: BeckOGK AktG, § 84 Rn. 27
(Stand: 1. April 2023); *Cahn*, in: Kölner Kommentar zum Aktiengesetz, § 84 Rn. 35;
Spindler, in: MünchKomm-AktG, § 84 Rn. 65.
662 BGH, Urt. v. 11.07.1953 – II ZR 126/52, NJW 1953, 1465.
663 BGH, Urt. v. 16.12.1953 – II ZR 41/53, NJW 1954, 505 (507).
664 Dazu Erster Teil § 3B.I.2.
665 BGH, Urt. v. 26.03.1984 – II ZR 229/83, NJW 1984, 2366 f.; *Beiner/Braun*, Der
Vorstandsvertrag Rn. 627; *Fleischer*, in: BeckOGK AktG, § 88 Rn. 42 (Stand: 1. April
2023); *Cahn*, in: Kölner Kommentar zum Aktiengesetz, § 88 Rn. 41; *Spindler*, in:
MünchKomm-AktG, § 88 Rn. 48; *Thüsing*, in: Fleischer, Handbuch des Vorstands-

das Ergebnis einer Abwägung zwischen dem berechtigten geschäftlichen Interesse des Arbeitgebers, dass die im Rahmen der Tätigkeit erlangten Kenntnisse und geschäftlichen Beziehungen nicht zu seinem Nachteil ausgenutzt werden und dem des Arbeitnehmers, nach Beendigung des Dienstverhältnisses nicht in der Berufsfreiheit beschränkt zu werden, dar.[666] Dieser Grundsatz kann nicht in einer generalisierenden Weise auf Organmitglieder übertragen werden, da sie das Unternehmen in weit stärkerem Maße als Angestellte repräsentieren und dementsprechend auch die geschäftlichen Beziehungen wahrnehmen bzw. sich auf diese Personen konzentrieren.[667] Hierdurch sind sie in der Lage, in den Kundenkreis der Gesellschaft einzudringen und dadurch deren Geschäftspartner abzuwerben sowie evtl. Bezugsquellen des Unternehmens auszunutzen, wodurch eine Konkurrenztätigkeit in stärkerem Maße die Gefahr eines Schadenseintritts begründet und damit auch die nachwirkenden Treuepflichten weiter gehen müssen.[668] Dies rechtfertigt die Zulässigkeit nachvertraglicher Wettbewerbsverbote, die in Verträgen mit Arbeitnehmern bzw. Handlungsgehilfen aufgrund eines Verstoßes gegen die §§ 74 ff. HGB unwirksam wären. Durch die herausragende Stellung des Vorstands in der Gesellschaft als autonomes Leitungsorgan im Vergleich zu sonstigen Angestellten ist der Interessenausgleich, der von den gesetzlichen Vorschriften vorausgesetzt wird, gestört. Zwar besteht seitens des ausscheidenden Vorstandsmitglieds ebenfalls ein Interesse an einer freien beruflichen Betätigung. Das Interesse der Gesellschaft ist im Fall einer Konkurrenztätigkeit jedoch stärker beeinträchtigt. Durch die Ablehnung der Analogie soll verhindert werden, dass die Gesellschaft den starren, auf ganz anders geartete Rechtsverhältnisse zugeschnittenen sozialen Schutzrechten der §§ 74 ff. HGB unterliegt und sich aufgrund dessen nicht mit einer Vereinbarung davor bewahren kann, dass das ausscheidende Vorstandsmitglied die erlangten Kenntnisse und Verbindungen zum Schaden des Unternehmens ausnutzt.[669]

---

rechts, § 4 Rn. 109; andere Ansicht *Bauer/Diller*, BB 1995, 1134 (1135); *Lembke*, BB 2020, 52 (59).

666 So BGH, Urt. v. 26.03.1984 – II ZR 229/83, NJW 1984, 2366 zu § 74 Abs. 2 HGB. Dieser Gedanke ist jedoch nicht auf diese Norm beschränkt, sondern auch den anderen Vorschriften der §§ 74 ff. HGB immanent.

667 BGH, Urt. v. 26.03.1984 – II ZR 229/83, NJW 1984, 2366 f.

668 BGH, Urt. v. 26.03.1984 – II ZR 229/83, NJW 1984, 2366 (2367); so auch; *Cahn*, in: Kölner Kommentar zum Aktiengesetz, § 88 Rn. 33 ff.

669 BGH, Urteil v. 17.02.1992 – II ZR 140/91, NJW 1992, 1892 f.

Für dieses Ergebnis lässt sich auch die geringere soziale Schutzbedürftigkeit von Vorstandsmitgliedern anführen. Die §§ 74 ff. HGB sind auf die besondere Schutzbedürftigkeit von Handlungsgehilfen zugeschnitten[670] und werden mit diesem Argument über § 110 S. 2 GewO auf Arbeitnehmer angewendet. Ein derartiges Schutzbedürfnis besteht bei Vorstandsmitgliedern allerdings nicht. Die beiden Personengruppen unterscheiden sich bereits im Ausgangspunkt dadurch, dass dem Geschäftsleiter eine stärkere Verhandlungsposition bei der Vereinbarung des nachvertraglichen Wettbewerbsverbots zukommt. Es ist davon auszugehen, dass ein künftiges Vorstandsmitglied neben realen Beeinflussungsmöglichkeiten auch reelle Chancen auf die Durchsetzung der eigenen Interessen hat.[671] In diesem Kontext ist erneut die Geschäftserfahrung anzuführen. Aufgrund der aufgeführten Aspekte fehlt es an einer rollenspezifischen Unterlegenheit.[672]

b) Ausnahmsweise analoge Anwendung bestimmter Normen

Allerdings sind die §§ 74 ff. HGB nicht generell unanwendbar.[673] Grds. stellen sie das Ergebnis einer Abwägung zwischen den berechtigten geschäftlichen Interessen der Parteien dar. Dieser Interessenausgleich ist in Bezug auf Vorstandsmitglieder gestört. Die Geschäftstätigkeit der Gesellschaft kann aufgrund der herausragenden Stellung des Vorstands wesentlich stärker beeinträchtigt werden. Es besteht die Gefahr des Abwerbens von Geschäftspartnern und dem Ausnutzen von Bezugsquellen.

Ausgehend hiervon kann eine Analogie in Betracht kommen, wenn eine gesetzliche Bestimmung zum Ziel hat, die besonderen Interessen des Un-

---

670 BGH, Urt. v. 26.03.1984 – II ZR 229/83, NJW 1984, 2366 f.; *Fleischer*, in: BeckOGK AktG, § 88 Rn. 42 (Stand: 1. April 2023); *Spindler*, in: MünchKomm-AktG, § 88 Rn. 48.

671 *Herresthal*, ZIP 2014, 345 (350 f.); *Bauer/Arnold*, ZIP 2006, 2337 (2340).

672 *Bauer/Arnold*, ZIP 2006, 2337 (2339).

673 BGH, Urteil v. 17.02.1992 – II ZR 140/91, NJW 1992, 1892 (1893); *Beiner/Braun*, Der Vorstandsvertrag, Rn. 628; *Bauer/Diller*, Wettbewerbsverbote – Rechtliche und taktische Hinweise für Arbeitgeber, Arbeitnehmer und Organmitglieder, § 24 Rn. 1038; *Fleischer*, in: BeckOGK AktG, § 88 Rn. 42 (Stand: 1. April 2023); *Thüsing*, in: Fleischer, Handbuch des Vorstandsrechts, § 4 Rn. 109; kritisch dagegen *Heidenhain*, NZG 2002, 605; *Jänsch*, Angemessene Vorstandsverträge, S. 156 ff.

ternehmens zu wahren.[674] In diesem Zusammenhang ist z.B. § 75a HGB zu nennen. Die Regelung ermöglicht dem Prinzipal vor der Beendigung des Dienstverhältnisses auf das Wettbewerbsverbot zu verzichten mit der Wirkung, dass er mit dem Ablauf eines Jahres seit der Erklärung von der Verpflichtung zur Zahlung der Entschädigung frei wird. Sie soll gewährleisten, dass die Gesellschaft, in deren Interesse das nachvertragliche Wettbewerbsverbot vereinbart wird, einseitig darüber entscheiden kann, ob sie weiterhin Nachteile durch eine konkurrierende Tätigkeit befürchtet oder sich seit der Vereinbarung die Lage derart verändert hat, dass es eines solchen Verbots nicht mehr bedarf.[675] Es handelt sich um eine Norm, die der Wahrung der Interessen des Unternehmens dient. Eine analoge Anwendung der Norm ist daher grds. angebracht.[676] Folge hiervon ist, dass die Gesellschaft zumindest vor der Beendigung des Dienstverhältnisses unter den gleichen Voraussetzungen und mit den gleichen Rechtsfolgen wie in § 75a HGB angeordnet auf das Wettbewerbsverbot verzichten kann.[677] Der BGH hat dies für den Geschäftsführer einer GmbH anerkannt.[678] Etwaige Gründe, die für eine differenzierte Betrachtung bei Vorstandsmitgliedern sprechen, sind nicht ersichtlich. Die Interessenlagen bei nachvertraglichen Wettbewerbsverboten mit Geschäftsführern und Vorstandsmitgliedern sind gleich. In beiden Anwendungsbereichen soll die Gesellschaft, welche Nachteile durch eine konkurrierende Tätigkeit befürchtete, selbst beurteilen bzw. entscheiden können, ob diese Gefahr noch besteht und, falls nicht, auf den Schutz einseitig verzichten können.

---

674 So BGH, Urteil v. 17.02.1992 – II ZR 140/91, NJW 1992, 1892 f. zur analogen Anwendung des § 75a HGB auf ein nachvertragliches Wettbewerbsverbot mit einem Geschäftsführer.

675 BGH, Urteil v. 17.02.1992 – II ZR 140/91, NJW 1992, 1892 f.

676 BGH, Urteil v. 17.02.1992 – II ZR 140/91, NJW 1992, 1892 f.; *Beiner/Braun*, Der Vorstandsvertrag, Rn. 628; *Jäger*, DStR 1995, 724 (729); *Spindler*, in: MünchKomm-AktG, § 88 Rn. 55; *Thüsing*, in: Fleischer, Handbuch des Vorstandsrechts, § 4 Rn. 116; andere Ansicht dagegen *Cahn*, in: Kölner Kommentar zum Aktiengesetz, § 88 Rn. 41.

677 Hiervon zu unterscheiden ist die Frage, ob ein Verzicht auf das Wettbewerbsverbot auch nach Beendigung des Dienstverhältnisses möglich ist. Bei Arbeitnehmern lehnt die arbeitsrechtliche Rechtsprechung dies ab, bei Vorstandsmitgliedern wird auf Grund ihrer geringeren sozialen Schutzbedürftigkeit dafür plädiert, einen solchen nachträglichen Verzicht zuzulassen. Im Einzelnen mwN. *Thüsing*, in: Fleischer, Handbuch des Vorstandsrechts, § 4 Rn. 116.

678 BGH, Urteil v. 17.02.1992 – II ZR 140/91, NJW 1992, 1892 f.

Durch die Analogie kann ein Wertungswiderspruch im Vergleich zur Behandlung von Arbeitnehmern vermieden werden. § 110 S. 2 GewO folgt aus dem Rechtsgedanken, dass Arbeitnehmer – ähnlich wie Handlungsgehilfen – einer starken persönlichen Abhängigkeit unterliegen. Trotz der vom Gesetzgeber anerkannten hohen Schutzbedürftigkeit kann der Arbeitgeber aufgrund von § 75a HGB einseitig auf das Wettbewerbsverbot verzichten und dadurch seiner Verpflichtung zur Zahlung einer Karenzentschädigung iSd. § 74 Abs. 2 HGB nach Ablauf eines Jahres entgehen. Im Gegensatz dazu wäre bei einem typisiert geschäftsgewandten und damit vergleichsweise weniger schutzbedürftigen Vorstandsmitglied ein solcher Verzicht ohne Vereinbarung nicht möglich. Es ist nicht ersichtlich, weshalb ein stärkerer Schutz des Organmitglieds angebracht sein sollte.[679] Es wäre zudem widersprüchlich, wenn bei einem Arbeitnehmer die verpflichtend zu zahlende Karenzentschädigung umgangen werden könnte, dies bei einem Vorstandsmitglied, dem nicht zwingend eine solche zu zahlen ist,[680] nicht möglich wäre.

Allerdings darf die Analogie nicht dazu führen, dass die Gesellschaft übervorteilt wird.[681] Das Unternehmen tritt dem Vorstandsmitglied als gleichwertiger Vertragspartner gegenüber. Es ist grds. ebenso wenig schutzbedürftig wie das Vorstandsmitglied. Eine partielle Schutzbedürftigkeit folgt lediglich daraus, dass die Unternehmensinteressen durch eine Konkurrenztätigkeit des Vorstandsmitglieds derart beeinträchtigt werden können, dass dies zu wesentlichen Nachteilen im Geschäftsbetrieb führen kann. Es darf somit keinesfalls eine allgemeine analoge Anwendung der §§ 74 ff. HGB erfolgen, sondern es ist im Einzelfall das Telos der jeweiligen Vorschrift zu prüfen und ausgehend davon zu analysieren, ob eine Analogie aufgrund der besonderen Interessenbeeinträchtigung gerechtfertigt erscheint.

---

679 *Thüsing*, in: Fleischer, Handbuch des Vorstandsrechts, § 4 Rn. 116.

680 Siehe hierzu die Leitentscheidung des BGH, Urt. v. 26.03.1984 – II ZR 229/83, NJW 1984, 2366 f., wonach Wettbewerbsverbote mit GmbH-Geschäftsführern nicht der Beschränkung des § 74 Abs. 2 HGB unterliegen. Strittig ist, inwieweit dieser Grundsatz gilt; zum Ganzen *Bauer/Diller*, Wettbewerbsverbote – Rechtliche und taktische Hinweise für Arbeitgeber, Arbeitnehmer und Organmitglieder, § 24 Rn. 1074 ff.

681 Ähnlich auch *Heidenhain*, NZG 2002, 605 (606); *Cahn*, in: Kölner Kommentar zum Aktiengesetz, § 88 Rn. 41. Dies ist das wesentliche Argument, das gegen die Analogie angeführt wird.

II. Kontrolle anhand von § 138 BGB iVm. Art. 2, 12 GG

1. Prüfungsmaßstab

Die Grenze nachvertraglicher Wettbewerbsverbote mit Organmitgliedern ist gem. § 138 iVm. Art. 2 und 12 GG zu ermitteln.[682] Das Wettbewerbsverbot ist zulässig, wenn es dem Schutz berechtigter Interessen der Gesellschaft dient und die Berufsausübung bzw. die wirtschaftliche Betätigung des Organs nach Ort, Zeit und Gegenstand nicht unbillig erschwert.[683] Dies entspricht im Wesentlichen den Anforderungen, die in § 74a Abs. 1 normiert sind. Im Übrigen sind die in den §§ 74 ff. HGB zum Ausdruck gekommenen Rechtsgrundsätze heranzuziehen.[684] Ausgehend davon ist eine zweistufige Prüfung des nachvertraglichen Wettbewerbsverbot durchzuführen.[685] Auf der ersten Stufe ist zu untersuchen, ob das Verbot einem berechtigten Interesse der Gesellschaft dient. Ist dies nicht der Fall, liegt ein Verstoß gegen die guten Sitten gem. § 138 BGB vor. Besteht dagegen ein berechtigtes Interesse der Gesellschaft, ist auf der zweiten Stufe zu prüfen, ob es die Berufsausübung bzw. die wirtschaftliche Betätigung des Vorstands nach Ort, Zeit und Gegenstand unbillig erschwert.

2. Voraussetzungen der Zulässigkeit im Einzelnen

Eine zulässige Vereinbarung setzt auf der ersten Stufe ein berechtigtes Interesse der Gesellschaft voraus. Es liegt vor, wenn das Vorstandsmitglied

---

682 BGH, Urt. v. 26.03.1984 – II ZR 229/83, NJW 1984, 2366 (2367); *Bauer/Diller*, Wettbewerbsverbote – Rechtliche und taktische Hinweise für Arbeitgeber, Arbeitnehmer und Organmitglieder, § 24 Rn. 1046; *Beiner/Braun*, Der Vorstandsvertrag Rn. 630; *Fleischer*, in: BeckOGK AktG, § 88 Rn. 43 (Stand: 1. April 2023); *Jänsch*, Angemessene Vorstandsverträge, S. 157; *Cahn*, in: Kölner Kommentar zum Aktiengesetz, § 88 Rn. 34; *Spindler*, in: MünchKomm-AktG, § 88 Rn. 49; *Thüsing*, in: Fleischer, Handbuch des Vorstandsrechts, § 4 Rn. 110.

683 BGH, Urt. v. 26.03.1984 – II ZR 229/83, NJW 1984, 2366 (2367); BGH, Urt. v. 04.03.2002 – II ZR 77/00, NZG 2002, 475 (476).

684 BGH, Urt. v. 26.03.1984 – II ZR 229/83, NJW 1984, 2366 (2367); zustimmend *Bauer/Diller*, Wettbewerbsverbote – Rechtliche und taktische Hinweise für Arbeitgeber, Arbeitnehmer und Organmitglieder, § 24 Rn. 1046; *Spindler*, in: MünchKomm-AktG, § 88 Rn. 49.

685 Im Einzelnen hierzu *Bauer/Diller*, Wettbewerbsverbote – Rechtliche und taktische Hinweise für Arbeitgeber, Arbeitnehmer und Organmitglieder, § 24 Rn. 1047 f.; *Hoffmann-Becking*, in: FS Quack, S. 273 (274 f.).

Kenntnisse und Verbindungen im Rahmen seiner Tätigkeit erlangt hat, die es ihm ermöglichen, mit der Gesellschaft nach dem Ausscheiden auf eigene oder fremde Rechnung zu konkurrieren.[686] Dies ist eine Frage des Einzelfalls. Es muss anhand der konkreten Tätigkeit des Vorstandsmitglieds geprüft werden, inwiefern es besondere Kenntnisse erlangt und geschäftliche Verbindungen geknüpft hat, die es im Konkurrenzunternehmen zum Schaden der Gesellschaft nutzen kann. Ein pauschaler Hinweis der Gesellschaft auf eine mögliche Gefährdung aufgrund der vorangegangenen Tätigkeit ohne konkreten Bezug zur Tätigkeit reicht jedenfalls nicht aus. Das Verbot kann daher nicht regeln, dass das Vorstandsmitglied weder selbständig noch unselbständig noch beratend, auch nicht gelegentlich oder mittelbar, auf Gebieten tätig zu werden, die zum Aufgabenbereich der Gesellschaft gehören.[687] Hier fehlt es an einem berechtigten Interesse, da kein Bezug zur vorherigen Tätigkeit des Vorstandsmitglieds hergestellt werden kann.[688]

Kann ein berechtigtes Interesse nachgewiesen werden, ist auf der zweiten Stufe zu prüfen, ob das Wettbewerbsverbot die Berufsausübung des Vorstands nach Ort, Zeit und Gegenstand unbillig erschwert. Hinsichtlich der örtlichen Komponente ist auf den Tätigkeitsbereich der Gesellschaft abzustellen. Entscheidend für die Angemessenheit und damit der möglichen Reichweite des Verbots ist, auf welchem Markt das Unternehmen tätig ist und in welchen Regionen bzw. Ländern es üblicherweise seine Geschäfte verrichtet.[689] Dementsprechend kann der räumliche Geltungsbereich umfassender ausgestaltet sein, je internationaler die Tätigkeit der Gesellschaft ausgerichtet ist. Allerdings reicht nicht jeder noch so unwesentliche Auslandsbezug aus. Vielmehr ist auf den lokalen bzw. regionalen Schwerpunkt der Gesellschaft abzustellen, da nahezu immer ein entsprechender Auslandsbezug begründet werden kann. Problematisch ist jedoch, dass Wettbewerbsverbote mit Organmitgliedern meist nicht ausdrücklich regeln, auf welche Gebiete sich das Verbot erstrecken soll und daher von einer

---

686 Vgl. *Beiner/Braun*, Der Vorstandsvertrag Rn. 632 mwN. zur obergerichtlichen Rechtsprechung.

687 Zu einer solchen Regelung beim GmbH-Geschäftsführer BGH, Urt. v. 26.03.1984 – II ZR 229/83, NJW 1984, 2366 (2367).

688 BGH, Urt. v. 26.03.1984 – II ZR 229/83, NJW 1984, 2366 (2367); ähnlich auch OLG Hamm, Urt. v. 14.07.2014 – 8 U 131/12, BeckRS 2016, 13633; OLG München, Beschl. v. 02.08.2018 – 7 U 2107/18, NZA-RR 2019, 82.

689 *Beiner/Braun*, Der Vorstandsvertrag, Rn. 636; *Fleischer*, in: BeckOGK AktG, § 88 Rn. 45 (Stand: 1. April 2023); *Jäger*, DStR 1995, 724 (726); *Cahn*, in: Kölner Kommentar zum Aktiengesetz, § 88 Rn. 36.

weltweiten Geltung auszugehen ist.[690] Eine weltweites Wettbewerbsverbot kann jedoch nur im Einzelfall zulässig sein. Daher muss darauf geachtet werden, dass der Vertrag entweder eine räumliche Beschränkung oder eine sog. Gleitklausel enthält, wonach das Verbot auf solche Gebiete beschränkt ist, in denen die Gesellschaft im maßgeblichen Zeitpunkt des *Vertragsendes* tatsächlich tätig ist.[691]

Weitere Voraussetzung des nachvertraglichen Wettbewerbsverbots ist, dass es gegenständlich angemessen ist. Für die Beurteilung ist auf den Tätigkeitsbereich der Gesellschaft abzustellen.[692] Zudem hat sich das Verbot am bisherigen Aufgabenkreis des Vorstandsmitglieds zu orientieren und dementsprechend auf die von ihm wahrgenommenen Ressorts Bezug zu nehmen.[693] Häufig anzutreffen sind sog. Kunden- und Mandantenschutzklauseln. Solche Klauseln legen fest, dass keine Mandate von Auftraggebern übernommen werden dürfen, die während der letzten drei Jahre vor dem Ausscheiden zur Klientel der Gesellschaft gehörten,[694] denn für viele Unternehmen ist die Möglichkeit, dass in den Kunden- bzw. Mandantenstamm eingedrungen wird als größere Gefahr einzuordnen als eine bloße Konkurrenztätigkeit des ausgeschiedenen Organmitglieds.[695] Es ist davon auszugehen, dass solche Klauseln zulässig sind und weniger strenge Anforderungen an sie zu stellen sind, weil es sich um das mildere Mittel im Vergleich zu sonstigen Konkurrenzverboten handelt.[696] Zu unterscheiden ist, ob sich die Klausel auf sämtliche Kunden und Mandaten der Gesellschaft bezieht oder nur solche, mit denen das ausgeschiedene Vorstandsmitglied

---

690 *Bauer/Diller*, Wettbewerbsverbote – Rechtliche und taktische Hinweise für Arbeitgeber, Arbeitnehmer und Organmitglieder, § 24 Rn. 1060.

691 *Bauer/Diller*, Wettbewerbsverbote – Rechtliche und taktische Hinweise für Arbeitgeber, Arbeitnehmer und Organmitglieder, § 24 Rn. 1060; *Cahn*, in: Kölner Kommentar zum Aktiengesetz, § 88 Rn. 36.

692 BGH, Urt. v. 19.11.1973 – II ZR 52/72, BeckRS 2013, 15359; *Fleischer*, in: BeckOGK AktG, § 88 Rn. 44 (Stand: 1. April 2023); *Jäger*, DStR 1995, 724 (727); *Cahn*, in: Kölner Kommentar zum Aktiengesetz, § 88 Rn. 37.

693 *Hoffmann-Becking*, in: FS Quack, S. 273 (275); *Fleischer*, in: BeckOGK AktG, § 88 Rn. 44 (Stand: 1. April 2023); *Jäger*, DStR 1995, 724 (727); *Cahn*, in: Kölner Kommentar zum Aktiengesetz, § 88 Rn. 37; *Spindler*, in: MünchKomm-AktG, § 88 Rn. 51.

694 Zu diesem Beispiel siehe BGH, Urt. v. 26.03.1984 – II ZR 229/83, NJW 1984, 2366.

695 Vgl. hierzu *Bauer/Diller*, Wettbewerbsverbote – Rechtliche und taktische Hinweise für Arbeitgeber, Arbeitnehmer und Organmitglieder, § 24 Rn. 1050 ff.

696 BGH, v. 19.10.1993 – KZR 3/92, NJW 1994, 384 (385); OLG Düsseldorf, Urt. v. 22.08.1996 – 6 U 150/95, NJW-RR 1997, 164 (166); *Fleischer*, in: BeckOGK AktG, § 88 Rn. 44 (Stand: 1. April 2023).

eine tatsächliche Verbindung hatte. Man wird davon ausgehen können, dass eine Klausel auch im ersten Fall zulässig ist, da das Vorstandsmitglied aufgrund seiner Allzuständigkeit trotz Fehlens eines persönlichen Kontakts Zugang zu geheimhaltungsbedürftigen Informationen wie die Art der Betreuung und des Honorars hat.[697] Allgemeine Wettbewerbsverbote können allerdings trotz dieser Möglichkeit zulässig sein, wenn ein berechtigtes Interesse der Gesellschaft vorliegt, wie bspw. der Schutz von Geschäftsgeheimnissen oder sonstigem Know-how.[698]

Zuletzt darf das Verbot die Berufsausübung in zeitlicher Hinsicht nicht unbillig erschweren. Ein Wettbewerbsverbot ist in jedem Fall unzulässig, wenn es zeitlich unbeschränkt gelten soll. Grds. wird man eine Höchstgrenze von zwei Jahren annehmen können,[699] worauf auch § 74a Abs. 1 S. 3 HGB abstellt. Dies liegt daran, dass man nach Ablauf dieses Zeitraums davon ausgehen kann, dass die Kunden- und Mandantenbeziehungen derart verflüchtigt sind, dass keine wesentlichen Einbußen mehr durch die Tätigkeit des ausgeschiedenen Organmitglieds drohen.[700]

Sowohl hinsichtlich der Beurteilung der ersten als auch der zweiten Stufe sind nicht die bei Vertragsabschluss gegebenen Verhältnisse, sondern diejenigen im Zeitpunkt des Ausscheidens zugrunde zu legen.[701] Für die

---

697 Im Einzelnen hierzu *Bauer/Diller*, Wettbewerbsverbote – Rechtliche und taktische Hinweise für Arbeitgeber, Arbeitnehmer und Organmitglieder, § 24 Rn. 1051 mit Verweis auf BGH, Urt. v. 26.03.1984 – II ZR 229/83, NJW 1984, 2366. Der Entscheidung lag ein Wettbewerbsverbot zugrunde, welches nicht auf tatsächliche Mandanten des ehemaligen Geschäftsführers beschränkt war. Der BGH hielt das Wettbewerbsverbot für wirksam.

698 *Bauer/Diller*, Wettbewerbsverbote – Rechtliche und taktische Hinweise für Arbeitgeber, Arbeitnehmer und Organmitglieder, § 24 Rn. 1054; *Fleischer*, in: BeckOGK AktG, § 88 Rn. 44 (Stand: 1. April 2023).

699 BGH, Urt. v. 26.03.1984 – II ZR 229/83, NJW 1984, 2366 (2367); vgl. für Gesellschafter einer Freiberuflersozietät BGH, Urt. v. 29.09.2003 – II ZR 59/02, NZG 2004, 35; *Beiner/Braun*, Der Vorstandsvertrag, Rn. 634; *Bauer/Diller*, Wettbewerbsverbote – Rechtliche und taktische Hinweise für Arbeitgeber, Arbeitnehmer und Organmitglieder, § 24 Rn. 1058; *Fleischer*, in: BeckOGK AktG, § 88 Rn. 46 (Stand: 1. April 2023); *Hoffmann-Becking*, in: FS Quack, S. 273 (276 f.); *Cahn*, in: Kölner Kommentar zum Aktiengesetz, § 88 Rn. 38.

700 Vgl. BGH, Urt. v. 29.09.2003 – II ZR 59/02, NZG 2004, 35; *Bauer/Diller*, Wettbewerbsverbote – Rechtliche und taktische Hinweise für Arbeitgeber, Arbeitnehmer und Organmitglieder, § 24 Rn. 1058; *Fleischer*, in: BeckOGK AktG, § 88 Rn. 46 (Stand: 1. April 2023).

701 *Hoffmann-Becking*, in: FS Quack, S. 273 (275); *Bauer/Diller*, Wettbewerbsverbote – Rechtliche und taktische Hinweise für Arbeitgeber, Arbeitnehmer und Organmitglieder, § 24 Rn. 1061; zur Parallelproblematik bei § 74a Abs. 1 HGB siehe *Roth*, in:

Gesellschaft folgt hieraus das Problem, dass ein bei Vertragsschluss zulässiges Wettbewerbsverbot im Laufe des Anstellungsverhältnisses unwirksam werden kann. Es erscheint daher angebracht, dass Verbot während der Vertragslaufzeit in regelmäßigen Abständen zu überprüfen und insbesondere bei wesentlichen Änderungen des Tätigkeitsbereichs des Vorstandsmitglieds entsprechend anzupassen.[702]

3. Rechtsfolgen

Rechtsfolge eines unzulässigen Wettbewerbsverbots ist dessen Nichtigkeit gem. § 138 Abs. 1 BGB. Es stellt sich jedoch die Frage, ob eine geltungserhaltende Reduktion einer zu weit gefassten Vereinbarung möglich ist. Dabei ist zu differenzieren. Bei einem unbefristeten oder einem unangemessen lang befristeten Wettbewerbsverbot ist eine geltungserhaltende Reduktion möglich.[703] Die Vereinbarung kann in diesem Fall auf ein angemessenes Maß reduziert und somit zumindest teilweise seine Verbindlichkeit bewahrt werden. Anerkannt ist dies für Fälle eines zeitlichen Verstoßes, ohne dass weitere Gründe vorliegen, derentwegen die Beschränkung als sittenwidrig zu qualifizieren ist.[704] Als Begründung ist § 139 BGB heranzuziehen. Die schuldrechtliche Beziehung kann derart in Teilabschnitte zerlegt werden, dass sie als Teile eines ganzen Vertrags iSv. § 139 BGB angesehen und bei entsprechendem Parteiwillen auf ein noch zu billigendes Maß zurückgeführt werden können.[705]

Anders ist es zu beurteilen, wenn das Verbot gegenständlich oder örtlich zu weit gefasst ist. Eine geltungserhaltende Reduktion kann in einem solchen Fall nicht auf § 139 BGB gestützt werden. Ein inhaltlicher Verstoß kann nicht wie ein zeitlicher unterteilt werden. Allerdings sprechen die besseren Argumente dafür, das Verbot auch in einem solchen Fall auf

---

Hopt-HGB, § 74a Rn. 1, der auf die Verhältnisse zwischen Dienstende und Ablauf der Höchstgeltungsdauer des Verbots abstellt.

702 Vgl. *Hoffmann-Becking*, in: FS Quack, S. 273 (275).

703 BGH, Urt. v. 29.10.1990 – II ZR 241/89, NJW 1991, 699 (700); BGH, Urt. v. 14.07.1997 – II ZR 238/96, NJW 1997, 3089 (3090); *Hoffmann-Becking*, in: FS Quack, S. 273 (277); *Cahn*, in: Kölner Kommentar zum Aktiengesetz, § 88 Rn. 40; *Spindler*, in: MünchKomm-AktG, § 88 Rn. 50; *Thüsing*, in: Fleischer, Handbuch des Vorstandsrechts, § 4 Rn. 122.

704 BGH, Urt. v. 14.07.1997 – II ZR 238/96, NJW 1997, 3089 (3090) mwN.

705 Vgl. hierzu nur BGH, Urt. v. 29.10.1990 – II ZR 241/89, NJW 1991, 699 (700).

das noch zu billigende Maß zu reduzieren.[706] Hierfür lassen sich vor allem zwei Gründe anführen. Zum einem ist eine solche Reduktion in § 74a Abs. 1 S. 1 HGB ausdrücklich normiert. Das Gesetz ordnet danach an, dass ein Verbot nur *insoweit* unverbindlich ist, als es nicht dem Schutz eines berechtigten geschäftlichen Interesses dient. Nach S. 2 ist es ferner unverbindlich, *soweit* es nach Ort, Zeit oder Gegenstand unbillig ist. Eine geltungserhaltende Reduktion ist bei Wettbewerbsverboten mit Arbeitnehmern über § 110 S. 2 GewO somit qua Gesetz normiert. Es erscheint widersprüchlich, wenn bei Arbeitnehmern bzw. Handlungsgehilfen eine Reduktionsmöglichkeit besteht, bei einer Vereinbarung mit einem Vorstandsmitglied jedoch Gesamtnichtigkeit die Folge ist.[707] Die Rechtsfolgen können bei einem Organmitglied nicht strenger sein als bei solchen Personengruppen, die in einem besonderen Abhängigkeitsverhältnis stehen und schutzbedürftiger sind. In diesem Zusammenhang ist auch der vom BGH aufgestellte Grundsatz von Bedeutung, wonach Wettbewerbsverbote mit Organmitgliedern in weiterem Umfang zulässig sein müssen als mit Arbeitnehmern.[708] Damit ist es nicht zu vereinbaren, wenn bei Arbeitnehmern eine geltungserhaltende Reduktion möglich ist, bei Vorstandsmitgliedern allerdings nicht. Zum anderen ist zu berücksichtigen, dass für die Beurteilung der Sittenwidrigkeit die Verhältnisse im Zeitpunkt des Ausscheidens zugrunde zu legen sind.[709] Das Wettbewerbsverbot muss in diesem Moment dem Schutz eines berechtigten Interesses der Gesellschaft dienen und darf die Berufsausübung bzw. die wirtschaftliche Betätigung des Vorstandsmitglieds nach Ort, Zeit und Gegenstand nicht unbillig erschweren. Zu

---

706 Zum Ganzen *Bauer/Diller*, Wettbewerbsverbote – Rechtliche und taktische Hinweise für Arbeitgeber, Arbeitnehmer und Organmitglieder, § 24 Rn. 1066 ff.; *Lembke*, NZA-RR 2019, 65 (70); *Manger*, GmbHR 2001, 89 (91 f.); *Thüsing*, in: Fleischer, Handbuch des Vorstandsrechts, § 4 Rn. 123 mwN.; im Ergebnis auch so für den Geschäftsführer *Khanian*, Die Inhaltskontrolle von Organanstellungsverträgen am Beispiel des GmbH-Geschäftsführervertrags, S. 202 ff.; andere Ansicht jedoch BGH, Urt. v. 14.07.1997 – II ZR 238/96, NJW 1997, 3089 (3090); OLG München, Beschl. v. 02.08.2018 – 7 U 2107/18, NZA-RR 2019, 82 (83).

707 *Lembke*, NZA-RR 2019, 65 (70).

708 *Bauer/Diller*, Wettbewerbsverbote – Rechtliche und taktische Hinweise für Arbeitgeber, Arbeitnehmer und Organmitglieder, § 24 Rn. 1066 mit Verweis auf BGH, Urt. v. 26.03.1984 – II ZR 229/83, NJW 1984, 2366.

709 *Hoffmann-Becking*, in: FS Quack, S. 273 (275); *Bauer/Diller*, Wettbewerbsverbote – Rechtliche und taktische Hinweise für Arbeitgeber, Arbeitnehmer und Organmitglieder, § 24 Rn. 1061; zur Parallelproblematik bei § 74a Abs. 1 HGB siehe *Roth*, in: Hopt-HGB, § 74a Rn. 1, der auf die Verhältnisse zwischen Dienstende und Ablauf der Höchstgeltungsdauer des Verbots abstellt.

beachten ist jedoch, dass zwischen dem Abschluss des die Verbotsklausel enthaltenden Anstellungsvertrag und dem Ausscheiden in aller Regel mehrere Jahre liegen. Selbst wenn auf Seiten der Gesellschaft im Zeitpunkt der Anstellung ein berechtigtes Interesse vorgelegen hat, kann dies aufgrund einer Veränderung des Tätigkeitsbereichs oä. nunmehr anders zu beurteilen sein.

Dogmatisch kann die geltungserhaltende Reduktion über eine analoge Anwendung von § 74a Abs. 1 S. 1, S. 2 HGB ermöglicht werden.[710] Eine Analogie würde im Einklang mit den vorstehenden Ausführungen stehen, wonach die §§ 74 ff. HGB nicht generell unanwendbar sind, sondern eine analoge Anwendung in Betracht kommt, wenn die gesetzliche Bestimmung zum Ziel hat, die besonderen Interessen des Unternehmens zu wahren. Bei § 74a Abs. 1 S. 1, S. 2 HGB handelt es sich um eine solche Regelung, die im Interesse der Gesellschaft liegt.[711] Da bei einer Konkurrenztätigkeit des Vorstandsmitglieds im Anschluss an das Organamt ein erhebliches Schadenspotenzial besteht, wird das Unternehmen versuchen, ein möglichst weitgehendes Wettbewerbsverbot zu vereinbaren. Aufgrund des Beurteilungszeitpunkts der Sittenwidrigkeit liegt es im Interesse der Gesellschaft, dass ein ursprünglich zulässiges Verbot nicht insgesamt unwirksam, sondern geltungserhaltend reduziert wird.

4. Zwischenergebnis

Die Kontrolle nachvertraglicher Wettbewerbsverbote erfolgt primär gem. § 138 iVm. Art. 2 und 12 GG. Das Verbot ist danach zulässig, wenn es dem Schutz berechtigter Interessen der Gesellschaft dient und die Berufsausübung bzw. die wirtschaftliche Betätigung des Organs nach Ort, Zeit und Gegenstand nicht unbillig erschwert. Hieraus folgt eine zweistufige Prüfung des Wettbewerbsverbots. Auf der ersten Stufe ist ein berechtigtes Interesse der Gesellschaft nachzuweisen. Es liegt vor, wenn das Vorstandsmitglied Kenntnisse und Verbindungen im Rahmen seiner Tätigkeit erlangt hat, die es ihm ermöglichen, mit der Gesellschaft nach dem Ausscheiden auf eigene oder fremde Rechnung zu konkurrieren. Auf der zweiten Stufe ist das Wettbewerbsverbot in örtlicher, gegenständlicher und zeitlicher Hinsicht zu überprüfen. Bei der Beurteilung der Sittenwidrigkeit sind nicht die bei Ver-

---

710 *Manger*, GmbHR 2001, 89 (91 f.); *Thüsing*, in: Fleischer, Handbuch des Vorstandsrechts, § 4 Rn. 123; wohl auch *Lembke*, NZA-RR 2019, 65 (70).

711 Ebenso *Thüsing*, in: Fleischer, Handbuch des Vorstandsrechts, § 4 Rn. 122.

tragsabschluss gegebenen Verhältnisse, sondern diejenigen im Zeitpunkt des Ausscheidens zugrunde zu legen. Rechtsfolge von § 138 BGB ist grds. die Gesamtnichtigkeit der Regelung. Allerdings erscheint sowohl bei zeitlichen als auch bei sonstigen Verstößen eine geltungserhaltende Reduktion über § 139 BGB bzw. § 74a Abs. 1 S. 1, S. 2 HGB analog vorzugswürdig.

III. Erfassung weiterer Fälle über allgemeine Grundsätze

1. Beispiel einer inhaltlich unbilligen Bestimmung

§ 138 iVm. Art. 2 und 12 GG stellt einen geeigneten Prüfungsmaßstab zur Kontrolle von nachvertraglichen Wettbewerbsverboten dar. Indem es einem berechtigten Interesse dienen muss und die wirtschaftliche Betätigung nach Ort, Zeit und Gegenstand nicht unbillig erschweren darf, gewährleistet es einen ausreichenden Schutz des Vorstandsmitglieds. Gleichzeitig liegt die Schwelle der Unwirksamkeit im Vergleich zu einer Kontrolle anhand von § 307 BGB höher,[712] was der typisierten Geschäftsgewandtheit in angemessener Weise Rechnung trägt. Über § 138 iVm. Art. 2 und 12 GG werden somit die meisten Fälle erfasst werden, die trotz der besonderen Stellung des Vorstandsmitglieds im Unternehmen die Berufsausübung unbillig erschweren und damit die Grenze des Zulässigen überschreiten.

Als Beispiel einer inhaltlich unbilligen Bestimmung kann folgende Regelung herangezogen werden:[713] „Das [Vorstandsmitglied] verpflichtet sich, für die Dauer von einem Jahr nach Beendigung des Anstellungsvertrags weder in selbständiger noch unselbständiger Stellung oder in sonstiger Weise für ein Konkurrenzunternehmen der Gesellschaft tätig zu werden (einschließlich Übernahme einer Organstellung o.ä.). „Konkurrenzunternehmen" meint jedes Unternehmen, welches sich in den gleichen Geschäftsfeldern wie die Gesellschaft oder eine Tochtergesellschaft der Gesellschaft betätigt." Die Regelung hält der Prüfung gem. § 138 iVm. Art. 2 und 12 GG nicht stand und ist damit unzulässig. Das Wettbewerbsverbot ist gegenständlich zu weit gefasst und stellt somit eine unbillige Erschwerung der wirtschaftlichen Betätigung des Vorstandsmitglieds dar. Hinsichtlich der

---

712 *Lembke*, NZA-RR 2019, 65 (70), *Jänsch*, Angemessene Vorstandsverträge, S. 169.

713 Zum Sachverhalt – dem der Anstellungsvertrag eines GmbH-Geschäftsführers zugrunde lag – LG München I, Urt. v. 19.06.2018 – 3 HK O 3431/18, BeckRS 2018, 27820; zum weiteren Verfahrensgang siehe OLG München, Beschl. v. 02.08.2018 – 7 U 2107/18, NZA-RR 2019, 82.

gegenständlichen Reichweite ist zu beachten, dass sich das Verbot am bisherigen Aufgabenkreis des Vorstandsmitglieds zu orientieren hat und auf die von ihm wahrgenommenen Ressorts Bezug nehmen muss.[714] Die vorliegende Bestimmung umfasst allerdings jede Art von Tätigkeit bei einem Konkurrenzunternehmen, wie bspw. eine Tätigkeit als Hausmeister.[715] Ein notwendiger Bezug zur früheren Tätigkeit kann daher nicht angenommen werden,[716] das Wettbewerbsverbot ist unzulässig.

2. Ausübungskontrolle

Weitere Bedeutung kommt der Ausübungskontrolle gem. § 242 BGB zu. Sie dient der Verhinderung des Rechtsmissbrauchs bzw. der unzulässigen Rechtsausübung. Die Ausübungskontrolle stellt nicht auf den Inhalt einer Bestimmung ab, sondern setzt deren Wirksamkeit voraus. Lediglich im Ausnahmefall ist das Berufen auf ein bestimmtes Recht aufgrund der Grundsätze von Treu und Glauben ausgeschlossen. Dies wird insbesondere dann angenommen, wenn das frühere Verhalten sachlich unvereinbar mit dem späteren ist und die Interessen der anderen Partei als vorrangig schutzwürdig erscheinen.[717]

Die Ausübungskontrolle stellt ein geeignetes Instrument dar, um im Einzelfall das Berufen eines bestimmten Rechts zu versagen, wenn es die Parteiinteressen erfordern. Z.B. ist an den Fall zu denken, dass ein Vorstandsanstellungsvertrag ein nachvertragliches Wettbewerbsverbot mit einer Verzichtsmöglichkeit zugunsten der Gesellschaft enthält. Eine vertraglich eingeräumte Verzichtsmöglichkeit ist eine sinnvolle Regelung für das Unternehmen. Das Wettbewerbsverbot wird im Anstellungsvertrag vereinbart und folglich räumlich wie gegenständlich an den Tätigkeitsbereich der Gesellschaft und des Vorstandsmitglieds angepasst. Aufgrund des langen Zeitraums zwischen dem Abschluss des Anstellungsvertrags und dem Ausscheiden aus dem Dienstverhältnis können sich Änderungen bzgl. des Tätigkeitsbereichs ergeben, sodass bspw. keine Gefahr eines Schadensein-

---

714 *Hoffmann-Becking*, in: FS Quack, S. 273 (275); *Fleischer*, in: BeckOGK AktG, § 88 Rn. 44 (Stand: 1. April 2023); *Jäger*, DStR 1995, 724 (727); *Cahn*, in: Kölner Kommentar zum Aktiengesetz, § 88 Rn. 37; *Spindler*, in: MünchKomm-AktG, § 88 Rn. 51.
715 OLG München, Beschl. v. 02.08.2018 – 7 U 2107/18, NZA-RR 2019, 82 (83).
716 OLG München, Beschl. v. 02.08.2018 – 7 U 2107/18, NZA-RR 2019, 82 (83).
717 BGH, Urt. v. 15.11.2012 – IX ZR 103/11, NJW-RR 2013, 757 (759); BGH, Urt. v. 12.11.2008 – XII ZR 134/04, NJW 2009, 1343 (1346).

tritts wegen einer konkurrierenden Tätigkeit mehr besteht. In diesem Fall bietet es sich für das Unternehmen an, auf das Wettbewerbsverbot zu verzichten, um etwa eine Verpflichtung zur Zahlung einer Karenzentschädigung oder eine Klage des Geschäftsleiters auf Feststellung der Unwirksamkeit des Verbots zu vermeiden. Hat das Unternehmen Zweifel bzgl. der Zulässigkeit des Wettbewerbsverbots, wird es die Möglichkeit eines Verzichts in Betracht ziehen. Es ist nun denkbar, dass die Gesellschaft zunächst unverbindlich zusagt, auf das Wettbewerbsverbot zu verzichten und der Vorstand infolgedessen bei einem anderen Unternehmen eine neue Bindung eingeht, wodurch es in Wettbewerb mit seinem bisherigen Dienstberechtigten tritt. Entgegen der Zusage wird bis zur Beendigung des Dienstverhältnisses allerdings kein rechtsverbindlicher Verzicht seitens der Gesellschaft erklärt. Das Vorstandsmitglied verstößt durch die Aufnahme der neuen Tätigkeit somit gegen die Verbotsregelung, wodurch bei entsprechender Vereinbarung ein Anspruch auf Zahlung einer Vertragsstrafe entsteht. Die Gründe für ein solches Handeln des Unternehmens sind vielfältig. Dies kann daraus folgen, dass ohne genauere Prüfung eine solche unverbindliche Zusage getroffen wird, sich allerdings später herausrausstellt, dass die Wettbewerbsverbotsregelung trotz anfänglicher Zweifel wirksam ist und die Gesellschaft sich daher vor einem Eindringen des ehemaligen Organs in den Kundenkreis schützen will. Schwerer wiegt es, wenn das Unternehmen durch das widersprüchliche Verhalten von Anfang an beabsichtigt hat, einen Wettbewerbsverstoß durch das Vorstandsmitglied zu provozieren, um es zur Zahlung einer Vertragsstrafe zu verpflichten. In diesem Fall ist ein widersprüchliches Verhalten noch deutlicher. Es erscheint daher ein Berufen auf § 242 BGB angebracht. Durch die Zusage des Verzichts wurde ein Vertrauenstatbestand geschaffen, mit dem es unvereinbar ist, wenn die Gesellschaft trotz dessen einen Verstoß gegen das Verbot geltend macht. Die Interessen des Vorstandsmitglieds verdienen in dieser Konstellation den Vorrang.

IV. Zwischenergebnis

Die §§ 74 ff. HGB finden weder direkte noch über § 110 S. 2 GewO entsprechende Anwendung auf nachvertragliche Wettbewerbsverbote mit Vorstandsmitgliedern. Grds. ist eine analoge Anwendung der Vorschriften ebenfalls abzulehnen. Sie stellen das Ergebnis einer Abwägung zwischen dem berechtigten geschäftlichen Interesse des Arbeitgebers, dass die im

Rahmen der Tätigkeit erlangten Kenntnisse und geschäftlichen Beziehungen nicht zu seinem Nachteil ausgenutzt werden und dem des Arbeitnehmers, nach Beendigung des Dienstverhältnisses nicht in der Berufsfreiheit beschränkt zu werden, dar. Dieser Interessenausgleich ist aufgrund der besonderen Stellung von Vorstandsmitgliedern gestört. Allerdings sind die §§ 74 ff. HGB nicht generell unanwendbar.[718] Eine Analogie kommt in Betracht, wenn eine gesetzliche Bestimmung zum Ziel hat, die besonderen Interessen des Unternehmens zu wahren.[719] In diesem Zusammenhang wurde bspw. § 75a HGB erläutert.

Die Grenze nachvertraglicher Wettbewerbsverbote ist im Übrigen gem. § 138 iVm. Art. 2 und 12 GG zu ermitteln. Ein Verbot ist danach zulässig, wenn es dem Schutz berechtigter Interessen der Gesellschaft dient und die Berufsausübung des Organs nach Ort, Zeit und Gegenstand nicht unbillig erschwert. Daraus ergibt sich eine zweistufige Prüfung des Wettbewerbsverbots, bei der nicht die bei Vertragsabschluss gegebenen Verhältnisse, sondern diejenigen im Zeitpunkt des Ausscheidens zugrunde zu legen sind. Rechtsfolge von § 138 BGB ist grds. die Gesamtnichtigkeit. Allerdings erscheint sowohl bei zeitlichen als auch bei sonstigen Verstößen eine geltungserhaltende Reduktion über § 139 BGB bzw. § 74a Abs. 1 S. 1, S. 2 HGB analog vorzugswürdig. Weitere Fälle können etwa über die Ausübungskontrolle gem. § 242 BGB erfasst werden.

C. AGB-Kontrolle von formularmäßig vereinbarten Wettbewerbsverboten

Nachfolgend wird die AGB-Kontrolle nachvertraglicher Wettbewerbsverbote mit Vorstandsmitgliedern untersucht und analysiert, inwiefern sie neben der Kontrolle anhand der allgemeinen Vorschriften Bedeutung erlangt.

---

718 BGH, Urteil v. 17.02.1992 – II ZR 140/91, NJW 1992, 1892 (1893); *Beiner/Braun*, Der Vorstandsvertrag, Rn. 628; *Fleischer*, in: BeckOGK AktG, § 88 Rn. 42 (Stand: 1. April 2023); *Thüsing*, in: Fleischer, Handbuch des Vorstandsrechts, § 4 Rn. 109; kritisch dagegen *Heidenhain*, NZG 2002, 605.

719 So BGH, Urteil v. 17.02.1992 – II ZR 140/91, NJW 1992, 1892 f. zur analogen Anwendung des § 75a HGB auf ein nachvertragliches Wettbewerbsverbot mit einem Geschäftsführer.

I. AGB-Kontrolle

1. Ausschluss der Inhaltskontrolle für Hauptleistungs- und Nebenpflichten

Nach § 307 Abs. 3 S. 1 BGB ist die Inhaltskontrolle nur auf solche AGB-rechtlichen Bestimmungen anwendbar, durch die von Rechtsvorschriften abweichende oder diese ergänzende Regelungen vereinbart werden. Der Vorbehalt der Norm dient dazu, den Vorrang spezialgesetzlicher Normen zu gewährleisten und sicherzustellen, dass die AGB-Regelungen nicht dazu dienen, gesetzliche Interessenbewertungen zu überprüfen.[720] Nicht der AGB-Kontrolle unterfallen solche Bedingungen, die lediglich den Inhalt gesetzlicher Regelungen wiedergeben sowie Leistungsbeschreibungen.[721] Als Ratio für die Herausnahme der Leistungsbeschreibungen lassen sich drei Argumente anführen, die sich nicht etwa ausschließen, sondern ergänzen: das Fehlen eines geeigneten Kontrollmaßstabs, die mangelnde Schutzbedürftigkeit der Kunden bzgl. Preis und Leistung sowie die Wahrung der Privatautonomie bzw. marktwirtschaftlicher Prinzipien.[722] Der Begriff der Leistungsbeschreibung lässt sich definieren als Vertragsbedingung, durch die sowohl das Ob als auch Gegenstand, Art, Umfang, Qualität und Quantität der Leistung festgelegt werden.[723] Dabei wird es sich regelmäßig um Hauptpflichten handeln, allerdings ist dies nicht zwingend notwendig.[724] Es kommt auch nicht darauf an, ob es sich um einen gegenseitigen Vertrag handelt oder eine synallagmatische Pflicht geregelt wird.[725] Der Kontrolle sind solche Leistungsbezeichnungen entzogen, ohne deren Vorliegen ein

---

720 *Pfeiffer*, in: Wolf/Lindacher/Pfeiffer, AGB-Recht, § 307 Rn. 275; *Wurmnest*, in: MünchKomm-BGB, § 307 Rn. 1; siehe hierzu, allerdings nicht so klar formuliert, auch die Begründung des Regierungsentwurfs eines Gesetzes zur Regelung des Rechts der Allgemeinen Geschäftsbedingungen (AGB-Gesetz), BT-Drucks. 07/3919, S. 22.

721 Begründung des Regierungsentwurfs eines Gesetzes zur Regelung des Rechts der Allgemeinen Geschäftsbedingungen (AGB-Gesetz), BT-Drucks. 07/3919, S. 22; *Pfeiffer*, in: Wolf/Lindacher/Pfeiffer, AGB-Recht, § 307 Rn. 288; *Wurmnest*, in: MünchKomm-BGB, § 307 Rn. 1.

722 *Fuchs*, in: Ulmer/Brandner/Hensen, AGB-Recht, § 307 Rn. 18; zu letzterem auch *Pfeiffer*, in: Wolf/Lindacher/Pfeiffer, AGB-Recht, § 307 Rn. 276.

723 Vgl. zu dieser Definition *Pfeiffer*, in: Wolf/Lindacher/Pfeiffer, AGB-Recht, § 307 Rn. 292.

724 *Pfeiffer*, in: Wolf/Lindacher/Pfeiffer, AGB-Recht, § 307 Rn. 293; siehe hierzu auch BGH, Urt. v. 23.03.1988 – VIII ZR 58/87, NJW 1988, 1726 (1728); *Eckelt*, in: BeckOGK BGB, § 307 Rn. 189 (Stand: 1. Mai 2023).

725 Siehe nur *Pfeiffer*, in: Wolf/Lindacher/Pfeiffer, AGB-Recht, § 307 Rn. 293.

wirksamer Vertrag nicht mehr angenommen werden kann, da es in diesem Fall an einer Bestimmtheit bzw. Bestimmbarkeit des wesentlichen Vertragsinhalts fehlen würde.[726] Die inhaltliche Ausgestaltung des Wettbewerbsverbots ist eine kontrollfreie Hauptleistungspflicht.[727] Die Bestimmung des örtlichen, gegenständlichen und zeitlichen Anwendungsbereichs des Verbots legt die vom Vorstandsmitglied zu erbringende Leistung nach Art, Umfang und Qualität fest. Es handelt sich dabei um essentialia negotii, denn es würde an der Bestimmtheit bzw. Bestimmbarkeit des Vertrags fehlen, wenn hierüber keine Abrede getroffen werden würde. Das Gesetz enthält keine Vorgaben zur inhaltlichen Ausgestaltung von Wettbewerbsverboten. Der Anwendungsbereich ist weder in zeitlicher noch in gegenständlicher bzw. örtlicher Hinsicht gesetzlich geregelt. Er wird allein von den Parteien festgelegt. Es ist unbeachtlich, ob eine Karenzentschädigung vereinbart wird und damit eine synallagmatische Verknüpfung mit dem Wettbewerbsverbot besteht.[728] Dies ist nicht Voraussetzung der Norm. Das Ergebnis – die Herausnahme des Wettbewerbsverbots aus der Inhaltskontrolle – steht im Einklang mit dem Telos des § 307 Abs. 3 S. 1 BGB. Bei einer derartigen Leistungsbeschreibung fehlt es an einem geeigneten normativen Kontrollmaßstab, an dem sich die Angemessenheit einer Regelung beurteilen lässt. Die Ausgestaltung des Verbots und die Tätigkeit des Vorstands bzw. des Unternehmens sind zu unterschiedlich, als dass sich eine generelle Aussage hierzu treffen ließe. Einer mangelnden Schutzbedürftigkeit, wie sie bei Kunden im Massenverkehr bzgl. Preis und Leistung angenommen wird, unterliegt auch das Vorstands-

---

726 Stetige Rechtsprechung seit BGH, Urt. v. 12.03.1987 – VII ZR 37/86, NJW 1987, 1931 (1935).

727 *Bauer/Diller*, Wettbewerbsverbote – Rechtliche und taktische Hinweise für Arbeitgeber, Arbeitnehmer und Organmitglieder, § 24 Rn. 1045; *Bauer*, in: FS Wank, S. 1 (7); *Fehrenbach*, in: BeckOGK BGB, Wettbewerbsverbotsklausel, § 307 Rn. 194 (Stand: 1. Mai 2023); andere Ansicht dagegen *Jänsch*, Angemessene Vorstandsverträge, S. 166 ff.; diese Frage stellt sich parallel bei Wettbewerbsverboten mit Arbeitnehmern. Dort ist sowohl obergerichtliche Rechtsprechung als auch umfassende Literatur vorhanden. Die herrschende Meinung wendet die §§ 307 ff. BGB ebenfalls nicht an. Begründet wird dies teilweise ebenfalls mit § 307 Abs. 3 S. 1 BGB und teilweise damit, dass die §§ 74 ff. HGB leges speciales zur Inhaltskontrolle sein sollen. Ausführlich hierzu *Bauer/Diller*, Wettbewerbsverbote – Rechtliche und taktische Hinweise für Arbeitgeber, Arbeitnehmer und Organmitglieder, § 8 Rn. 353 ff.

728 Anders dagegen *Jänsch*, Angemessene Vorstandsverträge, S. 167 f. Sie führt an, dass bei Vorstandsmitgliedern eine Karenzentschädigung nicht notwendigerweise vereinbart werden muss und es daher am Synallagma fehlt. Dies verkennt allerdings, dass eine synallagmatische Verknüpfung nicht zwingend vorliegen muss.

mitglied. Dies folgt aus seiner Geschäftserfahrung sowie daraus, dass es sich bei einem nachvertraglichen Wettbewerbsverbot um eine bedeutende vertragliche Vereinbarung handelt.[729]

Ein nachvertragliches Wettbewerbsverbot mit Vorstandsmitgliedern weicht somit nicht von Rechtsvorschriften ab bzw. ergänzt diese. Damit sind die Hauptleistungspflichten gem. § 307 Abs. 3 S. 1 BGB der Inhaltskontrolle entzogen. Von den Hauptleistungspflichten sind die Nebenbestimmungen des Wettbewerbsverbots zu unterscheiden. Solche Nebenbestimmungen sind z.b. Regelungen zur Berechnung einer zu zahlenden Entschädigung oder einer Verzichtsklausel zugunsten der Gesellschaft.[730] Grds. gilt zu beachten, dass es sich bei den der Inhaltskontrolle entzogenen Leistungsbeschreibungen in der Regel um Hauptpflichten handelt, zwingend ist dies allerdings nicht. Es können auch Nebenabreden von § 307 Abs. 3 S. 1 BGB erfasst sein, falls es diesbzgl. ebenfalls an gesetzlichen Regelungen fehlt. Da die §§ 74 ff. HGB weder direkt noch über § 110 S. 2 GewO entsprechende Anwendung auf nachvertragliche Wettbewerbsverbote mit Organmitgliedern finden, erscheint es folgerichtig, auch Nebenabreden als von § 307 Abs. 3 S. 1 BGB erfasst anzusehen.[731] Fraglich wäre allerdings, ob eine Regelung im Anstellungsvertrag auch dann § 307 Abs. 3 S. 1 BGB unterfällt, wenn auf sie eine Norm der §§ 74 ff. HGB ausnahmsweise analog Anwendung findet, wie etwa bei § 75a HGB.[732] Im Ergebnis ist davon auszugehen, dass in einem solchen Fall die §§ 74 ff. HGB die Inhaltskontrolle als leges speciales verdrängen, sodass eine AGB-Prüfung ebenfalls nicht stattfindet.[733] Damit sind weder die inhaltliche Ausgestaltung des Wettbewerbsverbots noch die Regelung sonstiger Nebenpflich-

---

729 Der Aussage von *Jänsch*, Angemessene Vorstandsverträge, S. 168, wonach ein Wettbewerbsverbot von den Vertragsparteien keine besondere Aufmerksamkeit erhält, kann nicht gefolgt werden. Das Verbot stellt einen weitgehenden Eingriff in die Berufsfreiheit dar und ist bereits aus finanziellen Gesichtspunkten für den Vorstand und die Gesellschaft von hoher Bedeutung.

730 Zu diesen Beispielen *Bauer/Diller*, Wettbewerbsverbote – Rechtliche und taktische Hinweise für Arbeitgeber, Arbeitnehmer und Organmitglieder, § 24 Rn. 1045.

731 *Bauer/Diller*, Wettbewerbsverbote – Rechtliche und taktische Hinweise für Arbeitgeber, Arbeitnehmer und Organmitglieder, § 24 Rn. 1045; *Bauer*, in: FS Wank, S. 1 (7).

732 Allerdings würde sich dann die Frage nach dem Spezialitätsverhältnis zwischen den §§ 74 ff. HGB und den §§ 307 ff. BGB stellen.

733 Vgl. zum Arbeitsrecht *Bauer/Diller*, Wettbewerbsverbote – Rechtliche und taktische Hinweise für Arbeitgeber, Arbeitnehmer und Organmitglieder, § 8 Rn. 353 ff.

ten kontrollfähig. Es verbleibt bei der Überprüfung gem. § 138 BGB iVm. Art. 2, 12 GG.

2. AGB-Kontrolle der Klausel hinsichtlich der äußeren Gestaltung

Aus § 307 Abs. 3 S. 1 BGB ergibt sich, dass keine AGB-rechtliche Inhaltskontrolle des nachvertraglichen Wettbewerbsverbots stattfindet. Von der inhaltlichen Überprüfung ist allerdings die Kontrolle der äußeren Gestaltung des Verbots abzugrenzen. Hinsichtlich letzterer sind die AGB-Vorschriften zu beachten.[734] Dies ist zum einen das Verbot überraschender Klauseln gem. § 305c Abs. 1 BGB. Ein nachvertragliches Wettbewerbsverbot kann, außer bei Vorliegen besonderer Umstände, nicht als überraschend iSd. Norm qualifiziert werden. Solche Klauseln sind in der vertraglichen Praxis weit verbreitet, die meisten Anstellungsverträgen enthalten ein Wettbewerbsverbot. Damit sind sie nicht so ungewöhnlich, dass der Vertragspartner des Verwenders nicht mit ihnen nicht zu rechnen braucht. Etwas anderes kann nur in Ausnahmefällen gelten. Zu denken wäre bspw. an ein Wettbewerbsverbot, das in einem umfassenden Vertrag unter einer irreführenden Überschrift und somit an einem Standort enthalten ist, an dem es der Vertragspartner nicht erwarten würde.[735]

Zum anderen ist das Transparenzgebot gem. § 307 Abs. 1 S. 2 BGB zu beachten.[736] Danach kann sich eine unangemessene Benachteiligung auch daraus ergeben, dass die Bestimmung nicht klar und verständlich ist. Die Geltung der Norm auch für Leistungsbeschreibungen wird in § 307 Abs. 3 S. 2 BGB explizit angeordnet. Problematisch ist in diesem Zusammenhang die vertraglich festgelegte Reichweite des Wettbewerbsverbots. Wie erläutert hat die Gesellschaft ein Interesse daran, dass Verbot möglichst weitgehend auszugestalten, um ein etwaiges Gefährdungspotenzial zu minimieren. Sie wird sich daher auch abstrakten Formulierung bedienen, um sicherzustellen, dass das Wettbewerbsverbot nicht umgangen

---

734 Ebenso *Bauer/Diller*, Wettbewerbsverbote – Rechtliche und taktische Hinweise für Arbeitgeber, Arbeitnehmer und Organmitglieder, § 24 Rn. 1045; *Bauer*, in: FS Wank, S. 1 (7); *Jänsch*, Angemessene Vorstandsverträge, S. 159; zur Parallelproblematik bei Wettbewerbsverboten mit Arbeitnehmern siehe *Fehrenbach*, in: BeckOGK BGB, Wettbewerbsverbotsklauseln, § 307 Rn. 60 (Stand: 1. Mai 2023).

735 *Khanian*, Die Inhaltskontrolle von Organanstellungsverträgen am Beispiel des GmbH-Geschäftsführervertrags, S. 198; vgl. auch *Diller*, NZA 2005, 250 (251).

736 Ausführlich hierzu *Jänsch*, Angemessene Vorstandsverträge, S. 178 ff.

werden kann bzw. eine gewisse Flexibilität aufweist.[737] Damit steht allerdings das Transparenzgebot im Widerspruch, das eine klare und verständliche Regelung fordert. Es ist daher fraglich, inwiefern ein nachvertragliches Wettbewerbsverbot dem Transparenzgebot standhalten kann.[738] Verschärft wird diese Problematik dadurch, dass sich die Zulässigkeit der Bestimmung nach den im Zeitpunkt des Ausscheidens gegebenen Verhältnissen beurteilt und sich der Tätigkeitsbereich des Vorstandsmitglieds im Laufe der Zeit ändern kann.[739] Die Gesellschaft sollte das Wettbewerbsverbot in regelmäßigen Abständen auf seine Aktualität überprüfen sowie bei Bedarf anpassen. Allerdings dürfen an die Bestimmtheit auch keine übersteigerten Anforderungen gestellt werden.[740] Nachvertragliche Wettbewerbsverbote müssen eine gewisse Abstraktheit aufweisen können, damit nicht jede Änderung des Tätigkeitsbereichs eine Anpassung der Klausel notwendig macht.

II. Ungeeignetheit der AGB-Kontrolle von nachvertraglichen Wettbewerbsverboten mit Vorstandsmitgliedern als Folge

Nachvertragliche Wettbewerbsverbote mit Organmitgliedern sind eine weitere Klauselart, an der sich die Ungeeignetheit der AGB-Kontrolle von Vorstandsanstellungsverträgen zeigt. Dies folgt aus einem Wertungswiderspruch, der sich aus einem Vergleich zur Behandlung von Arbeitnehmern ergibt. Gem. §§ 74a Abs. 1, S. 1 HGB, 110 S. 2 GewO ist ein Verbot insoweit unverbindlich, als es nicht dem Schutz eines berechtigten geschäftlichen Interesses dient. Eine geltungserhaltende Reduktion ergibt sich bei Wettbewerbsverboten mit Arbeitnehmern somit qua Gesetz. Obwohl Arbeitnehmer als schutzbedürftig anzusehen sind, überwiegen in dieser Konstellation

---

737 *Jänsch*, Angemessene Vorstandsverträge, S. 179 ff. bemüht sich um eine konkretisierende Formulierung des nachvertraglichen Wettbewerbsverbots. Vorgeschlagen wird etwa eine namentliche Auflistung der Konkurrenzunternehmen und ihrer verbundenen Unternehmen, für die das Vorstandsmitglied nicht tätig werden darf. Es stellt sich allerdings die Frage, inwiefern dies z.B. bei einer international tätigen Gesellschaft umsetzbar ist, die mit diversen Unternehmen in Konkurrenz steht. Hinzu kommt, dass häufig eine Konzernstruktur hinter den Konkurrenten steht, was nach *Jänsch* auch die Aufzählung aller Tochterunternehmen erfordern würde.

738 Dies ist eine Frage des Einzelfalls. Grds. stehen das Transparenzgebot und das möglichst weit gefasste Wettbewerbsverbot in einem Widerspruch. Vgl. zu Präzisierungsvorschlägen *Jänsch*, Angemessene Vorstandsverträge, S. 179 ff.

739 Ebenso *Jänsch*, Angemessene Vorstandsverträge, S. 179 f.

740 *Khanian*, Die Inhaltskontrolle von Organanstellungsverträgen am Beispiel des GmbH-Geschäftsführervertrags, S. 198.

die Interessen des Arbeitgebers. Die AGB-Kontrolle von Arbeitsverträgen ändert hieran nichts, denn das Verbot der geltungserhaltenden Reduktion gem. § 306 Abs. 2 BGB wird durch § 74a Abs. 1, S. 1 HGB als lex specialis verdrängt. Etwas anderes würde bzgl. nachvertraglicher Wettbewerbsverbote mit Vorstandsmitgliedern gelten, da die §§ 74 ff. HGB weder direkte noch entsprechende Anwendung finden. Folglich würde das Verbot der geltungserhaltenden Reduktion gem. § 306 Abs. 2 BGB greifen.[741] Dies erscheint allerdings widersprüchlich. Es kann nicht angehen, dass bei einem unzulässigen Wettbewerbsverbot mit einem Vorstandsmitglied einschneidendere Rechtsfolgen greifen als bei einem Arbeitnehmer. Dieser Widerspruch könnte gelöst werden, indem Vorstandsanstellungsverträge nicht der AGB-Kontrolle unterzogen werden und § 74a Abs. 1, S. 1, S. 2 HGB analog angewendet wird. Vergleichbar ist dieser Widerspruch mit der Parallelproblematik zu § 310 Abs. 4 S. 2, 1. HS BGB, wonach bei der Anwendung der AGB-Vorschriften auf Arbeitsverträge die im Arbeitsrecht geltenden Besonderheiten angemessen zu berücksichtigen sind. Dies kann dazu führen, dass Arbeitsverträge einer strengeren Kontrolle unterliegen als Anstellungsverträge mit Vorstandsmitgliedern, wie sich etwa an § 888 Abs. 3 ZPO zeigt. In dieser Konstellation wird das Problem vom Schrifttum erläutert und folgerichtig für eine Analogie plädiert. Als Argument wird – wie im hiesigen Fall – die höhere Schutzbedürftigkeit von Arbeitnehmern und der daraus resultierende Wertungswiderspruch angeführt.

Die Ungeeignetheit der Anwendung der AGB-Kontrolle zeigt sich zudem an ihrer untergeordneten Bedeutung in Bezug auf nachvertragliche Wettbewerbsverbote. Aus § 307 Abs. 3 S. 1 BGB folgt, dass weder die Hauptleistungsplichten noch die Nebenpflichten der Inhaltskontrolle unterliegen. Als Prüfungsmaßstab ist daher § 138 BGB iVm. Art. 2, 12 GG heranzuziehen, selbst wenn man die AGB-Kontrolle auf Vorstandsanstellungsverträge anwenden würde. Lediglich hinsichtlich der äußeren Gestaltung kommt den §§ 305 ff. BGB Bedeutung zu. Es kann bspw. ein Verstoß gegen § 305c Abs. 1 BGB angenommen werden, wenn ein Wettbewerbsverbot unter einer irreführenden Überschrift enthalten ist. In einem derartigen Fall muss das Verbot allerdings sowohl bei Individual- als auch bei vorformulierten Geschäftsbedingungen unwirksam sein.

---

741 Im Ergebnis ebenso *Jänsch*, Angemessene Vorstandsverträge, S. 182 f.

D. Zwischenergebnis

Nachvertragliche Wettbewerbsverbote sind eine weitere Klauselart, an der sich zeigt, dass die Anwendung der AGB-Kontrolle auf Vorstandsanstellungsverträge abzulehnen ist und eine Überprüfung anhand der allgemeinen Vorschriften vorzugswürdig erscheint. Begründen lässt sich dies mit dem Wertungswiderspruch im Vergleich zur Behandlung von Arbeitnehmern sowie der – im Fall der Anwendung – ohnehin untergeordneten Bedeutung der AGB-Kontrolle.

Nachvertraglichen Wettbewerbsverboten mit Vorstandsmitgliedern kommt in der Praxis eine besondere Relevanz zu. Der zeitliche Geltungsbereich des § 88 AktG ist begrenzt, weil die Norm an die Eigenschaft als Organmitglied anknüpft und die Bindungswirkung folglich mit der Beendigung des Vorstandsamts entfällt. Da allerdings das Schadenspotenzial ab diesem Zeitpunkt ähnlich hoch wie während des Organstellung ist, besteht ein Bedürfnis der Gesellschaft, den Geschäftsleiter über die Beendigung des Amts hinaus wettbewerbsrechtlich zu binden. Dies kann durch ein nachvertragliches Wettbewerbsverbot erreicht werden. Solche Verbote sind anhand der allgemeinen Vorschriften zu überprüfen. Die §§ 74 ff. HGB finden dabei weder direkte noch über § 110 S. 2 GewO entsprechende Anwendung. Grds. ist auch eine analoge Anwendung der Vorschriften abzulehnen, wenn nicht ausnahmsweise eine gesetzliche Bestimmung zum Ziel hat, die besonderen Interessen des Unternehmens zu wahren.[742] Im Übrigen ist die Grenze nachvertraglicher Wettbewerbsverbote gem. § 138 iVm. Art. 2. 12 GG zu ermitteln. Ein Verbot ist danach zulässig, wenn es dem Schutz berechtigter Interessen der Gesellschaft dient und die Berufsausübung bzw. die wirtschaftliche Betätigung des Organs nach Ort, Zeit und Gegenstand nicht unbillig erschwert. Bei der daraus folgenden zweistufigen Prüfung sind die im Zeitpunkt des Ausscheidens gegebenen Verhältnisse zugrunde zu legen. Trotz § 138 BGB erscheint sowohl bei zeitlichen als auch bei sonstigen Verstößen eine geltungserhaltende Reduktion über § 139 BGB bzw. § 74a Abs. 1 S. 1, S. 2 HGB analog vorzugswürdig. Der AGB-Kontrolle kommt dagegen nur eine untergeordnete Bedeutung zu, weil nach § 307 Abs. 3 S. 1 BGB weder die Hauptleistungsplichten noch die Nebenbestimmungen der Inhaltskontrolle unterliegen.

---

742 So BGH, Urteil v. 17.02.1992 – II ZR 140/91, NJW 1992, 1892 f. zur analogen Anwendung des § 75a HGB auf ein nachvertragliches Wettbewerbsverbot mit einem Geschäftsführer.

§ 4 Clawback-Klauseln

Clawback-Klauseln sind seit jüngerer Zeit Gegenstand des juristischen Schrifttums.[743] Die obergerichtliche Rechtsprechung musste sich dagegen – soweit ersichtlich – noch nicht mit dieser Problematik auseinandersetzen. Aufgrund dessen bietet sich eine rechtliche Analyse ihrer Zulässigkeit besonders an. Es sollen zunächst die vertraglichen Gestaltungsmöglichkeiten und anschließend die Überprüfung anhand der allgemeinen bzw. AGB-rechtlichen Vorschriften dargestellt werden.

A. Möglichkeiten zur vertraglichen Gestaltung von Clawback-Klauseln

I. Steigende Bedeutung trotz fehlender Vorgaben zur inhaltlichen Ausgestaltung

1. Steigende Bedeutung aufgrund unterschiedlicher Faktoren

Clawback-Klauseln erfreuen sich seit jüngerer Zeit steigender Bedeutung. So hatten im Jahr 2017 weniger als 20 % der am DAX gelisteten Unternehmen solche Klauseln in ihrem System integriert, während es Ende des Jahres 2019 nahezu zwei Drittel waren.[744] Es lassen sich unterschiedliche Faktoren als Auslöser identifizieren. Im Hinblick auf börsennotierten Unternehmen iSd. § 3 Abs. 2 AktG ist ein Grund das am 01. Januar 2020 in Kraft getretene ARUG II. Nach § 87a Abs. 1 S. 1 AktG hat der Aufsichtsrat nunmehr ein klares und verständliches System zur Vergütung der Vorstandsmitglieder zu beschließen. Das System muss – soweit tatsächlich vorgesehen – gem. § 87a Abs. 1 S. 2 Nr. 6 AktG Angaben zu Möglichkeiten der Gesellschaft, variable Vergütungsbestandteile zurückzufordern, enthalten. Auch wenn aus der Norm keine Pflicht zur Aufnahme von Clawback-Klauseln folgt,[745] steigt ihre Bedeutung hierdurch zwangsläufig. Verstärkt

---

743 Siehe zu einer ersten Untersuchung bzgl. Clawback-Klauseln *Schuster*, in: FS Bauer, S. 973. Die Analyse aus dem Jahr 2010 behandelt allerdings vorwiegend Klauseln im Zusammenhang mit dem Finanzsektor.

744 *Müller/Rieber/Tank*, Legal bases and implementation of clawback clauses: A comparison between US and Germany, abrufbar unter: https://papers.ssrn.com/sol3/papers.cfm?abstract_id=3473896 (Stand: 01. April 2022), S. 10.

745 Ebenso *Rosiak*, Clawback-Klauseln im System der Vorstandsvergütung, S. 172 ff.

wird der Effekt durch die Empfehlung G.11 DCGK.[746] Danach soll der Aufsichtsrat die Möglichkeit haben, außergewöhnlichen Entwicklungen in angemessener Weise Rechnung zu tragen und in begründeten Fällen eine variable Vergütung einbehalten oder zurückgefordert werden können. Aus der Empfehlung folgt ebenfalls keine Verpflichtung. Allerdings hat der Aufsichtsrat aufgrund des sog. comply-or-explain-Grundsatzes hierüber zu beraten.[747]

Neben den nationalen lassen sich auch grenzüberschreitende Faktoren identifizieren. In vielen Fällen sind die Geschäfte der Gesellschaften nicht auf den deutschen Rechtsraum beschränkt. Ausländische Jurisdiktionen können Einfluss auf nationale Rechtsverhältnisse haben. So fällt auf, dass in den USA und im Vereinigten Königreich Vorgaben zu Clawback-Klauseln verbreiteter sind als im deutschen Recht. Im anglo-amerikanischen Recht findet sich die Diskussion um ihre Zulässigkeit seit den frühen 2000er Jahren.[748] Auslöser hiervon war insbesondere die Finanzkrise im Jahr 2008.[749] Hervorzuheben ist in diesem Zusammenhang der sog. Sarbanes-Oxley-Act[750], der bereits im Jahr 2002 erstmals eine Clawback-ähnliche Regelung vorsah. Nach Section 304 SOX muss der Vorstandsvorsitzende dem Emittenten bei einer notwendigen Bilanzierungsanpassung aufgrund eines Fehlverhaltens einen Bonus oder eine sonstige anreizbasierte Vergütung zurückerstatten. Im Jahr 2010 wurde zudem der Securities Exchange Act von 1934[751] um einen weiteren Abschnitt ergänzt, wonach die Securities Exchange Commission zum Erlass einer Clawback-Regelung verpflichtet

---

746 Vgl. *Rosiak*, Clawback-Klauseln im System der Vorstandsvergütung, S. 206, die davon ausgeht, dass die Empfehlung erhebliche Auswirkungen auf die Verwendung von Clawbacks haben wird.

747 Siehe hierzu bspw. *Grau*, in: Semler/v. Schenk/Wilsing, Arbeitshandbuch für Aufsichtsratsmitglieder, § 11 Rn. 159, in dem ausdrücklich auf § 87a AktG sowie Empfehlung G.11 DCGK hingewiesen wird.

748 Zu einer empirischen Untersuchung, insbesondere einem Vergleich zwischen den USA und Deutschland *Müller/Rieber/Tank*, Legal bases and implementation of clawback clauses: A comparison between US and Germany, abrufbar unter: https://papers.ssrn.com/sol3/papers.cfm?abstract_id=3473896 (Stand: 01. April 2022), S. 2 ff.; zudem *Seyfarth*, WM 2019, 521 (526 f.).

749 *Seyfarth*, WM 2019, 521 (526 f.).

750 Sarbanes-Oxley Act of 2002, Public Law 107–204, approved July 30, 2002, 116 Stat. 745, abrufbar unter: https://www.govinfo.gov/content/pkg/COMPS-1883/pdf/COMPS-1883.pdf (Stand: 01. April 2022; im Folgenden SOX).

751 Securities Exchange Act of 1934, Public Law 73–291, enacted June 6, 1934, 48 Stat. 881, abrufbar unter: https://www.govinfo.gov/content/pkg/COMPS-1885/pdf/COMPS-1885.pdf (Stand: 01. April 2022).

wurde. Ähnlich zu Section 304 SOX findet sich eine Rückzahlungsverpflichtung für Geschäftsleiter bei notwendigen Bilanzierungsanpassung. Im englischen Recht finden sich ebenfalls Regelungen in Bezug auf Clawback-Klauseln. Der UK Corporate Governance Code enthält in Provision 37 eine Empfehlung, wonach die Vergütungssysteme der Gesellschaften eine Vereinbarung enthalten sollen, welche die Rückforderung oder Einbehaltung von Beträgen oder Aktienanteilen ermöglichen.

Ein weiterer Impuls geht vom Aufsichtsrecht für Kreditinstitute und Finanzdienstleistungsinstitute aus.[752] In diesem Bereich besteht bereits seit längerer Zeit eine Verpflichtung zur Aufnahme von Clawback-Klauseln. Nach § 20 Abs. 6 S. 1 InstitutsVergV haben in den Anwendungsbereich der Norm fallende Institute auf Grundlage entsprechender Vereinbarungen mit den Risikoträgern eine bereits ausgezahlte variable Vergütung zurückzufordern und Ansprüche auf die Auszahlung zum Erlöschen zu bringen. Vorstandsmitglieder sind gem. § 2 Abs. 8 S. 1 InstitutsVergV als solche Risikoträger zu qualifizieren.

2. Fehlen nationaler Vorgaben zur inhaltlichen Ausgestaltung

Trotz der steigenden Bedeutung von Clawback-Klauseln und ihrer Integration in nahezu zwei Dritteln der Vergütungssysteme der am DAX gelisteten Unternehmen finden sich keine nationalen Vorgaben zu ihrer inhaltlichen Ausgestaltung.[753] Der deutsche Gesetzgeber beschränkte sich bei der Einführung des ARUG II mit der Schaffung des § 87a Abs. 1 S. 2 Nr. 6 AktG. Ebenso wenig gibt die Empfehlung G.11 DCGK Rückschlüsse darüber, wie Clawback-Klauseln inhaltlich ausgestaltet werden können. Auch wenn es in Bezug auf die USA und dem Vereinigten Königreich ebenfalls an Vorgaben bzgl. der Gestaltung fehlt, kann die Praxis auf ihre vergleichsweise längere Erfahrung mit Clawback-Klauseln zurückgreifen. Eine Orientierung bietet für den nationalen Normanwender § 18 Abs. 5 S. 3 InstitutsVergV, auf welchen in § 20 Abs. 6 S. 1 InstitutsVergV verwiesen wird. § 18 Abs. 5 S. 3 Insti-

---

752 *Seyfarth*, WM 2019, 521 (522 f.); in diesem Zusammenhang überrascht es nicht, dass diverse Autoren die Vorgaben aus dem Aufsichtsrecht der Kredit- und Finanzwirtschaft bei der Analyse der Zulässigkeit der aktienrechtlichen Clawback-Klauseln ansprechen, siehe etwa *Poelzig*, NZG 2020, 41; *Redenius-Hövermann/Siemens*, ZIP 2020, 145 (146 f.).

753 Als Ausgangspunkt für die Analyse ihrer rechtlichen Zulässigkeit ebenso *Rosiak*, Clawback-Klauseln im System der Vorstandsvergütung, S. 204.

tutsVergV enthält zwei Fälle, bei denen eine Rückforderung der variablen Vergütung durch vertragliche Vereinbarung ermöglicht werden soll. Genannt wird z.b. der Fall, dass der Risikoträger an einem Verhalten, das für das Institut zu erheblichen Verlusten, einer wesentlichen regulatorischen Sanktion oder einer wesentlichen aufsichtlichen Maßnahme geführt hat, maßgeblichen beteiligt oder dafür verantwortlich war.

II. Möglichkeiten der vertraglichen Ausgestaltung von Clawback-Klauseln

1. Arten

Bevor auf die rechtlichen Gestaltungsmöglichkeiten von Clawback-Klauseln eingegangen wird, müssen sie ihrer Art nach abgegrenzt werden. Der Begriff Clawback bedeutet Rückforderung und bezieht sich auf den variablen Teil der Vorstandsvergütung. Ihre Relevanz folgt daraus, dass die variable Vergütung einen hohen Anteil des Gesamtvergütung ausmacht und eine Rückforderung damit zu erheblichen Vermögenseinbußen führen kann. Es lassen sich zwei Arten von Clawback-Klauseln unterscheiden, nämlich Compliance- sowie Performance-Clawbacks.

a) Compliance-Clawback-Klausel

Die Compliance-Clawback-Klausel dient dazu, die variable Vergütung zurückfordern zu können, wenn das Vorstandsmitglied eine schwere Pflichtverletzung begeht, die allerdings nicht notwendigerweise einen wirtschaftlichen Nachteil der Gesellschaft zur Folge haben muss.[754] Der Compliance-Clawback soll den Geschäftsleiter zur Einhaltung seiner Pflichten iSd. § 93 Abs. 1 AktG anhalten und etwaige Verstöße entsprechend § 93 Abs. 2 S. 1 AktG sanktionieren.[755] Die Klausel könnte folgendermaßen formuliert werden: „Bei schwerwiegenden Verstößen des Vorstandsmitglieds gegen seine gesetzlichen Pflichten oder gegen unternehmensinterne Verhaltensrichtlinien ist die Gesellschaft berechtigt, von dem Vorstandsmitglied die für den jeweiligen Bemessungszeitraum ausgezahlten variablen

---

754 Ähnliche Definitionen sind zu finden bei *Poelzig*, NZG 2020, 41 (44); *Seyfarth*, WM 2019, 569 (571); *Dörrwächter/Wolff*, AG 2020, 233 (235).
755 So auch *Poelzig*, NZG 2020, 41 (44).

Vergütungsbestandteile ganz oder teilweise zurückzufordern."[756] Wie das Formulierungsbeispiel zeigt, wird auf eine *schwerwiegende* Pflichtverletzung abgestellt. Den Grad, den eine solche Handlung überschreiten muss, damit sie unter den Anwendungsbereich der Klausel subsumiert werden kann, wird nicht näher festgelegt. Dies ist auch zweckmäßig, da diverse Compliance-Verstöße denkbar sind, die von der Klausel umfasst werden sollen. Allerdings können sich hieraus Probleme bzgl. der AGB-rechtlichen Zulässigkeit ergeben, die in § 4 C. analysiert werden sollen.

b) Performance-Clawback-Klausel

Von Compliance-Clawbacks sind sog. Performance-Clawbacks zu unterscheiden. Sie beziehen sich ebenfalls auf den variablen Teil der Vergütung, knüpfen jedoch an wirtschaftliche Faktoren an. Eine solche Klausel greift typischerweise in Fällen ein, in denen bestimmte wirtschaftliche Ziele der Gesellschaft nicht erreicht werden oder die bilanzielle Grundlage, die der Berechnung der variablen Vergütung zu Grunde gelegt wurde, im Nachhinein korrigiert werden muss.[757] Hinsichtlich der zweiten Alternative bietet sich folgende Formulierung an: „Wurden variable Vergütungsbestandteile, die an das Erreichen bestimmter Ziele anknüpfen, auf der Grundlage falscher Daten zu Unrecht ausbezahlt, ist die Gesellschaft berechtigt, den sich aus der Neuberechnung der Höhe der variablen Vergütung im Vergleich zur erfolgten Auszahlung ergebenden Unterschiedsbetrag zurückzufordern."[758] Die Vereinbarung eines Performance-Clawbacks steht im Einklang mit § 87 Abs. 1 S. 3, 1. HS AktG, wonach variable Vergütungsbestandteile eine mehrjährige Bemessungsgrundlage haben sollen. Dies wird sichergestellt, indem die Gesellschaft eine Rückforderungsmöglich hat, wenn sich die festgelegten Ziele im Nachhinein als unzutreffend herausstellen. Performance-Clawback-Klauseln bieten sich daher für den Aufsichtsrat an, um ein angemessenes Vergütungssystem festzulegen und seine eigenen Verpflichtungen in diesem Zusammenhang zu erfüllen bzw. nicht selbst einer Ersatzpflicht gem. § 116 S. 3 AktG zu unterliegen.

---

756 Zu diesem Formulierungsvorschlag *Schockenhoff/Nußbaum*, AG 2018, 813 (817).

757 *Seyfarth*, WM 2019, 569 (570 f.); *Dörrwächter/Wolff*, AG 2020, 233 (234 f.); *Poelzig*, NZG 2020, 41 (43 f.); *Schockenhoff/Nußbaum*, AG 2018, 813 (819 ff.).

758 *Schockenhoff/Nußbaum*, AG 2018, 813 (819).

2. Gestaltung durch aufschiebend bedingten Rückzahlungsanspruch, auflösende Bedingung des Vergütungsanspruchs oder Widerrufsrecht

Es sind mehrere vertragliche Gestaltungsvarianten zur Umsetzung eines Compliance- bzw. Performance-Clawbacks denkbar. Eine Möglichkeit ist die Vereinbarung eines aufschiebend bedingten Rückzahlungsanspruchs gem. § 158 Abs. 1 BGB.[759] Bei einem Compliance-Clawback ist als Bedingung etwa ein schwerwiegender Verstoß des Vorstandsmitglieds gegen seine gesetzlichen Pflichten oder gegen unternehmensinterne Verhaltensrichtlinien festzulegen, bei deren Eintritt eine Rückzahlungsverpflichtung entsteht. Bei einem Performance-Clawback entsteht der Anspruch dagegen, wenn am Ende des Bemessungszeitraums die Soll-Werte den Ist-Werten nicht entsprechen oder die der Berechnung zugrunde gelegte bilanzielle Grundlage im Nachhinein korrigiert werden muss. Eine andere Möglichkeit ist die Vereinbarung eines auflösend bedingten Vergütungsanspruchs gem. § 158 Abs. 2 BGB.[760] Der Anspruch erlischt im Fall eines Compliance-Clawbacks bei Vorliegen einer schweren Pflichtverletzung, bei Performance-Clawbacks dagegen bei Nichterreichen der festgelegten Zielvorgaben oder bilanziellen Anpassungen. Rechtsfolge ist in beiden Fällen des § 158 BGB ein Rückzahlungsanspruch der Gesellschaft, der sich entweder aus der Vereinbarung selbst oder über das Bereicherungsrecht gem. § 812 Abs. 1 S. 2, 1. Alt. BGB ergeben kann.[761]

Eine weitere Möglichkeit wäre es, dass sich die Gesellschaft ein vertragliches Widerrufsrecht hinsichtlich des variablen Teils der Vergütung vorbehält.[762] In diesem Fall müssten im Vorhinein die Voraussetzungen festgelegt werden, unter denen das Widerrufsrecht entsteht. Ausgeübt wird es im Widerrufsfall zwangsläufig durch den Aufsichtsrat.[763]

---

759 *Poelzig*, NZG 2020, 41 (46).

760 *Schuster*, in: FS Bauer, S. 973 (975); *Poelzig*, NZG 2020, 41 (46); *Raitzsch*, ZIP 2019, 104 (107); *Seyfarth*, WM 2019, 569 (570).

761 *Schuster*, in: FS Bauer, S. 973 (975); *Poelzig*, NZG 2020, 41 (46); *Raitzsch*, ZIP 2019, 104 (107); *Seyfarth*, WM 2019, 569 (570).

762 *Schuster*, in: FS Bauer, S. 973 (975); *Raitzsch*, ZIP 2019, 104 (107); *Seyfarth*, WM 2019, 569 (570).

763 *Seyfarth*, WM 2019, 569 (570); generell zur Zuständigkeit in diesen Fällen *Schockenhoff/Nußbaum*, AG 2018, 813.

3. Abgrenzung zu anderen Rechtsinstituten

a) Schadensersatzanspruch gem. § 93 Abs. 2 AktG

§ 93 Abs. 2 S. 1 AktG begründet einen Schadensersatzanspruch der Gesellschaft gegenüber ihren Vorstandsmitgliedern. Die Geschäftsleiter haften bei Vorliegen einer Pflichtverletzung persönlich auf Ersatz des Schadens. Ein Compliance-Clawback ähnelt in seiner Formulierung grds. dem Schadensersatzanspruch gem. § 93 Abs. 2 S. 1 AktG. Allerdings erfordert ersterer nicht, dass eine schuldhafte Pflichtverletzung vorliegt.[764] Der Geschäftsleiter kann sich auch dann eines Rückforderungsanspruchs ausgesetzt sehen, wenn ein *verschuldensunabhängiger* Compliance-Verstoß vorliegt. Zudem muss der Verstoß nicht notwendigerweise zu einem wirtschaftlichen Nachteil der Gesellschaft geführt haben. Im Gegensatz dazu ist das Vorliegen eines Schadens Voraussetzung des Anspruchs aus § 93 Abs. 2 S. 1 AktG.[765]

Bei einem Performance-Clawback ist eine schuldhafte Pflichtverletzung ebenfalls nicht erforderlich.[766] Es reicht aus, dass die festgelegten wirtschaftlichen Ziele der Gesellschaft entweder nicht erreicht werden oder die bei Berechnung der variablen Vergütung verwendete bilanzielle Grundlage im Nachhinein korrigiert werden muss, ohne dass ein Handeln oder Unterlassen des in Anspruch genommen Vorstandsmitglieds hierfür kausal sein muss. Anders als beim Compliance-Clawback bedarf es allerdings eines wirtschaftlichen Nachteils der Gesellschaft als Grundlage der Bemessung.

Zudem ist das Verhältnis der Clawback-Klauseln zur sog. D&O-Versicherung iSd. §§ 100 ff. VVG zu beachten, durch welche die Gesellschaft die Tätigkeit ihrer Organmitglieder absichert und sie vor etwaigen Schadensersatzansprüchen gegenüber ihrer selbst und Dritten teilweise befreit.[767] Sie ist gesetzlich nicht ausdrücklich erwähnt, wird jedoch in

---

764 *Seyfarth*, WM 2019, 569 (570); im Gegensatz dazu argumentiert *Poelzig*, NZG 2020, 41, dass ein Compliance-Clawback eine Vertragsstrafe iSd. § 339 BGB darstellt und eine verschuldensunabhängige Compliance-Clawback-Klausel somit wegen eines Verstoßes gegen das Leitbild des § 339 BGB und den Wertungen der Vorstandshaftung gemäß § 93 Abs. 2 AktG unzulässig ist.

765 Ähnlich auch *Rosiak*, Clawback-Klauseln im System der Vorstandsvergütung, S. 133 f.

766 *Poelzig*, NZG 2020, 41 (43); *Seyfarth*, WM 2019, 569 (570).

767 OLG München, v. 15.03.2005 – 25 U 3940/04, ZIP 2005, 1556; *Fleischer*, in: BeckOGK AktG, § 93 Rn. 287 (Stand: 1. April 2023); *Mertens/Cahn*, in: Kölner Kommentar zum Aktiengesetz, § 93 Rn. 267.

§ 93 Abs. 2 S. 3 AktG vorausgesetzt. Entsprechend dieser Stellung im Gesetz sind insbesondere Fälle erfasst, in denen ein Vorstandsmitglied auf Schadensersatz wegen einer schuldhaften Pflichtverletzung in Anspruch genommen wird. Im Gegensatz dazu erfordern Clawback-Klauseln kein Verschulden und stellen somit keinen Schadensersatzanspruch dar. Es erscheint daher fraglich, ob ein Versicherungsfall iSe. D&O-Versicherung vorliegt, wenn die Gesellschaft einen Rückforderungsanspruch geltend macht.[768]

b) Vertragsstrafe gemäß § 339 BGB

Clawbacks sind zudem von Vertragsstrafen iSd. § 339 BGB abzugrenzen. Eine Vertragsstrafe ist das Versprechen des Schuldners an den Gläubiger zur Zahlung einer Geldsumme für den Fall, dass er seine Verbindlichkeit nicht oder nicht in gehöriger Weise erfüllt. Charakteristisches Merkmal der Strafe ist, dass sie als Druckmittel den Schuldner dazu anhalten soll, die vertragsmäßige Leistung ordnungsgemäß zu erbringen.[769] Sie entfalten damit eine verhaltenssteuernde Wirkung. Das Pendant zu einer solchen Vertragsstrafe ist die Belohnung.[770] Maßgeblich für die Bestimmung, ob ein Clawback als Vertragsstrafe iSd. § 339 BGB zu qualifizieren ist, ist inwiefern sich der Wille der Parteien darauf richtet, durch die dem Clawback immanente Verhaltenssteuerung den Vorstand zur Erfüllung seiner Pflichten anzuhalten.[771]

Der Performance-Clawback stellt danach keine Vertragsstrafe dar.[772] Die verhaltenssteuernde Wirkung wird bei solchen Klauseln durch das Versprechen einer variablen Vergütung als Belohnung erreicht.[773] Die Nicht-

---

768 Siehe hierzu auch *Seyfarth*, WM 2019, 569 (570), der bezweifelt, dass die Inanspruchnahme aus einer Clawback-Klausel einen Versicherungsfall darstellt. Zudem wird in Frage gestellt, ob Clawbacks überhaupt versichert werden können; ebenso *Rosiak*, Clawback-Klauseln im System der Vorstandsvergütung, S. 134 f.

769 Vgl. nur BGH, Urt. v. 20.01.2000 – VII ZR 46/98, NJW 2000, 2106 (2107).

770 *Gottwald*, in: MünchKomm-BGB, Vor. § 339 Rn. 8; *Rieble*, in: Staudinger BGB, Vor. §§ 339 ff. Rn. 34; *Ulrici*, in: BeckOGK BGB, § 339 Rn. 25 ff. (Stand: 1. September 2021).

771 *Poelzig*, NZG 2020, 41 (45 f.) mwN.

772 *Poelzig*, NZG 2020, 41 (45 f.); *Jänsch*, Angemessene Vorstandsverträge, S. 235; *Rosiak*, Clawback-Klauseln im System der Vorstandsvergütung, S. 121; generell zu Clawbacks dagegen *Seyfarth*, WM 2019, 569 (572 f.); *Spindler*, in: MünchKomm-AktG-ARUGII, § 87 Rn. 93c.

773 *Poelzig*, NZG 2020, 41 (45 f.).

auszahlung der Belohnung sowie ihre Rückforderung stellen allerdings gerade keine Vertragsstrafe dar, sondern sind vielmehr das Gegenstück zu ihr. Er ist als ausgleichende Entgeltregelung zu qualifizieren, der die bereicherungsrechtlichen Ansprüche verstärkt.[774] Anders ist dagegen ein Compliance-Clawback einzuordnen. Der Unterschied besteht darin, dass das Vorstandsmitglied durch die Zufügung eines Übels zur Einhaltung seiner dienstvertraglichen und organschaftlichen Aufgaben gezwungen wird.[775] Der Wille der Parteien ist darauf gerichtet, den Geschäftsleiter durch die verhaltenssteuernde Wirkung zur Erfüllung seiner Pflichten anzuhalten.[776] Es handelt sich im Gegensatz zum Performance-Clawback nicht um eine Entgeltregelung, denn der Rückforderungsanspruch entsteht unabhängig davon, ob der Gesellschaft ein wirtschaftlicher Schaden entstanden ist, die Leistung des Vorstands also weniger wert ist.[777] Auch wenn der Compliance-Clawback die variable Vergütung und damit eine Belohnung im obigen Sinne betrifft, ist dieser Grenzfall aufgrund seines verhaltenssteuernden Effekts als Vertragsstrafe iSd. § 339 BGB zu qualifizieren.[778]

III. Zwischenergebnis

Clawbacks erfreuen sich in jüngerer Zeit steigender Bedeutung. Als Auslöser wurden verschiedene Faktoren identifiziert. Allerdings fehlt es an nationalen Vorgaben zu ihrer inhaltlichen Ausgestaltung. § 87a Abs. 1 S. 2 Nr. 6 AktG normiert lediglich die Möglichkeit zur Aufnahme solcher Bestimmungen. Es lassen sich zwei Arten von Clawbacks unterschei-

---

774 *Poelzig*, NZG 2020, 41 (45 f.); *Jänsch*, Angemessene Vorstandsverträge, S. 236.

775 *Poelzig*, NZG 2020, 41 (46).

776 *Rosiak*, Clawback-Klauseln im System der Vorstandsvergütung, S. 128 f. geht ebenfalls davon aus, dass das entscheidende Kriterium für die Einordnung als Vertragsstrafe die Zielsetzung nach dem Willen der Vertragsparteien sein muss. Sie spricht sich für eine differenzierte Betrachtung aus und ordnet den Compliance-Clawback als Grenzfall nicht pauschal als Vertragsstrafe ein, sondern je nach der konkreten vertraglichen Ausgestaltung.

777 *Poelzig*, NZG 2020, 41 (46).

778 *Poelzig*, NZG 2020, 41 (46) sowie *Dörrwächter/Wolff*, AG 2020, 233 (235); andere Ansicht *Jänsch*, Angemessene Vorstandsverträge, S. 237 sowie *Seyfarth*, WM 2019, 569 (572), die sich darauf stützten, dass lediglich die variable Vergütung und damit eine Belohnung betroffen ist. Diesem Argument kommt Gewicht zu, denn der Zugriff auf das sonstige Vermögen des Schuldners wiegt schwerer als auf eine etwaige Belohnung. Es erscheint jedoch überzeugender, eine Vertragsstrafe iSd. § 339 BGB anzunehmen. Folgen hat dies insbesondere für die Anwendung von § 309 Nr. 6 BGB, die im weiteren Verlauf dieser Untersuchung zu thematisieren ist.

den, nämlich Compliance- sowie Performance-Clawbacks. Während erstere auf Pflichtverstöße abstellen, knüpfen letztere an wirtschaftliche Faktoren an.

Es sind mehrere Gestaltungsvarianten denkbar, wie solche Clawbacks vertraglich umgesetzt werden können. Neben einem aufschiebend bedingten Rückzahlungsanspruch gem. § 158 Abs. 1 BGB bzw. einem auflösend bedingten Vergütungsanspruchs gem. § 158 Abs. 2 BGB ist die Vereinbarung eines Widerrufsrechts denkbar. Beide Arten von Clawbacks sind zu anderen Rechtsinstituten abzugrenzen. Allerdings gilt es für den weiteren Verlauf der Untersuchung zu beachten, dass ein Compliance-Clawback als Vertragsstrafe iSd. § 339 BGB zu qualifizieren ist.

B. Überprüfung von Clawback-Regelungen anhand der allgemeinen Vorschriften

I. Grundsätzliche Anerkennung von Clawback-Regelungen

Die Zulässigkeit von Clawback-Regelungen ist anerkannt.[779] Bereits die sog. Änderungs-RL ordnet in Art. 9a Abs. 6 Unterabs. 3 S. 3 an, dass die Vergütungspolitik Informationen zu etwaigen Aufschubzeiten und zur Möglichkeit der Gesellschaft, variable Vergütungsbestandteile zurückzufordern, enthalten muss. Die Vorgabe der Richtlinie wurde durch das ARUG II in § 87a Abs. 1 S. 2 Nr. 6 AktG umgesetzt. Eine vergleichbare Regelung findet sich in § 162 Abs. 1 S. 2 Nr. 4 AktG, der Vorgaben zum Vergütungsbericht enthält. Ausweislich der Gesetzbegründung wird mit der Erwähnung der Rückforderungsmöglichkeit von variablen Vergütungsbestandteilen in den beiden Normen eine grds. Anerkennung von Rückforderungsregelungen ausgesprochen.[780] Mit den gesetzlichen Regelungen korrespondiert Empfehlung G.11 DCGK. Danach soll der Aufsichtsrat in begründeten Fällen eine variable Vergütung einbehalten oder zurückfordern können. Aus den gesetzlichen Regelungen, den Erläuterungen in der Gesetzesbegründung und der Empfehlung im DCGK folgt eine Anerkennung von Clawback-Regelungen. Hiermit geht jedoch nicht ohne Weiteres ihre rechtliche Zulässig-

---

779 Vgl. etwa *Jänsch*, Angemessene Vorstandsverträge, S. 229; *Seyfarth*, WM 2019, 569 (571); *Spindler*, AG 2020, 61 (66); eine obergerichtliche Entscheidung steht dagegen noch aus.

780 Begründung des Regierungsentwurfs eines Gesetzes zur Umsetzung der zweiten Aktionärsrechtrichtlinie, BT-Drucks. 19/9739, S. 73 bzw. S. 112.

keit einher. Sie ist abhängig von der inhaltlichen Ausgestaltung der Vereinbarung und dem Prüfungsmaßstab, der bei der Kontrolle heranzuziehen ist. Im Folgenden soll zunächst die Überprüfung von Clawback-Regelungen anhand der allgemeinen Vorschriften dargestellt und anschließend auf die AGB-Kontrolle eingegangen werden.

II. Kein Verstoß gegen aktienrechtliche Vorschriften

In der Literatur werden – trotz ihrer grds. Anerkennung – zwei Normen im Zusammenhang mit der Zulässigkeit von Clawback-Regelungen diskutiert. Zum einen ist dies § 89 Abs. 1 AktG. Die Vorschrift regelt die Kreditgewährung an Vorstandsmitglieder und ordnet an, dass die Gesellschaft eine solche nur auf Grund eines Beschlusses des Aufsichtsrats gewähren darf. Unabhängig vom Vorliegen eines Aufsichtsratsbeschlusses stellt die Gewährung einer variablen Vergütung kein Darlehen iSd. Norm dar.[781] Die Gesellschaft geht nämlich nicht wie bei einem Darlehen in Vorleistung, sondern die variable Vergütungskomponente wird mit ihrer Festsetzung nach Ablauf des Bemessungszeitraums fällig, woran auch ein etwaiger Rückzahlungsanspruch nichts ändert.[782] Zum anderen wird § 87 Abs. 2 AktG im Rahmen von Clawbacks thematisiert. Die Norm ermöglicht dem Aufsichtsrat, die Bezüge der Vorstandsmitglieder auf die angemessene Höhe herabzusetzen, falls sich die Lage der Gesellschaft so verschlechtert, dass die Weitergewährung der Bezüge unbillig für die Gesellschaft wäre. Auch wenn der Regelung Ausnahmecharakter zukommt und strenge Anforderungen an sie zu stellen sind, weil sie dem Vorstandsmitglied seine grundrechtlich geschützte vertragliche Anspruchsposition zumindest teilweise entziehen kann,[783] ist eine anderweitige, weitergehende vertragliche Vereinbarung dadurch nicht ausgeschlossen.[784] Durch Clawbacks kann damit auch in anderen Fällen eine Rückforderungsmöglichkeit begründet werden. Als Zwischenergebnis

---

781 *Wettich*, AG 2013, 374 (377); *Poelzig*, NZG 2020, 41 (47); *Seyfarth*, WM 2019, 569 (572); so auch *Spindler*, in: MünchKomm-AktG-ARUGII, § 87 Rn. 93c.

782 Siehe hierzu im Detail *Wettich*, AG 2013, 374 (377).

783 So z.B. *Cahn*, in: Kölner Kommentar zum Aktiengesetz, § 87 Rn. 119; ähnlich auch *Fleischer*, in: BeckOGK AktG, § 87 Rn. 66 f. (Stand: 1. April 2023); *Spindler*, in: MünchKomm-AktG-ARUGII, § 87 Rn. 164.

784 *Seyfarth*, WM 2019, 569 (572); *Spindler*, in: MünchKomm-AktG-ARUGII, § 87 Rn. 93c.

ist festzuhalten, dass Clawback-Regelungen nicht gegen aktienrechtliche Vorschriften verstoßen.[785]

III. Erfassung weiterer Fälle durch allgemeine Grundsätze

Trotz ihrer Anerkennung können Clawbacks inhaltlich unzulässig ausgestaltet sein. In besonders gelagerten Fällen muss ihnen die Geltung versagt werden. Hierfür ist entsprechend den Ausführungen zu Schiedsabreden und nachvertraglichen Wettbewerbsverboten auf die allgemeinen Grundsätze zurückzugreifen. Da Clawback-Regelungen – soweit ersichtlich – bisher nicht Gegenstand der obergerichtlichen Rechtsprechung waren, kann nicht auf Praxisbeispiele zurückgegriffen werden, sondern es sind fiktive Fälle zur Veranschaulichung zu bilden.

1. § 119 BGB

Der Anfechtbarkeit wegen Irrtums gem. § 119 Abs. 1, 1. Alt. BGB kommt bzgl. Clawback-Regelungen eine höhere Bedeutung zu als bei Schiedsabreden. Letztere sind weniger komplex und umfangreich ausgestaltet als Clawbacks.[786] Häufig enthalten sie nur die Feststellung, dass über alle Streitigkeiten aus dem Anstellungsverhältnis ein Schiedsgericht unter Ausschluss des ordentlichen Rechtswegs entscheidet. Dies folgt insbesondere aus der Anforderung an die Eigenständigkeit der Urkunde nach § 1031 Abs. 5 S. 3, 1. HS ZPO. Es erscheint fraglich, inwiefern ein Vorstandsmitglied trotz der Eigenständigkeit der Urkunde und der eigenhändigen Unterzeichnung einem Irrtum iSd. § 119 BGB unterliegen kann.

Compliance- und Performance-Clawbacks sind dagegen komplexer ausgestaltet. Bei ersteren folgt dies daraus, dass die Regelungen eine weitgehende Abstraktheit erfordern, damit möglichst viele Compliance-Verstöße unter die Abrede subsumiert werden können. Hieraus können sich allerdings Unsicherheiten bzgl. des von der Regelung erfassten Pflichtenkreis ergeben. Compliance-Clawbacks knüpfen entsprechend § 93 Abs. 2 S. 1 AktG an die gesetzlichen Pflichten des Vorstands an. Sie unterliegen jedoch der

---

785 *Dörrwächter/Wolff*, AG 2020, 233 (235 f.); *Poelzig*, NZG 2020, 41 (47); *Redenius-Hövermann/Siemens*, ZIP 2020, 145 (147); *Seyfarth*, WM 2019, 569 (571 f.); *Spindler*, in: MünchKomm-AktG-ARUGII, § 87 Rn. 93c.

786 Vgl. hierzu *Beiner/Braun*, Der Vorstandsvertrag, Anhang B, S. 415.

Privatautonomie, weshalb die Gesellschaft auch unternehmensinterne Verhaltensrichtlinien – sog. Codes of Conduct – in den Tatbestand der Abrede miteinbeziehen kann.[787] Ein Inhaltsirrtum gem. § 119 Abs. 1, 1. Alt. BGB könnte sich etwa daraus ergeben, dass die Formulierung bzgl. des erfassten Pflichtenkreises nicht eindeutig ist. Soll eine Rückforderungsmöglichkeit bspw. bei schwerwiegenden Verstößen *gegen den vom Vorstandsmitglied zu beachtenden Pflichtenkreis* bestehen, erscheint dies durchaus denkbar. Der Regelung lässt sich nicht eindeutig entnehmen, ob hiervon lediglich die gesetzlichen Pflichten oder auch unternehmensinterne Verhaltensrichtlinien umfasst sind. Je nach den Umständen des Einzelfalls kann in dieser Konstellation eine Fehlvorstellung über die inhaltliche Reichweite der Regelung vorliegen und damit eine Inkongruenz zwischen Erklärtem und Gewolltem. Auch wenn die Darlegungs- und Beweislast aufgrund der eigenen Kenntnisse des Vorstandsmitglieds und der anwaltlichen Beratung schwer zu erbringen sein wird, besteht zumindest eine Anfechtungsmöglichkeit. Anders wäre die Konstellation zu beurteilen, wenn sich der Compliance-Clawback ausdrücklich sowohl auf die gesetzlichen Pflichten als auch auf die *unternehmensinternen Verhaltensrichtlinien* bezieht.[788] In diesem Fall wäre ein Inhaltsirrtum ausgeschlossen.

Die Irrtumsanfechtung kann zudem im Zusammenhang mit dem Versicherungsschutz Bedeutung erlangen. Wie an anderer Stelle erläutert, sichert die Gesellschaft die Tätigkeit ihrer Organmitglieder häufig durch sog. D&O-Versicherungen ab. Der Anstellungsvertrag enthält diesbzgl. eine Abrede, die einerseits die Verpflichtung der Gesellschaft zum Abschluss einer solchen Versicherung sowie andererseits die Einzelheiten wie bspw. den Umfang des Schutzes regelt.[789] Der Anspruch der Gesellschaft auf Rückforderung der variablen Vergütung ist nicht vom Versicherungsschutz gedeckt.[790] Je nach Formulierung des Anstellungsvertrags kann es zu Fehlvorstellungen bzgl. des Schutzumfangs kommen. So sehen Muster-Anstellungsverträge z.B. vor, dass die Gesellschaft eine *Vermögensschaden-Haftpflichtversicherung* für das Vorstandsmitglied unterhält[791] oder eine Versi-

---

787 *Schockenhoff/Nußbaum*, AG 2018, 813 (817); so auch *Seyfarth*, WM 2019, 569 (571).

788 Siehe hierzu den Formulierungsvorschlag von *Schockenhoff/Nußbaum*, AG 2018, 813 (817).

789 *Beiner/Braun*, Der Vorstandsvertrag, Anhang B, S. 404 f.; *Grau*, in: Semler/v. Schenk/Wilsing, Arbeitshandbuch für Aufsichtsratsmitglieder, Anhang 1 zu § 11.

790 Vgl. *Schockenhoff/Nußbaum*, AG 2018, 813 (818).

791 *Grau*, in: Semler/v. Schenk/Wilsing, Arbeitshandbuch für Aufsichtsratsmitglieder, Anhang 1 zu § 11.

cherung für den Fall abschließt, dass das Vorstandsmitglied *für einen Vermögensschaden in Anspruch genommen wird*[792]. Solche Formulierungen lassen nicht erkennen, ob Clawback-Rückforderungsansprüche von der Versicherung gedeckt sind. Es fehlt auch an Marktstandards, an denen sich orientiert werden kann. Ein Inhaltsirrtum des Vorstandsmitglieds ist in einer solchen Konstellation somit ebenfalls denkbar.

Im Gegensatz zu Compliance-Clawbacks knüpfen Performance-Clawbacks nicht an etwaige Pflichtverstöße an, sondern an festgelegte Zielgrößen, bei deren Nichterreichen die variable Vergütung zurückgefordert werden kann. Alternativ bzw. kumulativ hierzu kann auf die Berichtigung der Ist-Ergebnisse abgestellt werden, falls es einer formalen Ergebniskorrektur bedarf und sich die der variablen Vergütung zugrunde gelegte Berechnung dadurch als fehlerhaft darstellt.[793] Die relevanten Zielgrößen des Performance-Clawbacks ergeben sich aus dem für den Vorstand geltenden Vergütungssystem, das im Anstellungsvertrag durch entsprechende Regelungen umgesetzt wird.[794] Zwar sind Clawback-Regelungen zunehmend verbreitet, allerdings fehlt es an einheitlichen Marktstandards. In der Praxis finden sich daher divergierende und komplex ausgestaltete Vergütungssysteme.[795] Insbesondere die präzise und widerspruchsfreie Darstellung der Tatbestandsmerkmale und Rechtsfolgen des Rückforderungsanspruchs erweist sich für die Gesellschaft häufig als problematisch, wodurch der Irrtumsanfechtung besondere Relevanz zukommen kann. In besonders gelagerten Fällen muss eine Anfechtungsmöglichkeit über § 119 BGB bestehen. Hierfür bedarf es einer Abgrenzung zwischen einem beachtlichen und einem unbeachtlichen Rechtsfolgenirrtum. Ein Irrtum wäre danach etwa unbeachtlich, wenn das Vorstandsmitglied geltend macht, es habe sich über die Höhe der Rückforderungspflicht getäuscht. Bei der Höhe handelt es sich um eine bloße Nebenfolge der Rückforderungspflicht und nicht um eine vom Gewollten wesentlich verschiedene Rechtsfolge. Anders wäre es zu beurteilen, wenn die Zielgrößen nicht eindeutig festgelegt sind und das Vorstandsmitglied nicht erkennen kann, in welchen Fällen eine Rückzahlungspflicht besteht.

---

792 *Beiner/Braun*, Der Vorstandsvertrag, Anhang B, S. 404 f.
793 *Schockenhoff/Nußbaum*, AG 2018, 813 (819 f.).
794 *Grau*, in: Semler/v. Schenk/Wilsing, Arbeitshandbuch für Aufsichtsratsmitglieder, Anhang 1 zu § 11.
795 Siehe bspw. den Vergütungsbericht der BMW Group, abrufbar unter: www.bmwgro up.com/content/dam/grpw/websites/bmwgroup_com/ir/downloads/de/2021/beric ht/BMW-Group-Bericht-2020-DE.pdf (Stand: 21. Juni 2023).

2. § 242 BGB

Neben der Anfechtbarkeit wegen Irrtums kann die Ausübungskontrolle gem. § 242 BGB Bedeutung erlangen, die der Verhinderung eines Rechtsmissbrauchs bzw. einer unzulässigen Rechtsausübung dient. Insbesondere Compliance-Clawbacks sind in diesem Zusammenhang relevant. Es ist der Fall zu nennen, dass die Hauptversammlung der Gesellschaft einen Beschluss fasst, der den Vorstand zur Vornahme einer bestimmten Handlung anweist. Nach § 83 Abs. 2 AktG ist der Vorstand verpflichtet, die von der Hauptversammlung die Rahmen ihrer Zuständigkeit beschlossenen Maßnahmen auszuführen. Es gilt zu beachten, dass der Vorstand zwar zur Handlung verpflichtet ist, der Hauptversammlungsbeschluss allerdings nicht zwangsläufig dazu führt, dass das Vorstandsverhalten als pflichtgemäß zu qualifizieren ist. In Bezug auf Compliance-Clawbacks könnte die variable Vergütung folglich auch dann zurückgefordert werden, wenn die Vorstandsmaßnahme auf einem Hauptversammlungsbeschluss beruht, sie sich im Nachhinein jedoch als nachteilig erweist und die Gesellschaft einen Vermögensausgleich anstrebt. Es stellt sich die Frage, ob das Vorstandsmitglied in dieser Konstellation den Einwand der unzulässigen Rechtsausübung geltend machen kann.

Bei der Entscheidung der Frage hilft ein Blick auf den Schadensersatzanspruch gem. § 93 Abs. 2 S. 1 AktG. Bei diesem Anspruch könnte sich die gleiche Frage stellen, wenn der Vorstand einen Hauptversammlungsbeschluss ausführt und die Gesellschaft trotz dessen einen Schadensersatzanspruch geltend macht. Der Gesetzgeber hat die Problematik allerdings erkannt und die Ersatzpflicht gem. § 93 Abs. 4 S. 1 AktG ausgeschlossen, wenn die Handlung auf einem gesetzmäßigen – also weder einem nichtigen noch einem anfechtbaren gem. §§ 241, 243 AktG – Beschluss der Hauptversammlung beruht. Dogmatisch wird die Vorschrift aus dem Gebot von Treu und Glauben hergeleitet und damit begründet, dass es arglistig erscheint, wenn die Gesellschaft das Vorstandsmitglied trotz des Beschlusses durch die Hauptversammlung wegen Schadensersatz in Anspruch nimmt.[796] Andernfalls wäre der Vorstand aufgrund seiner aus § 83 Abs. 2 AktG folgenden Verpflichtung schutzlos gestellt.

Diese Grundsätze können zur Beantwortung der oben aufgeworfenen Frage herangezogen werden. Trotz des Hauptversammlungsbeschlusses be-

---

796 *Fleischer*, in: BeckOGK AktG, § 93 Rn. 325 (Stand: 1. April 2023); *Dauner-Lieb*, in: Henssler/Strohn, § 93 Rn. 41; *Spindler*, in: MünchKomm-AktG, § 93 Rn. 292.

steht die Gefahr, dass sich die Gesellschaft auf den Compliance-Clawback beruft und die variable Vergütung zurückfordert. Verstärkt wird dieses Dilemma dadurch, dass der Vorstand auch dann zur Ausführung des Beschlusses verpflichtet ist, wenn er Zweifel an der Vorteilhaftigkeit der Maßnahme hat. Das kann nicht angehen. Es bedarf in dieser Konstellation des Schutzes des Vorstands über § 242 BGB. Es liegt ein widersprüchliches Verhalten seitens der Gesellschaft vor, das mit dem späteren unvereinbar ist, indem sie den Vorstand einerseits durch die Beschlussfassung zur Handlung verpflichtet und anderseits die Pflichtwidrigkeit geltend macht. Der Vorstand ist in dieser Konstellation schutzbedürftig, da er sich seiner Verpflichtung gem. § 83 Abs. 2 AktG nicht entziehen kann. Dem könnte allenfalls durch eine entsprechende Regelung im Anstellungsvertrag vorgebeugt werden, also bspw. der Rückforderungsanspruch ausgeschlossen werden, wenn die vorgenommene Maßnahme auf einem Hauptversammlungsbeschluss beruht. Typische Compliance-Clawback Regelungen erfassen solche Konstellationen allerdings nicht.[797] Es bedarf daher eines Rückgriffs auf § 242 BGB, der einen ausreichenden – nicht zu weitgehenden Schutz – darstellt.

IV. Zwischenergebnis

Clawbacks können bei Überprüfung anhand der allgemeinen Vorschriften in zulässiger Weise vereinbart werden. Ihnen ist nur in besonderen Fällen die Geltung zu versagen. Die allgemeinen Vorschriften stellen einen ausreichenden Schutz des Vorstands dar, bei denen die Schwelle der Unwirksamkeit höher liegt als bei den §§ 305 ff. BGB. Mit diesem Ergebnis korrespondiert der Wille des Gesetzgebers, der mit der Erwähnung der Rückforderungsmöglichkeit von variablen Vergütungsbestandteilen im Zuge des ARUG II die grds. Anerkennung von Rückforderungsregelungen ausgesprochen hat.

---

797 Vgl. *Schockenhoff/Nußbaum*, AG 2018, 813 (817), wonach eine Rückforderungsmöglichkeit bei schwerwiegenden Verstößen möglich sein soll. Es lässt sich durchaus diskutieren, ob ein schwerwiegender Verstoß vorliegt, wenn die ausgeführte Maßnahme auf einem Hauptversammlungsbeschluss beruht. Ausgeschlossen werden kann dies jedoch nicht, weshalb die Möglichkeit eines Rückgriffs auf § 242 BGB bestehen muss.

C. Faktisches Verbot von Clawback-Klauseln bei AGB-Kontrolle von Vorstandsanstellungsverträgen

Der Vorstandsanstellungsvertrag unterliegt de lege lata der AGB-Kontrolle. Im Folgenden soll sie daher untersucht und analysiert werden, ob Clawbacks auch bei Anlegen dieses Prüfungsmaßstabs in zulässiger Weise vereinbart werden können. Der Schwerpunkt liegt dabei auf der Inhaltskontrolle. In Bezug auf die Einbeziehungsvoraussetzungen könnte allenfalls das Verbot der überraschenden Klausel gem. § 305c Abs. 1 BGB relevant sein. Aufgrund der ausdrücklichen Erwähnung in § 87a Abs. 1 S. 2 Nr. 6 AktG sind Clawbacks allerdings nicht als ungewöhnlich einzustufen.[798]

I. Formularvertragliche Unzulässigkeit von Clawback-Klauseln aufgrund von AGB-Vorschriften

1. Kein Ausschluss der Inhaltskontrolle nach § 307 Abs. 3 S.1 BGB

Nach § 307 Abs. 3 S. 1 BGB gelten die Vorschriften der Inhaltskontrolle nur für Bestimmungen in AGB, durch die von Rechtsvorschriften abweichende oder diese ergänzende Regelungen vereinbart werden. Die Norm soll den Vorrang spezialgesetzlicher Normen gewährleisten und sicherstellen, dass die AGB-Regelungen nicht dazu dienen, gesetzliche Interessenbewertungen zu überprüfen.[799] Rein deklaratorische Klauseln sollen der Inhaltskontrolle entzogen sein.[800]

---

798 Dies ist seit der Einführung des § 87a Abs. 1 S. 2 Nr. 6 AktG sowie der Empfehlung G.11 des DCGK die überwiegende Meinung; vgl. dazu *Spindler*, in: MünchKomm-AktG-ARUGII, § 87 Rn. 93c; *Jänsch*, Angemessene Vorstandsverträge, S. 229; *Poelzig*, NZG 2020, 41 (47); *Redenius-Hövermann/Siemens*, ZIP 2020, 145 (147 f.); *Rosiak*, Clawback-Klauseln im System der Vorstandsvergütung, S. 236 f.; *Wentrup*, in: MHdG, § 21 Rn. 75; andere Ansicht dagegen (allerdings vor Einführung der Regelungen) *Seyfarth*, WM 2019, 569 (573).

799 *Pfeiffer*, in: Wolf/Lindacher/Pfeiffer, AGB-Recht, § 307 Rn. 275; *Wurmnest*, in: MünchKomm-BGB, § 307 Rn. 1; siehe hierzu, allerdings nicht so klar formuliert, auch die Begründung des Regierungsentwurfs eines Gesetzes zur Regelung des Rechts der Allgemeinen Geschäftsbedingungen (AGB-Gesetz), BT-Drucks. 07/3919, S. 22.

800 Begründung des Regierungsentwurfs eines Gesetzes zur Regelung des Rechts der Allgemeinen Geschäftsbedingungen (AGB-Gesetz), BT-Drucks. 07/3919, S. 22.

Bei der Frage, ob es sich bei Clawbacks um Regelungen handelt, durch die von Rechtsvorschriften abgewichen wird oder diese ergänzt werden,[801] ist nach ihrer Art sowieso danach zu differenzieren, aus welchem Grund ein Rückzahlungsanspruch erfolgt. Performance-Clawbacks greifen in Fällen ein, in denen die bilanzielle Grundlage, die der Berechnung der variablen Vergütung zu Grunde gelegt wurde, im Nachhinein korrigiert werden muss oder in denen bestimmte wirtschaftliche Ziele der Gesellschaft nicht erreicht werden.[802] Bei ersteren handelt es sich um rein deklaratorische Klauseln, die der Inhaltskontrolle gem. § 307 Abs. 3 S. 1 BGB entzogen sind. Der Rückzahlungsanspruch folgt im Fall der fehlerhaften Berechnung bereits aus § 812 Abs. 1 S. 1, 1. Alt. BGB, sodass durch die Regelung nicht von Rechtsvorschriften abgewichen, sondern die geltende Rechtslage vertraglich festgehalten wird.[803] Anders stellt es sich dar, wenn der Clawback in Fällen eingreifen soll, in denen wirtschaftliche Ziele der Gesellschaft nicht erreicht werden. Es handelt sich um kontrollfähige Abreden, die der AGB-Kontrolle unterliegen, denn sie geben nicht rein deklaratorisch den Gesetzeswortlaut wieder, sondern regeln konstitutiv die Rechtsfolgen bei Nichterreichen der unternehmerischen Ziele. Auch wenn eine solche Abrede mit § 87 Abs. 2 AktG vergleichbar ist, der eine Herabsetzung der Vorstandsbezüge bei Verschlechterung der wirtschaftlichen Lage der Gesellschaft ermöglicht, hat der Anspruch andere Tatbestandsvoraussetzungen und ist somit als eine von Rechtsvorschriften *abweichende* Regelung zu qualifizieren.[804]

Von Performance- sind Compliance-Clawbacks zu unterscheiden. Sie dienen dazu, die variable Vergütung einbehalten bzw. zurückfordern zu können, wenn das Vorstandsmitglied eine schwere Pflichtverletzung begeht, die nicht notwendigerweise einen wirtschaftlichen Nachteil der Gesellschaft zur Folge haben muss.[805] Sie stellen auf persönliche Pflichtverstöße ab und weichen damit tatbestandlich von § 87 Abs. 2 AktG ab. Zudem unterscheiden sie sich von § 93 Abs. 2 AktG, da die Anspruchsbegründung

---

801 Ausführlich dazu auch *Jänsch*, Angemessene Vorstandsverträge, S. 231 ff.

802 *Seyfarth*, WM 2019, 569 (570 f.); *Dörrwächter/Wolff*, AG 2020, 233 (234 f.); *Poelzig*, NZG 2020, 41 (43 f.); *Schockenhoff/Nußbaum*, AG 2018, 813 (819 ff.).

803 *Jänsch*, Angemessene Vorstandsverträge, S. 232 f; im Ergebnis ebenso *Rosiak*, Clawback-Klauseln im System der Vorstandsvergütung, S. 239.

804 So auch *Jänsch*, Angemessene Vorstandsverträge, S. 233 f; vgl. *Rosiak*, Clawback-Klauseln im System der Vorstandsvergütung, S. 239.

805 Ähnliche Definitionen sind zu finden bei *Poelzig*, NZG 2020, 41 (44); *Seyfarth*, WM 2019, 569 (571); *Dörrwächter/Wolff*, AG 2020, 233 (235).

weder ein Verschulden des Vorstandsmitglieds noch einen Schaden auf Seiten der Gesellschaft voraussetzt.[806] Es handelt sich damit um eine Rechtsvorschriften *ergänzende* Regelung, die der AGB-Kontrolle unterliegt.[807]

2. Unwirksamkeit von Compliance-Clawbacks

a) Verstoß gegen § 309 Nr. 6 BGB

Compliance-Clawbacks sind als Vertragsstrafe iSd. § 339 BGB zu qualifizieren.[808] Der Wille der Gesellschaft ist darauf gerichtet, den Geschäftsleiter durch die verhaltenssteuernde Wirkung zur Erfüllung seiner Pflichten anzuhalten. Durch diese Qualifizierung könnten sie gegen § 309 Nr. 6, 4. Var. BGB verstoßen. Nach der Norm ist eine Bestimmung in AGB unwirksam, durch die dem Verwender die Zahlung einer Vertragsstrafe für den Fall versprochen wird, dass der andere Vertragsteil sich vom Vertrag löst. Der Tatbestand erfasst alle Fälle, in denen der Verwendungsgegner – ausdrücklich oder konkludent – zum Ausdruck bringt, dass er nicht mehr an den Vertrag gebunden sein will oder nicht mehr zu seiner Erfüllung bereit ist.[809] Compliance-Clawbacks sind abstrakt gehalten, um möglichst viele Verstöße erfassen zu können. Abgestellt wird auf *schwerwiegende Verstöße* gegen die *gesetzlichen Pflichten* des Vorstands. Davon erfasst sind insbesondere Fälle der vertragswidrigen Niederlegung der Vorstandstätigkeit.[810] Durch die Niederlegung bringt der Vorstand schlüssig zum Ausdruck, dass er nicht mehr zur Vertragserfüllung bereit ist. Die Regelung fällt damit unter § 309 Nr. 6, 4. Var. BGB. In einem Vorstandsanstellungsvertrag wäre eine solche Bestimmung folglich unwirksam. Problematisch an diesem Ergebnis ist, dass die Gesellschaft aufgrund von § 888 Abs. 3 ZPO nicht in die Dienstleistung vollstrecken kann. Ihr fehlt damit eine rechtliche Handhabe. Verstärkt wird dieses Dilemma durch einen

---

806 Mit dieser Begründung ebenso *Jänsch*, Angemessene Vorstandsverträge, S. 234 f.

807 *Jänsch*, Angemessene Vorstandsverträge, S. 233 f; im Ergebnis ebenso *Rosiak*, Clawback-Klauseln im System der Vorstandsvergütung, S. 239.

808 Dazu bereits Zweiter Teil § 4A.II.3.b).

809 *Dammann*, in: Wolf/Lindacher/Pfeiffer, AGB-Recht, § 309 Rn. 42; ähnlich auch *Fuchs/Zimmermann*, in: Ulmer/Brandner/Henssen, AGB-Recht, § 309 Rn. 24.

810 Siehe zu diesem Beispiel *Jänsch*, Angemessene Vorstandsverträge, S. 237 f.; anders dagegen *Rosiak*, Clawback-Klauseln im System der Vorstandsvergütung, S. 243, wonach Compliance-Clawbacks diesen Fall gerade nicht erfassen.

Vergleich mit dem Arbeitsrecht, denn dort wäre eine entsprechende Klausel wirksam. Das Ergebnis kann allerdings durch eine analoge Anwendung von § 310 Abs. 4 S. 2, 1. HS BGB vermieden werden.[811] Eine planwidrige Regelungslücke sowie eine vergleichbare Interessenlage liegen vor.

b) Verstoß gegen das Transparenzgebot

Eine unangemessene Benachteiligung kann sich gem. § 307 Abs. 1 S. 2 BGB auch daraus ergeben, dass die Bestimmung nicht klar und verständlich ist. Grds. gilt diesbzgl., dass der AGB-Verwender die Rechte und Pflichten des Vertragspartners möglichst klar und überschaubar darzustellen hat und dabei auch die wirtschaftlichen Nachteile einer Regelung für die Gegenseite so deutlich machen muss, wie dies nach den Umständen gefordert werden kann.[812]

Der Compliance-Clawback muss also sowohl den Tatbestand als auch die ggf. eintretenden Rechtsfolgen hinreichend detailliert beschreiben. Beides stellt sich bei seiner Ausgestaltung schwierig dar. Vor allem auf Tatbestandsebene soll durch die Abstraktheit sichergestellt werden, dass möglichst viele Compliance-Verstöße unter die Klausel subsumiert werden können. Der Clawback enthält deshalb keine detaillierte Beschreibung etwaiger Compliance-Verstöße, die durch Regelbeispiel spezifiziert werden. Vielmehr wird allgemein auf die gesetzlichen Pflichten des Vorstands sowie ggf. sonstige unternehmensinterne Verhaltensrichtlinien verwiesen und etwa auf *schwerwiegende Verstöße* gegen *gesetzliche Pflichten* abgestellt. Diese Formulierungen erfüllen allerdings nicht die Anforderungen, die der BGH an das Transparenzgebot stellt. Selbst die gesetzlich geregelten Vorgaben an Clawbacks für Kreditinstitute nach §§ 20 Abs. 6 S. 1, 18 Abs. 5 S. 3 InstitutsVergV erweisen sich als Orientierung für den Vorstandsanstellungsvertrag als problematisch.[813] Die Kriterien *relevante externe und interne Regelungen* sowie in *schwerwiegendem Maß* nach § 18 Abs. 5 S. 3 Nr. 2 In-

---

811 *Jänsch*, Angemessene Vorstandsverträge, S. 237 f. löst dieses Problem dagegen mit einer teleologischen Reduktion des § 309 Nr. 6 BGB.

812 BGH, Urt. v. 28.01.2003 – XI ZR 156/02, NJW 2003, 1447 (1449), BGH, Urt. v. 07.12.2010 – XI ZR 3/10, NJW 2011, 1801 (1802).

813 *Seyfarth*, WM 2019, 569 (573); *Rosiak*, Clawback-Klauseln im System der Vorstandsvergütung, S. 254 f., die auf die Auslegung der Regelung durch die BaFin verweist und in der Folge anführt, dass die Institute konkrete Parameter und Kriterien bzgl. des Clawbacks festlegen müssen.

stitutsVergV sind zu unbestimmt, als dass sie die Rechte bzw. Pflichten tatbestandlich klar und überschaubar darstellen.[814] Auch eine Orientierung an Empfehlung G.11 DCGK ist wenig ergiebig. Die Begrifflichkeit *begründete Fälle* gemäß der Empfehlung ist ebenfalls zu unspezifisch.[815] Ähnlich streng sind die Anforderungen an die Ausgestaltung der Rechtsfolgen. Die wirtschaftlichen Nachteile der Regelung müssen so deutlich gemacht werden, dass der Vorstand die Konsequenzen eines Verstoßes unschwer erkennen kann. Diese Darstellung wird leichter gelingen als die Formulierung auf Tatbestandsebene. Bzgl. der genauen Höhe der Rückforderung sowie bspw. der Rückerstattung aktienbasierter Vergütungsbestandteile werden sich allerdings ebenfalls Probleme ergeben.[816] Es bleibt festzuhalten, dass Compliance-Clawback-Klauseln nicht mit dem Transparenzgebot gem. § 307 Abs. 1 S. 2 BGB vereinbar und daher als unangemessene Benachteiligung zu qualifizieren sind.[817] Insbesondere auf Tatbestandsebene widerspricht die angestrebte Abstraktheit der notwendigen Konkretheit gemäß der höchstrichterlichen Rechtsprechung.[818]

c) Vorliegen einer unangemessenen Benachteiligung

aa) Grundtatbestand und Zweifelsregelung

Bestimmungen in AGB sind gem. § 307 Abs. 1 S. 1 BGB zudem unwirksam, wenn sie den Vertragspartner des Verwenders entgegen den Geboten von Treu und Glauben unangemessen benachteiligen. Der Auffangtatbestand enthält mehrere Tatbestandsmerkmale, die bei kumulativer Erfüllung zur Unwirksamkeit der AGB-rechtlichen Regelung führen. Es muss eine Benachteiligung des Vertragspartners des Verwenders vorliegen, die sowohl unangemessen ist als auch dem Gebot von Treu und Glauben widerspricht.

---

814 Vgl. *Seyfarth*, WM 2019, 569 (573); *Rosiak*, Clawback-Klauseln im System der Vorstandsvergütung, S. 254 f.

815 *Rosiak*, Clawback-Klauseln im System der Vorstandsvergütung, S. 255.

816 *Poelzig*, NZG 2020, 41 (49 f.); *Redenius-Hövermann/Siemens*, ZIP 2020, 145 (148).

817 *Seyfarth*, WM 2019, 569 (573 f.); ähnlich auch *Dörrwächter/Wolff*, AG 2020, 233 (236); *Redenius-Hövermann/Siemens*, ZIP 2020, 145 (147 f.); *Poelzig*, NZG 2020, 41 (48 f.); *Spindler*, AG 2020, 61 (67); anders dagegen *Jänsch*, Angemessene Vorstandsverträge, S. 253 ff.

818 Dies erkennt auch *Rosiak*, Clawback-Klauseln im System der Vorstandsvergütung, S. 256 im Grundsatz an, bemüht sich jedoch im weiteren Verlauf der Untersuchung um einen zulässigen Formulierungsvorschlag.

Der Anwendungsbereich der Norm wird durch § 307 Abs. 2 BGB präzisiert, der Kriterien vorgibt, die gewöhnlich auf das Fehlen eines angemessenen Interessenausgleichs hindeuten.[819] Es handelt sich um eine widerlegliche Vermutung, bei der *im Zweifel* eine unangemessene Benachteiligung anzunehmen ist.[820]

In Bezug auf Compliance-Clawbacks ist insbesondere § 307 Abs. 2 Nr. 1 BGB relevant. Abgestellt wird auf die Unvereinbarkeit der AGB-rechtlichen Bestimmung mit wesentlichen Grundgedanken der gesetzlichen Regelung, von der abgewichen wird. Die Vorschrift ist angelehnt an die von der Rechtsprechung entwickelten Grundsätze über die sog. Leitbildfunktion der geschrieben und ungeschriebenen Normen des dispositiven Rechts.[821] Unter den Begriff der gesetzlichen Regelung fallen damit nicht nur Gesetze im materiellen Sinne, sondern auch ungeschriebenes Recht wie Gewohnheitsrecht oder Richterrecht.[822] Bei der Prüfung von § 307 Abs. 2 Nr. 1 BGB muss folglich in einem ersten Schritt das Leitbild der einschlägigen Normen untersucht werden. In einem zweiten Schritt ist zu analysieren, ob die AGB-rechtliche Bestimmung mit den wesentlichen Grundgedanken dieser Regelung zu vereinbaren ist.

bb) Unvereinbarkeit mit wesentlichen Grundgedanken

§ 93 Abs. 2 S. 1 AktG ist eine Norm, die bei der Prüfung von § 307 Abs. 2 Nr. 1 BGB zu thematisieren ist. Der Schadensersatzanspruch setzt eine

---

819 Begründung des Regierungsentwurfs eines Gesetzes zur Regelung des Rechts der Allgemeinen Geschäftsbedingungen (AGB-Gesetz), BT-Drucks. 07/3919, S. 23.

820 *Pfeiffer*, in: Wolf/Lindacher/Pfeiffer, AGB-Recht, § 307 Rn. 96; *Eckelt*, in: BeckOGK BGB, § 307 Rn. 140 (Stand: 1. Mai 2023); es ist umstritten, ob es sich bei § 307 Abs. 2 BGB um eine widerlegliche Vermutung handelt oder ob bei Vorliegen der Tatbestandsvoraussetzungen stets eine unangemessene Benachteiligung anzunehmen ist. Der Streit kann für diese Untersuchung dahingestellt bleiben. Jedenfalls abzulehnen ist eine weitere Meinung, nach der es sich bei der Norm um eine bloße Beweislastregelung handelt, da die Vorschrift eine rechtliche Bewertung beinhaltet, die nicht bewiesen werden kann. Hierzu und zu einer Zusammenfassung des Meinungsstreits siehe *Wendland*, in: Staudinger BGB, § 307 Rn. 222 ff.

821 Begründung des Regierungsentwurfs eines Gesetzes zur Regelung des Rechts der Allgemeinen Geschäftsbedingungen (AGB-Gesetz), BT-Drucks. 07/3919, S. 23.

822 BGH, Urt. v. 10.12.1992 – I ZR 186/90, NJW 1993, 721 (722); *Fuchs*, in: Ulmer/Brandner/Hensen, AGB-Recht, § 307 Rn. 207; *Pfeiffer*, in: Wolf/Lindacher/Pfeiffer, AGB-Recht, § 307 Rn. 108; *Wendland*, in: Staudinger BGB, § 307 Rn. 231 ff.; *Wurmnest*, in: MünchKomm-BGB, § 307 Rn. 75.

Pflichtverletzung des Geschäftsleiters, einen Schaden der Gesellschaft sowie eine Kausalität zwischen der Handlung bzw. Unterlassung des Vorstands und dem Schaden voraus. Grundgedanke der Norm ist wie generell bei Schadensersatzansprüchen, dass eine Verpflichtung zum Schadensersatz in der Regel nur bei *schuldhaftem* Verhalten besteht[823] und das dem Anspruchsberechtigten ein *Schaden entstanden* ist, den es zu ersetzen gilt.

Mit diesen Grundgedanken sind Compliance-Clawbacks nicht zu vereinbaren.[824] Zum einen erfordern sie nicht, dass ein schuldhaftes Verhalten des Geschäftsleiters vorliegt. Ausreichend ist jedweder Verstoß des Vorstands gegen seine gesetzlichen Pflichten oder ggf. unternehmensinterne Verhaltensrichtlinien. Der Clawback wirkt wie ein Schadensersatzanspruch, ist jedoch losgelöst von den schadensersatzrechtlichen Voraussetzungen, wodurch von wesentlichen Grundgedanken des § 93 Abs. 2 S. 1 AktG abgewichen wird.[825] Der Einwand, dass mit der Erwähnung der Rückforderungsmöglichkeit in § 87a Abs. 1 S. 2 Nr. 6 AktG ihre Anerkennung ausgesprochen wurde,[826] kann nicht in jedem Fall gelten. Ausweislich der Gesetzesbegründung ist dies *grundsätzlich* der Fall,[827] die Anerkennung steht also unter dem Vorbehalt der konkreten vertraglichen Ausgestaltung. Zumindest ein *verschuldensunabhängiger* Clawback weicht soweit von § 93 Abs. 1 S. 1 AktG ab, dass er sich nicht mehr mit den Grundgedanken des Schadensersatzes in Einklang bringen lässt.[828] Zum anderen setzt der Compliance-Clawback nicht voraus, dass der Gesellschaft ein Schaden entstanden ist. Ausreichend ist ein Compliance-Verstoß unabhängig von seinen Auswirkungen. Indem bei Compliance-Clawbacks auf das Vorliegen

---

823 Grundlegend hierzu bereits BGH, Urt. v. 23.04.1991 – XI ZR 128/90, NJW 1991, 1886 (1887) sowie bspw. BGH, Urt. v. 05.10.2005 – VIII ZR 16/05, NJW 2006, 47 (49).

824 *Seyfarth*, WM 2019, 569 (574); *Poelzig*, NZG 2020, 41 (48); grds. ebenfalls eher kritisch *Redenius-Hövermann/Siemens*, ZIP 2020, 145 (147 f.); anders *Jänsch*, Angemessene Vorstandsverträge, S. 246 ff.; *Rosiak*, Clawback-Klauseln im System der Vorstandsvergütung, S. 246 f. sowie *Spindler*, in: MünchKomm-AktG-ARUGII, § 87 Rn. 93c, der jedoch nicht auf § 307 Abs. 2 Nr. 1 BGB sowie § 93 Abs. 2 AktG eingeht.

825 *Seyfarth*, WM 2019, 569 (574); so auch *Poelzig*, NZG 2020, 41 (48), die ausführt, dass ein verschuldensunabhängiger Compliance-Clawback von den Wertungen der Vorstandshaftung gem. § 93 Abs. 2 AktG sowie dem Leitbild des § 339 BGB abweicht.

826 So allerdings *Jänsch*, Angemessene Vorstandsverträge, S. 246.

827 Begründung des Regierungsentwurfs eines Gesetzes zur Umsetzung der zweiten Aktionärsrechterichtlinie, BT-Drucks. 19/9739, S. 73 bzw. S. 112.

828 Dazu *Poelzig*, NZG 2020, 41 (48).

eines Schadens des Anspruchsberechtigten verzichtet wird, wird ebenfalls von tragenden Grundsätzen der Schadensersatzansprüche abgewichen.[829]

Weitere Bedenken könnten aus dem arbeitsrechtlichen Grundsatz folgen, dass eine Rückforderung von Sondervergütungen für erbrachte Arbeitsleistungen nicht formularmäßig vereinbart werden kann.[830] In diesem Fall hat der Arbeitnehmer bereits geleistet und der Arbeitgeber ist folglich zur Erfüllung der Gegenleistung verpflichtet. Dieses Synallagma soll der Dienstberechtigte nicht einseitig AGB-rechtlich aufheben können. Die arbeitsrechtlichen Bedenken gegen Compliance-Clawbacks können nicht ohne Weiteres auf den Vorstand übertragen werden.[831] Sie sind nicht als Arbeitnehmer zu qualifizieren. Sie haben aufgrund ihrer autonomen Leitungsbefugnis eine besondere Stellung in der Gesellschaft inne. Dennoch folgen aus dem arbeitsrechtlichen Grundsatz zumindest Zweifel an der Zulässigkeit eines Compliance-Clawbacks. Der Vorstandsanstellungsvertrag ist nämlich nicht völlig isoliert vom Arbeitsrecht zu betrachten. Es ist anerkannt, dass einzelne arbeitsrechtliche Normen auf den Anstellungsvertrag Anwendung finden, wenn sie nicht auf die persönliche Abhängigkeit des zur Dienstleistung Verpflichteten abstellen, sondern sie vorrangig der Sicherung der persönlichen und wirtschaftlichen Existenz innerhalb eines langfristigen Beschäftigungsverhältnisses dienen.[832] Zu nennen wäre etwa § 622 BGB, der die Kündigungsfristen bei Arbeitsverhältnissen verlängert. Die wirtschaftliche Existenz des Geschäftsleiters ist dann ebenfalls besonders betroffen, wenn über den variablen Teil der Vergütung disponiert wird, da sie einen erheblichen Teil der Gesamtvergütung ausmacht. Compliance-Clawbacks greifen damit in das Synallagma von Leistung und Gegenleistung ein und entziehen dem Vorstand den bereits verdienten Lohn, wenn die variable Vergütung als Vertragsstrafe nach dem Bemessungszeitraum

---

829 *Seyfarth*, WM 2019, 569 (574); ebenfalls kritisch *Redenius-Hövermann/Siemens*, ZIP 2020, 145 (147 f.); anders *Jänsch*, Angemessene Vorstandsverträge, S. 246 ff., die einwendet, dass eine Vertragsstrafe ebenfalls keinen Schaden voraussetze. Allerdings gilt diesbzgl. zu beachten, dass sich eine Vertragsstrafe an § 309 Nr. 6 BGB zu messen hat.

830 BAG, Urt. v. 12.04.2011 – 1 AZR 412/09, NZA 2011, 989 (991); BAG, Urt. v. 18.01.2012 – 10 AZR 612/10, NZA 2012, 561 (562 f.); *Preis*, in: Erfurter Komm. zum Arbeitsrecht, § 611a Rn. 517.

831 *Redenius-Hövermann/Siemens*, ZIP 2020, 145 (147 f.); sehr ausführlich zur Übertragung dieses Grundsatzes auf den Vorstandsanstellungsvertrag *Rosiak*, Clawback-Klauseln im System der Vorstandsvergütung, S. 209 ff.

832 Siehe hierzu Erster Teil § 3B.II.3.a)aa).

zurückgefordert wird.[833] Aufgrund von § 307 Abs. 2 Nr. 1 BGB ist daher auch aus diesem Grund von einer unangemessenen Benachteiligung und damit der Unwirksamkeit der Klauseln auszugehen.[834]

d) Zwischenergebnis

Compliance-Clawbacks lassen sich nur schwer mit den §§ 305 ff. BGB in Einklang bringen. Aufgrund ihrer Qualifizierung als Vertragsstrafe iSd. § 339 BGB verstoßen sie gegen § 309 Nr. 6, 4. Var. BGB, da sie auch die vertragswidrige Niederlegung der Vorstandstätigkeit umfassen. Weitere Bedenken folgen aus dem Transparenzgebot gem. § 307 Abs. 1 S. 2 BGB. Aufgrund ihrer Abstraktheit erfüllen sie nicht die höchstrichterlichen Anforderungen an die Norm. Die Unwirksamkeit ergibt sich zudem regelmäßig aus § 307 Abs. 1 S. 1, Abs. 2 Nr. 1 BGB. Insbesondere verschuldensunabhängige Compliance-Clawbacks verstoßen gegen schadensersatz- bzw. arbeitsrechtliche Grundgedanken.

3. Unwirksamkeit von Performance-Clawbacks

a) Vereinbarkeit mit Transparenzgebot

Performance-Clawback-Klauseln müssen ebenfalls dem Transparenzgebot gem. § 307 Abs. 1 S. 2 BGB standhalten. Die Rechte und Pflichten des Vertragspartners sind in den AGB also möglichst klar und überschaubar darzustellen sowie die wirtschaftlichen Nachteile der Regelung für die Gegenseite so deutlich zu machen, wie dies nach den Umständen gefordert werden kann.[835] Im Vergleich zu Compliance-Clawbacks stellt sich das Gebot als weniger problematisch dar.[836] Auf Tatbestandsebene bedarf es keiner ähnlichen Abstraktheit. Vielmehr kann auf feste Kennzahlen abgestellt wer-

---

833 *Rosiak*, Clawback-Klauseln im System der Vorstandsvergütung, S. 245 f.

834 Ebenso *Seyfarth*, WM 2019, 569 (574); *Redenius-Hövermann/Siemens*, ZIP 2020, 145 (147 f.).

835 BGH, Urt. v. 28.01.2003 – XI ZR 156/02, NJW 2003, 1447 (1449), BGH, Urt. v. 07.12.2010 – XI ZR 3/10, NJW 2011, 1801 (1802).

836 *Seyfarth*, WM 2019, 569 (574); *Spindler*, AG 2020, 61 (67); siehe zum Transparenzgebot bzgl. beider Arten von Clawbacks auch *Jänsch*, Angemessene Vorstandsverträge, S. 253 ff.

den, welche die wirtschaftlichen Ziele der Gesellschaft widerspiegeln.[837]
Der Rückforderungsanspruch orientiert sich damit an klaren bilanziellen
Daten, die den Vorstand erkennen lassen, in welchen Fällen die Klausel
greift und welche wirtschaftlichen Nachteile drohen. Freilich kann keine
allgemeinverbindliche Aussage getroffen werden, da auf die Umstände des
Einzelfalls abzustellen ist. Es gilt allerdings zu beachten, dass sich im Zusammenhang mit Konzernstrukturen Bedenken ergeben können, da dort
nicht auf das einzelne Unternehmen, sondern auf den gesamten Konzern
abgestellt wird.[838] Selbst wenn die Kennzahlen im Einzelunternehmen
erreicht werden, kann ein Rückforderungsanspruch evtl. aufgrund der
Konzernabhängigkeit entstehen. Dies widerspricht dem Transparenzgebot,
wenn die Abhängigkeit nicht ausreichend dargestellt wird. Im Gegensatz zu
Compliance-Clawbacks erscheint eine AGB-rechtlich zulässige Gestaltung
jedoch unproblematischer.

b) Vorliegen einer unangemessenen Benachteiligung

Die Unwirksamkeit von Performance-Clawbacks könnte sich aus § 307
Abs. 1 S. 1 BGB ergeben, wenn sie das Vorstandsmitglied entgegen den
Geboten von Treu und Glauben unangemessen benachteiligt. Zur Präzisierung der Generalklausel ist erneut § 307 Abs. 2 BGB heranzuziehen.
Bei Performance-Clawbacks ist fraglich, ob es eine unangemessene Benachteiligung darstellt, wenn das Vorstandsmitglied die geschuldete Dienstleistung bereits erbracht hat, die Gesellschaft allerdings die variable Vergütung unter Berufung auf den Clawback zurückfordert. Dies könnte einen
Verstoß gegen den Grundsatz „Verdient ist verdient" darstellen, der den
§§ 611, 614 S. 1 BGB zugrunde liegt.[839] Für die Beantwortung der Frage ist
zwischen zwei Zeiträumen zu unterscheiden, nämlich der Anknüpfung an
negative Ereignisse *innerhalb* sowie *außerhalb* des jeweiligen Bemessungszeitraums.[840]

---

837 *Seyfarth*, WM 2019, 569 (574); *Spindler*, AG 2020, 61 (67); so auch *Rosiak*, Clawback-Klauseln im System der Vorstandsvergütung, S. 253 f., wonach konkrete Zahlen bzw. prozentuale Angaben gemacht werden sollen.
838 Sehr ausführlich hierzu *Schuster*, in: FS Bauer, S. 973 (981 f.).
839 *Jänsch*, Angemessene Vorstandsverträge, S. 240; ähnlich auch *Poelzig*, NZG 2020, 41
(47 f.).
840 *Poelzig*, NZG 2020, 41 (48 f.).

Das Vorliegen einer unangemessenen Benachteiligung scheidet aus, wenn an negative Ereignisse *innerhalb* des Bemessungszeitraums ange- knüpft wird. Der obige Grundsatz wird durch § 87 Abs. 1 S. 3, 1. HS. AktG überlagert, wonach variable Vergütungsbestandteile eine mehrjährige Be- messungsgrundlage haben sollen. Daraus folgt, dass sämtliche negativen Entwicklungen im jeweiligen Bemessungszeitraum berücksichtigt werden müssen[841] und damit ggf. Auswirkungen auf die variable Vergütung haben können. Der Anspruch auf den variablen Teil der Vergütung entsteht in der Folge nicht bereits mit dem Ablauf des Geschäftsjahres, sondern erst bei Erreichen der wirtschaftlichen Ziele am Ende des konkret festgelegten Be- messungszeitraums.[842] Ein Performance-Clawback, der sich auf die Nicht- erreichung der vereinbarten Ziele *innerhalb* des jeweiligen Bemessungszeit- raums bezieht, stellt damit keine unangemessene Benachteiligung dar.[843]

Anders ist es zu beurteilen, wenn der Performance-Clawback zusätz- lich negative Ereignisse *außerhalb* des Bemessungszeitraums erfasst. In diesem Fall ist der Vergütungsanspruch des Vorstandsmitglieds nämlich schon entstanden. Der Clawback würde ihn zum Erlöschen bringen und damit die Vergütung für die bereits erbrachte Leistung entziehen. Eine solche Regelung mittels AGB ist mit den wesentlichen Grundgedanken der §§ 611, 614 BGB nicht zu vereinbaren.[844] Für dieses Ergebnis lässt sich auch § 87 Abs. 2 S. 1 AktG anführen.[845] Die Norm ermöglicht eine Herabsetzung der Vorstandsbezüge unter bestimmten Voraussetzungen. An die Regelung sind strenge Anforderungen zu stellen, da dem Geschäftsleiter seine grund-

---

841 Beschlussempfehlung und Bericht des Rechtsausschusses, BT-Drucks. 16/13433, S. 10; *Fleischer*, NZG 2009, 801 (804); *Spindler*, in: MünchKomm-AktG-ARUGII, § 87 Rn. 93.

842 *Jaeger*, in: FS Winter, S. 313 (320); darauf, dass sich erst nach dem Bemessungszeit- raum entscheidet, ob das Vorstandsmitglied den variablen Teil der Vergütung behal- ten darf, stellen ab *Eichner/Delahaye*, ZIP 2010, 2082 (2087); *Hohenstatt/Kuhnke*, ZIP 2009, 1981 (1985 f.).

843 *Poelzig*, NZG 2020, 41 (48 f.); im Ergebnis, wenn auch mit anderer bzw. teilweise keiner Begründung *Dörrwächter/Wolff*, AG 2020, 233 (236); *Jänsch*, Angemessene Vorstandsverträge, S. 240 ff.; *Redenius-Hövermann/Siemens*, ZIP 2020, 145 (147 f.); *Seyfarth*, WM 2019, 569 (574); *Spindler*, in: MünchKomm-AktG-ARUGII, § 87 Rn. 93c.

844 *Poelzig*, NZG 2020, 41 (48); *Rosiak*, Clawback-Klauseln im System der Vorstands- vergütung, S. 245 f.

845 Ebenso *Poelzig*, NZG 2020, 41 (48), die darüber hinaus argumentiert, dass hinsicht- lich der aufsichtsrechtlichen Regelung des § 18 Abs. 5 S. 2 InstitutsVergV ebenfalls nur solche negativen Abweichungen des Erfolgsbeitrags berücksichtigt werden, die dem jeweiligen Bemessungszeitraum zugeordnet werden können.

rechtlich geschützte vertragliche Anspruchsposition entzogen wird.[846] Der Vorschrift kommt ein Ausnahmecharakter zu, dem es widersprechen würde, wenn eine AGB-rechtliche Regelung geringere Anforderungen an das Eingreifen stellt bzw. einen gänzlichen Entzug der Vergütung ermöglicht. Für die Unwirksamkeit spricht auch ein Vergleich mit § 18 Abs. 5 S. 2 InstitutsVergV.[847]. Negative Ereignisse sind nur für die Ermittlung derjenigen variablen Vergütung von Relevanz, deren Bemessungszeitraum sie zuzuordnen sind.[848] Für frühere oder spätere Bemessungszeiträume bleiben sie außer Betracht. Es lässt sich damit festhalten, dass Performance-Clawbacks, die negative Ereignisse *außerhalb* des Bemessungszeitraums erfassen, eine unangemessene Benachteiligung darstellen und damit unwirksam sind.

II. Faktisches Verbot von Clawback-Klauseln de lege lata und daraus folgender Wertungswiderspruch

Unterwirft man den Vorstandsanstellungsvertrag der AGB-Kontrolle, folgt daraus ein faktisches Verbot von Clawback-Klauseln. Dies gilt für Compliance- und Performance-Clawbacks gleichermaßen, da beide – vorbehaltlich der Gestaltung im Einzelfall – nicht der AGB-Kontrolle standhalten.

Compliance-Clawbacks sind als Vertragsstrafe iSd. § 339 BGB zu qualifizieren. Sie umfassen auch die vertragswidrige Niederlegung der Vorstandstätigkeit, weshalb sie gegen § 309 Nr. 6, 4. Var. BGB verstoßen. Bedenken ergeben sich zudem aus dem Transparenzgebot gem. § 307 Abs. 1 S. 2 BGB. Ihre notwendige Abstraktheit widerspricht den höchstrichterlichen Anforderungen an die Norm. Die Unwirksamkeit ergibt sich zudem regelmäßig aus § 307 Abs. 1 S. 1, Abs. 2 Nr. 1 BGB, da insbesondere verschuldensunabhängige Compliance-Clawbacks gegen schadensersatz- bzw. arbeitsrechtliche Grundgedanken verstoßen.

Performance-Clawbacks erscheinen zwar in Bezug auf das Transparenzgebot weniger problematisch, generell auszuschließen ist ein Verstoß allerdings nicht. Ihre Unwirksamkeit folgt meist daraus, dass sie negative

---

846 Siehe *Cahn*, in: Kölner Kommentar zum Aktiengesetz, § 87 Rn. 119; ähnlich auch *Fleischer*, in: BeckOGK AktG, § 87 Rn. 66 f. (Stand: 1. April 2023); *Spindler*, in: MünchKomm-AktG-ARUGII, § 87 Rn. 164.

847 Siehe zu diesem Argument auch *Poelzig*, NZG 2020, 41 (48).

848 BaFin Auslegungshilfe zur Institutsvergütungsverordnung, abrufbar unter: https://www.bafin.de/SharedDocs/Downloads/DE/Auslegungsentscheidung/dl_180216_ae_institutsv.pdf;jsessionid=67ADC14DEB5213BA24A76FC779F133F3.1_cid502?__blob=publicationFile&v=2 (Stand: 21. Juni 2023), S. 50.

Ereignisse außerhalb des vereinbarten Bemessungszeitraums erfassen. Dies verstößt gegen den Grundsatz „Verdient ist verdient". Dafür lässt sich auch ein Vergleich mit § 87 Abs. 2 AktG sowie § 18 Abs. 5 S. 2 InstitutsVergV anführen.

D. Zwischenergebnis

Es wurde festgestellt, dass sich Clawbacks steigender Bedeutung erfreuen, obwohl es an nationalen Vorgaben zu ihrer inhaltlichen Ausgestaltung fehlt. Allerdings normiert § 87a Abs. 1 S. 2 Nr. 6 AktG die grds. Möglichkeit, variable Vergütungsbestandteile zurückzufordern. Vertraglich umgesetzt werden Clawbacks durch einen aufschiebend bedingten Rückzahlungsanspruch gem. § 158 Abs. 1 BGB, einen auflösend bedingten Vergütungsanspruch gem. § 158 Abs. 2 BGB oder die Vereinbarung eines Widerrufsrechts. Als Besonderheit zu beachten ist, dass Compliance-Clawbacks aufgrund ihres verhaltenssteuernden Effekts als Vertragsstrafe iSd. § 339 BGB zu qualifizieren sind.

Der Gesetzgeber hat mit der Erwähnung der Rückforderungsmöglichkeit von variablen Vergütungsbestandteilen in § 87a Abs. 1 S. 2 Nr. 6 AktG sowie § 162 Abs. 1 S. 2 Nr. 4 AktG eine grds. Anerkennung von Rückforderungsregelungen ausgesprochen. Aus aktienrechtlicher Sicht ergeben sich daher keine Bedenken gegen Clawback-Klauseln. Insbesondere scheidet ein Verstoß gegen § 89 Abs. 1 AktG aus, da es sich bei der Gewährung einer variablen Vergütung nicht um ein Darlehen iSd. Norm handelt. § 87 Abs. 2 AktG kann Clawbacks ebenfalls nicht entgegengehalten werden, da die Regelung weitergehende vertragliche Vereinbarungen nicht ausschließt. Trotz ihrer Anerkennung können Clawbacks allerdings inhaltlich unzulässig ausgestaltet sein. In Extremfällen muss ihnen daher unter Rückgriff auf die allgemeinen Vorschriften die Geltung versagt werden. Neben der Anfechtbarkeit wegen Irrtums gem. § 119 Abs. 1,1. Alt. BGB, die insbesondere bei einer Fehlvorstellung des Vorstands über den Umfang des von der Regelung erfassten Pflichtenkreises eingreift, kommt der Ausübungskontrolle nach § 242 BGB Bedeutung zu. Beispielhaft wurde der Fall angeführt, dass sich die Gesellschaft trotz eines gesetzmäßigen Hauptversammlungsbeschlusses, der den Vorstand gem. § 83 Abs. 2 AktG zu seiner Ausführung verpflichtet, auf den Compliance-Clawback beruft.

Als Zwischenergebnis ist festzuhalten, dass auch bei Clawback-Regelungen eine Kontrolle anhand der allgemeinen Vorschriften vorzugswürdig erscheint. Die Anwendung der AGB-Kontrolle auf Clawbacks würde zu einem faktischen Verbot führen, weshalb es fraglich erscheint, ob dies dem gesetzgeberischen Willen entspricht.

Dritter Teil: Zusammenfassung der wesentlichen Ergebnisse

A. I. Der Vorstandsanstellungsvertrag ist ein Dienstvertrag, der eine Geschäftsbesorgung zum Gegenstand hat. Er richtet sich nach den §§ 611 ff., 675 BGB. Der schuldrechtliche Vertrag begründet das Anstellungsverhältnis zwischen Gesellschaft und Vorstand, das nach dem sog. Trennungsgrundsatz vom Organverhältnis zu unterscheiden ist. Letzteres ist korporationsrechtlicher Natur und entsteht durch den organschaftlichen Akt der Bestellung gem. § 84 AktG. Obwohl die beiden Rechtsverhältnisse voneinander zu trennen sind, stehen sie in einem rechtlichen und tatsächlichen Zusammenhang.

II. Die AGB-Kontrolle findet de lege lata auf den Vorstandsanstellungsvertrag Anwendung. Es handelt sich um für eine Vielzahl von Verträgen vorformulierten Vertragsbedingungen, die die Gesellschaft dem potenziellen Vorstandsmitglied bei Abschluss des Vertrags stellt und folglich um AGB iSd. § 305 Abs. 1 S. 1 BGB.

III. Ein Aushandeln gem. § 305 Abs. 1 S. 3 BGB liegt regelmäßig nicht vor. Es erfordert mehr als bloßes Verhandeln. Die Gesellschaft muss den Kerngehalt der Regelungen ernsthaft zur Disposition stellen und dem Vorstandsmitglied Gestaltungsfreiheit mit der realen Möglichkeit einräumen, die inhaltliche Ausgestaltung des Anstellungsvertrags zu beeinflussen. Aufgrund der Art und Weise seines Zustandekommens kann allerdings nur schwerlich von einem individuellen Aushandeln ausgegangen werden. In der Regel übersendet die Gesellschaft das Vertragswerk mit dem Hinweis, dass sämtliche Bedingungen disponibel sind. Obwohl es sich dabei nicht um eine bloße Floskel handelt, sondern für das Vorstandsmitglied aufgrund seiner starken Verhandlungsposition eine reale Beeinflussungsmöglichkeit besteht, sind die hohen Anforderungen der Rechtsprechung an das Aushandeln nicht erfüllt. Der BGH lässt insbesondere einen bloßen Hinweis auf die Änderungsbereitschaft nicht ausreichen, um eine Umgehung der AGB-Kontrolle durch pauschale Äußerungen zu verhindern.

IV. Das Vorstandsmitglied ist bei Abschluss des Anstellungsvertrags als Verbraucher gem. § 13 BGB zu qualifizieren. Es schließt den Vertrag weder zu gewerblichen noch zu selbständigen beruflichen Zwecken ab. Eine selbständige berufliche Tätigkeit ist anzunehmen, wenn in eigener Verantwortung und auf eigene Rechnung sowie Gefahr gehandelt wird. Charakteristische Merkmale sind die Selbstbestimmung über die Arbeitszeit, den Ort und das Pensum als auch eine im Wesentlichen freie inhaltliche Gestaltung der Tätigkeit. Leitung und Geschäftsführung werden weder im eigenen Namen noch auf eigene Rechnung wahrgenommen. Das Vorstandsmitglied handelt auch nicht auf eigene Gefahr, denn das unternehmerische Risiko wird von der Gesellschaft getragen. Auch wenn mit der Bestellung eine autonome Leitungsbefugnis einhergeht, folgt daraus keine Weisungsfreiheit für das dienstvertragliche Anstellungsverhältnis.

V. In der Folge findet auf den Vorstandsanstellungsvertrag die sog. erweiterte Inhaltskontrolle gem. § 310 Abs. 3 BGB Anwendung. Die Vorschrift erweitert den sachlichen Anwendungsbereich der AGB-Kontrolle, indem sie auf einmalig verwendete Vertragsbedingungen ausgedehnt wird. Zudem wird die Anwendbarkeit der Inhaltskontrolle erleichtert, indem die Bedingungen als von der Gesellschaft gestellt gelten. Das Vorstandsmitglied wird bei Abschluss des Anstellungsvertrags damit AGB-rechtlich weitestgehend geschützt.

VI. Es bedarf keiner richtlinienkonformen Auslegung von § 310 Abs. 3 BGB. Eine solche wäre anzudenken, wenn europarechtlicher und nationaler Verbraucherbegriff divergieren, da die Norm der Umsetzung der Klauselrichtlinie dient. Eine Divergenz liegt vor, denn nach Wortlaut, Telos sowie Erwägungsgrund 10 ist Art. 2 b) der Richtlinie enger auszulegen. Die Verbrauchereigenschaft setzt voraus, dass weder zu gewerblichen noch zu selbständigen oder unselbständigen beruflichen Zwecken gehandelt wird. Allerdings ist das der Richtlinie zugrundeliegende Prinzip der Mindestharmonisierung durch das höhere Schutzniveau des nationalen Rechts gewahrt.

B. I. Die Anwendbarkeit der AGB-Kontrolle auf den Vorstandsanstellungsvertrag ist jedoch bei Berücksichtigung diverser Besonderheiten – und damit in Abgrenzung zur unmodifizierten Gesetzesanwendung – abzulehnen. Einzubeziehen in diese Überlegung sind das Telos der AGB-

Vorschriften, die hohen Anforderungen an die Geschäftsführung bzw. die Person des Vorstands sowie der Fall der Mehrheitsbeteiligung des potenziellen Vorstandsmitglieds. Zudem können Rückschlüsse aus der aktuellen Reformdiskussion der AGB-Kontrolle im unternehmerischen Geschäftsverkehr gezogen werden.

II. Ratio der AGB-Vorschriften ist die Verhinderung eines partiellen Marktversagens aufgrund eines strukturellen Informations- und Motivationsgefälles. Das Informationsdefizit folgt daraus, dass der Verwender die vertragsimmanenten Risiken im Vorfeld des Vertragsabschlusses ohne zeitlichen Druck analysieren kann. Im Gegensatz dazu ist der Verwendungsgegner in der konkreten Vertragsabschlusssituation erstmalig mit dem Vertragswerk konfrontiert und folglich überfordert, die vorgelegten AGB auf ihre Angemessenheit hin zu überprüfen. In engem Zusammenhang mit dem Informationsdefizit steht das Motivationsgefälle. Die Transaktionskosten für die Analyse der AGB stehen häufig in einem unverhältnismäßigen Aufwand zu ihrem Nutzen. Folge hiervon ist eine rationale Ignoranz des Verwendungsgegners.

III. Die rationale Ignoranz des Verwendungsgegners führt zu einem partiellen Marktversagen. Der Markt ist nicht mehr in der Lage, selbst zur Regulierung von AGB beizutragen und ihnen einen angemessenen Rahmen zu setzen. Elemente des Marktversagens sind auf der individuellen Ebene die einseitige Inanspruchnahme der Vertragsgestaltungsfreiheit und auf der überindividuellen Ebene das Fehlen eines effizienten Konditionenwettbewerbs.

IV. Das Telos der AGB-Kontrolle ist bei der Anwendung auf Vorstandsanstellungsverträgenicht einschlägig. Im Ausgangspunkt fehlt es bereits an einem Informations- und Motivationsgefälle. Das Vorstandsmitglied weist anders als der typisierte Verwendungsgegner einen hohen Grad an Geschäftserfahrung auf. Insbesondere sind rechtliche Grundkenntnisse bzgl. gesetzlicher und statutarischer Vorgaben keine Seltenheit. Hinzu kommt, dass sich das Vorstandsmitglied in aller Regel eines Rechtsbeistands bedient. Eine rollenspezifische Unterlegenheit kann damit nicht identifiziert werden. Betrachtet man seine vorrangigen Interessen wie z.B. die Ausgestaltung der Vergütung oder die Reichweite eines nachvertraglichen Wettbewerbsverbots wird deutlich, dass die Transaktionskosten für eine Analyse der AGB bzw. der Unterbreitung eines Gegenvorschlags in keinem unverhältnismäßigen Aufwand zu ihren Nutzen stehen.

V. Auf der individuellen Ebene wird die Vertragsgestaltungsfreiheit nicht einseitig in Anspruch genommen. Das künftige Vorstandsmitglied hat eine starke Verhandlungsposition inne. Durch die Inanspruchnahme rechtlicher Beratung wird diese Position noch verstärkt. Zudem ist das Anstellungsverhältnis von einer engen Verbundenheit der beiden Parteien geprägt. Es wird eine langfristige Vertragsbeziehung bzw. Zusammenarbeit angestrebt, bei der die beiderseitigen Interessen angemessen berücksichtigt werden sollen. Im Gegensatz dazu steht im Massenverkehr die Vereinfachung von Verträgen sowie der Absatz von Waren und Dienstleistungen im Vordergrund.

VI. Auf der überindividuellen Ebene kann kein fehlender Konditionenwettbewerb identifiziert werden. Das Unternehmen bezweckt nicht primär, die eigenen Kosten mittels entsprechender Ausgestaltung der AGB weitestgehend zu senken. Ziel ist es vielmehr, eine möglichst detaillierte und rechtssichere Regelung des Anstellungsverhältnisses zu schaffen. Zudem findet der Wettbewerb nicht vorrangig am Preis statt. Es sind bspw. die Reichweite eines nachvertraglichen Wettbewerbsverbots oder die Aus- und Rückzahlungsmodalitäten der variablen Vergütung ebenfalls von hoher Bedeutung für das potenzielle Vorstandsmitglied.

VII. Im Fall der Stellung als Allein- oder Mehrheitsgesellschafter der Gesellschaft erscheint die Einschlägigkeit des Telos besonders fragwürdig. Der Hauptversammlung stehen als zentrales Organ gem. § 119 AktG wesentliche Rechte zu, namentlich die Bestellung der Aufsichtsratsmitglieder sowie der Beschluss über das Vergütungssystem. Häufig werden ihr in der Satzung weitere Kompetenzen eingeräumt wie z.B. die Entscheidung über ein nachvertragliches Wettbewerbsverbot. Dies hat Auswirkung auf zwei Elemente der Ratio der AGB-Kontrolle. Zum einen kann ein strukturelles Informationsgefälle nicht angenommen werden, wenn sich das angehende Vorstandsmitglied aufgrund seiner Gesellschafterstellung in der Hauptversammlung zwingend mit (Teil-)Bereichen des Anstellungsvertrags beschäftigen muss. Zum anderen fehlt es an einer einseitigen Inanspruchnahme der Vertragsgestaltungsfreiheit, wenn der Geschäftsleiter den Vertragsinhalt aufgrund seiner gesellschaftsrechtlichen Beteiligung mitbestimmen kann und ihn nicht lediglich hinnehmen muss.

VIII. Andere Begründungsversuche, die als Telos der AGB-Kontrolle herangezogen werden, sind ebenfalls nicht einschlägig. Der Gesetzgeber ging von der Überlegung aus, dass der Verwender von AGB einen organisatorischen Vorsprung gegenüber dem Verwendungsgegner hat, der häufig durch eine wirtschaftliche oder intellektuelle Überlegenheit verstärkt wird. Der Gesellschaft kommt durch die Verwendung von Musterverträgen allerdings lediglich ein geringer organisatorischer Vorsprung zu. Vorstandsanstellungsverträge werden nicht ad-hoc geschlossen, sondern der Geschäftsleiter bzw. sein Rechtsbeistand können den Vertragsentwurf im Vorhinein analysieren und sich mit seinen Regelungsbereichen auseinandersetzen. Das angehende Vorstandsmitglied ist in der Abschusssituation damit nicht überfordert, die vorgelegten AGB auf ihre Angemessenheit hin zu überprüfen. Von einer intellektuellen Unterlegenheit kann bei einem typisiert geschäftserfahrenen Vorstandsmitglied nicht ausgegangen werden. Im Vergleich zur Gesellschaft wird es zwar wirtschaftlich unterlegen sein, dieser Aspekt wirkt sich allerdings nicht wesentlich aus.

IX. An die Person des Vorstands werden hohe Anforderungen gestellt, die im Widerspruch zur Annahme einer Schutzbedürftigkeit stehen, welche die Anwendung der AGB-Kontrolle auf den Anstellungsvertrag indiziert. Der Aufsichtsrat hat bei seinem Auswahlermessen sicherzustellen, dass die Mitglieder des Vorstands die in persönlicher und fachlicher Hinsicht notwendigen Qualifikationen erfüllen. Häufig orientiert er sich diesbzgl. an Kriterien, die für Geschäftsleiter von Kreditinstituten bzw. Versicherungsunternehmen gelten. In der Regel setzt eine fachliche Eignung daher eine dreijährige leitende Tätigkeit bei einem Institut von vergleichbarer Größe und Geschäftsart voraus. Es widerspricht sich, bei einer derart überdurchschnittlich qualifizierten Person eine Schutzbedürftigkeit anzunehmen.

X. Der Widerspruch wird zudem bei einem Vergleich zwischen Anstellung und Bestellung deutlich. Das Vorstandsmitglied unterliegt mit dem Eintritt in das Organamt einem umfassenden Pflichtenkatalog. Insbesondere mit der Geschäftsführungs- und Leitungsaufgabe geht eine hohe Verantwortung einher. Bei deren Ausführung hat es eine erhöhte

Sorgfaltspflicht zu beachten, welche sogar über die eines gewöhnlichen Kaufmanns hinausgeht. Damit erscheint die mit der Anwendung der AGB-Kontrolle einhergehende Annahme einer rationalen Ignoranz bei Abschluss des Anstellungsvertrags nicht zu vereinbaren.

XI. Rückschlüsse können aus einem Vergleich mit der Behandlung des Existenzgründers gezogen werden. Er wird als Unternehmer gem. § 14 BGB eingeordnet, da er sich durch die geplante Aufnahme in den unternehmerischen Geschäftsverkehr begibt und hierdurch konkludent zum Ausdruck bringt, dass er sich nunmehr dem Recht für Unternehmer unterwerfen und dieses seinerseits in Anspruch nehmen will. Eine Ausnahme von diesem Grundsatz stellt § 513 BGB dar, der den Existenzgründer partiell schützt. In seinem Anwendungsbereich überwiegt der Gedanke, dass beim Existenzgründer das persönliche Engagement und nicht seine kaufmännische Erfahrung im Vordergrund steht. Im Gegensatz dazu finden auf Vorstandsmitglieder aufgrund ihrer Qualifizierung als Verbraucher sämtliche verbraucherschützende Vorschriften Anwendung, insbesondere die erweiterte AGB-Kontrolle. Als geschäftserfahrenere Personengruppe wäre eine vergleichsweise strengere Behandlung allerdings vorzugswürdig.

XII. Hilfreich ist zudem eine Analyse der Reformdiskussion der AGB-Kontrolle im unternehmerischen Geschäftsverkehr. In diesem Bereich wird für eine Begrenzung der AGB-Kontrolle mangels Schutzbedürftigkeit geschäftserfahrener Personen plädiert. Die Überlegungen der Reformdiskussion lassen sich mittelbar übertragen. Auch wenn das Vorstandsmitglied als Verbraucher qualifiziert wird, ähnelt es aufgrund seiner Geschäftserfahrenheit und beruflichen Qualifikation faktisch einem Unternehmer. Wie im unternehmerischen Geschäftsverkehr böte sich eine Beschränkung des Anwendungsbereichs der §§ 305 ff. BGB an, da bei Verträgen mit hohem finanziellem Volumen schwerlich von einem Motivationsgefälle zwischen Analyse- und Verhandlungsaufwand sowie dem subjektivem Vertragswert ausgegangen werden kann. Der einseitigen Inanspruchnahme der Vertragsgestaltungsfreiheit wird mangels rationaler Ignoranz entgegengetreten. Die Voraussetzungen des Aushandelns iSd. § 305 Abs. 1 S. 3 BGB sind sowohl im B2B-Bereich als auch bei Vorstandsanstellungsverträgen aufgrund der hohen Anforderungen der Rechtsprechung hieran selten erfüllt. Es erscheint vorzugswürdig, auf eine freie unternehmerische Entscheidung als anderen Anknüpfungspunkt abzustellen und bei deren Vorliegen einen Ausschluss der AGB-Kontrolle anzunehmen. Kriterien zur Konkretisierung des Rechtsbegriffs sind insbesondere der Wert des Rechtsgeschäfts bzw. seine Bedeutung, eine etwaige anwaltliche Beratung sowie die Art und Dauer der Verhandlung. Diese Kriterien wären beim Abschluss des Vorstandsanstellungsvertrag erfüllt.

XIII. Die Bereichsausnahme gem. § 310 Abs. 4 S. 1 BGB stellt einen geeigneten gesetzlichen Anknüpfungspunkt dar, um Vorstandsanstellungsverträge von der AGB-Kontrolle auszuschließen. Die Norm ist nach Wortlaut, Historie und Telos weit auszulegen. Tatbestandlich umfasst sie Verträge auf dem Gebiet des Gesellschaftsrecht. Die Begrifflichkeit wird gesetzlich nicht weiter konkretisiert bzw. eingeschränkt, sodass von einem weiten Verständnis auszugehen ist. Das Anstellungsverhältnis ist zwar schuldrechtlicher Natur, steht allerdings mit dem Organverhältnis in einem rechtlichen und tatsächlichen Zusammenhang. Der Anstellungsvertrag ergänzt die organschaftlichen Rechte und Pflichten. Nach dem Wortlaut der Regelung kann er damit als auf dem Gebiet des Gesellschaftsrecht qualifiziert werden. Die Historie der Norm spricht ebenfalls für eine weite Auslegung. Das Gesellschaftsrecht wird pauschal und in Gänze vom Anwendungsbereich ausgenommen, weil es derart viele Besonderheiten aufweist, dass sich die §§ 305 ff. BGB nicht zu ihrer Anwendung eignen.

XIV. Das Telos von § 310 Abs. 4 S. 1 BGB, das auf mehrere Gründe gestützt wird, legt ebenfalls einen Ausschluss nahe. Der Anstellungsvertrag weicht aufgrund diverser Eigenheiten vom typisierten Austauschverhältnis ab. Bspw. werden Vergütung und Haftung von zwingenden Vorschriften wie den §§ 87 f., 93 AktG überlagert. Zudem ist das Rechtsverhältnis zwischen Gesellschaft und Vorstand von einer engen Verbundenheit geprägt. Es steht nicht der bloße Leistungsaustausch im Vordergrund, sodass ein angemessener Interessenausgleich bei beiderseitiger Inanspruchnahme der Vertragsgestaltungsfreiheit gegeben ist.

XV. Die Ablehnung der Anwendung der AGB-Kontrolle führt nicht dazu, dass der Vorstandsanstellungsvertrag unkontrolliert bleibt. Es findet eine alternative Überprüfung der Vertragsbedingungen anhand der allgemeinen Vorschriften statt, um besondere Fälle unangemessener Benachteiligungen zu erfassen und ihnen die rechtliche Geltung zu versagen.

XVI. Das Vorstandsmitglied kann eine anstellungsvertragliche Regelung nach den §§ 119 Abs. 1, 1. Alt., 142 BGB anfechten, wenn es einer konkreten Fehlvorstellung über ihren Inhalt unterliegt. In diesem Fall ist die für einen Irrtum erforderliche Inkongruenz zwischen Erklärtem und Gewolltem gegeben. Allerdings stellt sich in der Folge ein Abgrenzungsproblem zwischen beachtlichem und unbeachtlichem Rechtsfolgenirrtum. Die Erklärung muss von dem Gewollten wesentlich verschiedene Rechtswirkungen hervorbringen und darf nicht lediglich neben der bezweckten Rechtsfolge noch andere, nicht erkannte und nicht gewollte Nebenfolgen bewirken.

XVII. Die Irrtumsanfechtung ist mit § 305c Abs. 1 BGB vergleichbar. Beide Institute sollen den Vertragspartner davor bewahren, dass eine Regelung Bestandteil des Vertrags wird, obwohl er sie nicht zur Kenntnis genommen hat bzw. einer inhaltlichen Fehlvorstellung hierüber unterliegt. Die Irrtumsanfechtung hat allerdings höhere Voraussetzungen, da sie auf konkrete Umstände und nicht auf Ungewöhnlichkeit und Überraschungsmoment abstellt. Zudem sind die Rechtsfolgen strenger, da eine Schadensersatzpflicht des Anfechtenden gem. § 122 BGB entstehen kann. Es ist nicht ersichtlich, weshalb das Vorstandsmitglied des höheren Schutzniveaus des § 305c Abs. 1 BGB bedarf.

XVIII. Der Vorstandsanstellungsvertrag muss § 138 BGB standhalten. Zur Präzisierung des unbestimmten Rechtsbegriffs der guten Sitten werden sog. Sittenwidrigkeitskriterien herangezogen. In Bezug auf den Anstellungsvertrag sind vor allem die Absicherung anerkannter Ordnungen sowie die Abwehr von Freiheitsbeschränkungen zu thematisieren. Ersteres kann im Zusammenhang mit nachvertraglichen Wettbewerbsverboten relevant werden. Ein zu weit gefasstes Verbot kann im Extremfall einen Verlust der wirtschaftlichen Selbständigkeit des Vorstandsmitglieds und damit eine unzulässige Freiheitsbeschränkung darstellen, die über § 138 BGB abzuwehren ist. Letzteres erlangt insbesondere bzgl. Schiedsabreden Bedeutung. Auch wenn von ihrer Zulässigkeit auszugehen ist, kann im Einzelfall eine unzulässige Einschränkung des Rechtsschutzes im Raum stehen.

XIX. Schutz gewährleistet zudem die Ausübungskontrolle gem. § 242 BGB, nach der das Berufen auf ein Recht bei widersprüchlichem Verhalten unzulässig ist. Sie setzt voraus, dass ein Vertrauenstatbestand geschaffen wurde oder besondere Umstände die Rechtsausübung als treuwidrig erscheinen lassen. Ein widersprüchliches Verhalten kann z.B. darin liegen, dass sich eine Partei trotz einer Schiedsvereinbarung auf die Zuständigkeit der ordentlichen Gerichte beruft, im anschließenden zivilgerichtlichen Verfahren jedoch wiederum die Unzuständigkeit geltend macht. Um der gegnerischen Partei effektiven Rechtsschutz zu gewähren, muss sich der Erklärende an der Auffassung, das Verfahren gehört vor die ordentlichen Gerichte, festhalten lassen.

XX. Neben den aufgeführten Normen können weitere Vorschriften in Betracht kommen, an denen der Vorstandsanstellungsvertrag zu messen ist. Aus § 134 BGB kann die Nichtigkeit bei Verstoß gegen ein Verbotsgesetz folgen. Regelt er etwa entgegen § 84 Abs. 1 S. 1, S. 5, 1. HS AktG eine längere Anstellung als die Höchstgrenze von fünf Jahren, liegt ein solcher Verstoß vor. Außerhalb vom Anwendungsbereich der Vergütungsherabsetzungsmöglichkeit gem. § 87 Abs. 2 AktG kann § 313 BGB Bedeutung erlangen. Zu nennen wäre der Fall, dass dem Vorstandsmitglied im Rahmen einer Transaktion Sonderprämien von einem Anteilseigner gezahlt werden, um eine zusätzliche Mehrbelastung auszugleichen und dadurch die Gesamtvergütung des Vorstands als nicht mehr angemessen anzusehen ist. Eine Anpassung über § 87 Abs. 2 AktG scheidet in dieser Konstellation aus, da die Vorschrift voraussetzt, dass sich die Lage der Gesellschaft verschlechtert hat.

C. I. Als Ergebnis der vorstehenden Ausführungen ist festzuhalten, dass die Anwendung der AGB-Kontrolle auf Vorstandsanstellungsverträge abzulehnen ist und eine Überprüfung anhand der allgemeinen Vorschriften vorzugswürdig erscheint. Durch die Übertragung auf praxisrelevante anstellungsvertragliche Regelungen – nämlich Schiedsabreden, nachvertragliche Wettbewerbsverbote sowie Clawbacks – wurde der Versuch unternommen, diese Feststellung zu verifizieren.

II. Bzgl. der anstellungsvertraglichen Ausgestaltung von Schiedsabreden wird ein ausreichender Schutz des Vorstandsmitglieds durch die Schutzmechanismen der ZPO und des BGB sichergestellt. Besonderer Bedeutung kommt § 1031 Abs. 5 ZPO zu. Die Formverschärfung der Schiedsvereinbarung bei Verbraucherbeteiligung erfordert die eigenhändige Unterzeichnung der Urkunde sowie die Eigenständigkeit der Vereinbarung. Sie stellt sicher, dass das Vorstandsmitglied Kenntnis von der Abrede hat und sie nicht ohne seinen Willen Bestandteil des Vertrags wird. § 1034 Abs. 2 ZPO, der die Zusammensetzung des Schiedsgerichts betrifft, sowie § 1059 ZPO als Rechtsbehelf gegen den Schiedsspruch stellen weitere Schutzvorschriften dar. Weitere Fälle unangemessen ausgestalteter Schiedsabreden können über die BGB-Vorschriften, namentlich § 138 BGB sowie § 242 BGB, erfasst werden.

III. Eines Rückgriffs auf die §§ 305 ff. BGB bedarf es für die Kontrolle der Angemessenheit nicht. Gute Gründe sprechen dafür, dass die Inhaltskontrolle nach § 307 BGB durch § 1031 Abs. 5 ZPO verdrängt wird. Das Telos der AGB-Vorschriften ist aufgrund der Formverschärfung erstrecht nicht einschlägig. Eigenhändigkeit der Unterschrift und Eigenständigkeit der Urkunde sprechen gegen die Annahme eines Informations- und Motivationsgefälles. Wendet man die AGB-rechtliche Inhaltskontrolle dennoch an, ist die Schwelle der Unwirksamkeit im Vergleich zu den allgemeinen Vorschriften niedriger anzusetzen, was aufgrund der geringeren Schutzbedürftigkeit des Vorstands nicht notwendig erscheint.

IV. Die Grenze nachvertraglicher Wettbewerbsverbote ist gem. § 138 iVm. Art. 2 und 12 GG zu ermitteln, der einen geeigneten Prüfungsmaßstab zu ihrer Kontrolle darstellt. Eine Verbotsregelung ist danach zulässig, wenn sie dem Schutz berechtigter Interessen der Gesellschaft dient und die Berufsausübung bzw. die wirtschaftliche Betätigung des Organs nach Ort, Zeit und Gegenstand nicht unbillig erschwert. Die §§ 74 ff. HGB finden grds. keine Anwendung. Eine analoge Anwendung kann allerdings in Betracht kommen, wenn eine Bestimmung – wie bspw. § 75a HGB – zum Ziel hat, die besonderen Interessen des Unternehmens zu wahren. Im Einzelfall kann die Ausübungskontrolle nach § 242 BGB dazu führen, dass sich die Gesellschaft auf eine zulässige Regelung nicht berufen kann, wenn besondere Umstände die Rechtsausübung als rechtsmissbräuchlich erscheinen lassen.

V. Der AGB-Kontrolle würde im Fall ihrer Anwendung eine untergeordnete Bedeutung zukommen. Die inhaltliche Ausgestaltung des Wettbewerbsverbots nach gegenständlichem, örtlichem und zeitlichem Anwendungsbereich ist eine kontrollfreie Hauptleistungspflicht iSd. § 307 Abs. 3 S. 1 BGB. Gleiches gilt für Nebenbestimmungen wie etwa Regelungen zur Berechnung einer Karenzentschädigung. Zudem zeigt sich ihre Ungeeignetheit bei einem Vergleich zur Behandlung von nachvertraglichen Wettbewerbsverboten mit Arbeitnehmern. Bei diesen ergibt sich eine geltungserhaltende Reduktion des Wettbewerbsverbots gem. §§ 74a Abs. 1, S. 1 HGB, 110 S. 2 GewO qua Gesetz. Im Vorstandsanstellungsvertrag würde dagegen das Verbot der geltungserhaltenden Reduktion gem. § 306 Abs. 2 BGB greifen. Es erscheint widersprüchlich, beim Vorstandsmitglied eine für die Gesellschaft einschneidendere Rechtsfolge anzuordnen.

VI. Der Gesetzgeber hat mit ARUG II eine grds. Anerkennung von Rückforderungsregelungen – sog. Clawbacks – ausgesprochen. Ein Verstoß gegen aktienrechtliche Vorschriften lässt sich folglich nicht identifizieren. Falls Clawbacks im Einzelfall unzulässig ausgestaltet sind, wird über die allgemeinen Vorschriften ein ausreichender Schutz gewährleistet. So kann eine Anfechtung wegen Irrtums im Raum stehen, wenn eine Regelung inhaltlich nicht eindeutig formuliert ist. § 242 BGB verhindert bei Vorliegen besonderer Umstände das Berufen auf den Clawback, etwa wenn die Gesellschaft trotz weisendem, nach § 83 Abs. 2 AktG bindendem Hauptversammlungsbeschluss einen Compliance-Verstoß des Vorstands geltend macht.

VII. Die Anwendung der §§ 305 ff. BGB kann dagegen zu einem faktischen Verbot von Clawbacks führen, das im Widerspruch zu ihrer gesetzlichen Anerkennung steht. Compliance-Clawbacks verstoßen gegen § 309 Nr. 6, 4. Var. BGB und lassen sich aufgrund ihrer notwendigen Abstraktheit nicht mit dem Transparenzgebot in Einklang bringen. Die Unwirksamkeit von Performance-Clawbacks folgt in der Regel daraus, dass sie auch an negative Ereignisse außerhalb des vereinbarten Bemessungszeitraums anknüpfen und dem Vorstandsmitglied damit die verdiente Vergütung entziehen.

D. I. Wird der Vorstandsanstellungsvertrag trotz der aufgezeigten Bedenken nicht von der AGB-Kontrolle ausgeschlossen, sollte § 310 Abs. 4 S. 2, 1. HS BGB analog – eine direkte Anwendung scheidet mangels Arbeitnehmereigenschaft des Vorstands aus – angewendet werden. Dies verhindert einen Wertungswiderspruch zur Behandlung von Arbeitsverträgen, bei denen aufgrund der Norm ein strengerer Maßstab bzgl. der Unwirksamkeit von AGB trotz höherer Schutzbedürftigkeit gilt.

II. Eine Regelungslücke liegt vor. Der Vorstandsanstellungsvertrag ist dienstvertraglicher Natur, allerdings in hohem Maße gesellschaftsrechtlich geprägt. Seine Nähe zum Arbeitsrecht ist unverkennbar. Mangels Präsenz in Rechtsprechung und Literatur erscheint es fraglich, ob der Gesetzgeber diese Besonderheiten bei der Schaffung von § 310 Abs. 4 S. 2, 1. HS BGB in seine Überlegungen einbezogen hat. Die Lücke ist planwidrig entstanden, denn trotz Vergleichbarkeit von Arbeits- und Vorstandsanstellungsvertrag würde letzterer ansonsten einem anderen Kontrollmaßstab unterliegen.

III. Rechtsfolge der Analogie ist, dass die im Gesellschaftsrecht geltenden Besonderheiten angemessen zu berücksichtigen sind. Umfasst sind Besonderheiten rechtlicher und tatsächlicher Natur. Entscheidend ist, ob die das Anstellungsverhältnis prägenden Grundsätze – die Höchstpersönlichkeit der Leistungserbringung, die enge Verbundenheit von Vorstand und Gesellschaft sowie die gegenseitige wirtschaftliche Abhängigkeit – eine andere Beurteilung rechtfertigen. Dies ist z.B. bei § 309 Nr. 6 BGB mangels Vollstreckbarkeit in eine höchstpersönliche Leistung der Fall.

Literaturverzeichnis

Adams, Michael, Ökonomische Analyse des Gesetzes zur Regelung des Rechts der Allgemeinen Geschäftsbedingungen (AGB-Gesetz), in: *Neumann, Manfred* (Hrsg.), Ansprüche, Eigentums- und Verfügungsrechte: Arbeitstagung des Vereins für Socialpolitik, Gesellschaft für Wirtschafts- und Sozialwissenschaften in Basel 1983, Berlin 1984, S. 655–680.

Armbrüster, Christian, AGB-Kontrolle im unternehmerischen Geschäftsverkehr, NZA-Beilage 2019, S. 44–52.

Armbrüster, Christian, Wettbewerbsverbote im Kapitalgesellschaftsrecht, ZIP 1997, S. 1269–1279.

Arnold, Christian/Gralla, Anna, Gestaltung von Vorstandsverträgen nach dem DCGK 2020, NZG 2020, S. 529–537.

Arnold, Christian/Romero, Sibylle, Fremdgeschäftsführer als Arbeitnehmer im Sinne des AGG, NZG 2019, S. 930–933.

BaFin, Auslegungshilfe zur Institutsvergütungsverordnung, abrufbar unter: https://www.bafin.de/SharedDocs/Downloads/DE/Auslegungsentscheidung/dl_180216_ae_ins titutsv.pdf;jsessionid=67ADC14DEB5213BA24A76FC779F133F3.1_cid502?__blob=pu blicationFile&v=2 (Stand: 25. April 2022).

Bauer, Jobst-Hubertus, Ausgewählte Probleme der AGB-Kontrolle von Anstellungsverträgen vertretungsberechtigter Organmitglieder, in: *Henssler, Martin/Joussen, Jacob/Maties, Martin/Preis, Ulrich* (Hrsg.), Festschrift für Prof. Rolf Wank zum 70. Geburtstag, München 2014, S. 1–10.

Bauer, Jobst-Hubertus/Arnold, Christian, AGB-Kontrolle von Vorstandsverträgen, ZIP 2006, S. 2337–2345.

Bauer, Jobst-Hubertus/Arnold, Christian, AGG und Organmitglieder – Klares und Unklares vom BGH, NZG 2012, S. 921–926.

Bauer, Jobst-Hubertus/Arnold, Christian, Altersdiskriminierung von Organmitgliedern, ZIP 2012, S. 597–605.

Bauer, Jobst-Hubertus/Arnold, Christian/Kramer, Nadine, Schiedsvereinbarungen mit Geschäftsführern und Vorstandsmitgliedern, AG 2014, S. 677–685.

Bauer, Jobst-Hubertus/Diller, Martin, Karenzentschädigung und bedingte Wettbewerbsverbote bei Organmitgliedern, BB 1995, S. 1134–1141.

Bauer, Jobst-Hubertus/Diller, Martin, Wettbewerbsverbote: Rechtliche und taktische Hinweise für Arbeitgeber, Arbeitnehmer und Organmitglieder, 9. Auflage, München 2022.

Bauer, Jobst-Hubertus/Kock, Martin, Arbeitsrechtliche Auswirkungen des neuen Verbraucherschutzrechts, DB 2002, S. 42–46.

Beck-online Großkommentar AktG, hrsg. v. *Spindler, Gerald/Stilz, Eberhard,* München 2023.

Beck-online Großkommentar BGB, hrsg. v. *Gsell, Beate/Krüger, Wolfgang/Lorenz, Stephan/Reymann, Christoph*, München 2023.

Behme, Caspar/Zickgraf, Peter, Rechtspflichten des Aufsichtsrats bei der Auswahl geeigneter Mitglieder von Vorstand und Aufsichtsrat, AG 2015, S. 841–857.

Beiner, Torsten/Braun, Eckart, Der Vorstandsvertrag, Bestellung und Anstellungsvertrag der Vorstandsmitglieder einer Aktiengesellschaft, 2. Auflage, Stuttgart 2014.

Berger, Klaus Peter, Für eine Reform des AGB-Rechts im Unternehmerverkehr, NJW 2010, S. 465–470.

Bieder, Marcus, Gesellschaftsvertragliche Inhaltskontrolle und AGB-Recht, ZHR 174 (2010), S. 705–738.

Blasche, Sebastian, Auswirkungen von Verstößen gegen das KWG sowie von Abweichungen von den MaRisk auf die zivilrechtliche Haftung des Bankvorstands, WM 2011, S. 343–351.

Böttcher, Lars, Bankvorstandshaftung im Rahmen der Sub-Prime Krise, NZG 2009, S. 1047–1052.

Bülow, Peter/Artz, Markus, Fernabsatzverträge und Strukturen eines Verbraucherprivatrechts im BGB, NJW 2000, S. 2049–2056.

Canaris, Claus-Wilhelm, Die Feststellung von Lücken im Gesetz, Eine methodologische Studie über Voraussetzungen und Grenzen der richterlichen Rechtsfortbildung praeter legem, 2. Auflage, Berlin 1983.

Canaris, Claus-Wilhelm, Wandlungen des Schuldvertragsrechts – Tendenzen zu seiner „Materialisierung", AcP 200 (2000), S. 273–364.

Dauner-Lieb, Barbara/Tettinger, Peter W., Vorstandshaftung, D&O-Versicherung, Selbstbehalt – Offene Fragen zum neuen § 93 Abs. 2 Satz 3 AktG, ZIP 2009, S. 1555–1557.

Dauses/Ludwigs, Handbuch des EU-Wirtschaftsrechts, begr. v. *Dauses, Manfred A.*, hrsg. v. *Ludwigs, Markus*, 57. EL, München 2022.

Diller, Martin, Nachvertragliche Wettbewerbsverbote und AGB-Recht, NZA 2005, S. 250–254.

Dörrwächter, Jan/Wolff, Michael, Sorgfaltspflichten des Aufsichtsrats bei der Vereinbarung von Clawback-Klauseln, AG 2020, S. 233–240.

Eichner, Christian/Delahaye, Lukas, Sorgfaltspflichten und Gestaltungsmöglichkeiten des Aufsichtsrats bei Vorstandsverträgen nach dem VorstAG, ZIP 2010, S. 2082–2088.

Eidenmüller, Horst, Der homo oeconomicus und das Schuldrecht: Herausforderungen durch Behavioral Law and Economis, JZ 2005, S. 216–224.

Erfurter Kommentar zum Arbeitsrecht, begr. v. *Dieterich, Thomas/Hanau, Peter/Schaub, Günter*, hrsg. v. *Müller-Glöge, Rudi/Preis, Ulrich/Schmidt, Ingrid*, 23. Auflage, München 2023.

Erman, Bürgerliches Gesetzbuch, Kommentar, hrsg. von *Westermann, Harm Peter/Grunewald, Barbara/Maier-Reimer, Georg*, 16. Auflage, Köln 2020.

Faber, Wolfgang, Elemente verschiedener Verbraucherbegriffe in EG-Richtlinien, zwischenstaatlichen Übereinkommen und nationalem Zivil- und Kollisionsrecht, ZEuP 1998, S. 854–892.

Fleck, Hans-Joachim, Das Organmitglied – Unternehmer oder Arbeitnehmer, in: *Dieterich, Thomas/Gamillscheg, Franz/Wiedemann, Herbert* (Hrsg.), Festschrift für Marie Luise Hilger und Hermann Stumpf, München 1983, S. 197–226.

Fleischer, Holger, Das Gesetz zur Angemessenheit der Vorstandsvergütung (VorstAG), NZG 2009, S. 801–806.

Fleischer, Holger, Die „Business Judgment Rule": Vom Richterrecht zur Kodifizierung, ZIP 2004, S. 685–692.

Fleischer, Holger, Haftungsfreistellung, Prozesskostenersatz und Versicherung für Vorstandsmitglieder – eine rechtsvergleichende Bestandsaufnahme zur Enthaftung des Managements, WM 2005, S. 909–920.

Fleischer, Holger, Handbuch des Vorstandsrechts, München 2006.

Fleischer, Holger, Ruinöse Managerhaftung: Reaktionsmöglichkeiten de lege lata und de lege ferenda, ZIP 2014, S. 1305–1316.

Fleischer, Holger, Wettbewerbs- und Betätigungsverbote für Vorstandsmitglieder im Aktienrecht, AG 2005, S. 336–348.

Fornasier, Matteo, Freier Markt und zwingendes Vertragsrecht – Zugleich ein Beitrag zum Recht der Allgemeinen Geschäftsbedingungen, Berlin 2013.

Freudenberg, Hans, Das Nebentätigkeitsrecht der Vorstandsmitglieder nach § 88 Aktiengesetz, Frankfurt am Main, Bern, New York, Paris 1989.

Grabitz, Eberhard/Hilf, Meinhard/Nettesheim, Martin (Hrsg.), Das Recht der Europäischen Union, Bd. IV – Sekundärrecht, 40. Auflage, München 2009.

Grigoleit, Hans Christoph (Hrsg.), Aktiengesetz, Kommentar, 2. Auflage, München 2020.

Großkommentar Aktiengesetz, hrsg. v. *Hirte, Heribert/Mülbert, Peter O./Roth, Markus*, Bd. IV, Teilbd. 1 – §§ 76–91, 5. Auflage, Berlin 2015.

Grüneberg, Bürgerliches Gesetzbuch, Kommentar, bearb. v. *Ellenberger, Jürgen/Götz, Isabell/Grüneberg, Christian* ua., 82. Auflage, München 2023.

Habersack, Matthias, Der Anstellungsvertrag zwischen Vorstandsmitglied und Aktiengesellschaft – ein Fall für das AGB-Recht?, in: *Hilbig-Lugani, Katharina/Jakob, Dominique/Mäsch, Gerald/Reuß, Philipp/Schmid, Christoph* (Hrsg.), Zwischenbilanz – Festschrift für Dagmar Coester-Waltjen zum 70. Geburtstag, Bielefeld 2015, S. 1097–1108.

Habersack, Matthias/Wasserbäch, Elena, Organhandeln vor Schiedsgerichten, AG 2016, S. 2–15.

Hanau, Peter, 50 Jahre Bundesarbeitsgericht, NZA 2004, S. 625–628.

Hanau, Peter/Hromadka, Wolfgang, Richterliche Kontrolle flexibler Entgeltregelungen in Allgemeinen Geschäftsbedingungen, NZA 2005, S. 73–78.

Heidenhain, Martin, Nachvertragliches Wettbewerbsverbot des GmbH-Geschäftsführers, NZG 2002, S. 605–606.

Hellwege, Phillip, Allgemeine Geschäftsbedingungen, einseitig gestellte Vertragsbedingungen und die allgemeine Rechtsgeschäftslehre, Tübingen 2010.

Henssler, Martin/Strohn, Lutz (Hrsg.), Gesellschaftsrecht, 5. Auflage, München 2021.

Herresthal, Carsten, Die Wirksamkeit von Schiedsabreden mit Vorständen und Geschäftsführern bei Organhaftungstreitigkeiten, ZIP 2014, S. 345–353.

Herresthal, Carsten, Reform der AGB-Kontrolle im B2B-Bereich: Rechtslage – Reformdiskussion – Regelungsvorschlag, Baden-Baden 2020.

Herresthal, Carsten/Weiß, Johannes, Fälle zur Methodenlehre – Die juristische Methode in der Fallbearbeitung, 2. Auflage, München 2023.

Hoffmann-Becking, Michael, Nachvertragliche Wettbewerbsverbote für Vorstandsmitglieder und Geschäftsführer, in: *Westermann, Harm Peter/Rosener, Wolfgang* (Hrsg.), Festschrift für Karlheinz Quack zum 65. Geburtstag am 3. Januar 1991, S. 273–286.

Hohenstatt, Klaus-Stefan/Kuhnke, Michael, Vergütungsstruktur und variable Vergütungsmodelle für Vorstandsmitglieder nach dem VorstAG, ZIP 2009, S. 1981–1989.

Holthausen, Joachim, Vertrauensentzug, Abberufung, Koppelungsklausel und Kündigungsfrist im Dienstvertrag von Vorstandsmitgliedern und Geschäftsführern, NZG 2022, S. 731–738.

Hölters, Wolfgang/Weber, Markus (Hrsg.), Aktiengesetz, Kommentar, 4. Auflage, München 2022.

Hopt, Handelsgesetzbuch, Kommentar, bearb. v. *Hopt, Klaus J./Kumpan, Christoph/Leyens, Patrick C.* ua., 42. Auflage, München 2023.

Hümmerich, Klaus/Holthausen, Joachim, Der Arbeitnehmer als Verbraucher, NZA 2002, S. 173–181.

Jaeger, Georg, Zur Problematik der Einbeziehung von „good leaver"-Klauseln in die Regelung der variablen Vergütung von Vorstandsmitgliedern, in: *Hüffer, Uwe/Hoffmann-Becking, Michael/Reichert, Jochem* (Hrsg.), Liber amicorum für Martin Winter, Köln 2011, S. 313–326.

Jäger, Axel, Das nachvertragliche Wettbewerbsverbot und die Karenzentschädigung für Organmitglieder juristischer Personen, DStR 1995, S. 724–730.

Jänsch, Melanie, Angemessene Vorstandsverträge – Zur Begrenzung der Gestaltungsfreiheit durch AGB-rechtliche Bestimmungen, Berlin 2021.

Kerst, Andreas, Haftungsmanagement durch die D&O-Versicherung nach Einführung des aktienrechtlichen Selbstbehalts in § 93 Abs. 2 Satz 3 AktG, WM 2010, S. 594–605.

Kirchner, Jörg/Iversen, Malte, Rechtliche Hürden beim außerbörslichen Verkauf eines Aktienpakets, NZG 2008, S. 921–925.

Klöhn Lars, Die Herabsetzung der Vorstandsvergütung gem. § 87 Abs. 2 AktG in der börsennotierten Aktiengesellschaft, ZGR 2012, S. 1–34.

Koch, Aktiengesetz, Kommentar, begr. v. *Hüffer, Uwe*, bearb. v. *Koch, Jens*, 17. Auflage, München 2023.

Kölner Kommentar zum Aktiengesetz, hrsg. v. *Noack, Ulrich/Zetzsche, Dirk*, Bd. VII – §§ 76–94, 4. Auflage, Hürth 2023.

Köndgen, Johannes, Grund und Grenzen des Transparenzgebots im AGB-Recht – Bemerkungen zum "Hypothekenzins-" und "Wertstellungs-Urteil" des BGH, NJW 1989, S. 943–952.

Kort, Michael, Freiwillige und gänzlich unbestimmte Teile der Vorstands-Vergütung: AGB-Kontrolle und Anwendung von § 87 AktG, NZG 2020, S. 121–126.

Kort, Michael, Freiwilligkeitsvorbehalt und Unbestimmtheit der variablen Vorstandsvergütung: Beurteilung gemäß AGB-Recht und Aktienrecht, in: *Boele-Woelki, Katharina/Faust, Florian/Jacobs, Matthias/Kuntz, Thilo/Röthel, Anne/Thorn, Karsten/Weitemeyer, Birgit* (Hrsg.), Festschrift für Karsten Schmidt zum 80. Geburtstag, Bd. I, München 2019, S. 715–730.

Kort, Michael, Sind GmbH-Geschäftsführer und Vorstandsmitglieder diskriminierungsschutzrechtlich Arbeitnehmer? Die Auslegung von § 6 AGG zwischen Arbeitsrecht und Gesellschaftsrecht, NZG 2013, S. 601–607.

Krieger, Gerd/Schneider, Uwe H. (Hrsg.), Handbuch Managerhaftung – Vorstand Geschäftsführer Aufsichtsrat. Pflichten und Haftungsfolgen. Typische Risikobereiche, 4. Auflage, Köln 2023.

Langheid/Rixecker, Versicherungsvertragsgesetz, Kommentar, hrsg. v. *Langheid, Theo/ Rixecker, Roland/Gal, Jens/Grote, Joachim/Muschner, Jens,* 7. Auflage, München 2022.

Larenz, Karl/Canaris, Claus-Wilhelm, Methodenlehre der Rechtswissenschaft, 3. Auflage, Berlin 1995.

Leder, Tobias/Morgenroth, Sascha, Die Vertragsstrafe im Formulararbeitsvertrag, NZA 2002, S. 952–957.

Lembke, Mark, Nachvertragliche Wettbewerbsverbote in der Praxis, BB 2020, S. 52–61.

Lembke, Mark, Nachvertragliches Wettbewerbsverbot von Organmitgliedern auf dem Prüfstand, NZA-RR 2019, S. 65–70.

Leuschner, Lars, Gebotenheit und Grenzen der AGB-Kontrolle, AcP 207 (2007), S. 491–529.

Leuschner, Lars, Noch einmal: Reformvorschläge für die AGB-Kontrolle im unternehmerischen Geschäftsverkehr, ZIP 2015, S. 1326–1332.

Leuschner, Lars, Reformvorschläge für die AGB-Kontrolle im unternehmerischen Geschäftsverkehr, ZIP 2015, S. 1045–1052.

Locher, Horst, Zur Anfechtung wegen Irrtums über die Einbeziehungsvoraussetzungen und über den Inhalt einzelner Klauseln in AGB, BB 1981, S. 818–822.

Loewenheim, Ulrich, Irrtumsanfechtung bei Allgemeinen Geschäftsbedingungen, AcP 180 (1980), S. 433–461.

Lutter, Marcus, Anwendbarkeit der Altersbestimmungen des AGG auf Organpersonen, BB 2007, S. 725–731.

Lutter, Marcus/Krieger, Gerd/Verse, Dirk A. (Hrsg.), Rechte und Pflichten des Aufsichtsrats, 7. Auflage, Köln 2020.

Manger, Robert, Das nachvertragliche Wettbewerbsverbot des GmbH-Geschäftsführers, GmbHR 2001, S. 89–92.

Mann, Marius, Die Einbeziehung von AGB in Verträgen zwischen Unternehmern, BB 2017, S. 2178–2184.

Mirza Khanian, Frederic, Die Inhaltskontrolle von Geschäftsführerverträgen, GmbHR 2011, S. 116–121.

Mirza Khanian, Frederic, Die Inhaltskontrolle von Organanstellungsverträgen am Beispiel des GmbH-Geschäftsführervertrags, Baden-Baden 2008.

Mülbert, Peter O., Verbraucher kraft Organmitgliedschaft? in: *Habersack, Matthias/Hommelhoff, Peter* (Hrsg.), Festschrift für Wulf Goette zum 65. Geburtstag, München 2011, S. 333–344.

Müller, Fabian/Rieber, Daniel/Tank, Ann, Legal bases and implementation of clawback clauses: A comparison between US and Germany, abrufbar unter: https://papers.ssr n.com/sol3/papers.cfm?abstract_id=3473896 (Stand: 21. Juni 2023).

Müller, Werner, Die AGB-Kontrolle im unternehmerischen Geschäftsverkehr – Standortnachteil für das deutsche Recht, BB 2013, S. 1355–1357.

Müller, Werner/Griebeler, Carsten/Pfeil, Julia, Für eine maßvolle AGB-Kontrolle im unternehmerischen Geschäftsverkehr, BB 2009, S. 2658–2665.

Müller, Werner/Schilling, Alexander, AGB-Kontrolle im unternehmerischen Geschäftsverkehr – eine rechtsvergleichende Betrachtung, BB 2012, S. 2319–2324.

Münchener Handbuch des Gesellschaftsrechts, Bd. IV – Aktiengesellschaft, hrsg. v. *Hoffmann-Becking, Michael*, 5. Auflage, München 2020.

Münchener Kommentar zum Aktiengesetz, hrsg. v. *Goette, Wulf/Habersack, Matthias*

Bd. II – §§ 76–117 AktG, MitbestG, DrittelbG, 6. Auflage, München 2023.

Bd. Ia/IIa – Nachtrag zum ARUG II, 5. Auflage, München 2021 (zitiert: *Bearbeiter*, in: MünchKomm-AktG-ARUGII).

Münchener Kommentar zum Bürgerlichen Gesetzbuch, hrsg. v. *Säcker, Franz Jürgen/Rixecker, Roland/Oetker, Hartmut/Limperg, Bettina*

Bd. I – Allgemeiner Teil, §§ 1–240, AllgPersönlR, ProstG, AGG, 9. Auflage, München 2021.

Bd. II – Schuldrecht, Allgemeiner Teil I, 9. Auflage, München 2022.

Bd. III – Schuldrecht, Allgemeiner Teil II, 9. Auflage, München 2022.

Bd. V – Schuldrecht, Besonderer Teil II, §§ 535–630h, BetrKV, HeizkostenV, WärmeLV, EFZG, TzBfG, KSchG, MiLoG, 9. Auflage, München 2023.

Münchener Kommentar zum Handelsgesetzbuch, hrsg. v. *Drescher, Ingo/Fleischer, Holger/Schmidt, Karsten*, Bd. V – Viertes Buch, Handelsgeschäfte, Erster Abschnitt, Allgemeine Vorschriften, Zweiter Abschnitt, Handelskauf, Dritter Abschnitt, Kommissionsgeschäft, §§ 343–406, CISG, 5. Auflage, München 2021.

Münchener Kommentar zur Zivilprozessordnung, mit Gerichtsverfassungsgesetz und Nebengesetzes, hrsg. v. *Krüger, Wolfgang/Rauscher, Thomas*, Bd. III – §§ 946–1120, EGZPO, GVG, EGGVG, UKlaG, Internationales und Europäisches Zivilprozessrecht, 6. Auflage, München 2022.

Musielak, Hans-Joachim/Voit, Wolfgang (Hrsg.), Zivilprozessordnung mit Gerichtsverfassungsgesetz, Kommentar, 20. Auflage, München 2023.

Oetker, Hartmut, AGB-Kontrolle bei Anstellungsverträgen von Vorstandsmitgliedern einer AG und Geschäftsführern einer GmbH, in: *Bauer, Jobst-Hubertus/Kort, Michael/Möllers, Thomas M. J./Sandmann, Bernd* (Hrsg.), Festschrift für Herbert Buchner zum 70. Geburtstag, München 2009, S. 691–703.

Poelzig, Doerte, Rückforderung der variablen Vorstandsvergütung (Clawback) in börsennotierten Gesellschaften, NZG 2020, S. 41–50.

Prölss/Martin, Versicherungsvertragsgesetz, Kommentar, bearb. v. *Armbrüster, Christian/Dörner, Heinrich/Klimke, Dominik* ua., 31. Auflage, München 2021.

Raiser, Ludwig, Das Recht der Allgemeinen Geschäftsbedingungen, Hamburg 1935.

Raitzsch, Nicolas, Keine Praxis ohne Theorie – Die Clawback-Klausel als Element nachhaltiger Vorstandsvergütung, ZIP 2019, S. 104–109.

Redenius-Hövermann, Julia/Siemens, Peter, Zum aktuellen Stand betreffend Clawback-Klauseln, ZIP 2020, S. 145–153.

Rosiak, Angelina, Clawback-Klauseln im System der Vorstandsvergütung, Baden-Baden 2022.

Schmidt, Karsten, Neues Schiedsverfahrensrecht und Gesellschaftsrechtspraxis – Gelöste und ungelöste Probleme bei gesellschaftsrechtlichen Schiedsgerichtsprozessen, ZHR 162 (1998), S. 265–289.

Schmitt-Rolfes, Günter, Anwendbarkeit von AGB-Recht auf Verträge mit Organmitgliedern, in: *Maschmann, Frank* (Hrsg.), Festschrift für Wolfgang Hromdka zum 70. Geburtstag, München 2008, S. 393–407.

Schneider, Uwe H., Wettbewerbsverbot für Aufsichtsratsmitglieder einer Aktiengesellschaft? 12 Thesen zu einer rechtspolitischen Diskussion, BB 1995, S. 365–370.

Schockenhoff, Martin/Nußbaum, Anton, Clawback-Klauseln in Vorstandsverträgen, AG 2018, S. 813–822.

Schuster, Doris-Maria, Clawback-Klauseln – probates Mittel zukunftsgerechter Gestaltung von Bonus-Vereinbarungen?, in: *Baeck, Ulrich/Hauck, Friedrich/Preis, Ulrich/Rieble, Volker/Röder, Gerhard/Schunder, Achim* (Hrsg.), Festschrift für Jobst-Hubertus Bauer zum 65. Geburtstag, München 2010, S. 973–988.

Schwab, Karl-Heinz/Walter, Gerhard (Hrsg.), Schiedsgerichtsbarkeit, Systematischer Kommentar zu den Vorschriften der Zivilprozeßordnung, des Arbeitsgerichtsgesetzes, der Staatsverträge und der Kostengesetze über das privatrechtliche Schiedsgerichtsverfahren, begr. v. *Baumbach, Adolf*, 7. Auflage, München 2005.

Semler/v. Schenk/Wilsing, Arbeitshandbuch für Aufsichtsratsmitglieder, begr. v. *Semler, Johannes*, hrsg. v. *v. Schenk, Kersten/Wilsing, Hans-Ulrich*, 5. Auflage, München 2021.

Seyfarth, Georg, Clawback-Vereinbarungen in Vorstandsverträgen – Teil I, WM 2019, S. 521–528.

Seyfarth, Georg, Clawback-Vereinbarungen in Vorstandsverträgen – Teil II, WM 2019, S. 569–577.

Seyfarth, Georg, Koppelungsklauseln in Vorstandsverträgen und das AGB-Recht, NZG 2022, S. 389–393.

Seyfarth, Georg, Vorstandsrecht, 2. Auflage, Hürth 2023.

Spindler, Gerald, Die Neuregelung der Vorstands- und Aufsichtsratsvergütung im ARUG II, AG 2020, S. 61–74.

Spindler, Gerald, Schiedsfähigkeit von Vorstandsverträgen und Haftungsansprüchen, in: *Siekmann, Helmut* (Hrsg.), Festschrift für Theodor Baums zum 70. Geburtstag, Bd. I, Stuttgart 2017, S. 1205–1226.

Staudinger, Kommentar zum Bürgerlichen Gesetzbuch, begr. v. *v. Staudinger, Julius*

Buch 1 – Einl. zum BGB; §§ 1–14; VerschG (Natürliche Personen, Verbraucher, Unternehmer), bearb. v. *Fritzsche, Jörg/Honsell, Heinrich/Kannowski, Bernd*, Neubearbeitung, Berlin 2018.

Buch 1 – §§ 90–124; §§ 130–133 (Sachbegriff, Geschäftsfähigkeit, Willenserklärung, Anfechtung, Auslegung), bearb. v. *Klumpp, Steffen/Singer, Reinhard/Stieper, Malte*, Neubearbeitung, Berlin 2021.

Buch 1 – §§ 134–138, ProstG (Gesetzliches Verbot, Verfügungsverbot, Sittenwidrigkeit), bearb. v. *Fischinger, Philipp S./Hengstberger, Silas/Kohler, Jürgen*, Neubearbeitung, Berlin 2021.

Buch 2 – §§ 241–243 (Treu und Glauben), bearb. v. *Looschelders, Dirk/Olzen, Dirk/Schiemann, Gottfried*, Neubearbeitung, Berlin 2019.

Buch 2 – § 255–304 (Leistungsstörungsrecht 1), bearb. v. *Bittner, Claudia/Caspers, Georg/Feldmann, Cornelia/Kolbe, Sebastian/Löwisch, Manfred*, Neubearbeitung, Berlin 2019.

Buch 2 – §§ 305–310; UKlaG (AGB-Recht 1 und Unterlassungsklagegesetz), bearb. v. *Coester-Waltjen, Dagmar/Mäsch, Gerald/Piekenbrock, Andreas/Wendland, Matthias*, Neubearbeitung, Berlin 2022.

Buch 2 – §§ 328–345 (Vertrag zugunsten Dritter, Draufgabe, Vertragsstrafe), bearb. v. *Klumpp, Steffen/Rieble, Volker*, Neubearbeitung, Berlin 2020.

Buch 2 – §§ 611–613 (Dienstvertrag und Arbeitsvertrag), bearb. v. *Fischinger, Philipp S./Latzel, Clemens/Richardi, Reinhard*, Neubearbeitung, Berlin 2022.

Thüsing, Gregor, Was sind die Besonderheiten des Arbeitsrechts, NZA 2002, S. 591–595.

Thüsing, Gregor/Leder, Tobias, Neues zur Inhaltskontrolle von Formulararbeitsverträgen, BB 2004, S. 42–47.

Thüsing, Gregor/Traut, Johannes, Angemessener Selbstbehalt bei D&O-Versicherungen – Ein Blick auf die Neuerungen nach dem VorstAG, NZA 2010, S. 140–144.

Tödtmann, Ulrich/v. Erdmann, Charlotte, Unwirksamkeit von Koppelungsklauseln in Vorstandsverträgen nach § 307 BGB, NZG 2022, S. 3–9.

Ulmer, Peter, Das AGB-Gesetz: ein eigenständiges Kodifikationswerk, JZ 2001, S. 491–497.

Ulmer, Peter/Brandner, Hans Erich/Hensen, Horst-Diether (Hrsg.), AGB-Recht, Kommentar, 13. Auflage, Köln 2022.

Vergütungsbericht der BMW Group, abrufbar unter: www.bmwgroup.com/content/dam/grpw/websites/bmwgroup_com/ir/downloads/de/2021/bericht/BMW-Group-Bericht-2020-DE.pdf (Stand: 21. Juni 2023).

Weller, Marc-Philippe, Die Systemkohärenz des § 87 II AktG – Eingeschränkte Vertragstreue beim Vorstandsvertrag auf Grund Fremdinteressenwahrung, NZG 2010, S. 7–12.

Westphalen, Friedrich Graf von, Organhaftung und Schiedsverfahren, in: *Livonius, Barbara/Graf, Walter/Wolter, Jürgen* (Hrsg.), Strafverteidigung im Wirtschaftsleben – Festgabe für Hanns W. Feigen zum 65. Geburtstag am 13. März 2014, Köln 2014, S. 355 – 382.

Westphalen, Friedrich Graf von, Reformvorhaben der Koalition zum AGB-Recht bei innovativen Geschäftsmodellen auf dem Prüfstand, ZIP 2018, S. 1101–1113.

Westphalen, Friedrich Graf von, Schwellenwert und Neuregelung einer vertraglichen Haftungsbegrenzung – ist das der „Königsweg" einer Reform des AGB-Rechts?, ZIP 2015, S. 1316–1326.

Westphalen, Friedrich Graf von, Unwirksame Schiedsvereinbarungen mit Verbrauchern – notwendiger Schutz von Vorständen und Geschäftsführern, ZIP 2013, S. 2184–2190.

Westphalen, Friedrich Graf von/Thüsing, Gregor (Hrsg.), Vertragsrecht und AGB-Klauselwerke, 48. EL, München 2022.

Wettich, Carsten, Vorstandsvergütung: Bonus-Malus-System mit Rückforderungsmöglichkeit (claw back) und Reichweite des Zuständigkeitsvorbehalts zugunsten des Aufsichtsratsplenums, AG 2013, S. 374–383.

Wittuhn, Georg A./Hamann, Hanjo, Herabsetzung von Vorstandsvergütungen in der Krise, ZGR 2009, S. 847–871.

Wolf/Lindacher/Pfeiffer, AGB-Recht, Kommentar, hrsg. v. *Lindacher, Walter F./Pfeiffer, Thomas*, 7. Auflage, München 2020.

Ziemons, Hildegard, Der Vorstand als Arbeitnehmer – Umfassender Diskriminierungsschutz für Vorstandsmitglieder mit Hilfe des Europarechts, KSzW 2013, S. 19–29.

Zöller, Zivilprozessordnung, Kommentar, begr. v. *Zöller, Richard*, bearb. v. *Althammer, Christoph/Feskorn, Christian/Geimer, Reinhold* ua., 34. Auflage, Köln 2022.